Dieter Eckel / **Das Kartell**

Volkswirtschaftliche Schriften

Herausgegeben von Dr. J. Broermann, Berlin

Heft 119

Das Kartell

Ein Modell der Verhaltenskoordination

Von

Dr. Dieter Eckel

DUNCKER & HUMBLOT / BERLIN

Gedruckt 1968 bei Berliner Buchdruckerei Union GmbH., Berlin 61
Printed in Germany

Inhaltsverzeichnis

A. Die Koordination der individuellen Verhaltensweisen 9

B. I. Konzentration und wirtschaftliche Entwicklung 20

II. Das Kartell als Erscheinung der partiellen Koordination von Aktivitäten in der wirtschaftshistorischen Entwicklung 25

C. I. Begriffliche Abgrenzungen 34

1. Der Wettbewerb 34
2. Das Kartell 45
3. Kartell, Monopol und Kollektivmonopol 59

II. Marktform und Wettbewerbsverhalten 63

III. Das Gruppenmodell 73

1. Die Gruppe in der Soziologie 73
   a) Der Begriff der Gruppe 73
   b) Die Koordination des Gruppenverhaltens 76
   c) Die Gruppenrationalität 82
2. Das Gruppenproblem in der Theorie der Preisbildung 94
   a) Die Abgrenzung einer Gruppe 99
   b) Die Formen der Verhaltenskoordination innerhalb der Gruppe 116
3. Gruppenstruktur und Gruppenrationalität in der Markttheorie 121

D. Die kartelltheoretischen Aspekte 127

I. Allgemeines 127

II. Die Tendenzen zur Kartellierung 130

III. Die Koordination der Aktionsparameter in einem homogenen Duopol ohne Kompensationszahlungen 143

1. Das Verhalten bei symmetrischen Kostenverläufen 145
2. Das Verhalten bei asymmetrischen Kostenverläufen 164
3. Der Einfluß der fixen Kosten 184
4. Die Konsequenzen einer ungleichen Verteilung von Produktionseinheiten auf die Entscheidungseinheiten 190

IV. Die Koordination der Aktionsparametern in einem homogenen Duopol mit Kompensationszahlungen 195

V. Die Koordination der Aktionsparameter im heterogenen Duopol .. 218

1. Die Qualitätsdifferenzierungen der Anbieter sind gegeben und können in der Planperiode nicht abgeändert werden 220

2. Es wird eine optimale Qualitätsdifferenzierung gesucht 247

3. Die Interdependenz spezieller Wettbewerbskosten 258

VI. Die Interdependenz von Anbietern mit verschiedenen Produkten .. 259

VII. Die Fixierung von Aktionsparametern bei mehr als zwei Anbietern 263

1. Abstimmungsprozesse in einer Gruppe 263

2. Die Bildung von Koalitionen in einer Gruppe 271

a) Das Außenseiterproblem 271

b) Die optimale Koalitionsbildung 272

VIII. Die Stabilität des Kartellgleichgewichtes 284

E. Kartellierung und Wirtschaftspolitik 293

Zusammenfassung 304

Literaturverzeichnis 308

Abkürzungsverzeichnis

Amer. Ec. Rev.	=	The American Economic Review
Amer. J. of Ec. a. Soc.	=	The American Journal of Economics and Sociology
Amer. Soc. Rev.	=	The American Sociological Review
Arch. f. Soz. Ges. u. Stat.	=	Archiv für Soziale Gesetzgebung und Statistik
Can. J. of Ec. a. Pol. Science	=	Canadian Journal of Economics and Political Science
Ec. J.	=	The Economic Journal
Eca.	=	Economica
Ecta.	=	Econometrica
Handw. d. Soz.	=	Handwörterbuch der Sozialwissenschaften
J. of Bus.	=	Journal of Business
J. of Polit. Ec.	=	The Journal of Political Economy
Jb. f. Nat. u. Stat.	=	Jahrbücher für Nationalökonomie und Statistik
Jb. f. Soz.	=	Jahrbuch für Sozialwissenschaft
J. of Ind. Ec.	=	Journal of Industrial Economics
M. Sc.	=	Management Science
Metroec.	=	Metroeconomica
Quart. J. of Ec.	=	The Quarterly Journal of Economics
Rev. of Ec. Stud.	=	The Review of Economic Studies
Schmollers Jb. f. Ges. Verw. u. Vw.	=	Schmollers Jahrbuch für Gesetzgebung, Verwaltung und Volkswirtschaft
Schr. d. Ver. f. Socialpol.	=	Schriften des Vereins für Socialpolitik
Schw. Z. f. Vw. u. Stat.	=	Schweizerische Zeitschrift für Volkswirtschaft und Statistik
S. Ec. J.	=	Southern Economic Journal
Soc. Res.	=	Social Research
W. A.	=	Weltwirtschaftliches Archiv
W. u. W.	=	Wirtschaft und Wettbewerb
Z. f. d. Staatsw.	=	Zeitschrift für die gesamte Staatswissenschaft
Z. f. Nat.	=	Zeitschrift für Nationalökonomie
Z. f. Ök.	=	Zeitschrift für Ökonometrie

A. Die Koordination der individuellen Verhaltensweisen

Das Problem der Koordination der Individualinteressen und die Gegenüberstellung von Individualinteresse und Kollektivinteresse gehören zu den ältesten Fragestellungen der Nationalökonomie. Dies liegt nicht zuletzt in der hierbei notwendigerweise auftretenden Verknüpfung von wirtschaftstheoretischen und soziologischen Aspekten begründet, ein Kennzeichen der Politischen Ökonomie. Die unterschiedliche Bedeutung, die bei der wissenschaftlichen Betrachtung den zwischenmenschlichen Beziehungen beigemessen wurde, was dazu führte, daß die Begriffe „Politische Ökonomie" oder „Sozialökonomie" weitgehend durch den Begriff „Ökonomie" ersetzt wurden, wird von Lange folgendermaßen charakterisiert:

„An die Stelle einer Wissenschaft von den wirtschaftlichen Beziehungen zwischen den Menschen ist eine Wissenschaft getreten, deren Gegenstand die Beziehung zwischen den Menschen und den Dingen ist. ... Indem sie sich auf das Verhalten des Menschen zu den Dingen konzentriert, schneidet sich die subjektivistische Ökonomie von den sozialen Beziehungen ab. Eine „Ökonomie", die in dieser Weise aufgefaßt wird, hört auf, eine Sozialwissenschaft zu sein[1]."

Eine entscheidende Frage bei der Diskussion der unterschiedlichen Koordinationsmöglichkeiten der Individualinteressen besteht darin, inwieweit sie mit dem Individualismus zu vereinbaren sind[2].

Modelltheoretisch ist die Analyse der Koordination von Interessen nicht beschränkt auf die Gegenüberstellung von Individuen in einer Gruppe, es liegt strukturell die gleiche Problemstellung bei einer Aggre-

---

[1] *Lange,* O.: Kritik der subjektivistischen Ökonomik, in: Theorie und Realität. Ausgewählte Aufsätze zur Wissenschaftslehre der Sozialwissenschaften, hrsg. v. H. Albert, Tübingen 1964, S. 295.

[2] Eine eindrucksvolle Beschreibung des Problems des Individualismus findet Parkes wohl zu Recht in Melville's Moby Dick. „The most profound expression of the problem of individualism is to be found in Melville's Moby Dick. In Captain Ahab the drive toward power is carried to its furthest limits. The white whale is the symbolic embodiment of a number of different meanings, and may be regarded as standing for whatever forces in nature and the human hart are stronger than man's conscious will to power. The wale appears as evil only because Ahab chooses to regard it as an enemy which man must conquer. The inevitable end is the death of Ahab and the destruction of the Pequod. *Parkes,* H. B.: Comradeship and Individualism in Democracy, Amer. J. of Ec. a. Soc., Bd. 19, 1960, S. 398.

gation von Gruppen vor, wobei das Interesse einer Gruppe als Vektor aufgefaßt wird und die Resultante als Ergebnis des Zusammenspiels von Gruppen gesucht wird. Es kann davon abgesehen werden, daß die einzelnen Vektoren schon als Resultanten der Willensäußerungen der einzelnen Mitglieder einer Gruppe anzusehen sind, ohne daß deswegen die Willensäußerungen der Individuen unberücksichtigt bleiben müßten.

Das schon frühzeitig in der Philosophie diskutierte Problem, ob das Ganze die Summe der Teile sei oder etwa mehr, erschien in der Soziologie und Nationalökonomie als Koordinationsproblem individueller Interessen, das im Hinblick auf den möglichen Grad einer freien Willensbildung grundsätzlich mehrere verschiedene Lösungen erfahren hat. Bei den gesamtwirtschaftlichen Lösungsversuchen treten neben die zentralverwaltungswirtschaftlichen Ansätze solche, die auf individueller Vertragsfreiheit basieren. Davon ist ein partielles Koordinationsmodell das Kartell, dessen negatives Komplement eine wettbewerbsmäßige Koordination der Aktionsparameter der einzelnen Marktteilnehmer darstellt.

Der axiomatische Gehalt der verschiedenen Ordnungssysteme wird nach Habisreitinger[3] auf die Mischung einer darwinistischen Einstellung und einer solchen, die in der gegenseitigen Hilfe den bestimmenden Faktor der Entwicklung sieht und etwa von P. A. Kropotkin[4] vertreten wird, reduziert.

Die Zuordnung der beiden Pole Individuum und Gemeinschaft wurde meist in den beiden extrem möglichen Formen vorgenommen und auf das gesamte Staats- und Gesellschaftswesen bezogen. Indem Otmar Spann die „auf Gemeinschaft gestellte Natur" des Einzelnen zur Grundlage seines Systems wählt[5] und den sozialen Individualismus als Verfallserscheinung auffaßt, expliziert er eine Ganzheitsauffassung der menschlichen Gesellschaft, wie sie schon bei Platon und Thomas von Aquin zu finden ist.

Die entgegengesetzte Richtung des strengen Individualismus findet seine frühen Vertreter in Demokrit, den Sophisten, den Epikuräern und wurde später von Rousseau, Voltaire und Comte vertreten. Bei neueren Gedanken zu diesem Problem wird nicht von einer vorgegebenen Ordnung von Individuum und Gemeinschaft ausgegangen, sondern die Entwicklung des Menschen in den Vordergrund gestellt. Schrödinger etwa spricht von einer biologischen Umbildung von einer egoistischen zur altruistischen Einstellung[6].

---

[3] *Habisreitinger*, H. H.: Konkurrenz und Kooperation, Berlin 1959, S. 23/24.

[4] *Kropotkin*, P.: Gegenseitige Hilfe in der Entwicklung, Übers. von G. Landauer, Leizig 1904.

[5] *Spann*, O.: Gesellschaftsphilosophie, Handb. d. Philos., Abtlg. IV, Beitrag B. München, Leipzig 1928, S. 15.

[6] „Das ‚Soll' des Sittengesetzes, den Kantschen Imperativ, kann ich so wenig begründen wie irgendein anderer. Das Sittengesetz ist einfach da. . . , es

Wenn Jaspers die „Berührung aller mit allem“[7] infolge der Technik als Wesensmerkmal der industrialisierten Welt anspricht, so läßt sich hieraus ableiten, daß sich im Industrialisierungsprozeß die Interessensphären der einzelnen Wirtschaftssubjekte oder Gruppen tendenziell häufiger berühren und stärker überlagern. Hierbei wird die Konflikthäufigkeit wachsen, aber auch die Gebiete gemeinsamer Interessen werden häufiger auftreten, sodaß eine Aussage darüber, ob die Konflikthäufigkeit auch relativ wächst, nicht möglich ist.

In dieser Aussage über die Existenz von Konflikten ist die Verneinung der (aktuellen) Möglichkeit einer allgemeinen Harmonie der Interessen enthalten. Das Vorhandensein eines „volonté géneral“ im Sinne von Rousseau wird als sehr unwahrscheinlich angenommen werden dürfen. Es ist ein Zeichen einer idealen Vorstellungswelt zu behaupten, „... es gibt keine verwickelten und widersprechenden Interessen, das allgemeine Wohl tritt überall klar hervor, und es bedarf nur gesunder Vernunft, um es wahrzunehmen“[8]. Selbst unter der Voraussetzung von Rousseau, daß alle nur das tun, was dem Gemeinwohl dient, kann man keine vollständige Transparenz bezüglich der optimalen Weise, dieses zu errichten, unterstellen.

Die Vorstellung des „volonté des tous“ ist dem Wesen einer Gesellschaft eher angemessen, denn das Individualinteresse dürfte bei der Mehrzahl der Individuen Motiv ihres Handelns sein. Indem Hobbes alle menschlichen Handlungen auf egoistische Motive zurückführt, leitet er die Bindungen auf Gegenseitigkeit von dem Selbsterhaltungstrieb des Einzelnen ab[9]. Diese „Triebe zur Geselligkeit“ sind also Formen eines egozentrischen Verhaltens im Gegensatz zu Kants „ungeselliger Geselligkeit“[10].

Die von Rousseau und Hobbes am klarsten herausgearbeiteten gegensätzlichen Ansatzpunkte einer Theorie des (menschlichen) gesellschaftlichen Zusammenlebens geben auch heute noch den soziologischen Denksystemen den entscheidenden Differenzierungsansatz.

---

pflichten ihm auch diejenigen bei, die ihm meist nicht nachleben, welches ja die Mehrzahl ist. In diesem räselhaften Vorhandensein sehe ich aber ein Anzeichen dafür, daß wir am Beginn einer biologischen Umbildung von egoistischer zu altruistischer Einstellung stehen, einer Umbildung des Menschen zu einer animal sociale“. *Schrödinger,* E.: Geist und Materie, 2. Auflage, Braunschweig 1961. Die Wissenschaft, Sammlung von Einzeldarstellungen aus allen Gebieten der Naturwissenschaft, Bd. 113, S. 9.

7 *Jaspers,* K.: Die geistige Situation der Zeit, 4. Aufl. Berlin-Leipzig 1932, S. 29.

8 *Rousseau,* J. J.: Der Gesellschaftsvertrag (Le Contract Social), hrsg. v. W. Tieze, München 1948, S. 171.

9 *Hobbes,* Th.: Naturrecht und allgemeines Staatsrecht in den Anfangsgründen. Mit einer Einführung von Ferdinand Tönnies, 1926. Klassiker der Politik, Bd. 13.

10 *Kant,* I.: Idee zu einer Philosophie der Geschichte in weltbürgerlicher Absicht, Leipzig 1838, Bd. IV, S. 297 ff.

Während T. Parsons[11] Rousseaus Vorstellung der gemeinsamen Interessen zugrundelegt, geht C. W. Mills[12] von Hobbes' Prämisse des auf Zwang basierenden menschlichen Zusammenlebens aus.

Der Einwand von E. Durkheim, es liege ein Widerspruch in der Annahme, „... daß das Individuum selbst der Urheber einer Maschine sein soll, deren wesentliche Rolle darin besteht, ihren Urheber durch Zwang zu beherrschen“[13] dürfte als nicht stichhaltig angesehen werden, da die zirkuläre Willensbildung innerhalb der Organisationshierarchie unterbrochen sein kann.

Die ersten Versuche, das Wesen kollektiver Organisationsformen zu klären, sind außer von Rousseau und Hobbes auch von J. Althusius sowie von Ch. Wolff unternommen worden[14]. Kant wollte mit der Idee der Vernunft die Kollektivrationalität von der Individualrationalität ableiten, ebenso wie die Vertreter des Naturrechts Organisationen aus der Natur des Individuums ableiten.

Alle diese Ansätze stellen als Pole der Untersuchung das Individuum und den Staat heraus, wobei man entweder — wie in der Aufklärungsphilosophie — davon ausging, daß ein universelles Wertesystem existiert und durch ein vernunftgemäßes Handeln eine Harmonie gesichert ist oder das Interessenkonflikte durch Zwang zu schlichten sind.

Indem W. Koch[15] kollektivistische Harmonievorstellungen, die sich durch die Annahme charakterisieren lassen, „was der Gemeinschaft diene oder schade, das käme auch ihren Gliedern zugute oder zu Lasten“, den liberalen Harmonievorstellungen gegenüberstellt, dessen Prämissen sei „daß das was dem Einzelnen nütze, auch der Gesellschaft fromme“, weist er auf die soziologisch wichtige Bedingung der beiden extremen Denkweisen hin.

Die ersten genaueren Analysen sozialer Optimumsituationen waren der Wohlfahrtstheorie vorbehalten, wobei es immerhin interessant ist, daß das einfachere Problem der Analyse einer Kleingruppe gegenüber der der Großgruppe vernachlässigt wurde.

---

[11] *Parsons,* T.: Beiträge zur soziologischen Theorie. Aus dem Amerikanischen von B. Mitchell u. D. Rüschermeyer, Soziolog. Texte, Bd. 15, Neuwied 1964.

[12] *Mills,* C. W.: Kritik der soziologischen Denkweise. Aus dem Amerikanischen von A. Kruse. Mit einer Einleitung von N. Birnbaum, Soziologische Texte, Bd. 8, Neuwied 1964.

[13] *Durkheim,* E.: Regeln der soziologischen Methode. In neuer Übersetzung hrsg. v. R. König, Neuwied 1961, S. 202. Soziologische Texte, Bd. 3.

[14] *Althusius,* J.: Grundbegriffe der Politik. Aus „Politica methodice digesta“, 1603, hrsg. v. E. Wolf 1943. *Wolff,* Ch.: Vernünftige Gedanken von dem gesellschaftlichen Leben der Menschen und insbesonderheit vom gemeinen Wesen zur Beförderung der Glückseligkeit des menschlichen Geschlechtes, 5. Aufl. Frankfurt und Leipzig 1740.

[15] *Koch,* W.: Kommunismus und Individualismus, Wirtschaftstheoretische Argumente, Tübingen 1949, S. 87/88.

In der Wohlfahrtstheorie wurde die Optimumlösung von Pareto erweitert durch die Analyse weiterer Wahlfahrtskriterien und durch die Einführung von Wohlfahrtsfunktionen.

Die Fragestellungen der Wohlfahrtsökonomie wurden teils der positiven Ökonomie, also einer besonderen Forschungsrichtung gegenübergestellt, die normativ ihre Ergebnisse sucht[16], teils wurden die wohlfahrtstheoretischen Ansatzpunkte in die reine Theorie integriert und Differenzierungen nur nach dem Grad der Realitätsbezogenheit[17] getroffen.

Die Tatsache, daß den wohlfahrtstheoretischen Ansatzpunkten nutzentheoretische Konzepte zugrunde liegen, die infolge ihrer Annahmen über die Meßbarkeit des Nutzens die Anwendung welfaretheoretischer Überlegungen auf realitätsbezogene Entscheidungen zumindest erschweren, hindert nicht daran, das in der Wohlfahrtstheorie entwickelte Instrumentarium auf kartelltheoretische Fragestellungen zu übertragen, da die Fragestellungen eines Kartells typisch wohlfahrtstheoretischer Natur sind.

Der Vorteil beim Suchen nach einer realisierbaren Gruppennorm liegt bei einem Kartell darin, daß die monetäre Gewinngröße als Rechenbasis zum Vergleich der alternativen individuellen Positionen im Gegensatz zum Nutzenvergleich operationaler ist.

Dies gilt jedoch nur dann, wenn der Gewinn die dominierende Zielsetzung aller Gruppenmitglieder darstellt. Wird etwa die Möglichkeit der individuellen Parameterfixierung als Ziel mit in die Analyse eingeschlossen, so ist ein Nutzenvergleich nicht zu umgehen.

Wenn man unterstellt, daß der Trennung in eine „theoretical welfare economics“ und eine „application of welfare propositions to economic situations“ eine größere logische Berechtigung zukommt[18], als einer Absonderung eines sich mit normativen Urteilen beschäftigenden Zweiges der Ökonomie, so dürfte dieser Differenzierung analog die Trennung in Kartelltheorie und Kartellpolitik zuzuordnen sein.

Die Einordnung der Kartelltheorie in die Wohlfahrtstheorie bedeutet für diese Theorie insofern eine Erweiterung, als — ceteris paribus — ein Element freiwilliger Wettbewerbseinschränkung in die Analyse eingeschlossen wird.

---

[16] *Fetter,* F. A.: Price versus Welfare Economics, The Amer. Ec. Rev., Bd. X, 1920. *Schumpeter,* J. A.: History of Economic Analysis, Edited from the Manuscript by E. B. Schumpeter, London 1952, 2. Aufl. 1955, S. 1069.

[17] *Pigou,* A. C.: The Economics of Welfare, London 1920, 4. Aufl. 1932, Repr. 1946, S. 5 f.

[18] In neueren welfaretheoretischen Untersuchungen findet sich diese Trennung bei de V. Graaff und E. J. Mishan. *Mishan,* E. J.: A Survey of Welfare Economics, 1939-59, Ec. J., Bd. 70, 1960, S. 198. *Graaff,* J. de: Theoretical Welfare Economics, Cambrigde 1957, S. 2. ff.

Man wird deshalb auch E. Lauschmanns Behauptung, das soziale Optimum sei in der neueren Welfaretheorie dem allgemeinen „competitive equilibrium“ gleichzusetzen[19], nur unter der Einschränkung beistimmen können, daß das Problem einer nicht direkt über den Markt erfolgenden Willensbildung aus der Diskussion welfaretheoretischer Fragen ausgeschlossen wird. Hiermit schließt man also nicht nur alle nicht-marktwirtschaftlich koordinierende Wirtschaftssysteme aus der Diskussion aus.

Die in der Welfaretheorie entwickelten Kompensationskriterien[20] zur Bestimmung dominierender Alternativen bezüglich der Welfarepolitik können für kartelltheoretische Überlegungen direkt übernommen werden, wobei eine positive Situationsänderung (ausgedrückt durch einen höheren Gruppengewinn bei einer veränderten Gewinnstreuung) ohne Kompensationszahlung als eine andere Dominationsstruktur in der Gruppe zu interpretieren wäre.

Kennzeichnend für die Lösungen von Gruppenproblemen, die methodisch durch die Spieltheorie von Neumann und Morgenstern eine starke Anregung erfahren haben, ist die Annahme von der gegenseitigen Abhängigkeit von Aktionen. Es steht nicht mehr ein mechanisches Anpassungsverhalten der Entscheidungseinheiten an vorgegebene Daten im Vordergrund, sondern eine aktive Gestaltungsmöglichkeit. Damit ist jedoch nicht gesagt, daß dies für die Mehrheit der im Produktionsprozeß stehenden Menschen gilt, denn wenn die Zahl der Entscheidungseinheiten (im Produktionsprozeß) sinkt, verringert sich auf diesem partiellen Gebiet auch die Möglichkeit aktiver Gestaltungsarbeiten.

Shackle baut seine Entscheidungstheorie auf der Vorstellung des isolierten Individuums auf[21]. Er begründet dieses Vorgehen damit, daß der Anpassungsverhaltenstyp in der Mehrzahl sei[22].

J. von Kempski sieht wohl zu recht in dem Kampf um die Entscheidungsbefugnis das wesentliche Moment des „Politischen“[23]. Diese Aus-

---

[19] *Lauschmann*, E.: Zum gegenwärtigen Stand und den weiteren Entwicklungsmöglichkeiten der Welfare Economics, Jahrb. f. Sozialwiss., Bd. 13, 1962, S. 121.

[20] *Kaldor*, N.: Welfare Propositions of Economic and Interpersonal Comparisons of Utility, E. J., Bd. 49, 1939, S. 550. *Hicks*, J. R.: The Foundations of Welfare Economics, Ec. J., Bd. 49, 1939, S. 706. *Scitovsky*, T. de: A Note on Welfare Propositions in Economics, Rev. of Ec. Stud., Bd. 9, 1941/42, S. 86 f. *Henderson*, J. M., Quand, R. E.: Mikroökonomische Theorie. Eine Mathematische Darstellung, Berlin, Frankfurt 1967, S. 233.

[21] Siehe hierzu die Kritik von Åkerman. *Åkerman*, J.: Shackle's System and Theories of Business Cycles, Metroec., B. 11 1959, S. 4.

[22] *Shackle*, G. L. S.: Decision, Order and Time in Human Affairs, Cambridge 1961, S. 31.

[23] *Kempski*, J. v.: Wie ist Theorie der Politik möglich? Zeitschr. f. d. ges. Staatsw., Bd. 106, 1950, S. 452.

sage geht weiter als Stiglers Bemerkung, daß „... the voluntary association leads to political theory“[24], denn Kempski würde auch Kartellierungsformen mit sehr ungleichen Machtverteilungen analog zu Problemstellungen der politischen Theorie behandeln[25].

Faßt man das „Politische“ ganz allgemein, so dürfte diese Aussage von Kempski langfristig auch für das Verhalten von Konkurrenten am Markte von Bedeutung sein, wenn hier auch Situationen möglich sind, bei denen infolge der Gewinnmaximierung als alleinigem Entscheidungskriterium bei Sicherheit Positionen, die durch Anpassungsverhalten gekennzeichnet sind, erstrebenswert sind[26]. Auf alle Fälle kann man Olivers Feststellung der „... quasi-political nature of the cartel decision...“[27] nur unterstreichen. Machlup überträgt die Entscheidungsbefugnis direkt auf die Interdependenz des Verhaltens im ökonomischen Bereich und meint, „domination . . . exists if a firm has the power to impose its will upon others in the pricing and marketing of their products and services“[28]. Hierdurch wird logisch verständlich, daß Machlup die Preisführerschaft weitgehend mit der Kollusion in Übereinstimmung sieht.

Wenn man eine Theorie des Gruppenverhaltens auf die Wirtschaft anwenden will, so ist es notwendig, daß die Verhaltensinterdependenzen strukturell so gegliedert sind, daß die einzelnen Wirtschaftssubjekte nicht isoliert Entscheidungen treffen, sondern ihre Entscheidungen mit den Entscheidungen anderer Wirtschaftssubjekte abstimmen, wobei unter „isoliert“ nicht die Subjekt-Umwelt-Situation eines Robinson zu verstehen ist, sondern jene soziale Zuordnung, bei der das Individuum sich der Umwelt gegenüberstellt, ohne eine auf einer wechselseitigen Verhaltensinterdepedenz beruhende Integration mit anderen Individuen vorzunehmen. Statt einer Subjekt-Subjekt-Relation besteht eine Subjekt-Objekt-Subjekt-Relation.

---

[24] *Stigler*, G. J.: The Theory of Price, 13. Aufl., New York 1964, S. 245.

[25] Solche ungleichen Marktverteilungen könnten dazu führen, daß einige Kartellmitglieder völlig weisungsgebunden bestimmten Produktionsrichtlinien des Kartellführers folgen müßten, um nicht vor die Alternative der Verdrängung gestellt zu werden. Unterstellt man, daß nur die Konsequenz der Verdrängung die weisungsgebundenen Kartellmitglieder zur Erfüllung der ihnen gesetzten Normen zwingt, so kann man nicht von einem freiwilligen Zusammenschluß sprechen.

[26] *Worcester*, D. A.: Why „Dominant Firms“ Decline, J. of Polit. Ec., Vol. 65, 1957, S. 338 ff. *Ott*, A. E.: Gewinnmaximierung, Reaktionshypothese und Gleichgewichtsgebiet beim unvollkommenen Dyopol. Jb. f. Nat. Ök. u. Stat., Bd. 175, 1963, S. 439.

[27] *Oliver*, H. M.: Average Cost and Long-Run Elasticity of Demand. J. of Polit. Ec., Bd. 55, 1947, S. 217.

[28] *Machlup*, F.: The Political Economy of Monopoly. Business, Labor and Government Policies, Baltimore 1952, S. 102.

Indem Eschenburg die „Herrschaft der Verbände?“ als mögliche Kennzeichen der modernen institutionellen Struktur der Wirtschaft und Gesellschaft betrachtet, wobei er den Gruppenegoismus („Egoismus liegt im Wesen der Gruppe“) als unvermeidbares Charakteristikum einer pluralistischen Gesellschaftsordnung ansieht[29], hat er das gleiche Erscheinungsbild vor Augen wie Marchal, wenn er von einem „Gruppen- oder Molekülarkapitalismus“ spricht[30]. Entscheidend für diese Betrachtung ist, daß die Struktur der Interdependenzen zwischen den Individuen sich mit zunehmender Industrialisierung so zu gestalten scheint, daß die fühlbare und zurechenbare Interdependenz des Verhaltens dominierend wird und die Gleichgewichtslösungen einer genaueren Umschreibung bedürfen, als bei dem Modell der vollständigen Konkurrenz. Neben die Fühlbarkeit von Aktionen muß, um eine optimale Beantwortung zu ermöglichen, auch die Zurechenbarkeit auf bestimmte Marktteilnehmer oder Gruppen kommen. Eine ethische Ausprägung erhält das Kooperationsproblem sofort, wenn man wie Knight annimmt, daß bei einer funktionierenden Kooperation „A strong argument for cooperation . . . would be its tendency to teach people to like each other in a more positive sense than can ever be bred by participation in a contest . . .“[31].

Indem die klassische Vorstellung einer natürlichen Harmonie in der Wirtschaft aufgegeben wird, muß das aus diesem Denkansatz entwikkelte Modell der vollständigen Konkurrenz, das eine simultane Übereinstimmung von Individual- und Kollektivinteresse gewährleistete, ersetzt werden durch Gruppenmodelle, bei denen Mitglieder einer Gruppe oder Gruppen untereinander entgegengesetzte Interessen auf andere Art abstimmen müssen, als durch Anpassung an den anonymen Marktpreis, der als Datum von einzelnen Marktteilnehmern nicht beeinflußt werden kann. Erfolgt Zusammenarbeit in der Gruppe, so kann man bezüglich der Freiwilligkeit zumindest sagen, sie ist „. . . voluntary in the sense in which the cooperation of parts in a machine, or of sells in a body, is not . . .“[32].

Bei der Analyse des Kartellproblems kann das Problem der Meßbarkeit und Vergleichbarkeit des Nutzens, das welfaretheoretische Aussagen sehr erschwert, vermieden werden, wenn von dem Gewinnmaximierungsverhalten oder von darauf transformierbaren Verhaltensweisen ausgegangen wird und der Nutzen einer freien Parameterfixie-

---

[29] *Eschenburg*, Th.: Herrschaft der Verbände?, Stuttgart 1955, S. 5.

[30] *Marchal*, J.: Der Gruppen- oder Molekülarkapitalismus, Wirtschaft und Recht, 1951/52, S. 19.

[31] *Knight*, F. H.: The Ethics of Competition and Other Essays, London 1935, S. 71, Wiederabdruck von: The Quart. Journ. of Econ., Bd. 37, 1923.

[32] *Boulding*, K. E.: The Organizational Revolution. A Study in the Ethics of Economic Organization, New York 1953, S. XXXI.

rung nur dann als Nebenbedingung eingeführt wird, wenn bestimmte kritische Konzentrationszustände erreicht werden.

Die kartelltheoretischen Aspekte stellen also eine entscheidungstheoretische Problemstellung dar, wobei nicht wie bei Shackle Entscheidungssituationen eines isolierten Individuums untersucht werden, sondern diese Situationen unter Berücksichtigung funktioneller Relationen mit den anderen Individuen.

Die Verhaltensinterdependenz zwischen den Individuen kann individuell zurechenbar oder nur über eine Gruppe bestimmbar sein. In den meisten Fällen wird eine Mischung dieser beiden Möglichkeiten vorliegen. Für die einzelne Entscheidungseinheit tritt dann das Problem auf, eine optimale Position in der Interdependenzstruktur zu finden. Diese optimale Position hängt davon ab, ob und in welcher Koalition sich die einzelne Entscheidungseinheit befindet und wie stark die Stellung in der Koalition ist.

Wenn man mit Droysen[33] die Wechselwirkung zwischen den jeweiligen Zuständen und dem Denken als einen Prozeß ansieht, der sich immerwährend vollzieht, so ist sicher, daß sich mittels der gruppentheoretischen Modelle Aussagen machen lassen, die immer wahr, aber nicht immer aktuell sind.

Bei den im Folgenden behandelten Modellstellungen, die Koordinationsformen individuellen Verhaltens behandeln, wird von dem individuellen Verhaltensziel der Gewinnmaximierung ausgegangen.

Damit werden die Problemstellungen sehr vereinfacht, ohne daß hierdurch der Erklärungswert zu sehr an Plausibilität einbüßt, denn solange das Einkommen eines Individuums der Knappheitsfaktor bei der Erlangung der Konsumziele ist, stellt das Prinzip der Gewinnmaximierung ein wirksames Mittel der Einkommenserzielung und Einkommenssicherung im Zeitablauf dar und kann bei der Analyse des Unternehmerverhaltens als Zielgröße angesehen werden[34]. Erfolgt die Gewinnmaximierung aus Prestigegründen oder Machtstreben, sind Sättigungserscheinungen kaum zu erwarten, die dazu führen könnten, daß die Unternehmertätigkeit zeitlich zugunsten anderer Tätigkeiten eingeschränkt wird, was in der Regel schon mittelfristig in einer dynamischen Wirtschaft mit einer Gewinnreduzierung verbunden sein dürfte.

---

[33] *Droysen*, J. G.: Grundriß der Historik, Hrsg. von E. Rothacker, Halle 1923, S. 434.

[34] Lange meint sogar, im kapitalistischen Unternehmen sei die Gewinnmaximierung eine ökonomische Notwendigkeit. *Lange,* O.: Das Prinzip der wirtschaftlichen Rationalität, Ökonomie und Praxeologie. Zeitschrift für die gesamte Staatswissenschaft, Bd. 120, 1964.

Sind neben dem Ziel der Gewinnmaximierung bei den einzelnen Individuen auch noch andere Ziele handlungsbestimmend, so wird die jeweils realisierte Handlung und ihr Ergebnis sich von jenem Fall unterscheiden, bei dem eine solche Zielkonkurrenz nicht aktuell war. Sehr verschieden hiervon werden Handlung und Handlungsergebnis natürlich dann sein, wenn Asketen die Gewinnmaximierung als Übel ansehen. Von einer solchen Präferenzenordnung wird jedoch abgesehen.

Sicherlich ist die Höhe des Gewinnes abhängig von den sie beeinflussenden Daten (Staatliche Kartellpolitik, Transparenzgrad, Nachfragefunktion) und dem Verhalten, aber das Verhalten ist durch die Zielsetzung determiniert, so daß immer jene Verhaltensweise über andere Verhaltensweisen dominiert, die einen unter den gegebenen Umständen maximalen Gewinn oder bei einem unvollständigen Informationsgrad und gegebenem Entscheidungskriterium den maximalen Erwartungswert realisieren hilft. Hierbei darf keineswegs die Verhaltensinterdependenz vernachlässigt werden, sie bildet in den meisten Preisbildungsmodellen das eigentliche Problem[35].

Sind neben dem Ziel der Gewinnmaximierung konkurrierende Zielsetzungen als Nebenbedingungen aufzufassen, so wird gegen die Anwendung des Gewinnmaximierungsprinzips nichts einzuwenden sein. Wenn jedoch „... profit can be sacrificed for anything, however, it is clearly not maximized“[36]. Ein solcher Fall läge dann vor, wenn auf einen höheren Gewinn zugunsten einer größeren Freizeit verzichtet wird.

Einwendungen gegen die Gültigkeit des Prinzips der Gewinnmaximierung resultieren aus der Annahme, daß ein Gewinnanspruchsniveau als Sättigungsgrenze erreicht wird[37], oder daß die höchstmögliche Verzinsung des eingesetzten Kapitals konkurrierende Zielsetzung zur Gewinnmaximierung sein kann[38]. Letztere Ansicht, die von Jöhr ohne Be-

---

[35] *Schneider* stellt ganz auf individuelle Verhaltensweisen ab und fragt danach: „Wie gestaltet sich der Ablauf des Preisbildungsprozesses und welcher Gleichgewichtszustand bildet sich am Markt mit n Beteiligten, wenn das Individuum A unter Anwendung der Strategie S_a, das Individuum B unter Anwendung der Strategie S_b usw. den maximalen Erfolg zu erzielen suchen?“ (gesperrt gedr.), so daß das Problem der Verhaltensabstimmung nicht zur Sprache kommt, obwohl es bei der Themastellung nahegelegen hätte. *Schneider*, E.: Zielsetzung, Verhaltensweise und Preisbildung, Jb. f. Nat. u. Stat., Bd. 157, 1943. Wiederabdr. in: Ott, A. E.: Preistheorie, Neue Wiss. Bibl. WW, Bd. 1, S. 34.

[36] *Boulding*, K. E.: The Ethics of Rational Decisions, M. Sc., Bd. 12, 1966, S. 164.

[37] *Machlup*, F.: Wettbewerb (III): Wirtschaftstheoretische Betrachtung, Handw. d. Soz., Bd. 12, 1965, S. 36/48.

[38] *Jöhr*, W. A.: Zur Diskussion über die Rolle der Konkurrenz in der modernen Wirtschaft, in: Einheit und Vielfalt in den Sozialwissenschaften, Festschr. f. A. Mahr, Wien, New York 1966, S. 101.

gründung geäußert wird, ist deswegen wenig plausibel, weil die Kapitalrendite als Kriterium dafür, wo Kapital eingesetzt wird, immer Instrument der Gewinnmaximierungspolitik ist.

Fast durchweg lassen sich die Ziele, die häufig als konkurrierende Ziele angeführt werden (Marktanteil halten oder verbessern, Unternehmenswachstum steigern, Gewinnsicherung, gute Beziehungen zu der Öffentlichkeit, zu den Gewerkschaften, zu den Kartellbehörden) entweder als Mittel zur (mittel- oder langfristigen) Gewinnmaximierung interpretieren, oder als Ausdruck vorsichtigen Marktverhaltens und einer Risikoscheu infolge mangelnder Markttransparenz[39]. Sicherlich wird auch aus rein ideologischen Gründen das Gewinnmaximierungsverhalten von interessierter Seite verneint.

Sind beim Angebotsverhalten neben dem Ziel der Gewinnmaximierung noch andere Ziele handlungsbestimmend, die nicht als Nebenbedingungen berücksichtigt werden können, so liegt eine Gewinnoptimierung vor. Eine Gewinnoptimierung kann jedoch dann als eine *relative* Gewinnmaximierung verstanden werden, wenn eine Verbesserung einer Optimalsituation möglich ist, diese Verbesserung mit einem höheren Gewinnniveau verbunden ist und auch angestrebt wird. Wenn Machlup meint, „... daß die Hypothese des Höchstgewinnstrebens eine notwendige Voraussetzung der meisten Wettbewerbsbegriffe ist und daß marktwirtschaftliche Konkurrenz ohne Gewinnstreben nicht viel Sinn hat“[40], so muß ihm entgegen gehalten werden, daß die relative Gewinnmaximierung in diesen Beziehungen dem Höchstgewinnstreben gleichwertig ist.

---

[39] Eine gute neuere Darstellung der Gewinnmaximierungsproblematik gibt Heinen. *Heinen,* E.: Das Zielsystem der Unternehmung. Grundlagen Betriebswirtschaftlicher Entscheidungen, Wiesbaden 1966, S. 59 ff.

[40] *Machlup,* F.: Wettbewerb (III): Wirtschaftstheoretische Betrachtung, Handw. d. Soz., Tübingen, Göttingen 1962, S. 48.

B.

I. Konzentration und wirtschaftliche Entwicklung

Bei der Problemstellung der Konzentration sollen folgende Fälle unterschieden werden:

a) Konzentration der Produktionseinheiten

Hierbei handelt es sich um eine Verringerung der Anzahl der Produktionseinheiten (absolute Konzentration) und/oder um eine Zunahme der relativen Konzentration durch unterschiedliches Größenwachstum der Einheiten, die tendenziell immer zu der Form der absoluten Konzentration strebt, wenn der Prozeß der relativen Konzentration nicht unterbrochen wird oder zu einem stochastischen Gleichgewicht des Markov-Prozesses führt[1].

b) Konzentration der Entscheidungseinheiten

Bei der Konzentration der Entscheidungseinheiten in ökonomischen Gruppen handelt es sich um eine Konzentration des Verhaltens im Gegensatz zu der kapitalmäßigen Konzentration. Auch bei dieser Form der Konzentration kann man zwischen absoluter und relativer Konzentration unterscheiden. Der höchste Konzentrationsgrad ist vorhanden, wenn nur noch eine Entscheidungseinheit besteht, etwa eine Person, die mit Hilfe des Barone'schen Produktionsministeriums Produktionsanweisungen gibt.

Eine Entscheidungsbefugnis bei (mehreren) Personen steht einem Anpassungszwang an Entscheidungen, dem andere Personen unterliegen, gegenüber, wobei an die Entscheidungsbefugnis noch bestimmte Anforderungen gestellt werden müssen.

---

[1] Siehe hierzu die Arbeiten von *Arndt*, H. und *Ollenburg*, G.: Begriff und Arten der Konzentration, in: Die Konzentration in der Wirtschaft, hrsg. von H. Arndt, Bd. 1 Stand der Konzentration, Berlin 1960, Schr. d. Ver. f. Socialpol., NF Bd. 20/I. *Kellerer*, H.: Zur statistischen Messung der Konzentration in der Wirtschaft, in: Die Konzentration in der Wirtschaft, hrsg. v. Helmut Arndt, Bd. 1 Stand der Konzentration, a.a.O. *Brandt*, K.: Konzentration und wirtschaftliche Entwicklung, in: Die Konzentration in der Wirtschaft, hrsg. von H. Arndt, Bd. 3, Wirkungen und Probleme der Konzentration, Berlin 1960. Schr. d. Ver. f. Socialpol. NF Bd. 20/III.

Die Größe des Konzentrationsgrades des Verhaltens sagt etwas aus über den Freiheitsgrad in der Gruppe. Dieser Freiheitsgrad kann bei Mitgliedern einer Gruppe (von Anbietern) als mögliche konkurrierende Zielsetzung zur Zielsetzung der Gewinnmaximierung erscheinen, so daß dessen Definition erforderlich erscheint.

Der Begriff der Freiheit muß enger gefaßt werden, als die mögliche Wahl zwischen Alternativen, denn bei den möglichen Alternativen kann es sich auch um Mittel zur Erreichung eines vorgegebenen Zieles handeln, und die Möglichkeit einer Wahl ist lediglich Folge der Ungewißheit über die Effizienzgrade der Mittel zur Erreichung des Zieles. Verschwindet die Ungewißheit, besteht kein rationales Wahlhandlungsproblem mehr, die Handlung ist zumindest stochastisch determiniert. Unter Freiheit soll deshalb die Möglichkeit verstanden werden, eigene Ziele aufzustellen[2], die nur abhängig sind von den eigenen Bedürfnissen und der Umwelt.

Im Gegensatz dazu steht die befohlene Zielsetzung, innerhalb der der Beweglichkeitsgrad des sich an einer solchen Zielfunktion orientierenden Individuums mehr oder weniger eingeschränkt sein kann; im äußersten Fall ist der Verhaltensablauf eines Individuums völlig determiniert.

Es ist aber möglich, daß optimale Antworten auf eventuell sich ändernde Situationen nicht bekannt sind, und in solchen Fällen fehlender Transparenz kann die Suche nach optimalen Mitteln keinerlei Beschränkungen unterliegen. Nach obiger Definition liegt jedoch keine Freiheit vor, sondern nur mehrere mögliche Formen der Anpassung. Eine solch enge Definition der Freiheit erscheint insofern sinnvoll, als entweder Transparenz in einem so hohen Maße erreicht wird, daß eine optimale Antwort gefunden wird und dadurch die Determiniertheit zumindest innerhalb einer objektiven Wahrscheinlichkeitsverteilung festlegt, oder der Suchprozeß abgebrochen und damit das Problem verlassen wird.

Wird der Suchprozeß nicht unterbrochen und kommt es zu einer Entscheidung bei Unsicherheit, die durch subjektive Entscheidungsmomente bestimmt wird, so liegt hier eine freie Entscheidung vor, die in einer spontanen Handlung ihren klarsten Ausdruck findet.

Eine spontane Handlung steht dann im Widerspruch zur rationalen Handlung, wenn bei ihr auf eine angemessene Denkzeit verzichtet wird, ohne die eine rationale Handlung kaum möglich ist. Der spontanen Handlung ist also ein Eigenwert zuzumessen, da ihr Wert nicht wie bei der rationalen Handlung durch das Ergebnis der Handlung bestimmt wird.

---

[2] *Hättich*, M.: Wirtschaftsordnung und Katholische Soziallehre. Stuttgart 1957, S. 95.

Der Shackle'sche Entscheidungsbegriff deckt sich zwar weitgehend mit diesem abgeleiteten Begriff der Freiheit, da Shackle davon ausgeht, daß eine Entscheidung und ein determiniertes Verhalten sich gegenseitig ausschließen[3].

Shackles Voraussetzungen für eine Entscheidung sind jedoch insofern strenger als die Bedingungen für das Vorliegen des Begriffes Freiheit formuliert, als Shackle bei völliger Transparenz die Anwendung des Begriffes Freiheit als sinnlos ansieht.

In diesem Falle völliger Transparenz lassen sich allen Handlungen Ergebnisse zuordnen, die nach einer Bewertung ein mechanisches Auswählen ermöglichen. Es soll jedoch dann noch von einer freien und nicht determinierten Handlung gesprochen werden, wenn die Ziele, die die Handlungen verwirklichen sollen, von dem Individuum frei gewählt werden können.

Um eine Verbindung des Problems der Freiheit innerhalb einer ökonomischen Gruppe mit anderen Gruppen und außerökonomischen Bereichen zu erlangen, soll angenommen werden, daß ein Individuum Veränderungen des Freiheitsgrades in verschiedenen Bereichen miteinander vergleichen kann, wobei eine Veränderung des Freiheitsgrades in einer Veränderung der Anzahl der aktuell erreichbaren Ziele, der Zielbreite, gesehen werden kann, so daß eine Aussage über den totalen Freiheitsgrad erst nach einem Vergleich der Freiheitsgrade in partiellen Bereichen möglich ist, die sich entgegengesetzt entwickeln können.

Es kann z. B. auf eine (freie) eigene Parameterfixierung in einer Gruppe verzichtet werden zugunsten eines höheren Gewinnes, der eine freie Parameterfixierung in einem anderen Industriesektor (oder Konsumbereich) ermöglicht. Ist der Freiheitsgrad dort ebenso hoch wie in dem verlassenen Sektor, so hat das Individuum eine Situationsverbesserung erreicht.

Für die Beurteilung von Konzentrationsneigungen dürfte also nicht nur die dadurch mögliche Gewinnveränderung, sondern auch die Appetenz der Marktteilnehmer bezüglich der Möglichkeiten freier Entscheidungen maßgebend sein, so daß durchaus eine Gewinnverringerung zugunsten einer Erhöhung des Freiheitsgrades in Kauf genommen werden kann.

Bei einer Sieben-Personen-Gruppe sind folgende Organisationstypen bezüglich der Freiheitsgrade als gleichwertig anzusehen. Die Pfeilrichtung zeigt auf Personen mit Anpassungsverhalten.

---

[3] *Shackle*, G. L. S.: Decision, Order, and Time . . . a.a.O., S. 8. ff.

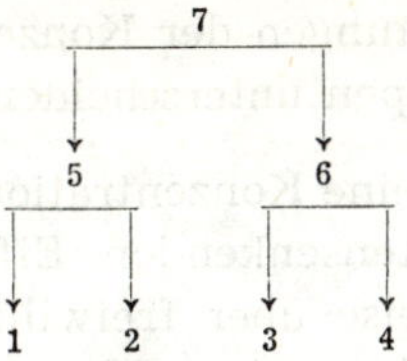

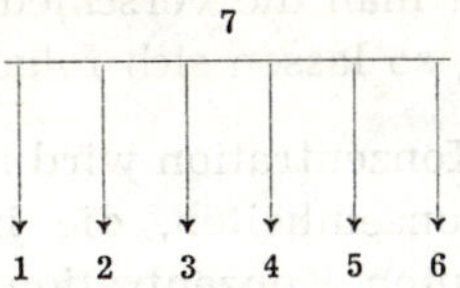

Einen größeren Freiheitsgrad würde man bei folgender Zuordnung der interpersonellen Weisungsbefugnis erhalten:

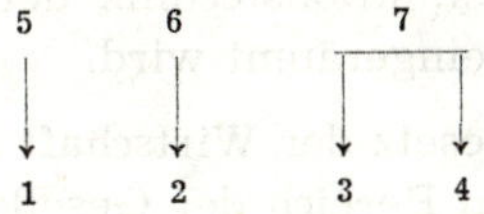

Die jeweilige Realisierung einer Organisationsstruktur richtet sich nach bestimmten Optimalitätskriterien einer Effizienz-Verteilung von Qualifikationswerten[4] und nach dem System der Willensbildung in der Gruppe, in der sich die individuellen Präferenzen realisieren.

Da man davon ausgehen kann, daß Konzentration und Dekonzentration komplementäre Begriffe sind, bedeutet eine positive Konzentrationsveränderung — wobei positiv nur als mathematisches Symbol und nicht als Wertung zu verstehen ist — eine Konzentrationssteigerung und eine negative Konzentrationsveränderung eine Konzentrationssenkung, also Dekonzentration.

Erhält man bei unterschiedlichen Konzentrationsmaßen (absolute, relative Konzentration) unterschiedliche Konzentrationsgrade, so ist es eine Interpretationsfrage, welchem Grad die größere Aussage zugeordnet wird. Betrachtet man den Trend einer Konzentrationsbewegung, so sind sowieso nur gleichlaufende Bewegungen zu erwarten.

Kapital- und Verhaltenskonzentration kann man miteinander nicht so verknüpfen, daß man eine Veränderung in einem Bereich als notwendige oder hinreichende Bedingung für eine Änderung in einem anderen Bereich bezeichnen müßte.

Für jede mögliche Entwicklungstendenz der Konzentration sind Theorien entwickelt worden, die aus bestimmten Annahmen heraus den einen oder anderen Trend feststellen zu können glaubten.

---

[4] Siehe hierzu: *Gale*, D.: The Theory of Linear Economic Models. New York, Toronto, London 1960. S. 143 ff. *Ford*, L. R., Fulkerson, D. R.: Flows in Networks. Princeton, N. Y. 1962. *Brandt*, K.: „Arbeitsteilung" (II) Wirtschaftliche Bedeutung. Handw. d. Soz., Stuttgart, Tübingen, Göttingen 1964. *March*, G. J., *Simon*, H. A.: Organizations, New York, London 1958, S 23 ff.

Ordnet man die verschiedenen Hauptrichtungen der Konzentrationstheorien, so lassen sich folgende Hauptgruppen unterscheiden[5]:

(1) Die Konzentration wird induziert durch eine Konzentration der Produktionseinheiten, die infolge des kostensenkenden Effektes der absoluten Konzentration notwendigerweise über freiwillige Fusionen oder einen Verdrängungswettbewerb zu einer Monopolisierung der Produktion führt.

Diese Entwicklung wird insofern als zwingend angesehen, als aus der Zielsetzung des Wirtschaftens heraus der optimaleren Produktionsstruktur und Produktionstechnik der Vorzug gegenüber einer weniger optimaleren eingeräumt wird.

Dieses Entwicklungsgesetz der Wirtschaft im Sektor der Produktion wird im soziologischen Bereich der Gesellschaft durch eine Konzentration der Entscheidungseinheiten begleitet, die zu sozialen Revolutionen führt (sozialistische Konzentrationstheorie).

Bei den Theorien, die staatliche Eingriffe zulassen, ist das Problem der Entwicklung der Konzentration letztlich nur eine Frage der Zielsetzung des Staates und der Macht, diese Zielsetzung durchzusetzen. Ökonomisch interessant können hierbei nur Diskussionen darüber sein, inwieweit rein ökonomische Entwicklungen (Technik) und/oder verschiedene Willensbildungssysteme Einfluß auf die Macht des Staates haben. So kann es unter bestimmten Voraussetzungen auf Märkten Konzentrationen des Verhaltens geben, die vom Staat durch keine Maßnahmen beseitigt werden können, wenn die freie Preisbildung nicht ganz beseitigt werden soll.

Solche Phänomene der Konzentration des Verhaltens infolge eines gleichgerichteten Verhaltens liegen außerhalb des von F. W. Meyer und H. Gröner angeführten Konzentrations-Kriteriums, welches ihrer Meinung nach darin besteht, „... daß einzelne Wirtschaftspläne dominierend sind“[6], da nicht notwendigerweise bei Kollusionen zwischen mehreren Personen Wirtschaftspläne dominierend sein müssen.

(2) Die Konzentration der Produktionseinheiten infolge des technischen Fortschritts führt auch ohne staatliche Eingriffe nicht notwendigerweise zu sozialen Revolutionen, da sich eine Form des Syndikalismus stabilisieren kann.

---

[5] Siehe hierzu auch: *Brandt,* K.: Konzentration und wirtschaftliche Entwicklung, a.a.O. S. 1472 ff.

[6] *Meyer,* F. W.; Gröner, H.: Internationale Konzentration, in: Die Konzentration in der Wirtschaft, Bd. 1 Stand der Konzentration, hrsg. von Helmut Arndt, a.a.O., S. 755.

Dies ist deshalb möglich, weil die monopolistischen Produktionen sich infolge von langfristigen Fluktuationen in einem dauernden Prozeß der schöpferischen Zerstörung befinden, oder weil zwischen Monopolen infolge der gemeinsamen Konkurrenz um die Konsumausgaben der Konsumenten ein Substitutionswettbewerb zwischen den möglichen Einkommensverwendungsarten der Konsumenten besteht und die Größe der volkswirtschaftlichen Konsumsumme beeinflußt werden kann.

Eine weitere Möglichkeit des Ausgleichs der Monopolisierungsgrade besteht in der Bildung von Monopolen auf der Marktgegenseite in Form von Gewerkschaften auf dem Arbeitsmarkt und Konsumgenossenschaften auf den Konsumgütermärkten.

Diese Entwicklungen werden begleitet durch eine fehlende oder abgeschwächte monopolistische Verhaltensweise der monopolisierten Produzenten, die hierin den Preis dafür erblicken, daß soziale Spannungen vermieden werden und ihre Unternehmenstätigkeit durch soziale Revolutionen nicht gefährdet wird.

(3) Die verschiedenen Formen der Konzentration und Monopolisierung können durch wirtschaftspolitische Maßnahmen verhindert oder abgeschwächt werden. Die Entwicklung des kapitalistischen Systems ist nicht unabänderliches Schicksal, sondern beeinflußbar. Es kommt auf die Zielsetzungen und Willensbildungssysteme des Staates an, welche Entwicklung sich durchsetzt.

(4) Die Konzentrationserscheinungen in der Produktion werden nur in speziellen Phasen der Entwicklung als dominierend angesehen, auf die Dauer tritt die Konzentration der Entscheidungseinheiten in den Vordergrund. Die Produktionseinheiten bleiben relativ dekonzentriert, da entsprechend gestreuter Qualitätsvorlieben der Konsumenten bezüglich der Produkte enge Substitutionsbereiche zwischen den angebotenen Gütern verbleiben, die nicht zu einer Konzentration infolge von dadurch erreichbaren Produktionsvorteilen führen.

Eine spezielle Konzentrationstheorie der Entscheidungseinheiten, die eine Konzentration der Finanzierung beschreibt, wird von Hilferding gegeben[7].

II. Das Kartell als Erscheinung der partiellen Koordination von Aktivitäten in der wirtschaftshistorischen Entwicklung

Im folgenden Abschnitt soll aufgezeigt werden, inwieweit Kartelle oder kartellartige Organisationsformen in ihrer Entstehung an be-

[7] *Hilferding*, R.: Das Finanzkapital, Wien 1923. Marx-Studien. Blätter zur Theorie und Politik des wissenschaftlichen Sozialismus, hersg. von M. Adler und R. Hilferding, Bd. 3.

stimmte wirtschaftliche Entwicklungsperioden gebunden sind oder nicht. Eine vollständige Darstellung der ersten Formen der Kartelle ist dabei weder beabsichtigt noch nötig.

Die Erscheinungsform des Monopols wurde schon sehr frühzeitig auf Märkten festgestellt und beschrieben, meist in Verbindung mit Maßnahmen von seiten des Staates zur Beeinflussung dieser Marktform[1].

Auch das gemeinsame Fixieren der Aktionsparameter von Anbietern, Nachfragern und Händlern — also der Tatbestand, den man heute als Kartell bezeichnen würde — wurde schon seit dem Entstehen ökonomischer Interdependenzen beobachtet.

Da es recht unwahrscheinlich ist, daß die Möglichkeit des gemeinsamen Vorgehens von Wettbewerbern zur Vermeidung von Interessenkonflikten und zur Sicherung von Vorteilen stets nicht gesehen oder ein solches Vorgehen immer als unvorteilhaft betrachtet wurde und deshalb nicht zustande kam, wird ein sehr frühzeitiger Nachweis von Formen kollusiver Verhaltenskoordination nur wenig überraschen.

Um so erstaunlicher ist die Tatsache, daß von zahlreichen Autoren das Kartell der Erscheinungsform einer entwickelten Wirtschaft zugeschrieben wird.

Schönlanks Feststellung: „Am 9. Mai 1873, als in Wien die Sterbeglocke des wirtschaftlichen Aufschwungs gellte, wurde die Geburtsstunde der Kartelle eingeläutet[2],“ übernahm eine Reihe von Autoren, so Schäffle[3], Liefmann[4] und für einige Zeit auch Stieda[5]. Eine gegenteilige Ansicht vertraten in der deutschen Literatur Kleinwächter[6], Brentano[7] und Bücher[8].

---

[1] Siehe hierzu die Darstellungen bei *Machlup,* F.: The Political Economy of Monopoly. a.a.O., S. 185 ff. *Roover,* R. de: Monopoly Theory Prior to Adam Smith: A Revision, Quart. J. of Ec., Bd. 65, 1951. Piotrowski, R.: Cartels and Trusts. Their Origin and Historical Development from the Economic and Legal Aspects, London 1933. *Kohler,* J.: Der unlautere Wettbewerb. Darstellung des Wettbewerbsrechts, Berlin, Leipzig 1919.

[2] *Schönlank,* B.: Die Kartelle, Arch. f. Soz. Ges. u. Stat., Bd. III, 1890, S. 193.

[3] *Schäffle,* A. E.: Zum Kartellwesen und zur Kartellpolitik. Zeitschr. f. d. ges. Staatsw., 1898, S. 467: „Fast wie ein Blitz aus dem kaum noch so heiteren Himmel des Glaubens, welcher dem ‚freien Spiel der Kräfte‘, dem Konkurrenzharmonismus der liberalen Volkswirtschaft galt, sind die Kartelle herniedergefahren.“

[4] *Liefmann,* R.: Kartelle, Konzerne und Trusts, Stuttgart 1930, 8. Aufl., S. 23: „So kam es, daß als Ende der 70er Jahre zum ersten Mal einige Kartelle die Öffentlichkeit beschäftigten, der Begriff und die Sache selbst noch durchaus unbekannt waren.“

[5] *Stieda,* W.: Kartelle, in: Schr. d. Ver. f. Socialpol. Leipzig 1895, S. 3: „Von Kartellen hat die Wissenschaft der Nationalökonomie bis vor etwa 15 Jahren kaum etwas gewußt.“

[6] *Kleinwächter,* F. v.: Die Kartelle. Ein Beitrag zur Frage der Organisation der Volkswirtschaft, Innsbruck 1883, S. 96 ff.

[7] *Brentano,* L.: Die wirtschaftlichen Kartelle, in: Schr. d. Ver. f. Socialpol., Leipzig 1895, Bd. 61, S. 175.

[8] *Bücher,* K.: Die wirtschaftlichen Kartelle, in: Schr. d. Ver. f. Socialpol., Leipzig, 1895, Bd. 61, S. 138.

Wenn der Begriff des Kartells mit der heutigen Bedeutung erstmals 1879 im Deutschen Reichstag Verwendung fand, so sagt diese Feststellung über die vorherige Existenz des Tatbestandes eines Kartells nichts aus, denn im Laufe der geschichtlichen Entwicklung hat die Sprache gleiche Phänomene recht unterschiedlich bezeichnet, oder es wurden unterschiedliche Phänomene mit einem Begriff bezeichnet. So wurde der Begriff des Wettbewerbs von den Merkantilisten nie benutzt, man sprach von „freiem Handel". Entsprechend wurden kartellartige Abreden als Einschränkungen des freien Handels bezeichnet und meist mit Monopolen gleichgestellt. Dies gilt insbesondere für die Doktoren der Scholastik, für die eine sehr weit gefaßte Monopol-Definition charakteristisch war.

In der amerikanischen Literatur hatte man — zumindest in der ersten Phase der industriellen Entwicklung — mit dem sehr weiten Begriff des „trust" sämtliche möglichen Formen von Verhaltenskoordinationen und Kapitalfusionen erfaßt, so bei Cook: „the term trust is populary applied to all methods of effecting a combination in trade[9]."

Zusammenschlüsse zur Ausschaltung des Wettbewerbs gab es schon in den ersten Epochen der wirtchaftlichen Entwicklung. Sie werden entweder direkt beschrieben, oder man kann sie aus den gesetzlichen Maßnahmen des Staates zu ihrer Verhinderung ableiten.

Schmoller zeigt einen Fall regionaler Marktaufteilung zwischen verschiedenen Städten Phöniziens auf, die dadurch eine stärkere Position in dem Wettbewerb mit Griechenland erlangen wollten[10].

Räumliche Marktaufteilungen dieser Art zeigen sich auch in der Folgezeit. So gab es 1181 eine Vereinbarung zwischen den beiden italienischen Städten Pisa und Lucca, die den Wettbewerb zwischen diesen beiden Städten ausschaltete[11].

Über kartellmäßiges Verhalten in Indien einige Jahrhunderte vor Christus geben die gegen diese Praktiken erlassenen Gesetze Auskunft: „Wenn Leute sich zusammentun und eine Verschlechterung der Beschaffenheit der Leistungen der Gewerbehandwerker und Kunsthandwerker, den Gewinn oder eine Störung des Verkaufs oder des Kaufs (die Verhinderung anderer am Kauf und Verkauf) verfügen, ist die Strafe 1000 pana. Oder wenn die Händler sich zusammentun und eine Ware zurück-

---

[9] *Cook,* W. W.: „Trusts". The Recent Combinations in Trade, their Charakter, Legality, and Mode of Organization, and the Rights, Duties, and Liabilities of their Managers and Certificate-Holders. New York 1888, S. 4.

[10] *Schmoller,* G. v.: Allgemeine Volkswirtschaftslehre, Leipzig 1904, Bd. 2, S. 567.

[11] *Schaube,* A.: Handelsgschichte der romanischen Völker des Mittelalters bis zum Ende der Kreuzzüge, München 1906, S. 650 ff.

halten oder sie zum ungehörigen Preis verkaufen oder kaufen, ist die Strafe 1000 pana[12]."

Ebenso wie in den anderen alten Staaten findet man auch im alten Rom auf dem Lebensmittel- und besonders auf dem Kornmarkt monopolistisches Verhalten Einzelner oder einer Gruppe von Kaufleuten, das unter schwere Strafen gestellt wurde. Die älteste gesetzliche Norm gegen solche Monopole stellt das „lex Julia de annona" dar. Hierin wird gegen die „societas" Strafe angedroht, die durch verabredungsbedingtes Anheben der Kornpreise sich als Preiskartell — in der heutigen Terminologie — zeigt.

Besonders in Zeiten wirtschaftlicher Krisen wie im 3. Jahrhundert waren monopolistische Übereinkünfte häufig. Preiserhöhungen der Händler von knappen Lebensmitteln, also Ringbildungen, standen zweifellos im Vordergrund, und das Edikt von Diokletian „de pretiis rerum venalium" ging streng dagegen vor. Die später folgenden gesetzlichen Bestimmungen, der Code des Justinian und das Edict des Zeno, führten neben dem Monopol andere gemeinsame Verabredungen als Tatbestände auf, gegen die Strafen angedroht wurden.

Die Interpretation dieser Gesetze ist nicht einheitlich, was wohl dem Umstand zuzuschreiben ist, daß sie sich gegen monopolistisches Verhalten richteten, ohne formale Abgrenzungskriterien der einzelnen Monopolformen gegeneinander zu liefern. Deshalb sieht Lehnich auch nur eine formelle Übereinstimmung der in diesen Gesetzen geschilderten Tatbestände mit Kartellen und will solche Maßnahmen nur „... gegen die Ausnutzung der Unsicherheit der Preisbildung und die Preistreiberei bei bestehender Warenknappheit abgestellt ..."[13] sehen.

In der Folgezeit zeigten die Kapitularien von Karl dem Großen und Ludwig dem Frommen Vorschriften gegen ein gemeinsames Handeln der Handelsleute — etwa zur Konzentration des Marktes. Solche gesetzlichen Normen finden sich in einigen Ländern noch im Mittelalter[14].

Kartellvereinbarungen, die Bestand hatten und keinen hoheitlichen Verbotsvorschriften unterworfen waren, waren solche, die entweder durch die hoheitliche Gewalt gebilligt oder sogar durch sie gefördert wurden. So entstand das Salzminen-Kartell, als internationales Produzentenkartell zwischen König Philipp dem Edlen und Karl II. von Neapel unter aktiver Förderung durch Karl II[15].

---

[12] *Meyer*, J. J.: Das altindische Buch vom Welt- und Staatsleben. Das Artaçastra des Kautilya. Aus dem Sanskrit übersetzt und mit Einleitung und Anmerkungen versehen von J. J. Meyer. Leipzig 1926, S. 323 ff.

[13] *Lehnich*, O.: Kartelle und Staat, Berlin 1928, S. 11.

[14] *Zycha*, K.: Das böhmische Bergrecht des Mittelalters auf Grundlage des Bergrechts von Iglau, Berlin 1900, Vol. I, S. 171. Er zeigt gesetzliche Maßnahmen gegen Preiskartelle zwischen Metallhändlern auf.

[15] *Davidsohn*, R.: Forschungen zur Geschichte von Florenz, Berlin 1901.

Strieder, der eine solche fiskalische Theorie der Kartellentstehung vertritt[16], wird von Piotrowski entgegengehalten, daß die Initiative zur Kartellentstehung immer im privaten Bereich zu suchen sei[17]. Bei dem Salzkartell von 1301 lag die Initiative bei den privaten Pächtern der Salzminen; bei dem Alaun-Kartell von 1470 zwischen Papst Paul II. und König Ferdinand von Neapel läßt sich jedoch nicht genau belegen, wer die Initiative zur Kartellbildung ergriffen hat.

Das 1498 mit der Unterstützung von Karl V. zustande gekommene Kupferkartell, in dem die Fugger eine dominierende Entscheidungsbefugnis hatten[18], warf die Frage auf, ob die Handelsgesellschaft der Fugger ein Kartell oder ein Ring sei[19]. Das Kriterium des Unterschiedes liegt für Ehrenberg in diesem Falle in der Dauer der Vereinbarung über das gemeinsame Handeln. Jsay[20] möchte solche eher spekulativen Zusammenschlüsse, die er Ring nennt, von den Kartellen unterschieden wissen, im Gegensatz zu Kohler[21], Ehrenberg[22] und Wertheimer[23], wobei für ihn auch der Umstand maßgebend war, daß es sich nicht um einen Zusammenschluß von Produzenten, sondern von Händlern handelte. Peez[24] wählt als Unterscheidungskriterium die Motive der Koalierenden: während die Kartelle infolge der Not zustande kommen, werden Ringe lediglich aus Gewinnlust gebildet. Eine solche unhaltbare Unterscheidung ist nur möglich infolge der unbegründeten Annahme, Kartelle seien immer als „Kinder der Not" entstanden.

Ähnlich wie bei der Frage der Abgrenzung der Ringe und Corners[25] von den Kartellen, bildeten sich unterschiedliche Auffassungen darüber, ob die Zünfte den Kartellen zuzuordnen seien.

Strieder, J.: Studien zur Geschichte kapitalistischer Organisationsformen. Monopole, Kartelle und Aktiengesellschaften im Mittelalter und zu Beginn der Neuzeit. München-Leipzig 1914, S. 68 ff.

16 *Strieder*, J.: a.a.O., S. 69 ff.

17 *Piotrowski*, R.: a.a.O., S. 163.

18 *Ehrenberg*, R.: Zeitalter der Fugger, Jena 1912, Bd. I, S. 396 ff. u. S. 417 ff.

19 Einen sehr eingehenden Überblick über Kartellbildungen im 14. bis 18. Jahrhundert erhält man von *Strieder*, Jakob, Studien zur Geschichte kapitalistischer Organisationsformen, a.a.O., S. 156 ff. und *Piotrowski*, R.: a.a.O.

20 *Isay*, R.: Die Entwicklung der deutschen und ausländischen Kartellgesetzgebungen, Berlin 1930, S. 6.

21 *Kohler*, J.: Der unlautere Wettbewerb, a.a.O.

22 *Ehrenberg*, R.: a.a.O., Bd. I, S. 397.

23 *Wertheimer:* Diskussionsbeitrag, in: Discussion über „Kartelle", in: Mitteilungen der Gesellschaft österreichischer Volkswirte. 1. Jg. 1888/89, Prag, Wien, Leipzig 1889, S. 152.

24 *Peez:* Diskussionsbeitrag, in: Discussion über „Kartelle", in: Mitteilungen der Gesellschaft österreichischer Volkswirthe. 1. Jg. 1888/89, Prag, Wien, Leipzig 1889, S. 152.

25 *Liefmann*, R.: Die Unternehmerverbände (Konventionen, Kartelle), ihr Wesen und ihre Bedeutung, Freiburg, Leipzig, Tübingen 1897, S. 136.

Diese Einrichtungen gab es in China nachweislich schon lange vor Christi Geburt[26], und sie sind später in allen Ländern in mehr oder weniger ausgeprägter Form und unter den verschiedensten Bezeichnungen anzutreffen[27].

Während Piotrowski[28] diese Gruppenbildungen all jenen Organisationen gleichstellen möchte, die zur Ausschaltung des Wettbewerbs gebildet wurden, stellt Sombart bei den Zünften und Gilden das soziologische Moment in den Vordergrund. Für ihn sind die Zünfte und Gilden primär nur „Fortsetzungen der alten Bluts- und Ortsgemeinschaften"[29], was natürlich noch nicht dagegen spricht, daß sie eine große Ähnlichkeit mit Kartellen haben.

Zünfte und Ringe wurden vielfach dadurch voneinander unterschieden, daß den Zünften über die mit den Ringen gleiche Eigenschaft hinaus, nämlich als gewerbliche Organisation zur Verbesserung der Gewinnchancen der Mitglieder zu dienen, noch administrative und politische Bedeutung zugeschrieben wurde, wobei die Zünfte die „bürgerliche Nahrung" sichern sollten[30].

Die Zünfte zeigten mit dem 16. Jahrhundert eine immer geringere Bedeutung, da diese Form der Organisation sich als zu starr erwies, um sich als Produktionsorganisation in der Zeit der Industrialisierung und der wachsenden räumlichen Wirtschaftsverflechtung behaupten zu können[31]. Gerade diese strukturbestimmenden Eigenschaften der Zünfte sollten nach manchen Ordnungsvorstellungen der Wirtschaft durch Gesetze erhalten bleiben, um negative Begleiterscheinungen des Kapitalismus zu verhindern[32].

Geht man davon aus, daß Gilden und Zünfte als synonyme Ausdrücke zu verwenden sind, so liegen zwar beträchtliche Differenzierungen der einzelnen Gilden vor, aber die gemeinsamen Merkmale zeigen doch eine so große Übereinstimmung mit der Organisation eines Kartells, daß man bei diesen Erscheinungsformen kaum von unterschiedlichen Modellstrukturen bezüglich der ökonomischen Motivationen und Auswirkungen sprechen kann.

---

[26] *Burgess,* J. St.: The Guilds of Peking, New York 1928, S. 67.

[27] Siehe hierzu *Piotrowski,* R.: a.a.O., S. 168 ff.

[28] *Piotrowski,* R.: a.a.O., S. 168 ff.

[29] *Sombart,* W.: Der moderne Kapitalismus, Leipzig 1902, Bd. I, S. 125.

[30] *Keel,* G.: Industrielle und kommerzielle Ringe und Kartelle und ihre strafrechtliche Behandlung. Diss. Zürich 1897, S. 2 ff.

[31] *Strieder,* J.: Studien zur Geschichte kapitalistischer Organisationsformen, a.a.O., S. 58 ff. *Kleinwächter,* F. v.: Zur Reform der Handwerksverfassung, in: Deutsche Zeit- und Streitfragen. Flugschriften zur Kenntnis der Gegenwart. Hrsg. von F. von Holtzendorff u. W. Oncken, Berlin 1895, Jg. IV, S. 201.

[32] *Kempel,* F.: Göttliches Sittengesetz und neuzeitliches Erwerbsstreben. Eine Wirtschaftslehre in sittenorganischer Auffassung der gesellschaftlichen Erwerbsverhältnisse. Mainz 1902.

Die ersten Gilden dürften in China und Korea nachweisbar sein. Man hat zwar über die Entstehung der Gilden in Peking keine genauen Quellen, aber da über die 1000 Jahre alten Gilden in Korea Quellen Auskunft geben, und man weiß, daß diese Gilden jenen in Peking nachgebildet wurden, nimmt man an, daß es in Peking schon wesentlich früher Gilden gab. So soll die älteste Gilde — die der Blinden — Aufzeichnungen von 206 B. C. haben[33]. Dazu kommt noch die Angabe einer chinesischen Enzyklopädie von 1447, nach der „... wood craft was originated by one of the courtiers of the Emperor Hwang Ti. (B. C. 2704—2595) Tzo-Che“[34].

Die chinesischen Gilden traten in Peking in Form von lokalen Zusammenschlüssen der Handwerker auf, die vor allem die ökonomischen Interessen der Mitglieder wahren sollten. Die so vorgenommenen örtlichen Monopolisierungen wurden durch Preis- und Lohnvorschriften gesichert, deren Nichtbeachtung die verschiedensten Strafen nach sich zog[35]. Besonders Preissenkungen einzelner Anbieter stand man sehr feindlich gegenüber, da hierdurch Kunden anderer Anbieter abgeworben werden konnten[36].

Die besonderen sozialen Zustände in China infolge der Übervölkerung in den großen Städten bewirkten, daß die „cost of competition is too high. They combine rather than compete“[37]. Diese Gründe werden auch in der Präambel der Preisliste einer Gilde angeführt: „Therefore, in order that we may maintain our business forever, we have had a meeting at the Temple for the purpose of fixing a uniform price list. If, in the future, anybody changes these prices and is found out, he is to be fined[38].“ Die festgelegten Preise waren Minimumpreise, die überschritten werden durften[39].

Die Vorteile einer Gildenmitgliedschaft wurden als so groß angesehen, daß ein Beitrittszwang nicht ausgeübt werden brauchte[40]. Die Stabilität einer Gilde wurde jedoch außer von den ökonomischen Vorteilen auch von religiösen Faktoren mitbestimmt. „Those who worship the same god usually find it easy to work together, while those who have different patron saints find that a stumbling block for cooperation[41].“

---

[33] *Gamble*, S. D., *Burgess*, J. S.: Peking: A Social Study; New York 1921, Foreward by G. S. Eddy and R. A. Wods, S. 166.
[34] *Burgess*, J. St.: The Guilds . . a.a.O., S. 67.
[35] *Burgess*, J. St.: The Guilds . . . a.a.O., S. 19 ff.
[36] *Chu*, C. C., *Blaisdell*, T. C. Jr.: Peking Rugs and Peking Boys, Peking 1924, S. 198.
[37] *Gamble*, S. D., *Burgess*, J. St.: a.a.O., S. 164.
[38] *Gamble*, S. D., *Burgess*, J. St.: a.a.O., S. 164.
[39] *Gamble*, S. D., *Burgess*, J. St.: a.a.O., S. 180.
[40] *Gamble*, S. D., *Burgess*, J. St.: a.a.O., S. 168.
[41] *Gamble*, S. D., *Burgess*, J. St.: a.a.O., S. 178.

Bei den Barbieren in Peking wurde der Wettbewerb um die Kunden innerhalb der Gilde dadurch eingeschränkt, daß Kunden, die den Friseur wechselten, bei dem neuen Friseur einen um 10 % höheren Preis für die Dienstleistungen zahlen mußten[42]. Die Gruppennormen, die meist mit detaillierten Vorschriften bis in den privatesten Bereich der Gruppenmitglieder eingriffen, sicherten den Gilden eine große Gruppenstabilität. Diese war aber zweifellos nur infolge der ausgeprägten kollektivistischen Mentalität der Menschen in China, dem „spirit of mutual cooperation“[43] möglich. Dafür spricht auch die Tatsache, daß die sehr starke Standardisierung von Produkten innerhalb einer Gilde keiner Vorschriften bedurfte, sondern gewohnheitsmäßig zustande kam[44]. Auch für das Entstehen der ersten Zünfte in Deutschland wird eine kollektive Mentalität als Grund angeführt[45]. Ein „instinktives“ Streben nach gemeinsamem Handeln ist entscheidender als rationale Überlegungen bezüglich ökonomischer Vorteile[46]. Dies dürfte zumindest für jene frühen Formen der Kooperation gelten.

Die ersten Zunftgründungen — bis zum 14. Jahrhundert verwendete man auch den Ausdruck „Brüderschaft“ — fanden in Deutschland zu Beginn des 12. Jahrhunderts in den größeren Städten statt. In Köln gab es 1396 42 Zünfte[47].

Während in den ersten Zunftbriefen die rein ökonomischen Interessen der Zunft kaum geregelt waren, und man sich lediglich um bestimmte Anerkennungsrechte durch die Obrigkeit bemühte[48], zeigten die Zunfturkunden in späterer Zeit eine Fülle von Vorschriften, die die Konkurrenz innerhalb einer Zunft vermindern sollten. Der Zutritt zu einer Zunft wurde insbesondere seit dem 16. Jahrhundert einer drastischen Beschränkung unterworfen. Fast nur noch Meistersöhne oder „Fremde“, die einheirateten, durften einer Zunft beitreten[49].

Im Innnenverhältnis einer Zunft sollten sämtliche Leistungsdifferenzierungen vermieden werden, um keinerlei Leistungswettbewerb entstehen zu lassen. Vielfach war Wettbewerb allein deswegen schon ausgeschlossen, weil die technischen Produktionsverfahren und die zu verwendenden Rohstoffe bis ins Einzelne vorgeschrieben waren[50]. Verein-

---

[42] *Gamble*, S. D., *Burgess*, J. St.: a.a.O., S. 431.

[43] *Burgess*, J. St.: a.a.O., S. 131.

[44] *Burgess*, J. St.: a.a.O., S. 194.

[45] *Loesch*, H. v.: Die Kölner Zunfturkunden. Nebst anderen Kölner Gewerbeurkunden bis zum Jahre 1500, Bonn 1907, S. 51.

[46] *Gierke*, O.: Das Deutsche Genossenschaftsrecht, I., Berlin 1868 S. 360, S. 226 ff. *Sombart*, W.: Der moderne Kapitalismus, I, S. 129.

[47] *Loesch*, H. v.: a.a.O., S. 42.

[48] *Loesch*, H. v.: a.a.O., S. 51 ff.

[49] *Kleinwächter*, F.: Zur Reform der Handwerksverfassung, a.a.O., S. 195.

[50] *Neuburg*, C.: Zunftgerichtsbarkeit und Zunftverfassung, in der Zeit vom 13. bis 16. Jahrhundert. Ein Beitrag zur ökonomischen Geschichte des Mittelalters, Jena 1880, S. 90 ff.

zelt bestand sogar ein Informationszwang über die Möglichkeiten der Rohstoffbeschaffung[51]. Produktionsquotierungen und Vorschriften über die Zahl der erlaubten Gesellen waren nicht selten und gewährleisteten annähernd gleiche Betriebsgrößen.

Die Konkurrenz im Außenverhältnis einer Zunft wurde dadurch eingeschränkt, daß der Wettbewerb zwischen einzelnen Zünften durch Gebietsaufteilung vermieden wurde. Importe waren mindestens zeitlich und/oder mengenmäßig eingeschränkt. Dazu kamen häufig strenge Qualitätsvorschriften der verkauften Waren, die sich viele Zünfte auferlegten und deren Überwachung Zunftmitgliedern oblag, die diese Prüfung auch über die erlaubte Einfuhr ausübten, so daß „ihnen also in den meisten Fällen damit einfach die Aufsicht über ihre Concurrenten übertragen war"[52].

Die Einhaltung der Zunftordnung wurde mit Strafen erreicht, eine Unterstützung der Konkurrenz zog den Ausschluß aus der Zunft nach sich, was meist mit der Konsequenz verbunden war, daß das Handwerk nicht mehr ausgeübt werden konnte[53].

Diese fragmentarischen Informationen über die Zünfte lassen für ihren ökonomischen Bereich erkennen, daß die Konkurrenzbeschränkungen in der Zunft jenen in Kartellen gleichen und die beiden wirtschaftlichen Organisationsformen deshalb strukturell nicht zu unterscheiden sind, so daß die Aspekte einer diese Phänomene umfassenden Theorie viel früher und vielseitiger in Erscheinung traten, als dies bei den meisten Untersuchungen über Kartelle angenommen wird, die diese nach rein äußerlichen Kriterien, etwa der Bezeichnung, differenzieren.

---

[51] *Loesch,* H. v.: Die Kölner Zunfturkunden, a.a.O., S. 112.
[52] *Neuburg,* C.: Zunftgerichtsbarkeit, a.a.O., S. 108.
[53] *Loesch,* H. v.: Die Kölner Zunfturkunden, a.a.O., S. 115 ff.

C.

I. Begriffliche Abgrenzungen

1. Der Wettbewerb

Bei der Definition des Begriffes Wettbewerb soll ein wertfreier Begriff ohne Berücksichtigung wertender Einschränkungen, wie die des „unlauteren Wettbewerbs" gesucht werden.

Für das Vorhandensein von Wettbewerb zwischen mehreren Wirtschaftssubjekten oder Gruppen von Wirtschaftssubjekten ist ein antagonistisches Moment notwendig[1]. Dies kann darin begründet sein, daß mehrere Wirtschaftssubjekte ein Ziel erreichen wollen, das jedoch nur eine Person erreichen kann, oder daß jede Person einen möglichst günstigen Platz auf der Wertungsskala erreichen will, die angibt, in welcher Reihenfolge die Ziele erstrebt wurden[2].

Wettbewerb beschreibt also eine Art der Interdependenz der Wirtschaftssubjekte, die dadurch gekennzeichnet ist, daß sie „mit Aufwand irgendwelcher Mittel einen Zweck erstreben, den sie nicht alle erreichen können"[3].

Krelle stellt den Wettbewerb zwischen Firmen auf die Fühlbarkeit ab und meint, „... es bestehe Konkurrenz zwischen einer Firma und einer oder mehreren anderen, wenn die Nachfrage bzw. das Angebot zwischen ihr und den anderen (einzeln oder als Gruppe) zumindest einseitig fühlbar beweglich ist"[4].

Die begriffliche Trennung in zwei mögliche Konkurrenzformen, die von L. von Wiese vorgenommen wird, zeigt die Konkurrenz auf zwei verschiedenen Ebenen auf. L. von Wiese[5] unterscheidet zwischen objekt-

---

[1] *Ott*, A. E.: Marktform und Verhaltensweise, Stuttgart 1959, S. 44.

[2] *Brandt*, K.: Preistheorie, Ludwigshafen/Rh., 1960, S. 32.

[3] *Lexis*, W.: Artikel „Wettbewerb", in: Wörterbuch der Volkswirtschaft, hrsg. von L. Elster, zweite, völlig umgearbeitete Auflage, Bd. 2, Jena 1907, S. 1327.

[4] *Krelle*, W.: Preistheorie, St. Galler Wirtschaftswissenschaftliche Forschungen. Hrsg. von der Handels-Hochschule St. Gallen. Bd. 17, Tübingen-Zürich 1961, S. 13

[5] *von Wiese*, L.: Die Konkurrenz, vorwiegend in soziologisch-systematischer Betrachtung, in: Verhandlungen des Sechsten Deutschen Soziologentages vom 17.—19. Sept. 1928 in Zürich. Schriften d. Dt. Gesellschaft f. Soziologie, I. Serie: Verhandlungen d. Dt. Soziologentage, IV. Band, Tübingen 1929, S. 15.

bedingter Konkurrenz, die durch die „... Knappheit der erstrebten Zielobjekte ...“[6] bestimmt ist und einer subjektbedingten Konkurrenz. „Sie ist ein Ergebnis des Verlangens nach Anerkennung und der Neigung zu Rivalität[7].“

Man kann realitätsbezogen wohl davon absehen, daß dem Wettbewerbsverhalten, wäre es Ziel und nicht Mittel, ein Eigenwert zugeordnet werden muß, da das Bedürfnis nach Wettbewerb bei dem meist nicht zu vermeidenden Wettbewerb (als Mittel zur Erreichung eines Zieles) gesättigt wird.

Da also der Unterschied der zwei Konkurrenzformen bei von Wiese nur darin gesehen werden kann, ob die Belohnung für ein erfolgreiches Abschneiden materieller oder ideeller Art ist, dürfte der von Ott aufgezeigte Unterschied wichtiger sein. Ott übernimmt die Interpretation der Wettbewerbsbeziehung zwischen mehreren Entscheidungseinheiten von Huizinga, der vom agonalen Instinkt ausgeht und meint, „im agonalen Instinkt hat man es nicht in erster Linie mit Machthunger oder mit dem Wollen, zu herrschen, zu tun. Primär ist das Verlangen, den anderen zu übertreffen, der Erste zu sein und als solcher geehrt zu werden“[8]. Ein solcher agonaler Instinkt reicht jedoch nicht aus, um eine Wettbewerbsbeziehung zu begründen, denn neben dem „Verlangen, den anderen zu übertreffen“, muß auch subjektiv die Möglichkeit nicht ausgeschlossen sein, dies zu erreichen[9]. Andernfalls müßte man unterstellen, daß das „Handeln an sich“ ein Ziel sein könne. In diesem Falle jedoch würde das Problem der Rationalität ausgeschlossen, und das Phänomen wäre wissenschaftlich nicht mehr interessant. „The most important question which can be asked regarding a ... game ... is whether there is an optimal way of playing. That is to say, whether one can give rational arguments in favor of playing one way rather than another[10].“

Aus diesem Grund ist auch die Definition des Wettbewerbs von Boulding nicht haltbar, der meint, daß „competition in this broadest sense exists when any potential positions of two behavior units are mutually incompatible[11], da es auch hier notwendig ist, daß diese Positionen auch

[6] *von Wiese*, L.: Die Konkurrenz ... a.a.O., S. 15.

[7] *von Wiese*, L.: Die Konkurrenz ... a.a.O., S. 15.

[8] *Huizinga*, J.: Homo Ludens. Vom Ursprung der Kultur im Spiel. Übers. v. H. Nachod, Hamburg 1956, Rowohlts Dt. Enzyklopädie, B. 21, S. 55.

[9] Dieser Notwendigkeit wird von Arndt durch die Unterscheidung einer minimalen und einer maximalen Streuung der Leistungsfähigkeit der Anbieter als Mindesterfordernisse für das Vorhandensein von Wettbewerb Rechnung getragen. Bei der Ableitung dieser Voraussetzungen geht Arndt allerdings davon aus, daß Verhaltensabstimmungen nicht erfolgen. *Arndt*, H.: Konkurrenz und Monopol in Wirklichkeit, Jb. f. Nat. Ök. u. Stat. Bd. 161, 1949, S. 257 ff.

[10] *McKinsey*, J. C. C., Introduction to the Theory of Games, New York, Toronto, London 1952, S. 7.

[11] *Boulding*, K. E.: Conflict and Defense. A General Theory, New York 1962, S. 4.

erstrebt werden. Dies ist nicht dann schon der Fall, wenn die Bedingung erfüllt ist, daß eine subjektive Wahrscheinlichkeit vorliegt, die Positionen zu erreichen, denn andere Positionen können für die Entscheidungseinheit ebenfalls erstrebenswert sein. Andernfalls ist es möglich, daß „not all cases of competition involve conflict"[12].

Jöhr will den Konkurrenzbegriff so allgemein definieren, daß die Begriffsbestimmung auf allen Gebieten anwendbar ist. „In diesem allgemeinen Sinne kann die Konkurrenz umschrieben werden als das Bestreben von zwei oder mehreren Subjekten, sich in einem bestimmten Leistungsbereich zu messen. Unter dem Sich-Messen verstehen wir, daß die betreffenden Subjekte bestrebt sind, durch Erbringung einer möglichst guten Leistung den anderen zuvorzukommen, sie einzuholen, ihnen näherzugelangen oder wenigstens mit ihnen Schritt zu halten, sei es zur Wahrung eines Vorsprungs, eines gleichen Standes oder eines Rückstandes[13]." Da ein „Bestreben" nur dann vorliegen wird, wenn eine subjektive Erfolgsaussicht gegeben ist, gibt Jöhr wohl die prägnanteste Formulierung. Allerdings kann er nicht sagen, daß der Gewinn Ausdruck dieser Leistung ist, „... ähnlich, wie die Abfahrtszeit für die Teilnehmer eines Skirennens[14], denn der Gewinn kann auch Ausdruck des Fehlens von Wettbewerb sein, oder es kommt trotz großer Leistung beim gegenseitigen Unterbietungswettbewerb kein Gewinn zustande. Die fehlende Analogie in dem von Jöhr gewählten Beispiel liegt darin begründet, daß bei den Skiläufern der Wettstreit notwendige Voraussetzung für ein günstiges Abschneiden ist, bei mehreren Anbietern ist dies jedoch nicht der Fall. Von einem „messen müssen"[15] zur Erreichung des größtmöglichen Gewinns kann man deshalb nicht sprechen.

Eine Trennung zwischen Konkurrenz und Konflikt nimmt von Wiese vor, wenn er sagt, daß die Konkurrenz sich zu Konflikten oder zur Kooperation entwickeln könne[16]. Eine solche Sonderstellung des Konfliktproblems wird nur vereinzelt, und dann auch kaum begründet, vorgeschlagen.

Schelling[17] stellt expressis verbis den Fall des „pure conflict", das Null-Summenspiel, dem „pure-collaboration"-Fall als die *Extreme* der zwischenmenschlichen Beziehungen gegenüber. Eine solche Trennung wird als exakter angesehen als andere Formulierungen, die meist übersehen, daß verschiedene Bereiche einer Gruppe gemischte Verhal-

[12] *Boulding*, K. E.: Conflict and Defense ..., a.a.O., S. 4.

[13] *Jöhr*, A. W.: Zur Diskussion über die Rolle der Konkurrenz in der modernen Wirtschaft, in: Einheit und Vielfalt in den Sozialwissenschaften, Festschrift für A. Mahr, hersg. v. W. Weber, Wien — New York 1966, S. 90.

[14] *Jöhr*, A. W.: Zur Diskussion ..., a.a.O., S. 90.

[15] *Jöhr*, A. W.: Zur Diskussion ..., a.a.O., S. 91.

[16] *von Wiese*, L.: Die Konkurrenz ... a.a.O., S. 15.

[17] *Schelling*, T. C.: The Strategy of Conflict, Cambridge 1960, S. 84.

tensweisen bezüglich des Wettbewerbsverhaltens und der Kooperation aufweisen können; „thus, for example, the member of a basketball team may be cooperatively interrelated with respect to winning the game, but competitively interrelated with respect to being the star of the team[18]."

Wenn Huizinga bei seiner Interpretation des Wettbewerbes als Spiel das Schachspiel als Paradebeispiel anführt, so muß man ihm zugestehen, daß sich dies Spiel von den ökonomischen Wettbewerbssituationen dadurch unterscheidet, daß meist das Spielergebnis nicht mit materiellen Belohnungen verknüpft ist, sondern als Kriterium eines rein intellektuellen Wettbewerbes zur Feststellung des besseren Spielers gewertet wird[19]. Es ist allerdings auch möglich, daß gute Kombinationen des Gegners und dessen Gewinn höher eingeschätzt werden, als der dadurch bewirkte eigene Verlust. In diesem Falle wird der Spielverlauf als Lernprozeß aufzufassen sein, wobei die dabei erzielte Steigerung des eigenen Wissens so hoch eingeschätzt wird, daß sie den dabei eventuell notwendigerweise erzielten Verlust in der Wertskala des Individuums überkompensiert. Langfristig ist eine solche Einstellung des Spielers dann aber doch mit dem Ziel des Gewinnens verknüpft. Das Lernen wird beim Spiel nicht zuletzt deswegen so erleichtert, weil auf einem durch Spielregeln übersichtlich gewordenen „Spielfeld" der Anfang und das Ende des Spiels genau festgelegt sind — ein Umstand, der bei Handlungsketten im realen Leben kaum gegeben ist. Wenn Huizinga argumentiert, daß „man den Wettkampf als bis zu einem gewissen Grade zwecklos bezeichnen"[20] müsse, und daß „... das Zielgerichtete der Handlung ... in erster Linie im Ablauf als solchem ohne direkte Beziehung zu dem, was hinterherkommt"[21] besteht, so trägt diese ungenaue Ausdrucksweise nicht zur begrifflichen Klärung bei. Bei den meisten Lern-Prozessen ist nicht gesagt, ob überhaupt und wann das Erlernte einem Verwendungszweck dienen wird. Wenn man den Begriff des Lernens sehr weit faßt, so kann man darunter auch jene instinktiven „Auseinandersetzungen" aus Neugierde zum Kennenlernen der Beziehung zwischen Individuum und Umwelt verstehen, wie man sie etwa bei spielenden Kindern findet. F. G. Jüngers „Ahmungsspiele" etwa werden durch den Nachahmungstrieb induziert[22].

---

[18] *Deutsch,* M.: The Effects of Cooperation and Competition upon Group Process, in: Group Dynamics. Research and Theory, hrsg. v. D. Cartwright und A. Zander, New York 1953, S. 320.

[19] In diesem Falle wird sich ein Spieler nicht über den Gewinn freuen, wenn er weiß, daß sein Gegner ihn hat gewinnen lassen.

[20] *Huizinga,* J.: Homo Ludens. a.a.O., S. 54.

[21] *Huizinga,* J.: Homo Ludens. a.a.O., S. 54.

[22] *Jünger,* F. G., Die Spiele. München: List-Bücher, Bd. 128, 1959. Zitiert bei R. Vogelsang: Die mathematische Theorie der Spiele. Mathematisch-Naturwissenschaftliche Taschenbücher, Bd. 6/7, Bonn 1963, S. 16.

Zu einem Widerspruch gelangt Huizinga allerdings, wenn er meint, daß der Ausgang des Spiels für die Spieler erst dann wichtig werde, wenn sie sich in die Sphäre des Spiels begeben hätten[23]. Wann befindet sich ein Spieler *nicht* in der Sphäre des Spiels?

Auch in den Fällen eines Spielens von Kindern kann man der Ansicht von Huizinga und Alexander kaum vorbehaltlos zustimmen. Die nicht begründete Ansicht, Spielen sei ein Ziel an sich, führt bei Alexander zu einem Widerspruch, wenn er einräumt, das Kind entdecke beim Spielen neue Verwendungszwecke für seine Organe und übe seine Fähigkeiten im Spiel[24]. Daß dies für einen *bestimmten* Zweck erfolgt, ist keinesfalls für den Lernprozeß erforderlich.

Die Auffassung, das Spiel sei eine nicht-zweckgerichtete Handlung, kommt dadurch zustande, daß die Nützlichkeit einer Spielhandlung ganz nach der gesellschaftlichen (ökonomischen) Nützlichkeit und nicht nach der individuellen Nützlichkeit bewertet wird. „Das Fliegen war ursprünglich eine spielerische Laune, Nützlichkeit war gewiß nicht das primäre Motiv ihrer Experimente, sondern vielmehr die Sehnsucht, sich zum Himmel zu erheben[25].“ Eben der Erfüllung dieser Sehnsucht muß aber doch eine recht große Nützlichkeit zugeschrieben werden, da ansonsten die Ausführung dieser immerhin gefährlichen zielgerichteten Handlung ein Widerspruch in sich wäre.

So stellt auch Ischboldin bei der Unterscheidung von Spiel und wirtschaftlicher Tätigkeit ganz darauf ab, ob die Handlung Selbstzweck ist oder als produktive Leistung in den Wirtschaftsprozeß eintritt[26] oder eintreten könnte[27]. Eine Handlung, deren Wert nur vom handelnden Individuum festgelegt wird, ist deswegen noch nicht Selbstzweck, weil kein (potentieller) Marktpreis gegeben ist. Das Zimmern eines Tisches

---

[23] *Huizinga*, J.: Homo Ludens a.a.O., S. 54.

[24] „Das Kind, das Energie im Spiel verbraucht, entdeckt dabei neue Verwendungsweisen für seine Organe und übt sie, bis es sie meistert und ihre verschiedenen Funktionen in für seine unabhängige Existenz zweckmäßige Weise integriert hat. Diese Zweckhaftigkeit des Spieles ist aber ein sekundärer Effekt und hat keine motivierende Bedeutung. Das Kind übt seine Fähigkeiten im Spiel nicht für einen bestimmten Zweck; Spielen ist ein Ziel an sich.“ Alexander, E.: Homöostase und überschüssige Energie, in: Die Motivation menschlichen Handelns, hrsg. v. H. Thomae, Köln, Berlin 1965. Neue Wissenschaftliche Bibliothek, Bd. 4 Psychologie.

[25] *Alexander*, F.: Über das Spiel. Psyche, Bd. 10, S. 23.

[26] *Ischboldin*, B.: Über das Objekt wirtschaftlichen Handelns und der Nationalökonomie. Finanzarchiv, NF Bd. 23 1963/64 S. 22 „Jede produktive Handlung, die Selbstzweck ist, ist Spiel und keine wirtschaftliche Tätigkeit. Wenn jemand aus Vergnügen einen Tisch zimmert oder wenn ein Schriftsteller für sich ein Tagebuch führt, ist das keine wirtschaftliche Tätigkeit. Wenn aber das Vergnügen oder die Freizeitbeschäftigung produktiv werden, d. h. wenn sie eine gewisse Nützlichkeit schaffen, die später in den Wirtschaftsprozeß eintritt, werden sie zu wirtschaftlichen Handlungen“.

[27] *Ischboldin*, B.: Über das Objekt ... S. 23.

als Tätigkeit impliziert doch wohl die Erwartung des Individuums, mit dem Ergebnis dieser Tätigkeit zufrieden zu sein, und/oder etwas für (mögliche) zukünftige ähnliche Arbeiten zu lernen.

Eine weitere Schwierigkeit bei einer logisch widerspruchsfreien Klassifikation von Handlungen ergibt sich dadurch, daß Alexander zwischen ernsthaften und spielerischen Versuchen der Problemlösung unterscheiden will und die ernsthaften Versuche zur Problemlösung nicht als Spiele bezeichnen will[28]. Ein Spiel um Leben und Tod wäre demnach nicht als Spiel zu bezeichnen, auch wenn der Gewinn ernsthaft, aber — infolge einer Überlegenheit — mit einer gewissen Gelassenheit angestrebt wird. Alexander will mit dem „spielerischen Verhalten" offensichtlich unverkrampfte, gelöste Handlungen bezeichnen, wodurch etwas über die psychische Situation des handelnden Individuums ausgesagt wird, nicht aber über die Intensität der Handlung. Fraglich ist auch, ob man von der Zweckfreiheit der Handlungen eines Kindes sprechen kann[29]. Wenn ein Kind lernt, daß es weh tut, wenn es fällt, so erfüllt dieses spielerische Lernen einen lebenswichtigen — wenn auch für das Kind unbewußten — Zweck, das Kind wird davon abgehalten, sich die Treppe hinunterfallen zu lassen.

Um Widersprüche zu vermeiden, wird also die hier diskutierte Spielform als Mittel zur Informationsbeschaffung betrachtet, deren Verwendung nicht festliegen muß. Damit stellt sich das Spiel dar als ein Versuch des Kennenlernens[30] von unbekannten und des Überprüfens und Ausnutzens[31] von bekannten Kausalzusammenhängen. Spiele, die lediglich der Entspannung dienen und reine Glücksspiele werden bei der weiteren Diskussion keine Rolle spielen.

Deshalb kann als Definition des Wettbewerbs von folgender Formulierung ausgegangen werden:

Eine Interdependenz zwischen Wirtschaftssubjekten, die das Ziel einer möglichst günstigen Plazierung auf einer Zielskala erstreben, wird unter der Bedingung als Wettbewerb bezeichnet, daß die subjektive Erfolgswahrscheinlichkeit bei mindestens zwei Personen so groß ist, daß die auf das gleiche Ziel gerichtete Handlung ausgelöst wird.

---

[28] *Alexander*, F.: Über das Spiel, a.a.O., S. 21.
[29] *Alexander*, F.: Über das Spiel, a.a.O., S. 22.
[30] Hierzu wird die Überschußenergie verwendet. Allerdings ist der Begriff der Überschußenergie hierbei wesentlich allgemeiner gefaßt als bei Alexander, der nur dann von Überschußenergie sprechen will, wenn diese nicht zur Erhaltung des Lebens benötigt wird. s. hierzu: *Alexander*, F.: Über das Spiel, a.a.O., S. 18.
[31] Das „Ausnutzen" soll jene Fälle charakterisieren, bei denen das Spiel zur Entspannung des Spielers dient. Diese Auswirkung eines Spieles kann jedoch ein Nebenprodukt sein. So kann ein Schachwettkampf für einen Spieler Entspannung bedeuten und für den Gegenspieler harte Anstrengung.

Verschiedentlich wird in der Literatur eine Trennung zwischen den Begriffen „Wettbewerb“ und „Konkurrenz“ gezogen.

Tönnies unterscheidet den Wettbewerb „von der Konkurrenz gerade dadurch . . ., daß er dem Wettbewerb eine gewisse Rücksicht auf das Gesetzliche . . . zuspricht, ... während die Konkurrenz etwas Elementares, Natürliches . . . sei, das die Tendenz zur Vernichtung des Konkurrenten in sich trage“ . . .[32].

Eine gleiche Trennung zwischen Wettbewerb und Wettstreit nimmt Jöhr vor, wenn er sagt, daß „. . . mit dem Ausdruck Wettstreit (englisch: contest) das Element des Kampfes . . .“ in den Begriff einbezogen wird, „. . . das nach der treffenden Erkenntnis der Freiburger Schule bereits eine Überschreitung des Wettbewerbs darstellt“[33].

Da es eine rein subjektive und nicht einheitliche Aussage darstellt, wann die Intensität eines Wettbewerbs so groß ist, daß man ihn als Kampf bezeichnen müßte und eine begriffliche Differenzierung eines Phänomens nach unterschiedlichen Intensitätsstufen weitgehend willkürlich erscheint und außerdem das Ziel des Kampfes die Vernichtung des Gegners ist und nicht wie im extremen Fall des Wettbewerbs — die Verdrängung des Konkurrenten vom Markt, erscheint diese Differenzierung für die weitere Untersuchung nicht geeignet.

Röper sieht auch im Begriff „Wettbewerb“ den engeren Begriff und meint, man solle „gegenüber diesem weiten Begriff der Konkurrenz den Begriff Wettbewerb im engeren Sinne . . . unterscheiden, der neben Konkurrenzelementen zusätzlich eine ethische Einstellung erfordert, die sich nur innerhalb einer menschlichen Gemeinschaft bilden kann“[34].

Im Gegensatz dazu ist von Wiese der Ansicht, daß es „nur dort Konkurrenz geben kann, wo Menschen das gleiche Ziel erstreben“ und der Wettbewerb „durch die relative Knappheit des von einer Mehrzahl von Menschen erstrebten Objektes“[35] charakterisiert ist.

Da weder sprachlogisch noch etymologisch den beiden Begriffen eine unterschiedliche Bedeutung zuzuordnen ist — im Englischen wird einheitlich nur „competition“ benutzt — sollen bei den folgenden Erörterungen „Wettbewerb“ und „Konkurrenz“ als synonyme Begriffe Verwendung finden.

---

[32] Zitiert bei W. *Keller*, in: Fr. Bülow u. W. Bernsdorf, Wörterbuch der Soziologie, Stuttgart 1955, Artikel „Konkurenz und Monopol“ von W. Keller, S. 264.

[33] *Jöhr*, A. W. Zur Diskussion . . . a.a.O. S. 90.

[34] *Röper*, B: Die Konkurrenz und ihre Fehlentwicklungen, Volkswirtschaftliche Schriften, H. 6, Berlin 1952, S. 21.

[35] von *Wiese*, L.: System der Allgemeinen Soziologie, 2. Aufl. München, Leipzig 1933, S. 302. Lexis verwendet die Begriffe Konkurrenz und Wettbewerb völlig synonym. *Lexis*, W.: „Wettbewerb“, in: Wörterbuch der Volkswirtschaft, hersg. von Ludwig Elster, zweite, völlig umgearbeitete Aufl., Bd. 2, Jena 1907, S. 1327.

Wenn man die subjektive Erfolgswahrscheinlichkeit mit in die Wettbewerbsdefinition aufnimmt, so wird damit gesagt, daß bei einem mit Sicherheit erwarteten toten Rennen" in einem Spiel zwischen mehreren Wettbewerbern das Spiel (sehr wahrscheinlich) nicht zustande kommt. Man muß jedoch in solchen Fällen gleich starker Spieler prüfen, ob die Aussage der gleichen Stärke nicht nur eine Durchschnittsaussage für eine sehr große Anzahl von Spielverläufen darstellt, die den einzelnen Spielausgang offen läßt. Dies wird immer dann der Fall sein, wenn die jeweilige Position eines Spielers von Faktoren abhängt, die seiner Kontrolle nicht unterliegen und deren Einfluß die jeweilige Tagesform mitbestimmt. In einem solchen Falle wird das einzelne Spielergebnis ungewiß, und ein Wettbewerb um dieses Ergebnis stellt kein „totes Rennen" dar.

Eine weitere Unterscheidung soll noch als Ergebnis festgehalten werden. Es dürfte sinnvoll sein, zwischen einem (verschiedenen Anbietern) zurechenbaren Wettbewerb und einem nicht zurechenbaren, einem anonymen Wettbewerb zu unterscheiden.

Der Begriff des zurechenbaren Wettbewerbs ist so weit gefaßt, daß die von F. Machlup angeführte Voraussetzung für das Vorliegen eines Wettbewerbs nicht vorhanden sein muß, nämlich „... Substituierbarkeit zwischen den ... angebotenen Produkten"[36]. Es kann durchaus ein Produzent von Kühlschränken mit einem Anbieter von Motorrädern konkurrieren, ohne daß eine nicht-zurechenbare Konkurrenzbeziehung vorliegen muß. Diese Form des Wettbewerbs soll erst dann vorliegen, wenn die Anbieter A ... N wissen, daß von ihrem Markt Nachfrage zu anderen Märkten abgewandert ist, ohne daß eine Identifizierung der Märkte möglich wäre.

Zusätzlich wird eine Unterscheidung zwischen einem objektiven und einem subjektiven Wettbewerbsbegriff folgendermaßen formuliert:

1. Der objektive Wettbewerbsbegriff. Er kann von zwei Kriterien abhängig gemacht werden:

a) von dem morphologischen Kriterium der Anzahl der Marktteilnehmer.

Danach genügt es, wenn auf der Angebotsseite mehrere Alternativen angeboten werden und die Konsumenten zwischen diesen Alternativen wählen können[37]. Diese Alternativen müssen nicht unbedingt homogen

---

[36] *Machlup*, F.: Wettbewerb, (III) Wirtschaftstheoretische Betrachtung, Handw. d. Soz., Stuttgart, Tübingen, Göttingen 1962, S 38.

[37] *Clark*, J. M.: Toward a Concept of Workable Competition, Amer. Ec. Rev., Bd. 30, 1940, S. 243. *Edwards*, C. D.: Maintaining Competition, New York 1949, S. 9. Griffin, C. E.: Enterprise in a Free Socity. Chikago 1949, S. 279. *Abbott*, L.: Qualität und Wettbewerb. Ein Beitrag zur Wirtschaftstheorie, München 1958; Übersetzung von Quality and Competition, New York 1955,

sein[38]. Tritt etwa in einen monopolisierten Markt ein zusätzlicher Anbieter ein, so wird nach dieser Wettbewerbsauffassung die Wettbewerbsintensität auf dem Markt unabhängig davon erhöht, ob die beiden Anbieter ein Kollektivmonopol bilden oder nicht.

b) Von dem Vorhandensein bestimmter Verhaltenskriterien.

Aus ihrem Vorhandensein werden wettbewerbliche Interdependenzen zwischen Individuen deduziert.

So wird ein Angebot unter der Bedingung $K' = p$ als Wettbewerbsverhalten bezeichnet, wenn die Zahl der Anbieter so groß ist, daß kein Anbieter einen Einfluß auf den Preis hat.

Das Verhalten wird als ein quasi-Wettbewerbsverhalten bezeichnet, wenn die Zahl der Anbieter zwar klein ist, aber ein Anbieter oder mehrere Anbieter den Preis fixieren und die anderen Anbieter sich quasiwettbewerblich an den Preis anpassen[39].

Dieser Wettbewerbsbegriff soll also dann als ein objektiver Wettbewerbsbegriff bezeichnet werden, wenn unter der Bedingung $K' = p \gtreqless DK$ angeboten wird. Mit dieser Definition wird auch die cutthroat competition erfaßt, bei der $K' = p < DK$ ist.

2. Die zweite mögliche Klassifikationsgruppe ist der subjektive Begriff des Wettbewerbs. Hierbei ist lediglich die subjektive Einstellung eines Anbieters zu den anderen Anbietern maßgebend. Ist die subjektive Einstellung dergestalt daß ein Anbieter sich in Konkurrenz mit den anderen Anbietern wähnt, besteht für ihn auf dem Markt Wettbewerb, andernfalls nicht[40]. Irrtümliche Annahmen werden nach einer Planungsperiode korrigiert.

Dieser subjektive Wettbewerbsbegriff erscheint insofern sinnvoll, als jene starren Anbieterinterdependenzen, wie man sie etwa bei Preisführerschaften findet, nicht unbedingt bezüglich der Anbieter mit dem $p = K'$ Verhalten als wettbewerbsmäßig bezeichnet werden müssen. Das Verhalten $K' = p$ ist dann nur als eine Bedingung für die Gewinnmaximierung zu interpretieren, deren Einhalten jedoch nicht eine hinreichende Voraussetzung dafür ist, daß ein Wettbewerbsverhalten vorliegt.

S. 127. „Das entscheidende Kriterium ist die Frage, ob Alternativen vorhanden sind".

[38] *Abbott*, L.: Qualität und Wettbewerb. Ein Beitrag zur Wirtschaftstheorie, München, Berlin 1958, S. 127.

[39] *Machlup* spricht bei der Situation eines $K' = p$ Anpassers an den Preisführer von einer „quasi-pure competition". *Machlup*, F.: The Political Economy of Monopoly, a.a.O., S. 130.

[40] Nur wenn man diese Vorstellung des subjektiven Wettbewerbs akzeptiert, lassen sich Vorstellungen wie die eines „Cooperative Competition" von J. M. Cassels verstehen. *Cassels*, J. M.: Monopolistic Competition and Economic Realism, Can. J. of Ec. a. Pol. Science, 1937, S. 376.

Ebenso wie die Bedingung $K' = E'$ für den Monopolisten oder den Preisführer ein Verhalten darstellt, bei einer bestimmten Marktkonstellation den Gewinn zu maximieren, stellt das durch die Vorschrift $K' = p$ bedingte Verhalten unter bestimmter Bedingung die Voraussetzung für eine Gewinnmaximierung dar.

Akzeptiert man den subjektiven Wettbewerbsbegriff, ließe sich die vollständige Konkurrenz eventuell als ein erstarrter Markt interpretieren, in dem „schematisch" unter der Bedingung $K' = p$ angeboten wird, ohne daß auch nur ein Anbieter das Gefühl haben muß, er stünde mit den anderen Anbietern im Wettbewerb. In diesem Falle wäre das $K' = p$ Verhalten als unrational zu bezeichnen und würde Morgensterns Argumentation über die Monopolisierung bei vollständiger Konkurrenz unterstützen. Daraus folgt, daß bei diesem Wettbewerbsbegriff Barones Aussage zutreffen kann, daß eine große Anzahl von Unternehmen in einem Produktionszweig gerade ein Zeichen von ungenügendem Wettbewerb sein kann, so daß infolge der erstarrten Marktinterdependenzen technische Neuerungen, die kostensenkend wirken, keine Durchführung erfahren[41]. Hiervon zu trennen ist der Fall, daß kostensenkende Neuerungen infolge der dadurch notwendigen Marktgröße nur über eine Monopolisierung möglich sind, die bei einer starken Risikoempfindlichkeit[42] der Produzenten nur durch eine Unternehmensfusionierung erfolgen kann.

Der rein subjektiv interpretierte Wettbewerbsbegriff bietet im Zusammenhang mit der Vorstellung des anonymen Wettbewerbs eine Erklärungsmöglichkeit für jene Verhaltensweisen, bei denen einzelne Anbieter sich einem Leistungszwang unterwerfen, ohne daß damit ein Wettbewerb mit bestimmten Konkurrenten verbunden ist.

Indem Machlup sich gegen den erweiterten Gebrauch des Ausdrucks Konkurrenz für „alternative Möglichkeiten" und „Substituierbarkeit" wendet, muß er die rein subjektive Wettbewerbsinterpretation ablehnen und damit auch die Aussage, daß Monopolisten eventuell um die Konsumentenkaufkraft konkurrieren müssen[43]. Die hierbei auftretenden Widersprüche nimmt er in Kauf[44].

---

[41] *Barone*, E.: Grundzüge der theoretischen Nationalökonomie. Übersetzt von Stähle, H., Bonn 1927, S. 169. Barone formuliert hier — wohl als einer der ersten — die Vorstellung eines „wirksamen Wettbewerbs".

[42] Ein recht großes Risiko besteht auf einem solchen Markt darin, daß mehrere Anbieter gleichzeitig die technische Neuerung einführen und daraufhin ein notwendiger Verdrängungswettbewerb aus der Investition eine Fehlinvestition werden läßt.

[43] „Immer wieder liest man z. B., daß selbst der vollkommendste Monopolist mit den Verkäufern aller anderen Güter und Dienstleistungen um die Konsumentenkaufkraft" konkurrieren" müsse. Nun ist dies aber nicht Wettbewerb im Sinne eines Marktverhaltens; der Monopolist konkurriert nicht mit anderen Verkäufern, sondern die Verbraucher haben die Wahl, andere

Da sämtliche Industrien miteinander in Wettbewerbsbeziehungen stehen können, möchte Heertje nur von relativen Monopolen sprechen[45].

Ebenso, wie es nicht zwingend ist, daß das Vorhandensein von Wettbewerb zwischen mehreren Personen davon abhängt, ob diese substituierbare Leistungen am Markt anbieten, ist auch ein komplementäres Leistungsverhältnis mehrerer Personen (arbeitsteiliger Prozeß) keine ausreichende Bedingung dafür, daß kein Wettbewerbsverhalten vorliegt. So kann sich jedes im funktionsteiligen Prozeß einer Gruppe wirkendes Individuum darum bemühen, eine relativ gute Leistung im Vergleich zu den relativen Leistungen der anderen Gruppenmitglieder zu erbringen[46].

In diesem Fall werden also nicht die individuellen Leistungsergebnisse der einzelnen agierenden Personen verglichen — sie sind unvergleichbar —, sondern es werden die erbrachten individuellen Leistungen mit dem Leitbild der bestmöglichen individuellen Leistung verglichen, um aussagen zu können, ob die individuelle Funktion gut oder schlecht erfüllt wurde.

Wettbewerb um die beste Position beim Vergleich der relativen individuellen Leistungsergebnisse ist durchaus möglich.

Betont werden muß in diesem Zusammenhang, daß sowohl Wettbewerbsverhalten als auch Kollusionsverhalten spontan erfolgen können. Während bei dem Rationalverhalten die Bewertung des Verhaltens alleine durch den Grad der Zielerreichung erfolgt, liegt dem Spontanverhalten auch ein Eigenwert zugrunde. Eine völlige Ziellosigkeit wird auch hier kaum vorhanden sein. Selbst wenn man bei den spontanen Handlungen den inneren Antrieb in den Vordergrund stellt, liegt diesem inneren Antrieb doch immer ein Ziel zugrunde, nur daß bei der Motivation die Handlungsursache und nicht das Handlungsziel genannt wird, da die Handlungsziele meist sehr wenig spezifiziert sind. (Unzufriedenheit, die einen spontanen Protest verursacht oder eine spontane Revolution auslöst. Zufriedenheit, die zur Dankbarkeit gegenüber bestimmten Personen führt.) Spontanes Verhalten mit ungenauen Vorstellungen über das Handlungsergebnis zeichnet sich so meist durch eine Unmittelbarkeit und Schnelligkeit aus. Diese Eigenschaften der Handlungen stellen den Preis für den Verzicht auf eine (ausführliche) Pla-

---

Güter an Stelle der vom Monopolisten angebotenen zu kaufen, und machen notgedrungen von dieser Möglichkeit Gebrauch, wenn der Monopolpreis erhöht wird. *Machlup*, F.: Artikel „Wettbewerb“, a.a.O., S. 38.

[44] „Die Substitution anderer Güter für das Monopolgut kommt natürlich in der Elastizität der Nachfrage und somit im „Monopolgrad“ zum Ausdruck,...“ *Machlup*, F.: Artikel „Wettbewerb“, a.a.O., S. 38.

[45] *Heertje*, A.: On the Theory of Oligopoly, Economia Internazionale, Bd. 13, 1960, S. 457.

[46] Z. B. in einem Fußballspiel oder in einem Konzert.

nung dar, die zum Durchdenken der Alternativen Zeit benötigt. Spontanes Verhalten sagt also etwas aus über die individualpsychologische Einstellung eines Individuums zu der bestimmten Handlung, es wird jedoch nicht eine bestimmte realisierte Handlung — Wettbewerbsverhalten, Kollusionsverhalten — mit diesem Ausdruck charakterisiert. Insofern ist es problematisch, den Wettbewerb mit Spontaneität weitgehend zu identifizieren[47].

Die verständliche und vielfach zu findende Sympathie für spontanes Verhalten liegt eventuell darin begründet, daß bei einem spontanen Verhalten originäre Äußerungen in aller Offenheit und Ehrlichkeit zu Tage treten, die durch keinerlei opportune Überlegungen und Lügen verfälscht worden sind, weswegen man mancherorts spontanes Verhalten vortrefflich zu simulieren versucht.

2. Das Kartell

Eine Gruppe von Anbietern komplementärer Güter ist durch ein technisch bedingtes kooperatives Verhältnis gekennzeichnet, dagegen ist das Interdependenz-Verhältnis im Falle von Gütern, die substituiert werden können, wettbewerbsmäßig möglich[48].

Ob in der Realität Wettbewerb vorliegt, hängt jedoch noch von einer Reihe anderer Faktoren ab. Eine Zusammenarbeit zwischen Anbietern substitutiver Güter kann sich dann ergeben, wenn ein Anbieter nur unter der Voraussetzung sein Ziel erreichen kann, daß auch die anderen Anbieter dies können; eine Voraussetzung, die beim Wettbewerb gerade nicht erfüllt ist[49].

Da es die verschiedensten Formen der Kartellierungen mit allen möglichen Abstufungen der Intensitätsgrade der Bindungen zwischen den Kartellmitgliedern gibt, geht es darum, „... aus der Vielgestaltigkeit einzelner Vorgänge den ... einheitlichen Kern herauszuschälen“[50]. Dieser gemeinsame Kern soll in der Verhaltenskoordination von Entscheidungseinheiten gesehen werden.

Bei den ersten Ansätzen der Analyse der Erscheinungsform des Kartells in der deutschen Literatur ging man nicht alleine von dem Phänomen der Verhaltenskoordination aus, sondern stellte noch besondere Anforderungen an den Kartellbegriff.

---

[47] *Hayek*, F. A. v.: Grundsätze einer liberalen Gesellschaftsordnung, Ordo, Bd. 18, 1967, 5. 15. ff. *Hoppmann*, E.: Wettbewerb als Norm der Wettbewerbspolitik, Ordo, Bd. 18, 1967, S. 80.

[48] s. hierzu: *Papandreou*, A. G., *Wheeler*, J. T.: Competition and its Regulation, Prentice-Hall 1954, S. 30.

[49] *Deutsch*, M.: The Effects of Cooperation and Competition upon Group Process, in: Group Dynamics. a.a.O., S. 320 ff.

[50] *Stark*, H.: Die Theorie der Kartelle, Berlin 1930, S. VII.

So standen sich schon bei der begrifflichen Unterscheidung eines Kartells vom Konzern sehr extreme Ansichten gegenüber. H. Schäffer meint, daß Kartelle und Konzerne ihrem Wesen nach total verschiedene Gebilde[51] seien. Während nach Schäffer das Kartell als Organisationsform eine Marktbeeinflussung anstrebt, sind Konzerne bestimmte Betriebsanordnungen, die sich vom Einzelbetrieb nur dadurch unterscheiden, „. . . , daß sie in zusammengefaßter Form die möglichst zweckmäßige und billige Herstellung oder Bereitstellung des Produktes vornehmen"[52].

R. Hilferding dagegen vertritt die Ansicht, daß „die Frage Kartell *oder* Trust als sich ausschließende Gegensätze . . . falsch gestellt"[53] sei. „Dieser Gegensatz ist . . . nur ein solcher der Organisationsform; er sagt nichts über den inhaltlichen Unterschied aus"[54], der nur vom Vertragsinhalt bestimmt sein kann und beim Syndikat die Selbständigkeit der Unternehmen so weit aufheben kann, daß kein Unterschied gegenüber dem Trust mehr vorhanden ist.

Dieser Ansicht ist auch F. Kestner, der meint, daß die Organisationsform des Trusts dem Kartell eventuell vorgezogen werde, da der Konfliktbereich zwischen den Gruppenmitgliedern dadurch beschränkt werde, daß nicht mehr verschiedene Eigentümer verschiedener Betriebsanlagen existieren[55].

Allerdings muß man seine etwas einseitige Ansicht über die konfliktausschaltende Wirkung der Konzernbildung insofern einschränken, als Interessengegensätze zwischen den Konzernmitgliedern über die Geschäfts- und Investitionspolitik auftauchen und fortbestehen können. Diese Interessengegensätze können so intensiv werden, daß eine kapitalmäßige Fusion auseinander fällt und der ausscheidende Partner den ihm zufallenden Kapitalanteil dazu verwendet, um ein Konkurrenzunternehmen zu gründen[56].

Eine Trennung zwischen kurzfristigen Formen der monopolistischen Organisation (agreement pool) und langfristigen Formen (trust), wie sie E. A. G. Robinson[57] vornimmt, dürfte aus diesem Grunde wenig ein-

---

[51] *Schäffer*, H.: Kartelle und Konzerne, in: Strukturwandlungen der deutschen Volkswirtschaft, hersg. v. B. Harms, Bd. 1, Berlin 1928, S. 314 ff.

[52] *Schäffer*, H.: Kartelle und Konzerne, a.a.O., S. 314/15.

[53] *Hilferding*, R.: Das Finanzkapital, a.a.O., S. 301.

[54] *Hilferding*, R.: Das Finanzkapital, a.a.O., S. 297.

[55] *Kestner*, F.: Der Organisationszwang. Eine Untersuchung über Kämpfe zwischen Kartellen und Außenseitern. 2. Aufl., bearbeitet von O. Lehnich, Berlin 1912, S. 53 ff. u. S. 37 ff. Ähnlich argumentiert auch F. Zeuthen, in: Economic Theory and Method, New York 1955, S. 314.

[56] Solche Kapitalumleitungen können auch aus Gründen einer besseren Verzinsung des Kapitals in anderen Unternehmen oder Industriesektoren erfolgen. *Dewey*, D.: Monopoly in Economics and Law, Chicago 1959, S. 9.

[57] *Robinson*, E. A. G.: Monopoly, London, Cambridge 1955, S. 83 ff.

leuchtend sein. Eine stillschweigende Kollusion kann recht langfristiger Natur sein. Sieht man von den wenigen ersten Arbeiten über Kartellprobleme ab, in denen der Begriff des Kartells mit dem des Trusts synonym gebraucht wurde[58], so werden von den kartellartigen Zusammenschlüssen zwei Kriterien alternativ oder kombiniert verlangt:

a) ein spezieller Zweck des Zusammenschlusses,

b) eine bestimmte formale vertragsmäßige Fixierung des Zusammenschlusses[59].

Als spezieller Zweck des Zusammenschlusses wird entweder die Vermeidung einer ruinösen Konkurrenz infolge Überproduktion[60] oder die monopolistische Marktbeherrschung[61] verlangt, wobei sich letzteres Kriterium für lange Zeit als dominierend durchsetzt und die Kartelldefinition von Liefmann, nach der Kartelle „Verbände zwischen selbständig bleibenden Unternehmern derselben Art zum Zwecke monopolistischer Beherrschung des Marktes“[62] sind, für lange Zeit im Mittelpunkt stand[63],

---

58 *Berdrow*, W.: Die Unternehmer-Kartelle und der Weg zum wirtschaftlichen Frieden, Berlin 1898. Er behandelt die Begriffe Kartell und Trust noch synonym. *Schönlanck*, B.: Die Kartelle, a.a.O., S. 513 und zunächst auch Liefmann, R.: Die Unternehmerverbände (Konventionen, Kartelle), ihr Wesen und ihre Bedeutung. Freiburg/Leipzig/Tübingen 1897, in: Volkswirtschaftliche Abhandlungen der Badischen Hochschulen, Bd. I) bezeichnen die Kartelle als Entwicklungsform auf dem Weg zu den „Kartellen relativ höchster Ordnung“, den Trusts. Ebenso wurde in der amerikanischen Literatur anfangs mit dem Terminus „trusts“ sowohl kartellartige Vereinbarungen als auch kapitalmäßige Zusammenschlüsse verstanden. Siehe hierzu: *Seager*, H. R.; *Gulick*, C., Trust and Corporation Problems, New York, London 1929, S. 1 ff.

59 Auch in der neueren Literatur werden solche formalen Kriterien noch verwendet, s. hierzu: *Kartte*, W.: Zur Auslegung des § 1 GWB: Kartelle — Zusammenschlüsse — Gemeinschaftsunternehmen. W. u. W. J. 13, 1963, S. 569.

60 Zu der Gruppe von Autoren, die diese Funktion der Kartelle betonen, gehören: *Kleinwächter*, Fr. von: Die Kartelle, Innsbruck 1883, S. 126, S. 193. — *Brentano*, L.: Über die Ursachen der heutigen sozialen Not, Leipzig 1889, S. 93.

61 Folgende Autoren stellen den monopolistischen Charakter der Kartelle in den Vordergrund: *Bücher*, K.: Die Entstehung der Volkswirtschaft, 8. A. Tübingen 1925, S. 360. *Pohle*, L.: Die Kartelle der gewerblichen Unternehmer, Leipzig 1898. *Klug*, O.: Das Wesen der Kartell-, Konzern- und Trustbewegung, Jena 1930, S. 60. *Liefmann*, R.: Die Unternehmungen und ihre Zusammenschlüsse, Bd. II: Kartelle, Konzerne und Trusts. 7. umgearbeitete und erweiterte Auflage, Stuttgart 1927. *Tschierschky*, S.: Der monopolistische Charakter der Kartelle, Kartellrundschau, Berlin, 24. Jg. 1926, S. 325 ff. Am stärksten wird der durch den monopolistischen Verdrängungswettbewerb geprägte Charakter eines Kartells durch W. Kantorowicz betont. „Diesem die Quelle des altruistischen Rechts im Erwerbsleben bildende Grundsatze „des leben und leben lassen“ gegenüber hat das Kartell einen anderen Grundsatz zu dem seinigen gemacht „*Tod der Konkurrenz. Wir allein müssen leben*“. *Kantorowicz*, W.: Kartell-Probleme, Berlin 1911, S. 14.

62 *Liefmann*, R.: Die Unternehmungen. . . a.a.O., S. 10.

63 Schneider, steht dieser Ansicht noch sehr nahe, wenn er meint, daß „. . . the central point in the process of cartelization is strategy and domination,

vielfach ergänzt oder ersetzt durch das Ziel der Gewinnsicherung[64]. Nur vereinzelt, wie bei Isay[65] und von Beckerath[66] wurde schon frühzeitig eine neutrale Kartelldefinition gegeben.

Bei späteren Definitionen eines Kartells werden solche speziellen Zielsetzungen der Kartellierenden oder formale Ausprägungen eines Kartellvertrages nur noch vereinzelt verlangt. E. Hexner sieht die Auswirkungen eines Kartells ganz allgemein darin, daß es „... affects the market of a commodity or service“[67]. Ähnlich J. Gruntzel, der eine vertragsmäßige Vereinigung über eine „Regelung der Produktion oder des Absatzes“[68] als wesentlich ansieht. F. Machlup spricht von einer Beeinflussung des Wettbewerbs[69]. Differenzierungen einzelner Arten der Kartelle wurden in verschiedener Hinsicht getroffen.

F. Kleinwächter und R. Liefmann unterschieden zwischen Kartellen höherer Ordnung und Kartellen niederer Ordnung, wobei als Unterscheidungskriterium lediglich die Art des festgelegten Aktionsparameters gewählt wird. Als Kartelle niederer Ordnung gelten Gebiets-, Produktions- und Preiskartelle. Kartelle höherer Ordnung dagegen sind Auftragsverteilungs-, Angebotsverteilungs-, Submissions- und Gewinnverteilungskartelle[70].

Eine Unterscheidung bezüglich der Menge der festgelegten Aktionsparameter bringt E. Heimann, wenn er zwischen „totalen“ und „partiellen“ Kartellen differenziert[71]. Bei einem totalen Kartell sind sämtliche Aktionsparameter eines Unternehmens fixiert, während bei

---

not real economies. . .“ *Schneider,* E.: Real Economies of Integration and Largescale Production versus Advantages of Domination, in: Monopoly and Competition and their Regulation. Papers and Proceedings of a Conference held by the International Economic Association. Edited by E. H. Chamberlin, London 1954, S. 206.

[64] *Rothschild,* K. W.: Price Theory and Oligopoly, Ec. J., Bd. 27, 1947, S. 308 ff. *Schneider,* E.: Real Economics of Integration . . . a.a.O., S. 208.

[65] *Isay,* R.: Studien im privaten und öffentlichen Kartellrecht, Mannheim 1922.

[66] *Beckerath,* H. von: Der Inhaltswandel des Kartellbegriffs und seine wirtschaftspolitischen Folgen, Wirtschaftsdienst, 1927, S. 1122.

[67] *Hexner,* E.: International Cartels, Chapel Hill 1946, S. 24. Bei Wolfers konkretisierte sich die Marktbeeinflussung noch auf die Preisgestaltung. Das Element der Preisgestaltung wurde bei Wolfers neben dem soziologischen Element des Verbandes als konstituierend für den Kartellbegriff angesehen. Diese Zweckbestimmung wurde im Gegensatz zu der des Trusts gesehen, bei der es nach Wolfers primär auf die Kostensenkung ankommt. *Wolfers,* A.: Das Kartellproblem im Lichte der deutschen Kartelliteratur, in: Schr. d. Ver. f. Socialpol. Bd. 180. Das Kartellproblem. Hersg. von E. Lederer, II. Band, S. 12 ff.

[68] *Gruntzel,* J.: Die wirtschaftliche Konzentration, Wien 1928, S. 33.

[69] *Machlup,* F.: The Nature of the International Cartel Problem, in: A Cartel Policy for the United Nations, New York 1946, S. 5.

[70] *Liefmann,* R.: Kartelle, Konzerne und Trusts, a.a.O., S. 41 ff.

[71] *Heimann,* E.: Über Individualismus und Solidarismus in der kapitalistischen Konzentration, Arch. f. Sozialwiss. u. Sozialpol., Bd. 39, 1915, S. 751.

einem partiellen Kartell nur ein Teil der Parameter fixiert ist. Außerdem unterscheidet Heimann zwischen einem „echten" und einem „unechten" Kartell, wobei das Kriterium der Unterscheidung im freien Willen des einem Kartell beitretenden Unternehmers liegt[72]. Bei einem unechten Kartell werden infolge großer Streuung der Machtpositionen einem oder mehreren schwachen Unternehmen die Kartellvereinbarungen diktiert.

F. Marbach[73] unterscheidet zwischen einem Kartell, das nach ihm dann vorliegt, „... wenn Unternehmer gleicher oder ähnlicher Branche als Anbieter durch Vertrag (einschließlich Statut) Bindungen eingehen, welche den Zweck haben, die Preisbildung durch die Macht der Organisation direkt oder indirekt im Sinne einer absoluten oder relativen Ertragsbesserung zu beeinflussen"[74] und „kartellartige Abmachungen"[75], worunter er mündliche Vereinbarungen und Einrichtungen zum Informationsaustausch versteht.

G. Stigler faßt die Kollusion als den Oberbegriff auf und ordnet ihm alle Formen der Verhaltenskoordination, von der strengen Form der Fusion bis zur stillschweigenden Verhaltenskoordination, unter[76]. F. Machlup versucht zwischen den Begriffen Kooperation, Kollusion und Kartell zu unterscheiden.

„For purely informal, selfimposed restraints on competitive conduct without any direct or indirect communication among competitors and without any set pattern for pricing or selling practices the term *cooperation* may be most fitting.

For less informal limitations in competitive conduct, involving direct or indirect communication among competitors or compliance with a set pattern of pricing and selling, the term *collusion* may be more appropriate. For arrangements involving more frequent communication among competitors or some sort of permanent organisation such as a trade association, an „institute", a statistical bureau, periodic circulars or published notices the term *cartel* may be most suitable[77]."

Diese etwas erzwungen erscheinende Differenzierung, die lediglich darauf abstellt, welche Mittel zur Verhaltenskoordination eingesetzt werden sollen[78], wird auch von Machlup selbst als wenig fruchtbar ange-

---

[72] *Heimann*, E.: Über Individualismus u. Solidarismus, a.a.O., S. 755.

[73] *Marbach*, F.: Monopolistische Organisationsformen, Bern 1950, S. 7.

[74] *Marbach*, F.: Monopolistische Organisationsformen, a.a.O., S. 7.

[75] *Marbach*, F.: Monopolistische Organisationsformen, a.a.O., S. 14.

[76] *Stigler*, G. J.: A Theory of Oligopoly, J. of Polit. Ec. Bd. 72, 1964, S. 45.

[77] *Machlup*, F.: The Political Econnomy, a.a.O., S. 86.

[78] A. G. Papandreou und J. T. Wheeler unterscheiden verschiedene Kollusionsfälle danach, ob direkt die Aktionsparameter gemeinsam festgelegt werden, oder ob gemeinsame Kalkulationsrichtlinien festgelegt werden, wodurch jedoch das gleiche Ergebnis erreicht werden kann. Für diese letzte Form der Verhaltenskoordination wird der Ausdruck „quasi-collusion" zugeordnet, der noch dadurch charakterisiert sein soll, „ . . . . that although the firms in

sehen, wenn er eingesteht, „as the economics of the three things is the same, attempts to keep them apart result in distinctions without differences“[79].

Sinnvoller erscheint es, Abgrenzungen nach dem Umfang der Kartellierung zu treffen, da eine vollständige Kartellierung nur sehr selten anzutreffen sein wird. J. Howard[80] unterscheidet zwischen „perfect collusion“, gekennzeichnet durch eine Maximierung des Gruppengewinnes, „effective collusion“, charakterisiert durch Preisfixierung und Nicht-Preis-Wettbewerb und „limited collusion“. Diese letzte Einteilung übernimmt Howard von Bain, der die beschränkte Kollusion durch „serious internal discussion, defections, secret price shading, etc.; or its equivalent through mutually recognized interdependence“[81] kennzeichnet. Die „effective collusion“ entspricht dem „*subrosa* collusive agreement“[82] von Bain, für das nicht alle Parameter der Anbieter koordiniert sein müssen.

Shubik fügt der Unterteilung in kooperative Spiele und nicht-kooperative Spiele noch die Gruppe der „semi-cooperative games“ hinzu[83], zu denen er das Oligopol und das Kartell zählt. Das Kriterium für die „semi-cooperative games“ liegt für Shubik in den Kosten der Informationsbeschaffung, die hoch sein können, so daß die dadurch verursachten Kollusionskosten sehr hoch sind, „... yet they are not so great as to make all coalitions obviously not worth while“[84].

Eine Trennung der kooperativen Spiele von den halbkooperativen Spielen alleine durch die Notwendigkeit einer Information ist nicht möglich, denn gerade die mangelnde Information kann eine sehr intensive Koalition bewirken. Stellt man — wie Shubik — lediglich auf die Schwierigkeiten ab, die durch hohe Informationskosten entstehen, so erscheint eine solche Unterteilung auch insofern nicht sehr glücklich, als man noch verschiedene Grade der Unvollkommenheit der Koopera-

---

question have not agreed in fact to limit their independence of action, they do behave *as if* they had reached such an agreement“. Es wird besonders an dieser begrifflichen Differenzierung deutlich, daß eine „Illusion der Unabhängigkeit der Entscheidungen“ erzeugt werden kann, wenn Aktionsparameter nicht direkt festgelegt werden, sondern deren bestimmende Faktoren, die jedoch das gleiche Ergebnis der Aktionsparameterfixierung bewirken. *Papandreou*, A. G., *Wheeler*, J. T.: Competition ..., S. 131.

[79] *Machlup*, F.: The Political Economy ..., a.a.O., S. 86.

[80] *Howard*, J. A.: Collusive Behavior, The Journ. of Business of the Univ. of Chicago, 1954, S. 196 ff.

[81] *Bain*, J. S.: Workable Competition in Oligopoly: Theoretical Considerations and Some Empirical Evidence Amer. Ec. Rev., Bd. 40 P. a. P., 1950, S. 39.

[82] *Bain*, J. S.: Price Theory, New York 1953, S. 282.

[83] *Shubik*, M.: The Role of Game Theory in Economics, Kyklos Bd. 6, 1953, S. 25.

[84] *Shubik*, M.: The Role of ..., a.a.O., S. 31.

tion anführen und Begriffe dafür prägen könnte, je nachdem, wieviele Aktionsparameter einer Firma und in welcher Strenge der Koordination gemeinsam festgelegt werden. Damit wird jedoch nicht Stiglers Ansicht vertreten, der meint, „that duopoly is present as long as there is a single variable of policy concerning which the two duopolists do not have an explicit agreement..."[85], denn wenn man als Charakterisierung eines Marktzustandes eine Durchschnittsaussage über die Art der Fixierung der einzelnen Aktionsparameter zuläßt, kann man die Aussage nur mit einem bestimmten Wahrscheinlichkeitsgrad auf einen Parameter übertragen. Andernfalls ist eben eine detaillierte Beschreibung der Fixierung und damit der Kartellierungsintensität der einzelnen Aktionsparameter notwendig.

Genauer und für die Analyse der Wettbewerbsintensität in einer Gruppe unerläßlich erscheint also die Beschreibung der einzelnen Parameter einer Firma bezüglich der wettbewerbsmäßigen oder kartellmäßigen Fixierung, da weder mit der Bezeichnung einer „cooperative competition"[86] noch mit der eines „quasi-competitive market behavior"[87] eine klare Umschreibung der Wettbewerbssituation in einer Gruppe gegeben wird.

Eine Bedingung für eine Kartellierung mehrerer Anbieter einer Gruppe geben Luce-Raiffa an, wenn sie schreiben, daß „in strictly competitive games it is impossible for the players to achiece mutual benefit by any form of cooperation"[88]. Diese Bedingung dürfte jedoch nur notwendig und nicht hinreichend sein, denn Brems meint wohl nicht zu Unrecht, daß man selbst für ein Null-Summen-Zwei-Personenspiel diese Aussage von Neumann-Morgenstern und Luce-Raiffa nicht machen könne, da die Spieler, um Verluste zu vermeiden, über das Spiel die Übereinkunft treffen können, „not to play it at all"[89].

Eine Beschränkung auf horizontale Kartelle bringt Brems mit dem Hinweis auf die nur selten anzutreffenden vertikalen Kartelle.

„A cartel is a volutary, written or oral, agreement among financially and personally independent, private, entrepreneurial sellers or buyers fixing or influencing the values of their parameters of action, or allocating territories, products or quotas, for a future period of time[90]."

---

[85] *Stigler,* G. J.: Notes on the Theory of Duopoly, J. of Pol. Ec., Bd. 48, 1940, S. 52.

[86] *Cassels,* J. M.: Monopolistic Competition and Economic Realism, Can. J. of Ec. a. Pol. Science, Bd. 3, 1937, S. 376.

[87] *Bain,* J. S.: Workable Competition..., a.a.O., S. 44.

[88] *Luce,* D. R., *Raiffa,* H.: Games and Decisions, Introduction and Critical Survey, New York 1957, S. 89.

[89] *Brems,* H.: Product Equilibrium under Monopolistic Competition, Cambridge 1951, S. 186. Neben die Übereinkunft, das Spiel nicht zu spielen, kann nach Brems auch durch eine Vereinbarung eine Beschränkung der Strategieneinsatzmöglichkeiten getroffen werden.

[90] *Brems,* H.: Cartels and Competition, W. A. Bd. 66, 1951, I, S. 52.

Für Brems hat also eine stillschweigende Vereinbarung keinen Kartellcharakter. Er weist lediglich auf die Schwierigkeiten der Kollusionsbestimmung hin[91].

Bei der neueren Diskussion um die begriffliche Abgrenzung eines Kartells werden als (Unterscheidungs-) Kriterien kaum noch spezielle Kartellzwecke oder Motive der Verhaltenskoordination gewählt. Im Vordergrund der Problemstellung steht die Frage nach den Mitteln zur Erreichung einer Verhaltenskoordination einer Gruppe von Personen und bei welchen Mitteln noch der Terminus Kartell Verwendung finden soll. Hierbei stehen einige Autoren mit einem sehr weit gefaßten Kartellbegriff einer anderen Gruppe mit einem enger gefaßten Kartellbegriff gegenüber.

Die umstrittenen Fälle sind die der „mutual-dependence-recognized", bei denen infolge einer aus der wechselseitigen Interdependenz der Aktionen stammenden Information ein gleichgerichtetes Verhalten induziert wird. Nach Kahn liegt in einem solchen Fall, der dadurch charakterisiert ist, daß „... each firm can trust the other firm not to initiate a price cut independently, for it is only then that firm A will believe that it can deter firm B from cutting its price by holding its own price constant"[92], ein erster Grad von Kollusion vor.

K. Kühne meint, daß die „... Anerkennung der gegenseitigen Abhängigkeit . . . eigentlich schon eine Art ‚Quasi-Kartell' ist"[93]. Er bringt als Beispiel aber den Fall eines Großunternehmers mit einem großen Marktanteil in einem Oligopol — also eigentlich einen Fall einer einseitigen Abhängigkeit, wenn man davon ausgeht, daß die Aktionsparameterfixierung des dominierenden Anbieters von den anderen Anbietern akzeptiert und übernommen wird.

Die Kenntnis einer gegenseitigen Abhängigkeit muß keineswegs immer zu einer stillschweigenden Kartellierung mit oder ohne Domination führen — es ist auch durchaus möglich, daß eine transparent werdende gegenseitige Abhängigkeit zu einem forcierten Wettbewerbsprozeß mit eventueller Marktverdrängung führt[94]. Solche Wettbewerbs-

---

[91] *Brems*, H.: Product Equilibrium ..., a.a.O., S. 173.

[92] *Kahn*, R. F.: The Problem of Duopoly, Ec. J. Bd. 47, 1937, S. 9.

[93] *Kühne*, K.: Funktionsfähige Konkurrenz. Monopolistische Restriktion und Wettbewerbsproblem in der modernen Wirtschaft, Volkswirtschaftliche Schriften Heft 39, Berlin 1958, S. 180.

[94] Aus diesem Grunde kann auch der Vorschlag von Heuß nicht akzeptiert werden, der den Ansatz für eine Kartelltheorie „... in der Transformation einer polypolistischen in eine oligopolistische Verhaltensweise ..." sieht und nicht in der Möglichkeit der gemeinsamen Gewinnmaximierung. *Heuss*, E.: Das Oligopol, ein determinierter Markt. W. A. Bd. 84 (1960 I), S. 176. Die Transformation einer Verhaltensweise ist aber doch nur eine Frage der durchführbaren Produktivitätsänderung gegenüber der Zielfunktion. So kann eine polypolistische Verhaltensweise direkt in eine monopolistische

prozesse sind jedoch nur von kurzfristiger Natur — entweder sie führen zum Erfolg oder sie werden als ergebnislos abgebrochen und bewirken eine andere Einschätzung der Kräfterelationen, so daß in jedem Falle die Wettbewerbsintensität vermindert wird.

Langfristig dürfte also bei relativ gleich bleibenden Faktoren der Firmenumwelt (Kostenstruktur, Nachfragestruktur) die Kenntnis der gegenseitigen Abhängigkeit zu einer stillschweigenden Kartellierung führen, die vielfach in (der Gruppe) gemeinsamen Handlungsmaximen begründet sein kann[95].

Die Anerkennung der einseitigen Abhängigkeit stellt ex definitione schon eine Kartellierung dar, bei der die Verhaltenskoordination durch die Macht des dominierenden Gruppenmitgliedes geregelt wird.

W. Fellner unterscheidet zur Abgrenzung der Kollusion zwischen „explicit bargaining" und „implicit bargaining". Das „explicit bargaining" ist dadurch gekennzeichnet, daß „the parties concerned attempt to find out by direct observation what the most favorable agreement is which they can reach with the others"[96], während bei dem „implicit bargaining" „each party tries to find out from the responses of the other parties what the ultimate consequence of its own patterns of behavior are, and each party tries to discover which of the alternative patterns of behavior results in mutual reactions that are in the nature of a tacit agreement (or convention), and are more favorable from his point of view than any other tacit agreement acceptable to the others"[97]. Wenn Fellner jedoch weiter meint, daß die Unterscheidung der beiden Formen „is analogous to that between ‚collusion' and what we call *spontaneous-coordination*"[98], so entsteht eine Schwierigkeit der Interpretation, denn eine stillschweigende Koordination des Verhaltens kann sehr langwierig sein und keineswegs ein spontaner Akt. Der letztere Fall tritt nur bei starken Marktdifferenzierungen oder gar keinen auf, wenn alle Anbieter über diese Situation unterrichtet sind.

Weintraub entscheidet sich auch für eine sehr weitgefaßte Kartelldefinition, wenn er sagt, daß „price-follower, price leader, output

---

transformiert werden, ohne daß sich als Zwischenglied eine oligopolistische Verhaltensweise bilden muß.

[95] „... the term ‚cartel' should be expanded to cover examples of common behavior ascribable simply to common beliefs concerning either the wisdom or rightiness of certain policies is dubious". *Oliver,* H. M.: Average Cost ..., a.a.O., S. 218.

[96] *Fellner,* W.: Competition among the Few. Oligopoly and Similar Market Structures, New York 1949, S. 15.

[97] *Fellner,* W.: Competition among ..., a.a.O., S. 15/16.

[98] *Fellner,* W.: Competition among ..., a.a.O., S. 16.

follower, and generally, all passive market patterns are a tacit form of collusion . . .“[99].

Ryan meint, daß die Transparenz der Reaktionsschemata in einem Oligopol stillschweigende oder offene Kollusion hervorrufen wird[100] und stimmt damit mit Machlup überein, der ein Fehlen einer Kollusion dann annimmt, wenn „. . . the firm may try to guess the competitor's reactions to its actions, but it may never expect particular reactions with any confidence“[101].

Mason formuliert den Sachverhalt noch schärfer, wenn er schreibt, daß „indepedence of action is, by definition, the opposite of collusion“[102].

Shubik demonstriert seine begriffliche Trennung an folgendem Beispiel. Er gibt eine Zahlungsmatrix zweier Spieler an, in der die Gewinnauszahlungen der beiden Spieler kombiniert sind[103]:

	H	*L*
H	3,3	− 1,4
L	4, − 1	1,1

Die Strategiekombination *(H, H)* wird von ihm als kooperative Lösung des Spiels angesehen, während die Kombination *(L, L)* die nicht-kooperative Gleichgewichtslösung angibt.

Bei dieser Marktsituation, bestimmt durch die gegenseitige Abhängigkeit der Duopolisten würde Chamberlin die Strategiekombination *(H, H)* jedoch nicht als „tacit agreement“ ansehen. „Each is forced by the situation itself to take into account the policy of his rival in determining

[99] *Weintraub,* S.: Price Theory, New York 1956, S. 178. Levenson und Solon vertreten auch diese weite Fassung des Kollusionsbegriffes, zu dem auch die Preisführerschaft gehört. *Levenson,* A. M., *Solon,* B. S.: Outline of Price Theory. New York, London 1964, S. 200, s. a. *Kühne,* K.: Funktionsfähige Konkurrenz, a.a.O., S. 146. *Leibenstein,* H.: Economic Theory and Organizational Analysis, New York 1960, S. 80.

[100] *Ryan,* W., faßt auch die Form der Verhaltenskoordination zwischen einem Marktführer und einem Marktfolger als einen Agreement-Fall auf, wenn er meint, daß „in the simple Cournot model, and in the models in which each firm aspired to leadership, there was no agreement whatsoever between the oligopolists. In the models in which one firm was accepted as the price — or output — leader, there was agreement between the oligopolists on the method by which the value(s) of the action parameter(s) should be fixed“. *Ryan,* W. J. L.: Price Theory, London, New York 1958, S. 342.

[101] *Machlup,* F.: The Economics of Sellers Competition, Baltimore 1952, S. 437.

[102] *Mason,* E. S.: Economic Concentration and the Monopoly Problem, Cambridge 1957, S. 363.

[103] *Shubik,* M.: Strategy and Market Structure, London 1959, S. 60.

his own, and this cannot be construed as a ‚tacit agreement' between the two[104]."

Nicht nur die Tatsache, daß nach Chamberlins Auffassung eine Monopolisierung des Marktes bei symmetrischen Anbietern[105] als Wettbewerbssituation bezeichnet werden müßte, sondern auch der Umstand, daß Chamberlin die stillschweigende Marktaufteilung ermöglicht, sprechen dafür, Shubiks Vorstellung den Vorzug zu gewähren. Shubiks Ansicht, beide Strategiekombinationen *(H, H)* und *(L, L)* seien Gleichgewichte, kann jedoch bei der Gewinnmaximierung als alleiniger Verhaltensprämisse nicht zugestimmt werden, da bezüglich dieser Zielsetzung die Position *(H, H)* die Position *(L, L)* eindeutig dominiert.

Die Tatsache, daß auch heute noch vielfach für das Vorliegen eines Kartells Vereinbarungen oder Informationsaustausch verlangt werden[106], erscheint erstaunlich, zumal Machlup schon 1952 schlüssig die Unhaltbarkeit dieser Vorstellung nachweist und schreibt: „A naive idea has long assumed that collusion necessarily involves ‚agreement' or, at least, communication among the ‚conspirators'[107]."

Schon früher wird die stillschweigende Verhaltensabstimmung als besondere Form der Kartellierung mit all ihren Schwierigkeiten der empirischen Feststellung von Lynch herausgearbeitet. Sie ist für die Mitglieder insofern vorteilhaft, als die „concerted action is secured, while at the same time all parties ... maintain the appearance of competition"[108].

Für die weitere Arbeit soll von dem Phänomen der Verhaltenskoordination ausgegangen werden und mit dem Begriff Kartell folgender Tatbestand erfaßt werden:

Ein Kartell besteht aus einer Gruppe von Wirtschaftssubjekten, bei denen ein oder mehrere Aktionsparameter so aufeinander abgestimmt worden sind, daß vorhandene Konflikte vermindert oder beseitigt, beziehungsweise die Möglichkeit des Eintritts eines Konfliktes vermindert oder beseitigt wurde.

---

[104] *Chamberlin,* E. H.: The Theory of Monopolistic Competition, 7. Aufl., London 1956, S. 31, s. a. S. 46, 47, 154 ff.

[105] Anbieter werden dann als symmetrisch angesehen, wenn sie gleiche Kostenfunktionen haben.

[106] *Brems,* H.: Cartels and Competition, a.a.O., S. 52. *Chamberlin,* E. H.: The Theory of Monopolistic Competition, a.a.O., S. 31. *Ott,* A. E.: Gewinnmaximierung, Reaktionshypothese ..., a.a.O., S. 440.

[107] *Machlup,* F.: The Economics ..., a.a.O., S. 440. Machlup weist auch darauf hin, daß schon 1946/48 der „Supreme Court" im „Tobacco-Case" und im „Cement-Case" dieser Tatsache Rechnung getragen hat.

[108] *Lynch,* D.: The Concentration of Economic Power, New York 1949, S. 193.

Eine formale Fixierung dieser „Abstimmungsergebnisse“ — etwa durch einen Kartellvertrag — ist nicht erforderlich, ein bestimmter Zweck oder bestimmte Mittel bei der Koordination sind ebenfalls nicht erforderlich[109].

Dem aus der angelsächsischen Literatur stammenden Begriff der „collusion“ soll bei den weiteren Ableitungen kein besonderer Tatbestand zugeordnet werden, so daß Machlups Ergebnis der Analyse der verschiedenen Differenzierungen übernommen wird: „no lines, certainly no clear lines can be drawn between cooperation, collusion, and cartelization[110].“

Das Kartell als Form der Verhaltenskoordination mehrerer Mitglieder einer Gruppe kann Differenzierungen erfahren, die jedoch nicht unterschiedliche Begriffe erforderlich machen:

1. Das Kartell mit vertraglicher Fixierung der Aktionsparameter. In diesem Falle ist der Vertragsabschluß wohl immer mit einem Informationsaustausch verbunden.
2. Das Kartell ohne vertragliche Vereinbarungen, aber mit Informationsaustausch. Hierzu zählen die „Gary-Diners“ und die „Frühstückskartelle“.
3. Das Kartell ohne Informationsaustausch. Bei dieser Form sind weitere Differenzierungen möglich.
   a) Ein Informationsaustausch zwischen den Gruppenmitgliedern ist nicht nötig, da jedes Gruppenmitglied aus den bekannten Informationen über die Marktgegenseite der Gruppe (bei Anbietern die Nachfragefunktion) und die Positionen der anderen Gruppenmitglieder (die Kostenstrukturen), die für ein gemeinsames Vorgehen notwendigen Aktionsparameter bestimmen kann, wenn infolge der Mentalität der Gruppenmitglieder ein solches gemeinsames Handeln erwartet wird.
   b) Die notwendige Information wird durch einen „trial-and-error“ Prozeß gewonnen. Ein solcher Lernprozeß kann sich jedoch nur dann ergeben, wenn bei den Gruppenmitgliedern falsche Informationen bezüglich ihrer Umwelt vorhanden sind und diese in ihren Wirkungen sich nicht gerade neutralisieren. In jedem anderen Falle wäre ein direkter Informationsaustausch rationaler.

Bei allen Kartellen ohne Informationsaustausch und in zahlreichen Fällen der Kartellierung ohne vertragliche Vereinbarungen aber mit

---

[109] *Krelle* hält Marktvereinbarungen bei Kollektivmonopolen für erforderlich, um alle Aktionsparameter gemeinsam fixieren zu können. *Krelle,* W.: Preistheorie, a.a.O., S. 40.

[110] *Machlup,* F.: The Political Economy . . . , a.a.O., S. 85.

Informationsaustausch gilt, „... that although the firms in question have not agreed in fact to limit their independence of action, they do behave *as if* they had reached such an agreement“[111]. Weitgehend aus rechtlichen Gründen traten mit der Einrichtung einer Anti-Kartell-Gesetzgebung an die Seite formeller Kartelle das gleichmäßige Verhalten der Wirtschaftssubjekte oder kapitalmäßige Vereinigungen (Fusionen).

Welche der einzelnen Formen der Kartellierung gewählt wird, hängt von der Gruppe, der Umwelt der Gruppe und insbesondere von der Streuung der Positionen der einzelnen Gruppenmitglieder ab. — Bei völlig symmetrischen Anbietern und dem extremen Gegenteil sind formale Organisationsformen kaum nötig[112].

Sind Kompensationszahlungen zur Erreichung eines Gruppenzieles notwendig, wird eine engere Form der Bindung (kontaktintensiver) notwendig werden, als bei einer homogenen Gruppenstruktur. Das Gleiche gilt für notwendige Anpassungsprozesse in der Gruppe und/oder zwischen der Gruppe und der Umwelt.

Wird eine einzelne Kartellvereinbarung aufgehoben oder eine Organisation zur Durchführung eines Kartellzwecks aufgelöst, so ist damit noch nicht gesagt, daß das Kartell zerfällt, denn die notwendige kartellmäßige Koordination des Verhaltens kann jetzt, nachdem sie sich einmal eingespielt hat, stillschweigend möglich sein und auch durchgeführt werden. Aus diesem Grunde kann man auch nicht sagen, daß nach einer Stillegung von Überkapazitäten (etwa durch eine besondere Organisation des Kartells) das Kartell zerfällt, weil die Angebotselastizität niedrig geworden ist[113].

Gerade durch die Stillegung der Überkapazitäten können die Voraussetzungen für eine stillschweigende Kollusion gegeben sein. Davon abgesehen erscheint es auch fragwürdig, daß Anbieter es als rational betrachten sollten, durch Kartellvereinbarung die Voraussetzung für einen mehr oder weniger intensiveren Wettbewerb zu schaffen.

Einen m. E. sehr fruchtbaren Beitrag zur begrifflichen Fixierung des Kartellproblems leistet Ott, wenn er darauf verweist, daß zwar eine „Gleichsetzung von homogener oligopolistischer Konkurrenz und Oligopol auf dem vollkommenen Markt gerechtfertigt“[114] sei, man aber zur

---

[111] *Papandreou,* A. G., *Wheeler,* J. T.: Competition and ..., a.a.O., S. 131. S. a.: *Haussmann,* F.: Der Wandel des internationalen Kartellbegriffs. Amerikanische Kartelldoktrin und World Trade Charter, Bern 1949.

[112] „... powerful leadership is an alternative to formal organization“. *Philipps,* A.: A Theory of Interfirm Organization. Quart. J. of Ec., Bd. 74, 1960, S. 609.

[113] *Zimmerman,* L. J.: The Propensity to Monopolize. Contributions to Economic Analysis, II., hrsg. von J. Tinbergen, Amsterdam 1952, S. 45.

[114] *Ott,* A. E.: Marktform ..., a.a.O., S. 47.

genaueren Beschreibung eines Kollektivmonopols sehr wohl die Begriffe „homogene oligopolistische Koalition“[115] oder „heterogene oligopolistische Koalition“[116] verwenden könne, da die Anzahl der in einer Gruppe kooperierenden Wirtschaftssubjekte einen bedeutenden Einfluß auf die Funktion der Gruppe im Innen- und im Außenverhältnis „sowohl wirtschaftlicher wie in sozialer Hinsicht“[117] haben kann.

Geht man davon aus, daß die Teilnahme an einem Spiel nicht erzwungen werden kann, so sind nur solche Spiele mit von aktueller Bedeutung, in denen keiner der Spieler oder keine Koalition mit Verlust spielt.

Jene Null-Summen-Spiele, die den Spielen eine Auszahlungserwartung von Null zukommen lassen, werden nicht gespielt werden, wenn nur ökonomische Interessen und keine Spielleidenschaften für die Handlungen entscheidend sind.

Dagegen werden aus solchen Null-Summen-Spielen, bei denen die Gewinne bei einigen Spielern oder Koalitionen den Verlusten bei anderen Spielern oder Koalitionen entsprechen, die verlierenden Spieler ausscheiden, wenn sie nicht kurz- oder mittelfristig die Verluste finanzieren können[118]. Gleichen sich langfristig die Gewinne und Verluste bei den einzelnen Spielern aus, so dürfte das Spiel auch nur wenig stabil sein, wenn für diese Spieler eine Eintrittsmöglichkeit in andere Spiele besteht, in denen ein Gewinn erzielt werden kann. Neben der Möglichkeit des Überwechselns in ein anderes Spiel, das ihrer Zielfunktion besser entspricht, gibt es noch die Möglichkeit, isoliert gegen die Natur spielen, so daß jedes Spiel letztlich auf den Produktivitätszuwachs infolge der Funktionsteilung in einer Gruppe beruht[119].

Hieraus ergibt sich zwingend, daß langfristig nur kooperative Spiele gegen die Natur bei entsprechender Transparenz von Bedeutung sein können. Bei diesen Spielen kann zwar eine Konkurrenz um die Auftei-

---

[115] *Ott*, A. E.: Marktform ..., a.a.O., S. 47.

[116] *Ott*, A. E.: Marktform ..., a.a.O., S. 47.

[117] *Ott*, A. E.: Marktform ..., a.a.O., S. 47. In der angelsächsischen Literatur wird dieser Tatbestand meist als „collusive oligopoly“ umschrieben, wie es etwa Ryan tut. *Ryan*, W. J. L.: Price Theory, a.a.O., S. 334 ff.

[118] Dies gilt auch für jene „constant-sum-profit“ Spiele, die sich dadurch auszeichnen, daß die insgesamt zu verteilende Profitsumme in einem Spiel konstant ist, so daß die Profitverteilung auf die Spieler bei einer bestimmten Strategienkombination sich immer zu dieser Summe ergänzt. Da hierbei die Verluste meist jedoch nur Profitminderungen darstellen, ist das Spiel insofern gegenüber dem Nullsummenspiel stabiler, als für alle Spieler langfristig Gewinne möglich sind.

[119] Aus diesem Grunde kann man auch nicht sagen, „daß eine monopolistische Organisation jedem mehr Gewinn bringen würde“. *Krelle*, W.: Preistheorie, a.a.O., S. 267. Es ist durchaus möglich, daß eine monopolistische Organisation einen Gewinn auf Kosten einer anderen monopolistischen Organisation erzielt, oder einen Monopolgewinn erhält — im Innenverhältnis jedoch zusätzlich noch eine Gewinnumverteilung von schwachen Spielern auf die stärkeren Koalitionsteilnehmer stattfindet.

lung des Kooperationsgewinnes erfolgen, aber die minimalen Sätze der Gewinnverteilung müssen für alle Spieler so groß sein, daß sie sich weiterhin an diesem Spiel beteiligen und nicht in eine andere Spielgruppe wechseln.

Insbesondere mit dieser Feststellung wird die modelltheoretische Gleichartigkeit der Kartellproblematik mit makro- und gesamtwirtschaftlichen Fragen der Produktions- und Verteilungstheorie deutlich.

3. Kartell, Monopol und Kollektivmonopol

Häufig wird ein Kartell mit einem Kollektivmonopol gleichgesetzt oder die Monopolisierung des Marktes als Ziel der Kartellierung mit in die Definition des Kartelles aufgenommen.

Eine solche Beschränkung möglicher Verhaltenskoordination von Mitgliedern einer Gruppe schließt die Fälle aus, bei denen Optionsempfänger sich zu einem Kartell zusammenschließen, um infolge der dadurch erlangten größeren Marktmacht von dem passiven Anpassungsverhalten an den Teilmonopolisten zu einer aktiven Marktpolitik zu gelangen. Ebenso ist es möglich, daß ein Oligopol auf dem Markt existiert und jeder Oligopolist aus einer Gruppe von Anbietern besteht, die nach außen wie eine Entscheidungseinheit erscheinen, da die Aktionsparameterfixierung gemeinsam erfolgt.

Daraus ergibt sich auch die Unhaltbarkeit der Behauptung, „daß durch die Kartellierung die Wettbewerbsintensität in der Wirtschaft immer verringert wird“[120]. Keinesfalls kann man aus den oben angeführten Gründen allein die Bestrebungen eines Kartells zur Monopolisierung als ausreichend für eine Definition auch nur einer Eigenschaft der Kartellgruppe anerkennen, wie es Kühner tut[121].

Es ist also wenig schwierig zu zeigen, daß eine Gleichsetzung von Kartell und Monopol nicht möglich ist.

Nicht so einfach ist die Frage zu beantworten, ob ein Monopol und ein Kollektivmonopol einander gleichzusetzen sind[122].

---

[120] *Kestner*, F.: Der Organisationszwang. Eine Untersuchung über die Kämpfe zwischen Kartellen und Außenseiten, 2. Aufl., bearbeitet von O. Lehnich.

[121] *Kühner*, R.: Tendenzen zur Kartellbildung, Tübingen, Diss. 1956, S. 10.

[122] Verschiedentlich wird auch nicht zwischen einem Oligopol und einem Kollektivmonopol getrennt. So meint *Machlup:* „Das Oligopol umfaßt alle Grade der Angebotskonkurrenz vom friedlichen Zusammenspiel der Kartellmitglieder bis zum unerbittlichen Vernichtungskrieg unversöhnlicher Gegner.“ *Machlup*, F.: Artikel „Wettbewerb“, a.a.O., S. 40. Nicht vertretbar erscheint die Ansicht von Wessels, daß ein Kollektivmonopol abhängig sei von den Kostenfunktionen der einzelnen Mitglieder eines Kartells. Ein Kollektivmonopol muß nicht unbedingt die gleiche Kostengestaltung haben wie ein Einzelmonopol. Darin liegt gerade der Unterschied zwischen dem Einzelmonopol mit nur einer Entscheidungseinheit und einem Kollektivmonopol

„Das Kollektivmonopol muß marktmorphologisch dem Individualmonopol gleichgestellt werden“[123], meint Ott und verweist auf die gleichgerichtete Ansicht Euckens. Eucken stellt in seinem Marktformenschema das Einzelmonopol dem Kollektivmonopol gleich[124], verweist aber auf die Wettbewerbssituation innerhalb des Kartells, die sich in der Investitionspolitik der einzelnen Unternehmer[125] oder in der unterschiedlichen Machtstellung des Einzel- bzw. Kollektivmonopolisten ausdrücken kann. Es „... gilt, daß der Einzelmonopolist ceteris paribus eine stärkere Stellung als der Kollektivmonopolist hat, dessen Macht innere Gegensätze häufig schwächen“[126]. Auf diesen Unterschied zwischen einem Einzelmonopol und einem Kollektivmonopol weist auch Ott[127] hin. Während Eucken und Ott es ablehnen, das Kollektivmonopol und alle mit solchen Gruppierungen zusammengesetzten Marktgebilde als besondere Marktformen zu bezeichnen, sieht Lehmann in dem Kollektivmonopol den Beweis dafür, daß Konkurrenz nicht jenseits der Anbieterzahl „eins“ beginnt[128]. Ott entgegnet mit dem Einwand, der Verfasser übersehe, „daß die Mitglieder eines Kollektivmonopols nach außen als ein Individuum, als *einer* auftreten“[129]. Gegen die Darstellung von Ott muß folgende Argumentation vorgebracht werden. Wenn man von der Grundannahme ausgeht, die den Ableitungen von Eucken und Ott vorangestellt sind, daß die Morphologie das Verhalten bestimmt, so müßte das Marktergebnis eines Kollektivmonopols und das eines Einzelmonopols gleich sein. Da dies keineswegs der Fall sein muß, kann man kaum die Wettbewerbshandlungen im Innenverhältnis eines Kartells[130] untersuchen, ihre Auswirkungen nach außen aber negieren[131].

---

mit mehreren am Entscheidungsprozeß beteiligten Entscheidungseinheiten. Dazu kommt, daß ein Kartell nicht durch den „... Zwang alle Betriebe zu beschäftigen ...“ charakterisiert ist. *Wessels*, Th.: Bemerkungen zur Theorie der Kartellpreise, Schmollers Jb. f. Ges. Verw. u. Vw. i. Deutschen Reich, 59. Jahrgang, 1935, II. Halbband, S. 56 u. 57.

[123] *Ott*, A. E.: Marktform ..., a.a.O., S. 21.

[124] *Eucken*, W.: Die Grundlagen der Nationalökonomie, 6. Aufl., Berlin, Göttingen, Heidelberg 1950, S. 111.

[125] *Eucken*, W.: Die Grundlagen ..., a.a.O., S. 103.

[126] *Eucken*, W.: Die Grundlagen ..., a.a.O., S. 199.

[127] *Ott*, A. E.: Marktform ..., a.a.O., S. 21.

[128] *Lehmann*, G.: Marktformenlehre und Monopolpolitik. Sozialwissenschaftl. Abhandlungen, hrsg. von der Hochschule f. Arbeit, Politik und Wirtschaft, Wilhelmshaven-Rüstersiel, Berlin 1956, S. 24. Auch Arndt charakterisiert das Kollektivmonopol als eine Verbindung von Monopol und Konkurrenz. *Arndt*, H.: Konkurrenz und Monopol ..., a.a.O., S. 231.

[129] *Ott*, A. E.: Marktform ..., a.a.O., S. 21.

[130] *Ellmers* bezeichnet die besondere Situation in dem Kartell als „mehrspurige Willensbildung“, während Casper ganz allgemein von „innerer Konkurrenz“ spricht. *Ellmers*, G.: Produktionslenkung und Preisbildung in der Marktform des Kollektivmonopols, Z. f. Nat., Bd. 10, 1941, S. 65. *Casper*, K.: Theorie des Monopolpreises, Jb. f. Nat. Ök. u. Stat., Bd. 141, 1935, S. 13 ff.

[131] Brandt weist darauf hin, daß für die Bildung eines Kollektivmonopols sowohl gruppenegoistisches Verhalten, als auch ein genossenschaftliches Ge-

Dieser Sachverhalt hat Leibenstein zu einer Kritik an der bestehenden Theorie der Organisation veranlaßt, deren Ansatzpunkt darin besteht, daß „we are not concerned whether they are single individuals or entities made up of a large number of individuals, e. g. the corporation. We assume that they will behave as an individual would behave“[132]. Die Annahme, daß eine Gruppe von Individuen sich wie eine einzelne Entscheidungseinheit verhält, kann bei solchen heterogenen Eigenschaften der Individuen, die sich auf das Handeln auswirken, jedoch nur bedeuten, daß eine autoritär-diktatorische Organisationsstruktur vorliegt — also ein partielles Monopol oder ein allgemeines Staatsmonopol in einer Zentralverwaltungswirtschaft.

Nach Bain weicht das Ergebnis der Willensbildung in einem Kartell aus drei Gründen von dem eines Einzelmonopols oder eines „perfect cartels“, das bei ihm einem Unternehmen mit mehreren Betrieben gleichzusetzen ist, ab:

1. Die Kosten sind höher als im Einzelmonopol, da die Marktanteile der einzelnen Kartellmitglieder nicht nach dem Gesichtspunkt der Kostenminimierung festgelegt werden.
2. Infolge der Streuung der individuellen Maximierungspreise kommt es nicht zur Bildung des Preises wie beim perfekten Kartell.
3. Aus den oben angeführten Gründen ist auch der sich ergebende Gesamtgewinn des Kollektivs kleiner als beim Einzelmonopol[133].

Das m. E. wichtigere Argument bezieht sich auf die Kartelle in Form eines Kollektivmonopols ohne vertragliche Vereinbarungen, mit oder ohne Informationsaustausch, die auch nach außen als eine Vielzahl von Individuen in Erscheinung treten. Bei diesen Formen zeigt sich, daß das Kollektivmonopol schon als eine besondere Marktform zu betrachten ist, die in Grenzfällen jedoch dem Individualmonopol sehr ähnlich sein kann.

Krelle nimmt in die Definition eines Kollektivmonopols die Bedingung mit hinein, daß Marktvereinbarungen alle marktstrategischen Variablen festlegen müssen[134]. Eine stillschweigende (gemeinsame) Fixierung aller oder einiger Aktionsparameter würde also in diesem Falle nicht genügen. Eine solch strenge Fassung ist dann unbefriedigend,

---

meinschaftsgefühl entscheidend sein kann, woraus sich auch preistheoretisch unterschiedliche Ansatzpunkte ergeben. *Brandt*, K.: Preistheorie, a.a.O., S. 91.

[132] *Leibenstein*, H.: Economic Theory ..., a.a.O., S. 3. Auch die Ansicht von Heertje dürfte insofern als überspitzt anzusehen sein. „Cooperation ... would mean the end of the oligopolistic situation.“ S. hierzu auch den Abschnitt über Marktformenlehre und Verhaltensweise. *Heertje*, A.: On the Theory of Oligopoly, a.a.O., S. 467.

[133] *Bain*, J. S.: Price Theory, a.a.O., S. 288.

[134] *Krelle*, W.: Preistheorie, a.a.O., S. 40.

wenn die Monopolisierung des ganzen Markts rationeller erreicht wird, ohne Marktvereinbarungen über eine gemeinsame Handhabung der Aktionsparameter einzugehen. Außerdem kann die Festlegung der Mehrzahl der Aktionsparameter eher die Bezeichnung des Kollektivmonopols verlangen, als die eines Wettbewerbsmarktes.

Für eine unterschiedliche Beurteilung von Monopol und Kollektivmonopol setzt sich Oliver mit der Begründung ein, daß jedes Kartellmitglied jederzeit den Austritt aus dem Kartell als Drohstrategie benutzen könne, um so firmenindividuelle Ziele gegenüber dem Kartellziel des Kartelldirektoriums durchzusetzen[135].

Nur für eine Fusion gilt, daß verschiedene Firmen zu einer Unternehmung verschmelzen und nun eine gemeinsame Gewinnmaximierung betreiben[136], in einem Kartell dagegen sind die Konfliktsituationen[137] vielschichtiger und müssen durch Abstimmungsprozesse gelöst werden[138]. Jedes einzelne Mitglied des Kartells kontrolliert nur wenige Variable einer Funktion, die maximiert werden soll, während in einem Ein-Mann-Monopol alle Variablen der zu maximierenden Funktion von dem Monopolisten kontrolliert werden.

Vereinzelt wird die Zusammenarbeit zwischen Unternehmern auch ganz auf diesen Tatbestand abgestellt: „we may describe by the word cooperation or association the situation where all the producers unite in making some predetermined quantity a maximum. The simplest such quantity is the profit[139].“

Um zu einer begrifflichen Klärung zu gelangen, bieten sich zwei Lösungen an:

1. Stellt man bei der monopolistischen Form des Kartells auf den Ein-Mann-Charakter nach außen ab, so ist der Terminus Kollektivmonopol aus den angeführten Gründen fehl am Platze. In diesem Falle dürfte man nur die Fusion aller Unternehmungen einer Industrie (zu einer AG), also die Fusion der Produktionseinheiten, als Kollektivmonopol bezeichnen, da nur hierbei der Prozeß der Willensbildung zu dem Eindruck einer „Ein-Mann-Unternehmung nach außen“ führt.

2. Die zweite Lösungsmöglichkeit soll vorgezogen werden. Hierbei wird auf eine morphologische Gleichsetzung von Kollektivmonopol und

---

[135] *Oliver,* H. M.: Average Cost . . ., a.a.O., S. 217.

[136] *Papandreou,* A. G., *Wheeler,* J. T.: Competition . . ., a.a.O., S. 130.

[137] *Brandt,* K.: Die Konfliktsituation im Kartell, Z. f. d. ges. Staatsw., Bd. 117, 1961, S. 385 ff.

[138] Von den kapitalmäßigen Fusionen interessieren in diesem Zusammenhang nur die Fusionsfälle, bei denen eine Gruppe bestehen bleibt und nicht etwa ein Einzelmonopol durch Aufkauf zustande kommt.

[139] *Evans,* G. C.: Mathematical Introduction to Economics, New York, London 1930, S. 23.

dem Monopol mit nur einer Entscheidungseinheit verzichtet. Nur im Grenzfall, bei einer Fusionierung der Produktionseinheiten, wird eine morphologische Indentifizierung angenommen.

In einem Kollektivmonopol sind also immer mehrere Entscheidungseinheiten vorhanden, die meist auch an dem Entscheidungsprozeß beteiligt sind, der zur Festlegung der Aktionsparameter der Gruppe dient.

Mitglieder der Gruppe können jedoch auf ihr „Stimmrecht" (zeitweise) verzichten, wenn sie durch dessen Ausübung keine Besserstellung gegenüber der Situation nach Ausübung des Stimmrechts erwarten.

Solche passiven Entscheidungseinheiten in einer Gruppe ändern also am Charakter des Kollektivmonopols nichts.

Die Konsequenz einer vollständigen Kartellierung auf einem Markt kann durchaus für ein oder mehrere Kartellmitglieder darin bestehen, daß ihr Gewinn durch die Kartellierung geschmälert wird. Trotzdem spricht nichts dagegen, die Kartellierung als Mittel zur individuellen Gewinnsteigerung zu bezeichnen, da sich die Dominationsstruktur des Marktes infolge der Kartellierung geändert hat und bei dieser geänderten Interdependenz der Anbieter die Anbieter mit dem verminderten Gewinniveau ihren Gewinn durch den Kartellbeitritt maximieren.

II. Marktform und Wettbewerbsverhalten

Bei der Diskussion der Bedingungsrelationen zwischen Marktform und Wettbewerbsverhalten lassen sich folgende Beeinflussungsmöglichkeiten unterscheiden:

1. Die Marktform, gegeben durch die Anzahl und Größenrelationen der Marktteilnehmer, determiniert das Verhalten eines jeden Marktteilnehmers.
2. Das Ergebnis eines Marktprozesses hängt bei gegebener Marktform von dem Verhalten der Anbieter ab. Die Marktform bleibt unverändert.
3. Das Verhalten der Marktteilnehmer ist mit Erfolg auf eine Veränderung der Marktform gerichtet. Eine solche Transformation kann durch einen Verdrängungswettbewerb erfolgen oder durch eine Fusion der Produktionseinheiten und/oder durch eine kollusive Koordination des Verhaltens der Entscheidungseinheiten.

Bei der Analyse der Relation zwischen Marktform und Wettbewerbsverhalten sollen als elementare Verhaltensweisen gelten:

a) Wettbewerbsverhalten,

b) Kollusionsverhalten.

Diese Verhaltensweisen sind als Gegensätze zu interpretieren[1]. Wenn sie in dieser Arbeit hauptsächlich als Mittel zur Maximierung der individuellen Gewinnfunktion diskutiert werden, so ist daraus nicht die Schlußfolgerung zu ziehen, daß sie nicht auch individuelle Ziele darstellen können. Dies ist dann der Fall, wenn das Kampfverhalten als eine intensive Form des Wettbewerbsverhaltens für das Individuum einen Nettogrenznutzen bedeutet, der größer ist als der Nettogrenznutzen des damit eventuell verbundenen Gewinnverlustes.

Die unterstellte Verhaltensinterdependenz bedingt, daß ein „neutrales“ Verhalten von Marktteilnehmern nicht möglich oder nur sehr kurzfristig denkbar ist. Ein solches neutrales Verhalten stellt keinesfalls das Mitläuferverhalten dar, da es sich hierbei um eine Form der Anpassung und nicht um eine Isolierung im Verhaltensnetzwerk handelt.

Sicherlich sind bei einzelnen Gruppenmitgliedern Situationen denkbar, in denen sie zwischen Wettbewerbsverhalten und Kollusionsverhalten schwanken. Dieser zeitliche Unbestimmtheitsbereich bezüglich des zu realisierenden Verhaltens dürfte jedoch als Trägheitsmoment wenig Bedeutung in der Ökonomie besitzen, so daß er hier vernachlässigt werden kann.

Bei der Betrachtung des Wettbewerbsverhaltens zwischen mehreren Anbietern kann man logischerweise nicht das Wettbewerbsverhalten als Prämisse in das Modell aufnehmen, wie dies auch bei der neueren Diskussion des Duopols getan wird[2].

Es geht also nicht darum festzustellen, „... inwieweit die verschiedenen Marktformen zu rationalem Verhalten anhalten ...“[3], sondern darum, welche Marktformen gebildet werden, wenn die Marktteilnehmer sich rational im Hinblick auf die individuelle Zielsetzung (Gewinnmaximierung) verhalten. Nimmt man die unterschiedlichen Kollusionsintensitäten in einem Oligopol als Annahmen und nicht als Methoden zur Gewinnmaximierung in die Modelldiskussion auf[4], so kann man nicht noch gleichzeitig davon ausgehen, daß eine Aussage über den Grad der Kollusion nicht möglich ist[5], da sich dann logischerweise keine Oligopollösungen mehr ableiten lassen.

---

[1] Wenn Seitz meint, Konkurrenz und Kooperation seien nur in ihren extremen Formen Gegensätze, so kann er dies nicht damit begründen, es gäbe sehr viele Nuancierungen der beiden Formen, denn dann sagt die Begründung nur etwas über die möglichen Unterschiede in den Intensitäten der Gegensätze aus. *Seitz*, T.: Preisführerschaft im Oligopol, Köln 1965, S. 89.

[2] S. hierzu *Krelle*, W.: Preistheorie, a.a.O., S. 264. Seitz bemerkt kurz und bündig: „Absprachen werden ausgeschlossen.“ *Seitz*, T.: Bemerkungen zur Dyopoltheorie Krelles, Jb. f. Nat. Ök. und Stat., Bd. 174, 1962, S. 431.

[3] *Arndt*, H.: Konkurrenz ..., a.a.O., S. 223.

[4] *Seitz*, T.: Preisführerschaft ..., a.a.O., S. 86. „Die verschiedenen Oligopollösungen kann man deshalb auch auf unterschiedliche Annahmen über den Grad der Kooperation zwischen den Anbietern zurückführen.“

[5] *Seitz*, T.: Preisführerschaft ..., a.a.O., S. 88.

Während das Wettbewerbsverhalten als Ziel des Individuums eine notwendige und hinreichende Voraussetzung für eine wettbewerbliche Verhaltenskoordination ist, gilt dies bei einem vorhandenen Selbständigkeitsstreben nur, wenn es in einem solchen Umfange vorhanden ist, daß sich die Bereiche der Selbständigkeit der Individuen überschneiden. Das Verhaltensgleichgewicht eines Individuums wird dann durch den Ausgleich der Nettogrenznutzen der konkurrierenden Ziele determiniert.

Shubik[6] geht davon aus, daß kurzfristig die Marktform nur „slightly and indirectly" durch das Marktverhalten beeinflußt wird. Langfristig kann dagegen das Verhalten der Firmen die Marktform verändern, etwa durch Verdrängungsprozesse oder dadurch, daß bestimmte Verhaltensweisen normiert zu Spielregeln werden.

Wenn man die Dependenz von Marktform und Verhaltensweise durch Trennung in eine lang- und kurzfristige Betrachtungsweise isolieren zu können glaubt, so liegt die stillschweigende Prämisse zugrunde, daß Marktformen beständig sind. Man kann zugestehen, daß in Bezug auf die Fusion der Produktionseinheiten als Mittel der Marktformenänderung die Aussage von Shubik empirisch gilt, wenn sie auch nicht logisch ableitbar ist. Für eine Koordination der Verhaltensweisen gilt dies jedoch nicht, da hierbei Fluktuationen in der Gruppenbildung sehr leicht kurzfristig möglich sind. Insofern ist in der Argumentation von Shubik ein Widerspruch enthalten, denn wenn er die Frage „are firms A and B colluding?" als kurzfristig bezeichnet, so wird doch impliziert, daß ein Kollektivmonopol zustande kommen kann.

Um das Wettbewerbsverhalten einer Gruppe von Anbietern oder Nachfragern untersuchen und eventuell ein Wettbewerbsgleichgewicht ableiten zu können, gehen manche Autoren[7] so vor, daß sie als Prämisse in das Modell ein Verbot jeglicher Kartellierung aufnehmen. In einem solchen Fall ist also die Marktform gegeben und alle Verhaltensweisen, die auf eine Änderung der Marktform durch Verhaltenskoordination abzielen, werden ex definitione aus der Betrachtung ausgeschlossen, so daß nur untersucht wird, wie sich die Marktteilnehmer wettbewerblich an die Marktform anpassen und nicht, ob eventuell auch eine entgegengesetzte Wirkung vorhanden ist.

---

[6] *Shubik,* M.: Marketform, Intent of the Firm and Market Behavior, Z. f. Nat., Bd. 17, 1957, S. 191 ff.

[7] *Nash,* J. F.: Non-Cooperative Games, Annals of Mathematics, Bd. 54, 1951, S. 286 ff. *Krelle,* W.: Preistheorie, a.a.O., S. 247 ff. Kade verwendet das Verbot von Koalitionen sogar als Mittel zur Definition nicht kooperativer Spiele. „Nicht kooperativ ist ein Spiel dann, wenn keine Koalitionen stattfinden dürfen." *Kade,* G.: Theorie der Spiele und ökonomische Entscheidungsprozesse, Z. f. Nat., Bd. 21, 1961, S. 261.

Ein solcher Ansatz zur Behandlung von Wettbewerbsproblemen scheidet jedoch für alle weitgehend symmetrischen Anbieter- oder Nachfragestrukturen aus, da bei ihnen durch stillschweigende Koordination des Verhaltens ohne Informationsaustausch eine Kartellierung erreicht werden kann, so daß auf einem homogenen Markt ein monopolistisches Preiskartell nur durch staatliche Fixierung der Preise auf das Konkurrenzpreisniveau das Ergebnis der Kartellierung beeinflußt werden kann. In diesem Falle gerät die Ableitung jedoch in Widerspruch mit einer anderen Prämisse des Modells, der freien Preisbildung[8].

Bei sehr vielen Fällen von Kartellierungen kann man nicht sagen, es sei „für den Mechanismus der Preisbildung ... gleichgültig, ob sich *einige* Anbieter *freiwillig* in einem Preis- und Quotenkartell zusammenschließen oder ob eine *große Anzahl* Anbieter durch *gesetzlich* festgelegte Preise und *gesetzliche* Anbaubestimmungen ein Preis- und Quotenkartell bilden“[9]. Es gilt zwar qualitativ, daß sowohl bei einer Kartellierung, als auch bei einer staatlichen Preisfixierung die konkurrenzmäßige Preisbildung verlassen wird. Das Ergebnis kann jedoch in beiden Fällen quantitativ sehr stark differieren, da bei einer Kartellierung eventuell Kompromisse geschlossen werden müssen, während bei der staatlichen Preisfixierung selbst bei gleicher Zielsetzung infolge der staatlichen Autorität jede Parameterfixierung durchgesetzt werden kann.

Sieht man von jener Marktform des Monopols ab, bei der definitionsgemäß auf horizontaler Ebene keine Subjekt-Subjekt-Beziehung besteht, so ist fraglich, ob die überkommenen Unterscheidungskriterien der Marktformen[10] ausreichen, um die Wettbewerbssituation auf den Märkten zu bestimmen, oder ob zusätzliche Annahmen darüber notwendig sind, so daß sich die Elastizitätskriterien etwa nur als Nebenbedingungen aufzeigen lassen, die die Möglichkeit eines Wettbewerbsverhaltens oder Kartellverhaltens mitbestimmen, aber nicht für sie ausschlaggebend sind. So wird die Vollkommenheit oder Unvollkommenheit eines Marktes nur etwas darüber aussagen können, wie stark die Wettbewerbsintensität sein kann, wenn Wettbewerb vorhanden ist. Daß diese Faktoren die Entscheidungen der Individuen in der Subjekt-Subjekt Interdependenz beeinflussen, ist einleuchtend, aber als hinreichende Bedingung für die Entscheidung der Individuen, ob eine Wettbewerbs-

---

[8] Die gleiche Überlegung gilt für jene stabilen asymmetrischen Gruppenstrukturen, bei denen die Stabilität des Gruppenergebnisses durch Domination innerhalb der Gruppe erreicht wird.

[9] *Zimmerman*, L. J.: Die Bedeutung der Nachfrage- und Angebotselastizität für die Marktform, Z. f. Ök., 1950, S. 66.

[10] Dabei wird letztlich immer von einer Subjekt-Objekt-Subjekt-Beziehung ausgegangen.

beziehung oder eine kooperative Beziehung vorhanden ist, dürften die Größen der Elastizitäten, die die Interdependenzen bei Wettbewerbsverhalten beschreiben, nicht ausreichen.

Aus diesen Gründen muß folgende Aussage von Ott als nur bedingt richtig angesehen werden: „Während die Bedeutung der Zahl der Marktteilnehmer für die Intensität der Konkurrenz verschiedentlich in Frage gestellt wurde, besteht in der Literatur Einmütigkeit darüber, daß der Charakter eines Marktes (Vollkommenheit — Unvollkommenheit) die Intensität wesentlich beeinflußt[11]."

Wird hierbei auch die Intensität gleich Null zugelassen, ist die Aussage zwar nicht falsch, aber es ist in diesem Falle sowohl möglich, daß eine höhere Wettbewerbsintensität durch diese Faktoren der Unvollkommenheit zustandekommt, als auch eine niedrigere Wettbewerbsintensität, im Extremfall gleich Null.

Wenn Ott dann fortfährt und im folgenden Satz sagt, „auf einem vollkommenen Markt" seien „die Konkurrenzbeziehungen zwischen den Anbietern (Nachfragern) selbstverständlich schärfer als auf dem unvollkommenen Markt, wo jeder Marktteilnehmer ein beschränktes Monopol bzw. Monopson besitzt"[12], so wird der Fall der Intensität des Wettbewerbs gleich Null ausgeklammert, wodurch die Konsistenz der Aussage von Ott m. E. in Frage gestellt wird. Davon abgesehen, wird in einigen Fällen diese Aussage deshalb nicht zutreffen, weil bei Kostensymmetrie der Anbieter auf einem homogenen Markt ein Verdrängungswettbewerb nicht möglich ist, wohl aber durch Preisunterbietungen auf einem heterogenen Markt, wenn ein Anbieter infolge einer zu geringen minimalen monopolistischen Absatzfunktion in den Verlustbereich gerät.

Die Klassifikation der Marktformen mit Hilfe von Elastizitätsbegriffen erscheint jedoch erfolgreicher, da „... bei allen Marktformen, bei denen die Anzahl der Marktteilnehmer auf einer Marktseite gleich oder größer als zwei ist, offen bleibt, ob zwischen den Anbietern eine kooperative Beziehung (Koalition) oder eine nicht kooperative Beziehung (Konkurrenz) besteht"[13], als die Klassifikation der Marktformen durch die Anzahl und Größenstreuung der Marktteilnehmer.

Unter diesem Gesichtspunkt sind auch die Ansichten jener Autoren zu verstehen, die die Kartellierung der vollkommenen Konkurrenz grundsätzlich für möglich und wahrscheinlich halten, wenn dadurch die Gewinnposition der einzelnen Anbieter verbessert wird.

Die mittels der direkten Preiselastizitäten von J. Robinson, A. P. Lerner, R. F. Kahn, J. R. Hicks, N. Kaldor und W. Rothschild[14] vorgenom-

---

[11] *Ott*, A. E.: Marktform ..., a.a.O., S. 47.
[12] *Ott*, A. E.: Marktform ..., a.a.O., S. 47.
[13] *Ott*, A. E.: Marktform ..., a.a.O., S. 82.
[14] *Ott*, A. E.: Marktform ..., a.a.O., S. 33.

menen Klassifikationen[15] sind ebenso unbefriedigend wie die mit Hilfe der Kreuzpreiselastizität von N. Kaldor[16] vorgenommene, da die Oligopole nicht erfaßt werden[17] und der Modellansatz einer Industriegruppe fallen gelassen wird.

Bei der Diskussion der gegenseitigen Beeinflussung von Marktform und Verhaltensweise beschränkt sich Ott auf die Analyse der durch die morphologische Marktform bestimmte Verhaltensweise[18]. Die umgekehrte Fragestellung, „inwieweit ... ein Kausalverhältnis zwischen der Verhaltensweise als *Ursache* für eine bestimmte Marktform als *Wirkung* ...“[19] besteht, hat „... ihren Platz in der dynamischen Marktformenlehre“[20].

Durch diese Aufspaltung der Problemstellung wird stillschweigend davon ausgegangen, daß nur solche in einem Gleichgewicht befindlichen Marktformen untersucht werden, die nicht eine auf eine Änderung der Marktform gerichtete Verhaltensweise bedingen. Eine „Überbesetzung“ eines Marktes kann sowohl eine passive Anpassung, die in dem Marktaustritt sichtbar wird, bewirken, als auch eine aktive Verdrängungspolitik hervorrufen, die lediglich in der speziellen morphologischen Struktur und nicht in einem besonderen Verhaltensmotiv zu suchen ist. Eine Veränderung einer Marktform kann also m. E. sowohl in der Verhaltensweise, als auch in der instabilen Marktform selbst liegen.

Ott[21] verweist hierbei auf die Möglichkeit einer solchen in der „morphologischen Situation“ begründeten Verdrängungsstrategie, so daß die von Ott[22] getroffene Unterscheidung zwischen statischen und dynamischen Marktmodellen nicht ganz widerspruchsfrei bleibt.

Ein weiterer Widerspruch ergibt sich aus der Aussage von Ott, daß „die statische, morphologische Marktformenlehre immanent als dynamisches Element den Hang zur Koalitionsbildung“[23] enthält. Akzeptiert

---

[15] *Rose*, K.: Kreuz-Preiselastizitäten und Konkurrenzbeziehungen. Jb. f. Nat. u. Stat., Bd. 170, 1958, S. 417 ff.

[16] *Kaldor*, N.: Market Imperfection and Excess Capacity, Eca. Bd. 2, 1935, neu abgedr. in Readings in Price Theory, hrsg. von George J. Stigler und K. E. Boulding, London 1953, S. 386. *Kaldor*, N.: Mrs. Robinson's Economics of Imperfect Competition. Eca. Bd. 1, 1934, S. 335 f. *Triffin*, R.: Monopolistic Competition and General Equilibrium Theory. Cambridge 1940, S. 101 ff.

[17] J. *Robinson* glaubt zwar, das Oligolproblem können man erfassen, wenn man von der Nachfragekurve nach dem Produkt einer Firma ausgeht. *Robinson*, J.: The Economics of Imperfect Competition, a.a.O., S. 6. Sie gelangt jedoch dann zu einem Zirkelschluß, da man nur etwas über die Nachfragekurve von *A* aussagen kann, wenn man die Nachfragekurve von *B* kennt, und umgekehrt. *Triffin*, R.: Monopoly in Particulary Equilibrium and in General-Equilibrium Economics, Ecta. Bd. 9, 1941, S. 122.

[18] *Ott*, A. E.: Marktform ..., a.a.O., S. 103.

[19] *Ott*, A. E.: Marktform ..., a.a.O., S. 103.

[20] *Ott*, A. E.: Marktform ..., a.a.O., S. 103.

[21] *Ott*, A. E.: Marktform ..., a.a.O., S. 98.

[22] *Ott*, A. E.: Marktform ..., a.a.O., S. 103.

[23] *Ott*, A. E.: Marktform ..., a.a.O., S. 47.

man diesen Hang zur Koalitionsbildung, die im Extremfall alle Anbieter einer Marktseite eines Marktes umfassen kann, so wird damit ausgesagt, daß die morphologische Marktform die Tendenz zur Änderung enthält, woraus zu folgern ist, daß eventuell unter diesen Umständen ein Preisbildungsprozeß bei einer gegebenen nicht-stabilen Marktform nicht aktuell sein kann, wenn man die Wirkung außerökonomicher Faktoren unberücksichtigt läßt.

Um aus diesen Schwierigkeiten zu widerspruchslosen Ableitungen zu gelangen, soll nicht der Ausweg gesucht werden, dessen Konsequenzen nach Hurwicz vielen Ansätzen der Analyse der Marktpreisbildung anhaftet und der dadurch gekennzeichnet ist, daß „... we tend to exclude *apriori* such phenomena as collusion between buyers and sellers ...“[24].

Diese Kritik macht letztlich auch den Kern von Brems Einwendungen gegen die Klassifikation der Märkte mittels den Triffin'schen Kreuzpreiselastizitäten aus. Brems meint, „All Triffin's definition does tell us something about is *consumers' wants*. It tells us this much: if hypothetically seller *j* lowers his price, consumers will to some extent shift from seller *i* to seller *j*. Whether or not the said price lowering is likely, the definition does not tell“[25]. Dieser Ansicht ist auch Machlup, wenn er meint, daß „Konkurrenz zwischen verschiedenen Gütern ... nicht Konkurrenz zwischen den Anbietern dieser Güter ...“[26] beinhaltet. Dies ist zweifellos der entscheidende Ansatzpunkt einer Kritik an den Klassifikationskriterien der Marktformenlehre, die davon ausgeht, daß ein Wettbewerbsverhalten axiomatisch zugrunde gelegt werden kann, daß „... by his *very nature* as human being, the competitor is non-cooperative. He is willing to get along with less profit rather than to collude“[27].

Eine solche Wertsetzung bei den Wirtschaftssubjekten sollte m. E. zwar hinsichtlich der Auswirkungen untersucht werden, aber nicht als einzig mögliche Zielfunktion angesehen werden, denn sonst wäre es aus logischen Gründen erforderlich, das Koalitionsproblem als nicht existent anzusehen, womit sich die Preis- und Markttheorie noch weiter von der Realität entfernen würde.

Dieser Einwand gegen Abgrenzungskriterien der Konkurrenz trifft auch auf Krelles Formulierung zu. Krelle meint, „... es bestehe *Kon-*

---

[24] *Hurwicz*, L.: The Theory of Economic Behavior, Amer. Ec. Rev., Bd. 35, 1945, Neudruck in: Readings in Price Theory, a.a.O., S. 517.

[25] *Brems*, H.: Cartels and Competition, a.a.O., S. 54.

[26] *Machlup*, F.: Wettbewerb, III., a.a.O., S. 36.

[27] *Shubik*, M.: The Role ..., S. 26. Dies gilt auch für Heertje, der meint, daß für die Nachfragefunktion einer Firma die Konsumentennachfrage „... and the presence of competing sellers“ entscheidend sei. Es könnte sich dabei doch auch um „colluding sellers“ handeln. *Heertje*, A.: On the Theory of Oligopoly, a.a.O., S. 449.

kurrenz zwischen einer Firma und einer oder mehreren anderen, wenn die Nachfrage bzw. das Angebot zwischen ihr und den anderen (einzeln oder als Gruppe) zumindest einseitig fühlbar beweglich ist ... Beide Firmen *konkurrieren* um diesen Marktanteil ..."[28]. Diese Aussage gilt jedoch nur für eine potentielle Konkurrenz, ob die aktuelle Interdependenz wettbewerblich oder in Form einer Koalition geregelt ist, kann man aus der Tatsache der Beweglichkeit der Nachfrage nicht folgern. Dazu muß noch die hinreichende Bedingung treten, daß eine Nachfragebewegung auch eintritt.

Otts Einwand gegen die Kritik von Brems, der darauf abzielt, daß nach einer Koalitionsbildung keine individuellen Preise mehr vorhanden sind und damit auch keine Kreuzpreiselastizitäten[29], ist insofern nicht stichhaltig, als es — besonders bei einer stillschweigenden Kollusion — nach der Verhaltenskoordination noch individuelle Anbieter gibt, die Preise verlangen und damit auch hypothetische Preisänderungen, die den individuellen Anbietern anzeigen, welche primären Konsequenzen ein Ausbruch aus der Koalition hat.

Selbst bei der Marktform der vollkommenen Konkurrenz kann nicht a priori eine Transformation zu einer Koalition abgelehnt werden. Geht man davon aus, daß bei den einzelnen Unternehmen eine Produktionseinschränkung möglich ist, so wird immer Morgensterns Argument wirksam werden, der auch beim Typ der freien Konkurrenz Paretos eine Monopolisierung des Marktes unterstellt, „..., denn der Monopolgewinn, dividiert durch die Anzahl der Anbieter, muß jedem einzelnen immer wieder noch einen größeren Gewinn sichern, als bei freier Konkurrenz; das heißt, der Gewinn des Einzelnen muß größer sein als Null"[30].

Eine Ablehnung dieser logischen Ableitung erfolgt in der neueren Literatur ohne Begründung[31] oder mit der Argumentation, daß die anfallenden Koalitionskosten die Koalitionsgewinne verschwinden lassen[32], was jedoch bei einer stillschweigenden Kollusion nicht zutreffen muß.

Stigler[33] kommt zu einer ähnlichen Schlußfolgerung für das langfristige Gleichgewicht eines Marktes der vollständigen Konkurrenz, wenn er meint, daß die Firmen in der vollständigen Konkurrenz fusionieren.

---

[28] *Krelle,* W.: Preistheorie, a.a.O., S. 13.

[29] *Ott,* A. E.: Marktform ..., a.a.O., S. 52.

[30] *Morgenstern,* O.: Vollkommene Voraussicht und wirtschaftliches Gleichgewicht, in: Spieltheorie und Wirtschaftswissenschaft, Wien, München 1963, S. 63. Neudruck aus: Z. f. Nat. 1935.

[31] *Stigler,* G. J.: A Theory of Oligopoly, a.a.O., S. 43.

[32] *Shubik,* M.: Information, Theories of Competition and the Theory of Games, J. of Polit. Ec., Bd. 60, 1952, S. 145 ff.

[33] *Stigler,* G. J.: Monopoly and Oligopoly by Merger, Amer. Ec. Rev. P. P. 1950, Bd. 40, S. 24.

Während also mit steigender Anzahl der Gruppenmitglieder meist die Möglichkeit einer Kartellbildung (in einem Schritt) verneint wird[34], beurteilt man eine Transformationsmöglichkeit der Marktform bei wenigen Marktteilnehmern recht positiv[35].

Die Tatsache, daß vielfach mit steigender Anzahl der Marktteilnehmer bei gleicher Technik ein höheres Leistungsniveau auf dem Markt erreicht wird, kann noch nicht den Schluß auf eine höhere Wettbewerbsintensität zulassen; es kann sich um eine quasi-collusive Leistungssteigerung der Gruppe insgesamt handeln, die ein größeres Einkommen oder einen größeren Gewinn pro Kopf erlangen möchte.

War etwa der Markt vor dem Marktzutritt neuer Anbieter als Kollektivmonopol organisiert, so kann man nicht sagen, daß diese Verhaltensorganisation sich durch die „newcomers" ändert.

Kommt es durch den Marktzutritt nicht zu einer Änderung der Dominationsstruktur, wird bei einem kleineren Pro-Kopf-Gewinn (Einkommen) infolge der zahlenmäßig vergrößerten Gruppe auch weiterhin keinerlei Wettbewerb in der Gruppe herrschen. Wird durch die Gewinn-(Einkommens-) Schmälerung das Anspruchsniveau nicht mehr ausreichend erreicht, so wird eine Leistungssteigerung zustande kommen. Diese kann individualistisch oder kollusiv erfolgen. In keinem Falle bewirkt sie einen Leistungswettbewerb, wenn die einzelnen Gruppenmitglieder nicht glauben, einen erreichten Leistungsvorteil (eine neue Technik infolge einer Erfindung) für einige Zeit behaupten zu können. Sie würden sich ebenso verhalten, wenn sie Monopolisten bei entsprechend ungenügender Anspruchsniveaubefriedigung wären. Das Einkommen der Anbieter stellt somit eine Art Index für Erfolg und Produktivität in dem Beruf dar[36], der als Regler die Leistung mit beeinflußt.

---

[34] In einer solchen Großgruppe kann ein Informationsvertrag oder ein Open-Price-System schon ausreichen, um eine oligopolistische Interdependenz zwischen den Anbietern hervorzurufen. *Machlup,* F.: The Basing-point System. An Economic Analysis of a Controversial Pricing Practical, Philadelphia, Toronto 1949, S. 125.

[35] *Weintraub,* S.: Price Theory, a.a.O., S. 178. „The probability is strong that overt collusion will be the upshot in fields of small numbers." *Stackelberg,* H. von: Grundlagen der theoretischen Volkswirtschaftslehre. Mit einem Vorwort, hrsg. v. Valentin F. Wagner, 2. photomech. gedr. Auflage. Bern, Tübingen 1951, S. 218. „So sehen wir, daß das Dyopol in jedem Falle auf die Bildung eines Monopols hin tendiert." *Kühne,* K.: Funktionsfähige Konkurrenz, a.a.O., S. 75. „... Das Oligopol bringt erst die Voraussetzung zur Kollusion bzw. zu effektiven Kartellabreden ...". *Bain,* J. S.: Price Theory, a.a.O., S. 276. *Fellner,* W.: Collusion and its Limits under Oligopoly. Amer. Ec. Rev. P. P. 1950, Bd. 40, S. 55. *Braess,* P.: Kritisches zur Monopol- und Duopoltheorie. Archiv f. Sozialwiss. u. Sozialpol., Bd. 65, 1931, S. 538. *Bain,* J. S.: Workable Competition ..., a.a.O., S. 44.

[36] „Businessmen regard the income they earn as an index of their success and efficiency, and their ambition of excelling in their profession manifests

Bei diesen Ansätzen, den Problemkreis Marktform-Verhaltensweise zu behandeln, wird also davon ausgegangen, daß die Marktform von der Marktstruktur (Anzahl und Größenstreuung der Anbieter) und von der Verhaltensweise der Anbieter bestimmt wird.

Ein Oligopol würde sich demnach dadurch auszeichnen, daß wenige Anbieter mit einem oligopolistisch-individualistischen Verhalten vorhanden sind[37]. Nach Haller läßt sich dann das Problem der Preisführerschaft nicht mehr in die Oligopoltheorie einordnen[38], obwohl nicht einzusehen ist, daß bei einer solchen Marktkonfiguration die Anbieter sich nicht — entsprechend der Gewinnmaximierung — oligopolistisch-individualistisch verhalten.

Um zu einer genauen Formulierung zu kommen, soll deswegen davon ausgegangen werden, daß die Marktstruktur (Morphologie) und die Zielsetzung der Marktteilnehmer das Marktergebnis bestimmen, wobei die Zielkoordination (Willensbildung) der Anbieter die Realisierbarkeit der individuellen Zielfunktion bestimmt und damit das am Markt realisierte Verhalten.

Ein homogenes Oligopol[39] führt bei der individuellen Zielsetzung der Gewinnmaximierung der einzelnen Anbieter damit zum Kollektivmonopol, das mit einer Verschmelzung der Produktionseinheiten verbunden sein kann oder nicht; ein heterogenes Oligopol führt zur Marktverdrängung, zur Preisführerschaft oder zur kapitalmäßigen Verschmelzung. Auch im letzteren Fall kann die Willensbildung noch oligopolistisch sein.

Bei der Verhaltenskoordination zwischen Anbietern kann es infolge der unterschiedlichen Machtpositionen der Anbieter so sein, daß das Verhalten eines Anbieters einen anderen Anbieter zum Anpassen zwingt[40]. Die Preisführerschaft stellt sich demnach nur als ein besonderes Koordinationsmuster für das Verhalten in einem Oligopol dar[41].

---

itself in the desire to make more money." *Scitovsky*, T.: A Note on Profit Maximization and its Implications, in: Readings in Price Theory, London 1960, S. 356.

[37] *Haller*, H.: Der Erkenntniswert der Oligopoltheorien, Jb. f. Nat. u. Stat., Bd. 162, 1950, S. 96. Von diesem Ansatz geht auch Neisser aus, wenn er zwischen individueller und gemeinsamer Gewinnmaximierung als verschiedenen Zielsetzungen unterscheidet. *Neisser*, H. P.: Das Oligopol als Nichtnullsummenspiel. Übersetzung von: Oligopol as a Non-Zero-Sum-Game, The Rev. of Ec. Stud., Bd. 25, 1957/58, in: Preistheorie, hrsg. v. A. E. Ott, Köln, Berlin 1965.

[38] *Haller*, H.: Der Erkenntniswert ..., a.a.O., S. 96.

[39] Beim homogenen Oligopol sind in Erweiterung zum Oligopol auf einem homogenen Markt nicht nur die angebotenen Güter homogen, sondern auch die Anbieter, wobei die Homogenität der Anbieter durch gleiche Kapitalausstattung, gleiche Zielsetzung usw. ausgedrückt sein kann.

[40] „... a leader is one who is independent enough not to care about what anybody else is doing". *Machlup*, F.: The Economics ..., a.a.O., S. 492.

[41] „... price leadership is ... only a pattern for interseller co-ordination ...". *Bain*, J. S.: Price Leaders, Barometers and Kinks, The J. of Bus.,

Damit wird auch die Aussage von Cyert und March zweifelhaft, wenn sie meinen, zwischen einer dominierenden Firma und kleineren am Markt vorhandenen Firmen bestehe kein Wettbewerb[42], denn es kann durchaus sein, daß diese Marktstruktur sich durch eine Verhaltenskoordination der kleineren Firmen ändert oder abschwächt.

Bei einer Änderung der Zielfunktion der Anbieter — wenn etwa die individuelle Gewinnmaximierung nicht mehr dominierende Zielsetzung ist — ändern sich entsprechend die Ergebnisse des Marktprozesses.

III. Das Gruppenmodell

1. Die Gruppe in der Soziologie

a) Der Begriff der Gruppe

Der Gruppe wird — besonders im soziologischen Bereich — eine zentrale Stelle zugeordnet.

Vierkandt spricht von der Gruppe als einer sozialen Kategorie in dem Sinne, daß dieser Begriff nicht weiter aufgelöst werden kann[1].

Unter der Voraussetzung einer soziologischen Betrachtungsweise räumt Oppenheimer der „Gruppe" die Stellung eines Elementes der Gesellschaft ein[2].

Wenn man den Terminus „Gruppe" heute mehr und mehr durch den Begriff „Gesellschaft" ersetzt, da die „Gruppe" ein überschaubarer Teil der Gesellschaft ist[3], so hat man damit den Fall eingeschlossen, daß die „Gruppe" in Bezug auf ein Untersuchungsobjekt auch eine ganze Nation oder die gesamte Menschheit umfassen kann. Da nicht schon der Begriff „Gruppe", wie Buchholz[4] meint, einen Teil des Ganzen bezeichnet, erscheint eine Abgrenzung „nach oben" nicht sinnvoll[5].

Bd. 33, 1960, S. 194 ff. Ebenso: *Sauermann*, H.: Einführung in die Volkswirtschaftslehre, Bd. II, Wiesbaden 1964.

[42] *Cyert*, R. M., *March*, J. G.: Organizational Factors in the Theory of Oligopoly, Quart. J. of Ec., Bd. 70, 1956, S. 60.

[1] *Vierkandt*, A.: Art. „Gruppe" im Handwörterbuch der Soziologie, hrsg. von A. Vierkandt, Stuttgart 1931, S. 241.

[2] *Oppenheimer*, F.: System der Soziologie, Bd. I: Allgemeine Soziologie, 2. Halbbd. „Der Soziale Prozeß", Jena 1923, S. 459.

[3] *König*, R.: Art. „Gruppe" in: Fischerlexikon, Bd. 10, Soziologie, hrsg. von René König, Frankfurt 1958, S. 104.

[4] *Buchholz*, E.: Interessen. Gruppen. Interessentengruppen. Elemente einer wirtschaftssoziologischen Organisationslehre — unter besonderer Berücksichtigung der deutschen Verbandsforschung. Diss. Tübingen 1963, S. 176.

[5] Verfolgt man die Entstehung des Wortes Gruppe, so zeigt es sich, daß gerade die Sinnbedeutung der Verknüpfung und Vereinigung entscheidend war. Siehe hierzu: *Kluge*, F.: Etymologisches Wörterbuch der Deutschen Sprache, 19. Aufl., bearb. von W. Mitzka, Berlin 1963.

Für die Gruppe als Untersuchungsobjekt der Subjekt-Subjekt-Beziehungen werden verschiedentlich als minimale Teilnehmerzahl drei Teilnehmer[6] mit der Begründung gefordert, daß dann „das Dasein der Gruppe ... von dem einzelnen Mitglied unabhängig sei ..., während das Paarverhältnis mit dem Ausscheiden eines Partners erlischt“[7].

Wenn man sich eine solche Auffassung zu eigen macht, muß man jedoch den logischen Widerspruch in Kauf nehmen, der darin besteht, daß auch bei einer Mitgliederzahl von drei mit dem Ausscheiden eines Mitgliedes definitionsgemäß die Existenz der Gruppe erlischt.

Es werden deshalb zwei Personen als ausreichend angesehen, um das soziale System einer Gruppe zu begründen, wobei jedoch noch Parsons Bedingung erfüllt sein soll, nämlich die „interdependence between the actions of the units“[8].

Wenn Ott das Monopol als einen Spezialfall einer Gruppe bezeichnet[9], der sich dadurch auszeichnet, daß nur ein Mitglied vorhanden ist, so müßte man — wollte man dieser Meinung folgen — als Mindestzahl für eine Gruppe die Zahl eins als ausreichend bezeichnen. Dies wird jedoch deswegen als fragwürdig anzusehen sein, als bei einer kontinuierlichen Veränderung einer Quantität nicht unbedingt die Qualität erhalten bleiben muß.

Eine Subjekt-Subjekt Beziehung stellt aber zweifellos ein besonderes Phänomen dar, dessen Existenz von mindestens zwei Personen abhängt. Ähnlich verhält es sich bei der Zuordnung von Monopol und Wettbewerb. Stuft man etwa verschiedene Marktsituationen kontinuierlich nach den Wettbewerbsintensitäten ein, so müßte man nach obiger logischer Ableitung analog folgern, daß das Monopol ein (Spezial)Fall der Konkurrenz sei.

Schwieriger als die Definition einer Gruppe nach quantitativen Merkmalen ist die Definition nach qualitativen Merkmalen, da hierbei bestimmte Anforderungen an eine bestimmte Gruppe gestellt werden, die letztlich nur eine Differenzierung des allgemeinen Begriffs der Gruppe ermöglichen sollen. So wurde er von Oppenheimer in Anlehnung an Small[10] dahingehend formuliert, die Gruppe markiere einen „neutralen

---

[6] *Buchholz*, E.: Interessen ..., a.a.O., S. 175. *Litt*, Th.: Individuum und Gemeinschaft. Grundlegung der Kulturphilosophie, 2. Aufl., Leipzig, Berlin 1929. *Simmel*, G.: Soziologie. Untersuchungen über die Formen der Vergesellschaftung, Leipzig 1908, beide zitiert bei *Buchholz*, E.: a.a.O.

[7] *Bernsdorf*, W.: Art. „Gruppe“ im Handwörterbuch der Soziologie, hrsg. von W. Bernsdorf u. F. Bülow, Stuttgart 1955, S. 195.

[8] *Parsons*, T., *Smelser*, N. J.: Economy and Society. A Study of the Integration of Economic and Social Theory. London 1956, S. 14.

[9] *Ott*, A. E.: Marktform ..., a.a.O., S. 32.

[10] *Small*, A. W.: The Meaning of Social Science, Chicago o. J., S. 495.

Ausdruck, der jede Form der Vergesellschaftung bedeuten kann"[11]. Danach ist die Gruppe also „... irgendein ... Kreis von Personen, die auf gleiche Einwirkungen, aus gemeinsamer Bewußtseinslage heraus, gleichartig und gleichzeitig handeln"[12]. Die Voraussetzungen einer gemeinsamen Bewußtseinslage ist insofern erforderlich, als sonst Menschen, die bei beginnendem Regen einen Regenschirm aufspannen, auch als Gruppe aufzufassen wären[13].

Die ohne Zweifel wichtigste Unterscheidung qualitativer Art ist die in Gesellschaft und Gemeinschaft, wobei die Gesellschaft auf dem Ordnungsprinzip „Jedem das Seine" und die Gemeinschaft auf dem Ordnungsprinzip „Jedem das Meine" aufbaut[14].

Für die Untersuchung ökonomischer Verhaltensinterdependenzen dürfte die erste Art der Subjekt-Subjekt-Beziehung der Gesellschaft maßgebend sein, da das Aushandeln kommerzieller Werte nach dem Prinzip des „do ut des"[15] dominierend im Vordergrund steht.

Diese Differenzierung der Gruppen in Gemeinschaftsgruppen und Gesellschaftsgruppen entsprechend unterschiedlicher Verhaltenskriterien läuft parallel mit der Trennung in Wir-Bewußtsein und Ich-Bewußtsein. Während „das Wir-Bewußtsein ... sich überhaupt nicht auf ... meine Interessen, sondern ... auf ... unsere ‚Interessen' bezieht, „besteht beim Ich-Interesse eine Parallelität der Interessen von Individuum und Gruppe ...[16].

Damit ist ausgeschlossen, daß es innerhalb einer Gruppe zu Konflikten kommt. So kann man davon ausgehen, daß mit einem starken „Wir-Bewußtsein" eine feste Kohäsion verbunden ist[17].

Geigers Unterscheidung zwischen Gemeinschaft und Gesellschaft ist ähnlich, wenn er unter Gemeinschaft den Innenaspekt der Gruppe und unter Gesellschaft den Außenaspekt der Gruppe versteht[18], aber seine Definition der Gruppe umfaßt ebenso wie die von Vierkandt nur die

---

[11] *Oppenheimer*, F.: System der Soziologie, Bd. I: Allgemeine Soziologie, 2. Halbbd. „Der soziale Prozeß", Jena 1923, S. 460. Ebenso: *Sombart*, W.: Grundformen des menschlichen Zusammenlebens, Arch. f. Soz. Wiss. u. Soz. Pol., 1930. *Weippert*, G.: Die Bildung sozialer Gruppen, München 1950.

[12] *Oppenheimer*, F.: System der Soziologie, Bd. I, 2, a.a.O., S. 462. Ebenso: *Dahrendorf*, R.: Soziale Klassen und Klassenkonflikt in der industriellen Gesellschaft. Stuttgart 1957, S. 171.

[13] Eine übersichtliche Gegenüberstellung von verschiedenen Definitionen einer Gruppe gibt: *Proesler*, H., *Beer*, K.: Die Gruppe. The Group. Le Groupe. Ein Beitrag zur Systematik soziologischer Grundbegriffe, Berlin 1955.

[14] *Pieper*, J.: Grundformen sozialer Spielregeln, Freiburg 1933, S. 52.

[15] *Solms*, M. Graf: Analytische Gesellungslehre, Tübingen 1956, S. 251.

[16] *Oppenheimer*, F.: System der Soziologie, 1. Bd. 1. Halbbd., a.a.O., S. 101.

[17] *Theodorson*, G. A.: The Relationship between Leadership and Popularity Roles in Small Groups. Amer. Soc. Rev., Bd. 22, 1957, S. 58.

[18] *Geiger*, Th.: Die Gestalten der Gesellung, Karlsruhe 1928, S. 19 ff.

Gemeinschaft, da vorausgesetzt wird, daß die Gruppenmitglieder sich als „Wir“ fühlen. Gesteht man neben dem Ich-Interesse die Existenz eines Wir-Interesses zu, so ist die logische Konsequenz, daß eine Gruppe immer eine Interessengemeinschaft ist[19]; eine Trennung in Gemeinschaftsgruppen und Interessengruppen ist nicht mehr möglich.

Ansätze, in denen dies versucht wird, weisen recht unexakte Formulierungen auf. Wenn Buchholz meint, daß „in den Interessengruppen das Wirbewußtsein (Innenaspekt) fast nie so weit entwickelt...“ ist, so muß dieses „fast nie“ eine genaue Definition unmöglich machen.

Neben dem Begriff „Gruppe“ findet sich in der Literatur verschiedentlich der Begriff Quasi-Gruppe. Dahrendorf umfaßt damit all jene nicht-organisierten Individuen, die „latente Interessen“[20] aufweisen. Die Mitglieder der Quasi-Gruppe können eventuell auch an dem Gruppenvorteil gleichermaßen partizipieren wie die Mitglieder der organisierten Gruppe, weshalb ein Überwechseln von der Quasi-Gruppe zur Gruppe nicht notwendig ist. Es ist auch durchaus möglich, daß ein Individuum außerhalb der organisierten Komplementär-Gruppe sein Interesse besser verfolgen kann als in der Gruppe, nicht nur, wenn die Gruppenbildung bei der speziellen Verhaltensstruktur des Individuums negative Nutzengrößen mit sich bringt. Es kommt also nicht nur bei der Gruppenbildung auf die Intensität der Ausprägung eines Interesses an — wie Buchholz meint —[21], sondern auch auf die unterschiedlichen Verfolgungsmöglichkeiten dieses Interesses.

b) Die Koordination des Gruppenverhaltens

Akzeptiert man die Trennung Oppenheimers in Wir-Bewußtsein und Ich-Bewußtsein, so sind eventuell noch einige Differenzierungen erforderlich, um die Subjekt-Subjekt-Beziehungen in einer Gruppe zu klassifizieren.

Das Verhalten des einzelnen Individuums einer Gruppe kann individualistisch oder kollektivistisch sein — vorausgesetzt, daß das Individuum und die Gruppe ein Zielsystem aufgestellt haben, was man jedoch ganz allgemein als eine Bedingung für das Verhalten ansehen kann; aber das Ergebnis des Verhaltens muß in beiden Fällen nicht unbedingt verschieden sein, denn auch bei einer entsprechenden Anordnung der Parameter, an denen sich das Verhalten des Individuums ausrichtet, kann bei einem individualistischen Verhalten als Ergebnis eine Erreichung der kollektiven Zielsetzung erfolgen. Ein solcher Fall wird dem Modell der vollständigen Konkurrenz der Klassik unterstellt.

---

[19] *Oppenheimer,* F.: System der Soziologie, Bd. I, 2. Halbbd., a.a.O., S. 466.
[20] *Dahrendorf,* R.: Soziale Klassen ..., a.a.O., S. 204.
[21] *Buchholz,* E.: Interessen, a.a.O., S. 183.

Wenn man eine Gruppe G von Personen (a . . . . . k) betrachtet, deren Verhalten interdependent sein soll, so gibt es für ein einzelnes Individuum i folgende Verhaltensmöglichkeiten, wobei der Pfeil auf jene Person, bzw. Gruppe zeigen soll, deren Nutzen- oder Gewinnfunktion die zu maximierende Zielfunktion ist:

a) $\longrightarrow i$

b) $\longrightarrow (a \ldots\ldots k)$

c) $\longrightarrow (a \ldots\ldots k) - i$

d) $\longrightarrow j;\ j \in (a \ldots\ldots k);\ j \neq i$

Im Fall a) liegt eine egoistische Verhaltensweise vor, die sich dadurch auszeichnet, daß nur jene Handlungen vollzogen werden, die dem handelnden Individuum direkt oder indirekt Vorteile bringen.

Die Fälle b) und c) stellen differenzierte Formen einer kollektivistischen Verhaltensweise dar.

Der Fall d) beschreibt ein altruistisches Verhalten, das dadurch gekennzeichnet ist, daß die Ergebnisse des Verhaltens Vorteile für andere Personen der Gruppe bedeuten.

Ein bestimmtes, durch objektivierte Handlungen beschriebenes Verhalten, kann jedoch nicht ohne weiteres in eine der möglichen logischen Klassifikationen eingeordnet werden, da das Handlungsziel zwar objektiv ermittelt werden kann, nicht aber der subjektive Nutzen der Zielerreichung dieses Ziels, der für die Verhaltensbestimmung mitbestimmend ist. So kann ein für ein Individuum altruistisch erscheinendes Verhalten für ein anderes Individuum der Gruppe durchaus als egoistisch klassifiziert werden, wenn die Handlung, durch die anderen Personen (materielle) Vorteile verschafft werden, in der eigenen Wertskala als Zielgröße — anderen geholfen zu haben — eine Nutzensteigerung bedeutet, die größer ist als die damit verbundenen Nutzenverluste.

Ebenso kann ein kollektivistisches Vorgehen letztlich egoistischen Zielsetzungen dienen, wie dies bei allen freiwilligen Zusammenschlüssen von Entscheidungseinheiten der Fall sein wird.

Geht man davon aus, daß die Koordination nicht Selbstzweck ist, sondern Mittel zur Erreichung eines Zieles, das sich aus den jeweiligen Wertskalen der Individuen ergibt, so lassen sich entsprechend den Wertskalen folgende verschiedene Verhaltensweisen ableiten, wobei der erste Teil der Verhaltensbezeichnung die Art des Handelns und der zweite Teil das Ziel des Handelns angibt.

1. Das individual-egoistische Verhalten

In diesem Fall verhält sich das Individuum koordinationsfeindlich, nicht unbedingt autonom. Es muß bei bestimmten Interdependenzstrukturen die Reaktion der konkurrenten auf das eigene Verhalten berücksichtigen.

Kartellierungen werden als Mittel zur besseren Zielerreichung vermieden, sobald irgendwelche Formen der Organisation notwendig werden, die das individuelle Verhalten bestimmten Normen unterwerfen könnten.

2. Das kollektiv-egoistische Verhalten

Hier bestimmt zwar der Egoismus noch das Verhalten des Individuums, es bedient sich aber zur Erreichung des Zieles eines kollektiven Vorgehens. Die individuelle Nutzen- oder Gewinnmaximierung wird nur oder besser auf diese Weise erreicht[22].

Dieser Fall ist nicht schon dann gegeben, wenn bei Interdependenz des Verhaltens einer Gruppe von Anbietern nicht die Strategien des Sattelpunktes einer Zahlungsmatrix gewählt werden, sondern solche, die ohne Kompensationsleistungen eine individuelle Gewinnsteigerung ermöglichen.

3. Das individual-kollektivistische Verhalten

Man könnte hier auch von einem individual-universalistischen Verhalten sprechen, wenn man von Wiese folgt[23] und dem Begriff Kollektivismus nur eine „Häufung von Mengen“ zuordnet, während dem Begriff Universalismus schon eine bestimmte Rangfolge von Ganzheit und Teilen entspricht, nämlich eine Unterordnung der Teile unter die Ganzheit.

Im Folgenden soll dem Kollektiv schon eine zielgerichtete Ordnung unterstellt werden. Im Gegensatz zum kollektiv-egoistischen Verhalten ist beim individual-kollektivistischen Verhalten nicht mehr die individuelle Nutzen- oder Gewinnmaximierung das Ziel, sondern die des Kollektivs oder der Gruppe.

---

[22] Bei den späteren kartelltheoretischen Untersuchungen wird grundsätzlich nur von der individual-egoistischen oder von der kollektiv-egoistischen Verhaltensweise ausgegangen, da angenommen wird, daß diese Verhaltensweisen die anderen dominieren. Würde man, zumindest partiell und zeitweilig, die anderen Verhaltensmuster zulassen, würde das realisierte Verhalten dadurch zweifellos variiert.

[23] *Wiese,* L.: Individualismus oder „Menschlichkeit“? Kyklos, Bd. 10, 1957, S. 461.

Das Individuum verzichtet freiwillig auf einen Vorteil zugunsten eines (größeren) Vorteils für die Gruppe, wobei die Hoffnung auf einen Anteil an diesem Vorteil zu einem späteren Zeitpunkt eine Rolle spielen kann, aber nicht notwendig ist. Ein solcher Fall ist etwa dann gegeben, wenn der Leiter einer Gruppe (parametrischer Preisführer) zurücktritt zugunsten eines fähigeren anderen Mitgliedes der Gruppe, obwohl dies formell oder nach der Machtstruktur nicht nötig wäre[24].

Verhalten sich alle Mitglieder einer Gruppe entsprechend dieser Norm, so ist eine Ausbeutung auf Grund dieses Verhaltens nicht möglich, und eine Gruppengewinnmaximierung wird immer mit einer individuellen Gewinnmaximierung verbunden sein, wenn ein häufiger, für alle Gruppenmitglieder gleich wahrscheinlicher Positionenwechsel stattfindet. Ein solches Verhalten führt oft zu einem normativen Gruppenwertesystem. „Eine Gruppenmoral scheint den persönlichen ... Kodex zu ersetzen. Du siehst nicht davon ab, irgendetwas zu tun, weil Du dann nicht mir Dir selbst leben kannst, sondern weil Du nicht mit den Nachbarn leben kannst[25]!" Es ist in diesem Fall jedoch kein Wir-Bewußtsein vorhanden, bei existentem Ich-Bewußtsein wird entsprechend der individuellen Wertskala die Gruppenwohlfahrt höher eingestuft als eine isolierte individuelle Wohlfahrtssituation.

4. Das altruistische Verhalten

Dieses Verhaltensziel gründet sich nicht, wie das individual-kollektivistische Verhalten, auf eine rationale Entscheidung zugunsten der Gruppe, sondern ist zugunsten eines oder mehrerer Individuen ausgerichtet. In Hinblick auf die Methode kann man zwischen einem individual-altruistischen und einem kollektiv-altruistischen Verhalten unterscheiden.

Für das Problem der Koordination der Aktionsparameter zwischen Individuen steht das kollektiv-egoistische und das individual-kollektivistische Verhalten im Vordergrund.

Alle diese Verhaltenstypen sagen nichts aus über die Organisation, mit der die Verhaltensinterdependenz erreicht wird und über die Do-

---

[24] Eine solche Verhaltensform erscheint implizit bei A. Rapoport, wenn er meint, daß der Kampf am primitivsten sei, da das Ziel darin besteht, den Gegner zu vernichten. Höher stehe das Spiel, da das Ziel darin besteht, den Gegner zu überlisten. Die ideale Form sei die Debatte, in der man anstrebe, den Gegner zu überzeugen. Die letztere Form der Auseinandersetzung schließt genau genommen ein, daß der Stärkere bereit ist, sich den Argumenten des Schwächeren zu beugen und so eventuell auf eine vorhandene Machtposition zu verzichten. *Rapoport,* A.: Fights, Games and Debates. The University of Michigan Press 1960, S. 4 ff.

[25] Ein Zitat aus der amerikanischen Zeitschrift Look, zitiert bei *Borch,* H. v.: Amerika — Die unfertige Gesellschaft, München 1964, S. 15/16.

minanz eines Verhaltenstyps bei einer Mischung von mehreren Verhaltenstypen.

Außerdem bedarf die Koordination des Verhaltens nicht unbedingt einer Organisation, wie verschiedene Autoren meinen[26]. Selbst eine Einschränkung dieser Feststellung auf Gemeinschaftsgruppen, wie Buchholz[27] es vorschlägt, erscheint wenig überzeugend, da bei Interessengruppen stillschweigende Kollusion genügen kann und sogar notwendig ist, wenn eine Organisation staatliche Eingriffe ermöglicht (Kartellgesetze!) und die Verhaltenskoordination gefährdet.

Die Notwendigkeit für ein Mindestmaß an Organisation einer sozialen Gruppe[28] liegt wohl dann vor, wenn eine quantitative Lösung der Verhaltensinterdependenz ohne Organisation, die ja nur als Mittel zur Koordinationserreichung zu betrachten ist, nicht möglich ist. Dies trifft jedoch bei ausreichender Information über die Reaktionsabläufe, wie sie in kleinen Gruppen vorhanden sein dürfte, nicht zu.

Die Koordination des menschlichen Verhaltens zeigt die Abstimmung der Aktivitäten der einzelnen Wirtschaftssubjekte aufeinander gemäß einer Zielsetzung. Es ist nicht notwendig, daß dadurch eine Kooperation im Sinne einer Arbeitsteilung erreicht wird. Die Koordination kann durch Zwang erfolgen oder freiwillig zustande kommen, sie kann auf der Gleichheit oder Ungleichheit der Entscheidungseinheiten beruhen[29].

Die Art der Koordination des Verhaltens läßt sich aus einer Handlungsmaxime (Wertsetzung) ableiten, etwa dem Subsidiaritätsprinzip der katholischen Soziallehre. Dies soll nicht geschehen, sondern es soll von den Koordinationsmöglichkeiten ausgegangen und ihre Wirkungen und Ursachen untersucht werden. Für eine wertfreie Behandlung des Problems erscheint ein selektives Vorgehen nicht zweckmäßig.

Die Möglichkeiten des Zustandekommens einer Koordination können analog übertragen werden auf den sozialen Bereich von dem berühmten Uhrengleichnis, mit dem Leibniz[30] zur Klärung seiner Ideen der prästabilierten Harmonie arbeitete, das aber auf Geulincx[31] zurückgeht.

---

[26] *Emge,* R. M.: Der Einzelne und die organisierte Gruppe. Akademie der Wissenschaften und der Literatur, Abhandlungen der Geistes- und sozialwissenschaftlichen Klasse, Jahrg. 1956, Wiesbaden 1956, S. 7. *Wiese,* L. v.: Art. „Gruppe" in: Wörterbuch der Volkswirtschaft, hrsg. v. L. Elster, völlig umgearb. Auflage, Jena 1932—33. Bd. 2, 1932.

[27] *Buchholz,* E.: Interessen, a.a.O., S. 184.

[28] *Dahrendorf,* R.: Soziale Klassen ..., a.a.O., S. 171.

[29] Siehe hierzu *Oppenheimer,* F.: Systeme der Soziologie, Bd. I, II. Halbbd., a.a.O., S. 471 ff.

[30] *Leibniz,* G. W.: Op. Edit. Dutens, II. Tom, 2. Sect. I, S. 72, 95, Genf 1768.

[31] *Geulincx,* A.: Five Arnoldi Geulincs Ethica (post tristia authoris fata) edita per Philaretum, Editio prioribus auctor et emendatior. Amstelaedami 1675, S. 121 ff.

Entweder sind die Uhren mit einer solchen technischen Präzision gebaut, daß aus diesem Grund ihre angezeigten Zeiten nicht voneinander abweichen, oder sie sind mechanisch so verbunden, daß Abweichungen ausgeschlossen sind, oder aber ein Mechaniker reguliert laufend die Uhren, so daß sie immer die gleiche Zeit anzeigen. Die Regulationsarbeit durch einen Mechaniker könnte ebenso von einem Rückkoppelungssystem übernommen werden, das Abweichungen nur in bestimmten Toleranzen zuläßt.

Für eine kurzfristige Betrachtung ließe sich noch der Fall anführen, daß die Uhren zufällig die gleiche Zeit anzeigen.

Analog läßt sich die Koordination des Verhaltens mehrerer Wirtschaftssubjekte oder Gruppen in vier Fälle einteilen:

1. Bei den Wirtschaftssubjekten stimmen die Faktoren, die das Handeln bestimmen, überein. Die Koordination des Handelns erfolgt also infolge einer gleichen Zielfunktion bei den handelnden Individuen. Es ist möglich, daß bei den einzelnen Individuen eine Substitution ungleicher Faktoren oder eine proportionale Verschiedenheit vorhanden ist, die eine qualitative Koordination erst möglich macht. Die Verknüpfung zwischen den Bedingungsfaktoren und den Ergebnissen kann streng kausal oder stochastisch innerhalb festgelegter Toleranzwerte vorhanden sein.

2. Eine Zentrale steuert das Verhalten (Modell der Zentralverwaltungswirtschaft). Die Mitglieder einer Gruppe richten sich nach dem Verhalten eines Gruppenmitgliedes freiwillig oder gezwungenermaßen.

3. Das Verhalten der Individuen geschieht autonom, aber koordinationsfeindliches Verhalten bezüglich der Zielsetzung wird sofort von einer übergeordneten Instanz korrigiert.

4. Das Verhalten ist zufällig koordiniert

Bei der Untersuchung der Koordination des Verhaltens ist zu unterscheiden zwischen:

a) einer qualitativen Koordination.

Hier werden lediglich Verhaltensparameter tendenzmäßig aufeinander abgestimmt, es werden etwa gemeinsam Preiserhöhungen oder Preissenkungen vereinbart. Dadurch erfolgende Anpassungsschwierigkeiten können durch Qualitätsvariationen beseitigt werden. Andernfalls müssen Toleranzen für das Aufeinanderabstimmen der quantitativen Größen gegeben sein, da diese sonst nur zufällig harmonieren.

b) einer quantitativen Koordination.

Diese engere Form der Koordination beinhaltet auch eine mengenmäßige Fixierung der Aktionsparameter. (Eine Preiserhöhung um einen bestimmten Betrag).

Es lassen sich mittels einer Zielpyramide verschiedene Stufen der Zielkonformität darstellen, wobei die Zieldetermination relativ zu sehen ist. Jedes „Ziel", das einem anderen untergeordnet ist, ist eigentlich ein Mittel, eine Strategie zur Erreichung des übergeordneten Ziels[32].

c) Die Gruppenrationalität

Eine notwendige Voraussetzung für das Vorliegen einer Gruppenrationalität besteht darin, „... that individuals and groups have access to one another's special abilities and products"[33]. Bei jeglicher Form der Funktionsteilung in einer Gruppe ist die Bedeutung dieser Bedingung einleuchtend. Bei zielgerichtetem Gruppenverhalten auf horizontaler Ebene oder bei der Entscheidung über die gemeinsame Parameterfixierung — etwa zur stillschweigenden Gewinnmaximierung — liegt die Bedeutung dieser Aussage in der Transparenz als notwendiger Voraussetzung zur Parameterabstimmung.

Das Ergebnis des Zusammenwirkens mehrerer Individuen muß vom Standpunkt der einzelnen Individuen aus nicht notwendigerweise rational sein, denn das Ergebnis wird durch Konflikte zwischen den Individuen beeinflußt, die nicht immer rational gesteuert werden können. Nur wenn Wettbewerb zwischen den Gruppenmitgliedern herrscht, sind Konflikte vorhanden, die rational gesteuert werden — in diesem Falle jedoch existiert keine Gruppenrationalität[34], sondern nur eine Rationalität der Handlungen der einzelnen Individuen.

Die Wirkung einer Gruppe läßt sich nicht durch „Summierung individueller Kräfte" darstellen[35], denn das Ergebnis einer Gruppenarbeit hängt nicht nur von den Anstrengungen der Gruppenmitglieder ab, die

[32] Siehe *Myrdal*, G.: Das Zweck-Mittel-Denken in der Nationalökonomie, Z. f. Nat., Bd. 6, 1933.

[33] *Hawley*, A. H.: Human Ecology. A Theory of Community Structure, New York 1950, S. 196.

[34] Diese Aussage gilt jedoch nur, wenn nicht jedes Ergebnis einer Interdependenz von Individuen als rational angesehen wird und wenn die Individuen nicht den Wettbewerb als Steuerungsmittel der Interdependenz einsetzen. Im letzteren Falle würde entweder der Wettbewerb als rationales Mittel zur Erreichung des Gruppenzieles angesehen oder der Zustand des Wettbewerbs würde selbst als Teilziel betrachtet.

[35] *Gierke*, O.: Das Wesen der menschlichen Verbände. Rede bei Antritt des Rektorats, gehalten in der Aula der Königl. Friedrich-Wilhelm-Universität am 15. Oktober 1902, Berlin 1902, S. 11.

sich bei isoliertem Vorgehen bemerkbar machen, sondern auch von dem Einfluß der Anstrengungen Einzelner auf die anderer ab[36].

Das Ergebnis einer solchen Verhaltensinterdependenz wird weitgehend von der Art und Funktionsweise der Willensbildung in der Gruppe abhängen, so daß man die Frage der Willensbildung keineswegs als „zweitrangig" bezeichnen kann, wie es Buchholz für richtig hält[37], der sich auch insofern widerspricht, als er die Freiwilligkeit der Organisierung einer Gruppe als wesentlich ansieht[38], womit bestimmte Formen der Willensbildung ausgeschlossen sind.

Stimmt man Miksch zu, daß maximale Willenserfüllung maximale Ophelimität bedeutet und jede Erfüllung des menschlichen Willens ein Gut ist[39], so ist jede Einschränkung des Willens durch bestimmte Formen der Organisation entscheidend bezüglich des Wohlfahrts-Niveaus der Individuen in der Gruppe. Eine Einschränkung des Willens eines oder mehrerer Individuen ist durchaus verträglich mit einem freiwilligen Beitritt zu der Organisation, denn die Alternative zu dem Beitritt kann dem Anspruchsniveau des oder der Individuen noch weniger genügen.

Wenn man — wie Miksch — als Möglichkeiten der Koordination die innere und äußere Koordination ansieht[40], so kann man die innere Koordination dahingehend interpretieren, daß die Handlungen der Individuen freiwillig, ohne einen Zwang „von außen", erfolgen, während bei der äußeren Koordination Verhaltensvorschriften ein Verhalten erzwingen, das den Verhaltensintentionen der Individuen widerspricht. Eine ähnliche Trennung, die aber nicht schon — wie bei Miksch — auf ein bestimmtes Verhalten abstellt, führt Ortega Y Gasset ein, wenn er das individuelle Verhalten differenziert und jene Akte, „die in der Eingebung oder Einsicht oder in dem Willen des Individuums seinen Ursprung haben", solchen Akten gegenüberstellt, die ihm „von seiner menschlichen Umgebung aufgezwungen sind"[41].

Es wäre jedoch zu vereinfacht, einen Zwang nur von außen auf die Gruppe wirken zu lassen. Wenn ein Gruppenmitglied oder ein Teil einer Gruppe einen dominierenden Einfluß auf den Rest der Gruppe ausübt, so kann innerhalb der Gruppe einer inneren Koordination (bei den dominierenden) eine äußere Koordination (von den dominierten aus gesehen) gegenüberstehen.

---

[36] *Klein*, J.: The Study of Groups, London 1956, S. 4.

[37] *Buchholz,* E.: Interessen, a.a.O., S. 184.

[38] *Buchholz,* E.: Interessen, a.a.O., S. 184.

[39] *Miksch,* L.: Die sittliche Bedeutung der inneren Koordination, Ordo, Jahrb. für die Ordnung von Wirtschaft und Gesellschaft, 3. Bd. 1950, S. 53.

[40] *Miksch,* L.: Die sittliche Bedeutung ..., a.a.O., S. 29 ff.

[41] *Ortega Y Gasset:* Individuum und Organisation. In: Individuum und Organisation, Darmstädter Gespräche. Hrsg. von F. Neumark, Darmstadt 1954, S. 82.

Beherrscht innerhalb einer Gruppe ein Einzelner mehrere oder viele Personen, müßte man exakterweise von äußerer Koordination sprechen, so daß die Gegenüberstellung eines freiwilligen Zusammenschlusses in einer Interessengruppe und eines Zwangsverbandes — wie es Buchholz vornimmt —[42] sehr fragwürdig erscheint.

Der Zwang, etwa gegen Außenseiter oder innerhalb der Gruppe zur Durchsetzung einer Gruppennorm, kann zum Erfolg führen, wenn die Furcht vor Konsequenzen eines Nicht-Befolgens größer ist als die Belohnungen für eine gleiche Verhaltensweise[43]. Während diese Form der Macht, die darin besteht, „... innerhalb einer sozialen Beziehung den eigenen Willen auch gegen Widerstreben durchzusetzen"[44], noch relativ einfach abgrenzbar ist, sind Formen der Macht schwieriger einzuordnen, die demjenigen zugesprochen werden, „... der am wenigsten der Gewalt bedarf, um seinen Willen gegenüber anderen Wesen zur Durchführung zu bringen"[45], was in der Fähigkeit beruhen kann, in anderen Menschen Motive zu pflanzen, zu erhalten oder abzuändern[46].

Neben den Interdependenzen der Individuen bestehen zweifellos auch Spannungen zwischen der Organisation der Gruppe und den einzelnen Gruppenmitgliedern, die sich jedoch in ihrer Dynamik besser durch die Vorstellung eines „fusion process" von Bakke darstellen lassen[47] als durch die Unterscheidung von Freiwilligkeit oder Zwang. Nach Bakke ist der „... fusion process ... defined as the *simultaneous* operation of the *socializing process* by which the organization seeks to make an agent of the individual for the achievement of organizational objectives, and of the *personalizing process* by which the individual seeks to make an agency of the organization for the achievement of his personal objectives"[48], wobei die Bereitschaft der Gruppenbildung ökonomisch durch deren Vorteile — nach Draheim der Kooperativeffekt — bedingt ist, die vor allem im Gesetz der großen Zahl, der Kostendegression und Organisationsprinzipien wie der Arbeitsteilung begründet sind[49].

Bei dem Problem der Gruppenrationalität lassen sich zwei Fragenkomplexe unterscheiden.

---

[42] *Buchholz*, E.: Interessen, a.a.O., S. 185.

[43] *Boulding*, K. E.: The Organizational Revolution, a.a.O., S. XXXI.

[44] *Weber*, M.: Wirtschaft und Gesellschaft, Grundriß der verstehenden Soziologie; 4. Aufl., 1. Halbbd., Tübingen 1956, S. 38.

[45] *Scheler*, M.: Der Formalismus in der Ethik und die materiale Werteethik, Halle 1916, 4. Aufl. Bern 1954 (Gesammelte Werke, Bd. 2), S. 241.

[46] *Jöhr*, W.: Theoretische Grundlagen der Wirtschaftspolitik, Bd. I, 1943, S. 241 ff.

[47] *Bakke*, W. E.: The Fusion Process. A Map of the Exploration of the Relationship of People and Organizations, New Haven 1953, S. 5 ff.

[48] *Bakke*, W. E.: The Fusion Process, a.a.O., S. 5.

[49] *Draheim*, G.: Die Genossenschaft als Unternehmungstyp, Göttingen 1955, S. 74.

1. Ein Zielsystem der Gruppe ist gegeben, das Problem besteht in dem rationellen Einsatz der Gruppenmitglieder

Diese Fragestellung kann ganz analog behandelt werden zu der Frage der rationellen Mittelverwendung eines Individuums bei gegebenem Zielsystem. Es muß jene Funktionsaufteilung zwischen den Individuen gefunden werden, die den Prozeßvektor maximiert.

Um eine solche Fragestellung methodisch behandeln zu können, wird sie auf das Problem der Maximierung eines Flusses in einem Netzwerk zurückgeführt[50].

Eine optimale Zuordnung der Funktionen auf die Funktionsträger zeichnet sich dadurch aus, daß keine Koordinationsprobleme mehr existieren. „Since the whole set of activities to be performed is specified in advance, once these are allocated to organization units and individuals the organization problem posed by these formal theories is solved[51]."

Bestehen unvollkommene Informationen über die Qualifikationen der Funktionsträger für die einzelnen Aktivitäten des Prozesses, der den Ausgangszustand in den Zielzustand transformiert, so ist ein Lernprozeß über eine gewisse Zeitspanne notwendig, der unter der ceteris paribus Bedingung die fehlenden Informationen liefert. Eine optimale Prozeßgliederung stellt also ein einfaches kombinatorisches Problem dar.

Ein möglicher Ansatzpunkt, um eine optimale Prozeßgliederung zu erreichen, besteht darin, von der maximal möglichen Spezialisierung auszugehen — sie wird durch die minimalen Handlungszeiten bestimmt, die als Vorgabezeiten ermittelt worden sind — und alle möglichen Summierungen der minimalen Handlungszeiten vorzunehmen und dann die optimale Phasenteilung auszusuchen, die abhängig ist von der dadurch hervorgerufenen Änderung der Qualifikationswerte.

Dieser Ansatzpunkt soll in einem Beispiel behandelt werden.

Es wird davon ausgegangen, daß innerhalb des technischen Ablaufs keine Funktionsphasen zeitlich parallel laufen können. Wäre dies der Fall, müßten noch bestimmte Funktionsphasen mehrfach besetzt werden, um Disproportionalitäten zu vermeiden, denn es soll immer nur eine Person eine Tätigkeit verrichten.

---

[50] *Neumann,* J. v.: A Certain Zero-sum Two-person Game Equivalent to the Optimal Assignment Problem, in: *Kuhn,* H. W., *Tucker,* A. W.: Contributions to the Theory of Games, Bd. II, Princeton 1953. *Gale,* D.: The Theory of Linear Economic Models, a.a.O., S. 155 ff. *Ford,* L. R., *Fulkerson,* D. R.: Flows in Networks, a.a.O., S. 57 ff. *March,* J. G., *Simon,* H. A.: Organizations, a.a.O., S. 22 ff.

[51] *March,* J. G., *Simon,* H. A.: a.a.O., S. 28.

Die Möglichkeit, daß Ströme in einem Prozeß entgegengesetzt der Fertigungsstromrichtung fließen, ist nur bei zeitlicher Parallelproduktion gegeben, wenn nämlich Wertschöpfungen der $t + k$-ten Stufe in der $t + z$-ten Stufe $(z < k)$ Verwendung finden.

Bei einem kontinuierlichen Prozeß ist es zwar möglich, daß die Tätigkeiten $t + k$ und $t + z$ technisch identisch sind und deshalb gleiche Qualifikationswerte haben, jedoch sollen sie von verschiedenen Personen ausgeführt werden. Außerdem soll zunächst von gleichen und nicht von verschiedenen Qualifikationswerten der Personen ausgegangen werden.

Die Qualifikationswerte q_i können in Zeiteinheiten z_i umgerechnet werden, $q_i = \frac{1}{z_i}$, eine Zeiteinheit sei eine Kosteneinheit. Der einfachste Fall liegt dann vor, wenn alle Personen für alle Tätigkeiten gleiche Qualifikationswerte haben und mit einer Zusammenfassung von n minimalen Handlungszeiten der Qualifikationswert der minimalen Handlungszeit um ein n-faches steigt. In diesem Fall sind alle möglichen Kombinationen von arbeitsteiligen Prozessen gleichwertig.

Haben die Personen gleiche Qualifikationswerte für gleiche Tätigkeiten, liegen gleichwertige Phasenkombinationen vor, wenn der Wert einer Phase i gleich der Summe der Werte der einzelnen minimalen Handlungszeiten ist. In diesen Fällen kann weder durch Spezialisierung noch durch Phasenzusammenfassung eine Kostenänderung bewirkt werden.

Als Beispiel sei die folgende Qualifikationstabelle mit 4 minimalen Handlungszeiten gezeigt, die bei Variation der Phasen keine Kostenänderung des Prozesses bewirkt.

	T_1	T_2	T_3	T_4
A_1	3	2	4	1
A_2	3	2	4	1
A_3	3	2	4	1
A_4	3	2	4	1

	$T_1 + T_2$	T_3	T_4
A_1	5	4	1
A_2	5	4	1
A_3	5	4	1
A_4	5	4	1

	$T_1 + T_2 + T_3 + T_4$
A_1	10
A_2	10
A_3	10
A_4	10

u. s. w.

Sind für sämtliche Phasenketten die Qualifikationswerte gegeben, so läßt sich für jeden Prozeß der höchste Qualifikationswert, d. h. die optimale Verteilung der Personen auf die Tätigkeiten ermitteln und aus den so errechneten Werten der maximale heraussuchen, der die optimale Phasenteilung angibt.

Bei einer Ermittlung der optimalen Phasenteilung können die technischen Schwierigkeiten bei der Ermittlung der Qualifikationswerte und der Ausrechnung der Tabellen verringert werden, indem man sich eines Näherungsverfahrens bedient, das darauf aufbaut, daß die Kurve optimaler Zuteilungen sehr wahrscheinlich konvexer Natur ist. Als Beispiel für die Bestimmung einer optimalen Phasenteilung soll folgender Fall mit 8 möglichen Phasenteilungen behandelt werden. Die optimale Verteilung wird durch die umkreisten Zahlen angegeben.

(1) $\sum q_i = 23$

	T_1	T_3	T_2	T_4
A_1	3	4	**6**	1
A_2	2	1	3	**5**
A_3	**7**	4	2	1
A_4	1	**5**	1	1

(2) $\sum q_i = 24$

	$T_1 + T_2$	T_3	T_4
A_1	9	**6**	1
A_2	4	3	**5**
A_3	**13**	2	1
A_4	2	1	1

(3) $\sum q_i = 20$

	T_1	$T_2 + T_3$	T_4
A_1	3	**8**	1
A_2	2	4	**5**
A_3	**7**	5	1
A_4	1	6	1

(4) $\sum q_i = 24$

	T_1	T_2	$T_3 + T_4$
A_1	3	4	8
A_2	2	1	**12**
A_3	**7**	4	4
A_4	1	**5**	2

(5)

	$T_1 + T_2$	$T_3 + T_4$
A_1	9	8
A_2	4	**12**
A_3	**13**	4
A_4	2	2

$\sum q_i = 25$

(6)

	$T_1 + T_2 + T_3$	T_4
A_1	**14**	1
A_2	6	**5**
A_3	13	1
A_4	3	1

$\sum q_i = 19$

(7)

	T_1	$T_2 + T_3 + T_4$
A_1	3	**11**
A_2	2	10
A_3	7	8
A_4	**1**	5

$\sum q_i = 18$

(8)

	$T_1 + T_2 + T_3 + T_4$
A_1	**17**
A_2	16
A_3	13
A_4	14

$\sum q_i = 17$

Die optimale Phaseneinteilung wird durch die Kombination (5) gegeben, da in diesem Falle der optimale Qualifikationswert der Tabelle der maximale von allen möglichen Tabellenwerten ist und damit den minimalen Zeit- und Kostenwert angibt.

Ein anderes Beispiel für die Lösung einer optimalen Kooperation in einer Gruppe, bei der zwischen allen Gruppenmitgliedern eine direkte oder indirekte Interdependenz vorhanden ist, wird an folgendem Netzwerk dargestellt.

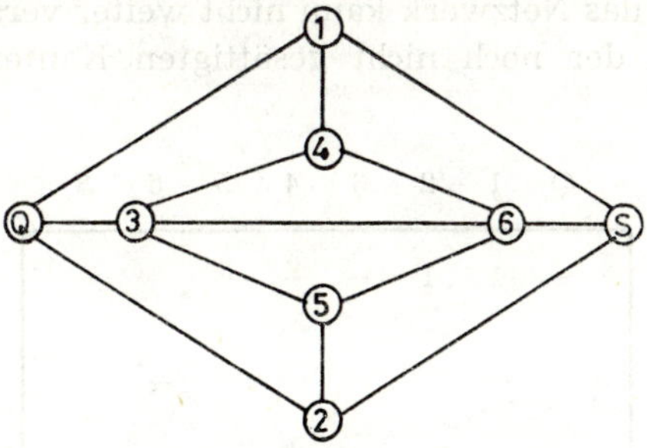

Fig. 1

Danach sind acht Entscheidungseinheiten vorhanden, deren Zielsetzung darin besteht, von *Q* nach *S* eine maximale Zahl von Einheiten eines homogenen Gutes zu transferieren.

Eine solche allgemeine Zielsetzung kann dahingehend interpretiert werden, daß mit der maximalen Zahl von angebotenen Einheiten des Gutes auf dem Markte *S* auch ein maximaler Gewinn der Gruppe verbunden ist.

Die Beschränkungen für den Transport von *Q* nach *S* werden durch die Matrix der Kantenkapazitäten gegeben. Diese gibt an, wie groß der maximale Fluß von einer Entscheidungseinheit zu den mit dieser Entscheidungseinheit durch Kanten verbundenen anderen Entscheidungseinheiten sein kann.

Bei folgender Matrix der Kantenkapazitäten

	Q	1	2	3	4	5	6	*S*
Q	+	6	3	1	–	–	–	–
1	6	+	–	–	4	–	–	1
2	3	–	+	–	–	1	–	1
3	1	–	–	+	3	2	2	–
4	–	4	–	3	+	–	1	–
5	–	–	1	2	–	+	3	–
6	–	–	–	–	1	3	+	6
S	–	1	1	–	–	–	6	+

erhält man mit einem Iterationsverfahren[52] einen maximalen Fluß von 8 Einheiten durch das Netzwerk.

[52] Siehe hierzu *Gale,* D.: The Theory of Linear Economic Models, a.a.O. *Ford,* L. R., *Fulkerson,* D. R.: Flows in Networks, a.a.O.

Der Fluß durch das Netzwerk kann nicht weiter verstärkt werden, da die Schlußmatrix der noch nicht gesättigten Kantenkapazitäten wie folgt aussieht:

	Q	1	2	3	4	5	6	S
Q	–	1	1	–	–	–	–	–
1	–	–	–	–	–	–	–	–
2	–	–	–	–	–	–	–	–
3	–	–	–	–	–	–	–	–
4	–	–	–	–	–	–	–	–
5	–	–	–	–	–	–	–	–
6	–	–	–	–	–	–	–	–
S	–	–	–	–	–	–	–	–

Ein von Q nach S durchgehender Kantenzug mit ungesättigten Kapazitäten kann nicht mehr hergestellt werden, so daß der maximale Fluß von 8 Einheiten sich wie folgt auf die einzelnen Kantenzüge im Netzwerk verteilt:

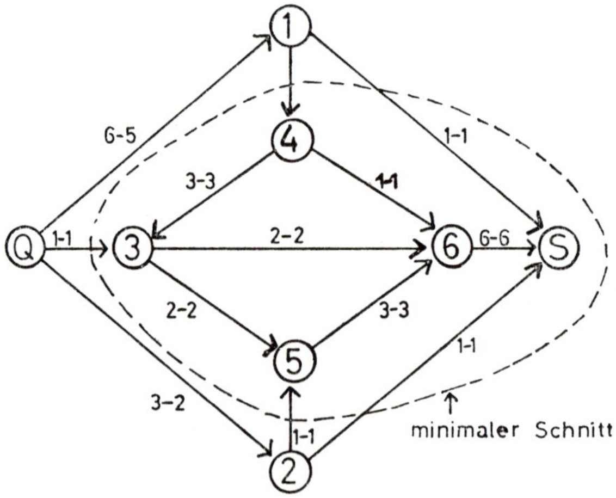

Fig. 2

Von den an den Kanten angeschriebenen Zahlen gibt die erste Zahl die Kapazität der Kante an und die zweite Zahl den durch diese Kante fließenden Fluß nach Erreichen der durch das Netzwerk fließenden maximalen Flußmenge. Die in der Fig. 2 durch die unterbrochene Linie umfaßten Knoten des Netzwerkes stellen den minimalen Schnitt durch das Netzwerk dar.

Wie aus der Zeichnung ersichtlich ist, ist die Bedingung für den maximalen Fluß in dem Netzwerk erfüllt:

maximaler Fluß = minimaler Schnitt.

Der maximale Fluß beträgt 8 Einheiten, da kein von Q nach S durchgehender Kettenzug mit ungesättigten Kanten mehr hergestellt werden kann.

Von Q aus sind nur noch die Knoten 1 und 2 zu erreichen. Die Gesamtmenge der Knoten des Netzwerkes teilt sich also auf in die Teilmenge der Knoten M_1 und M_2.

$$M_1 \left\{ Q, 1, 2 \right\}, \; M_2 \left\{ 3, 4, 5, 6, S \right\}$$

Die Summe der Stromkapazitäten zwischen diesen beiden Knotenmengen stellt den minimalen Schnitt dar:

$$K(M_1 \longrightarrow M_2) = k(Q \longrightarrow 3) + k(2 \longrightarrow 5)$$
$$+ k(2 \longrightarrow S) + k(1 \longrightarrow S) + k(1 \longrightarrow 4)$$
$$= 1 + 1 + 4 + 1 + = 8$$

Da der maximale Fluß den Wert 8 hat, ist die Bedingung der Gleichheit von maximalem Fluß und minimalen Schnitt erfüllt.

Die optimale Lösung der Gruppeninterdependenz ist für den Fall einer stationären Interdependenz hiermit gegeben.

Eine Änderung der Kantenkapazitäten, also eine Dynamisierung des Netzwerkes, bietet sich insofern an, als eventuell die Überkapazitäten abgebaut werden können, oder eine bestimmte Vergrößerung des Flusses bei einer minimalen Erweiterung der Kantenkapazitäten gesucht werden kann, und die Erweiterung der einzelnen Kantenkapazitäten nicht linear und gleich bei allen Knoten erfolgt.

Eine Verwendung des Netzwerkes für heterogene Transporte wäre analog möglich, wenn die Zielfunktion entsprechend differenziert wäre.

2. Das Zielsystem ist nicht gegeben

Bei den einzelnen Gruppenmitgliedern liegen unterschiedliche Zielsysteme vor, und neben das Problem der Auffindung und Verteilung von Funktionen bei einem gegebenen Zielsystem tritt die Frage der Bildung eines Zielsystems der Gruppe aus den individuellen Zielsystemen der Gruppenmitglieder.

Gäfgen unterscheidet von diesen zwei Möglichkeiten noch einen dritten Fall[53], der sich von dem Fall zwei nur dadurch abhebt, daß die Personen mit heterogenen Interessen ein gemeinsames Handeln oder den Vorteil, der aus einem solchen Vorgehen erwartet wird, so gering einschätzen, daß die Reizschwelle für eine Änderung der Verhaltensstruktur nicht überschritten wird.

Eine Angleichung der individuellen Ziele an ein Gruppenziel wird weitgehend von dem dadurch erreichten Produktivitätszuwachs abhängen[54].

Bei der Betrachtung des Gruppenvorteils sind folgende Möglichkeiten zu unterscheiden:

a) streng determinierte Ziel-Mittel-Verknüpfung,

b) stochastisch verknüpfte Ziel-Mittel-Relationen.

Bei dem Fall streng determinierter Kausalrelationen liegt der Gruppenvorteil in der klassischen Form der Arbeitsteilung, deren Bedeutung für den ökonomischen Prozeß von Adam Smith zuerst in aller Deutlichkeit dargestellt wurde[55]. Dabei können die individuellen Leistungen homogen oder heterogen sein. Schon das Aufheben eines Steines kann als Beispiel dafür dienen, daß eine Leistung nur von einer Gruppe und nicht von einem Einzelnen bewältigt werden kann.

Entscheidend ist bei allen diesen Fällen, ob die individuellen Leistungen additiv kombiniert[56] werden können, oder ob ein spezieller Multiplikator die Gruppenleistung über die Summe der Einzelleistungen hervorhebt, was immer dann der Fall sein wird, wenn eine Leistungsspezialisierung mit sinkender Anzahl der von den einzelnen Personen auszuübenden Funktionen möglich ist.

Dieser Form der Arbeitsteilung kann die stochastisch determinierte Arbeitsteilung in einer Gruppe gegenübergestellt werden, bei der der Tätigkeit einer jeden Person P_i ein bestimmter Erfolg E mit einem Wahrscheinlichkeitswert W_i $(0 < W_i < 1)$ zugeordnet werden kann, so daß der Eintritt des Erfolges E — etwa eine neue Erfindung — eine Funktion der Größe der Gruppe ist. Dies gilt schon bei gleichen Fähigkeiten der Gruppenmitglieder.

---

[53] *Gäfgen*, G.: Zur Theorie kollektiver Entscheidungen in der Wirtschaft, Jb. f. Nat. u. Stat., Bd. 173, 1961, S. 2 ff.

[54] Hierbei wird unterstellt, daß die Ziele nicht qualitativ differieren und deshalb nicht völlig antagonistisch sind.

[55] Siehe hierzu *Brandt*, K.: Arbeitsteilung (II). Wirtschaftliche Bedeutung, Handw. d. Soz., Stuttgart, Tübingen, Göttingen 1964.

[56] *Hofstätter*, P. R.: Gruppendynamik. Kritik der Massenpsychologie, Rowohlts deutsche Enzyklopädie, Bd. 38, Hamburg 1957, S. 27.

Sind dagegen ihre individuellen Qualifikationen verschieden, aber bezüglich einer einmaligen Problemlösung nicht zuordenbar, so gilt für die Lösung eines Problems, daß mit steigender Anzahl der Gruppenmitglieder die Wahrscheinlichkeit wächst, daß ein Experte für die Lösung des Problems in der Gruppe ist, und damit die Lösung des Problems in kürzester Zeit gewährleistet ist[57].

Ob es sich nun um das Aufheben eines Steines oder um einen Leistungsprozeß bei geistiger Arbeit[58] handelt, es wird immer eine Kräftevereinigung durch Gruppenbildung zustande kommen, die die Möglichkeit einer Zielerreichung verbessert[59].

Es ist jedoch fraglich, ob man neben das „Prinzip der Kräftevereinigung" das statistische Gesetz des Fehlerausgleichs stellen kann, wie es Lindner vorschlägt[60], denn das von ihm gebrachte Beispiel unterscheidet sich nur von dem Fehlerausgleichsprinzip dadurch, daß im ersten Falle das Ergebnis nur richtig oder falsch sein kann, im zweiten Falle dagegen verschiedene Differenzierungen möglich sind.

Gruppenvorteile bei synthetischen Gruppen, die auf dem Fehlerausgleich basieren, werden von Gordon[61], Poffenberger[62] und Hofstätter[63] geschildert.

Hofstätter zeigt — auf Experimenten von Poffenberger aufbauend — daß infolge des statistischen Gesetzes des Fehlerausgleichs unter der Voraussetzung, daß bei den einzelnen Personen die Durchschnittsrichtigkeit der Beurteilungen größer als Null ist, was immer der Fall sein wird, wenn es sich um Fachleute handelt, „die Gruppenleistung der Durchschnittsleistung der Gruppenmitglieder überlegen sein wird"[64].

---

[57] *Klein*, J.: The Study of Groups, a.a.O., S. 6.

[58] Lindner bringt ein Beispiel, das einfach darauf beruht, daß bei einer Kombinationsaufgabe von Buchstaben vier Augen mehr sehen als zwei Augen. *Lindner*, T.: Einzelentscheidung oder Mehrheitsbeschluß? Unternehmensforschung, Operations Research, Bd. 2, 1958, S. 30.

[59] Dies gilt zumindest für all jene Fälle, bei denen sich nicht eine für den Arbeitsprozeß notwendige Interaktion zwischen den Individuen leistungsmindernd auf die Leistung eines Einzelnen auswirkt. Beim Tennis etwa findet man sehr häufig, daß sehr gute Einzelspieler schlechte Doppelspieler sind, weil sie nicht den gesamten Spielablauf aufbauen und kontrollieren können, sondern sich den Aktionen eines Mitspielers anpassen müssen. Davon zu unterscheiden sind die Fälle eines extrem ausgeprägten Individualisten, den schon die Handlungsinterdependenz mit einem anderen Individuum stört, oder jene Fälle, die durch den Satz umschrieben werden: „Der Starke ist am stärksten allein."

[60] *Lindner*, T.: Einzelentscheidung ..., a.a.O., S. 31.

[61] *Gordon*, K.: Group Judgements in the Field of Lifted Weights, Journ. Exper. Psycholog. 7, 1924.

[62] *Poffenberger*, A. T.: Psychology of Advertising. New York 1932.

[63] *Hofstätter*, P. R.: Gruppendynamik, a.a.O., S. 27 ff.

[64] *Hofstätter*, P. R.: Gruppendynamik, a.a.O., S. 32.

Mit der Darstellung der Konsequenzen verschiedener Gruppenlösungen ist jedoch nichts ausgesagt über die wettbewerbliche oder kooperative Ausgestaltung der Verhaltensinterdependenz in einer Gruppe, da hierfür auch noch die dominierenden Verhaltensweisen, begründet in den Zielfunktionen des Verhaltens, maßgebend sind.

Die dabei auftretenden Dominationsformen sind bei gleichen Zielfunktionen durch Dominationsunterschiede bestimmt; unterschiedliche Zielfunktionen können sich in einer Differenzierung der Individuen in innen- und außengeleitete Verhaltensmuster im Sinne von Riesman ausdrücken[65], wobei der Grad der Selbständigkeit als Verhaltensziel bei den Gruppenmitgliedern komplementär oder antagonistisch sein kann.

2. Das Gruppenproblem in der Theorie der Preisbildung

Die Frage, ob die soziologischen Faktoren bei Modellen der partiellen Verhaltensinterdependenz (Preisbildung) von der Behandlung des Phänomens ausgeschlossen sind, wird nicht bei allen Autoren eindeutig beantwortet.

Während Luce und Raiffa der Meinung sind, daß „... the distinction between an individual and group is not a biological-social one but simply a functional one“[66], meint H. Peter wohl zu Recht, daß durch die Organisationsformen der Wirtschaft (Kartell, Konzern, Trust) das soziologische Element in die Marktwirtschaft kommt; „noch nie hat jemand eine Gesellschaftswirtschaft gesehen, die nur Marktwirtschaft gewesen wäre“[67].

Auch wenn man die Gewinnmaximierung als die dominierende Zielsetzung ansieht, kann man nicht die Aktionsparameterfixierung im Duopol auf die Analyse rein ökonomischer Wirtschaftsfaktoren reduzieren, wie es Seitz anstrebt[68]. Ein solches Vorgehen würde bedeuten, daß in

[65] *Riesman,* D.: Die einsame Masse. Eine Untersuchung. Mit einer Einführung in die deutsche Ausgabe von H. Schelsky, Berlin 1956, S. 36.

[66] *Luce,* D. R., *Raiffa,* H.: Games and Decisions. Introduction and Critical Survey, New York 1957, S. 13.

[67] *Peter,* H.: Gutachten zu Grundfragen eines Gesetzes gegen Wettbewerbsbeschränkungen. Veröffentl. v. BDI, Ausschuß für Wettbewerbsordnung, Drucksache Nr. 29, Köln 1955, S. 12. Siehe hierzu auch *Robinson,* R.: The Economics of Disequilibrium Price. Quart. J. of Ec., Bd. 75, 1961, S. 230/31. *Heertje,* A.: On the Theory of Oligopoly, a.a.O., S. 467.

[68] *Seitz,* T.: Bemerkungen zur Duopoltheorie Krelles, a.a.O., S. 447. Seitz sieht „... das Anliegen der Preistheorie darin, die Preisbildung aus ökonomischen Größen abzuleiten ...“. Gerade bei der Untersuchung der Verhaltenskoordination in einer Gruppe kommt das soziologische Moment notwendigerweise in zweifacher Art mit in die Modellstellung: einmal über die Gruppenbildung selbst, zum anderen über die Stellung anderer Gruppen (Staat), zum Verhalten der untersuchten partiellen Gruppe.

einer Gruppe von Anbietern (Oligopol) die Interdependenzen zwischen den Anbietern nur über den Markt wirksam werden. Die Reglerfunktion des anonymen Marktes soll weiterhin das Verhalten der Marktteilnehmer koordinieren und somit soll die Subjekt-Objekt-Subjekt-Relation beibehalten werden, die sich in der Realität jedoch als Subjekt-Subjekt-Relation darstellt. Wieweit dieser modelltheoretische Ansatzpunkt noch vorherrscht, zeigt sich bei neueren preistheoretischen Lehrbüchern. So wird bei Sauermann ganz am Schluß der Analyse des Oligopols auf die mögliche Kooperation der Oligopolisten verwiesen und die Strategie der gemeinsamen Gewinnmaximierung so dargestellt, als handele es sich nicht um eine Methode zur individuellen Gewinnmaximierung, sondern um ein völlig neues Ziel des Verhaltens der Anbieter[69].

Da es bei einer Analyse der Preisbildungsprozesse auf den einzelnen Märkten einer Volkswirtschaft nicht möglich ist, sämtliche Entscheidungseinheiten in einer totalen Mikroanalyse zu erfassen, ist es notwendig, mittels einer Partialanalyse die Wettbewerbsprozesse in einzelnen Gruppen von Entscheidungseinheiten zu analysieren.

Die Gruppenbildungen von Entscheidungseinheiten sollen sich dadurch auszeichnen, daß die Mitglieder einer Gruppe durch eine Verhaltensinterdependenz miteinander verbunden sind und dadurch gezwungen sind, die Fixierung der Aktionsparameter der Konkurrenten bei eigenen Aktionen zu beachten[70].

D. R. Luce und H. Raiffa wollen den Gruppenbegriff nur dann verwendet sehen, wenn die Verhaltensinterdependenz der Individuen durch einen Interessenkonflikt gekennzeichnet ist. Nach ihrer Ansicht ist eine Gruppe dann nicht gegeben, wenn mehrere Individuen „... can be thought of as having a unitary interest motivating its decisions ...“[71], da in diesem Fall die Individuen wie *ein* Individuum behandelt werden können.

Einer solchen Formulierung soll nicht gefolgt werden, da Konflikte zwischen mehreren Personen nicht schon mit einer gleichen Zielsetzung (Gewinnmaximierung) ausgeschlossen sind.

Im Gegensatz zu Luce und Raiffa soll bei Gruppenbildung bei der speziellen Themastellung von einer „Gleichgerichtetheit des einheitlichen Wollens“[72] ausgegangen werden, zu der dann noch die optimale

---

[69] *Sauermann*, H.: Einführung ..., a.a.O., S. 238 ff.

[70] Heertje führt die Gruppenbildung dadurch in seine Preistheorie ein, daß er von der kollektiven Nachfragefunktion ausgeht und dann zwischen strategischen und nicht strategischen Preisfixierungen unterscheidet. *Heertje*, A.: On the Theory of Oligopoly, a.a.O., S. 455.

[71] *Luce*, D. R., *Raiffa*, H.: Games and Decisions, a.a.O., S. 13.

[72] *Solms*, M. Graf zu: Bau und Gliederung der Menschengruppen, I. Teil, Leipzig 1929, S. 26. Im Gegensatz zu Solms soll hier jedoch nicht zwischen

Möglichkeit des Erreichens hinzukommen muß. Dabei muß sich jedoch die Zielfunktion nicht auf die Variable Gewinn beschränken, sondern kann auch noch den Grad des möglichen selbständigen Handelns und andere nicht-ökonomische Zielsetzungen umfassen.

Die Abgrenzung einer solchen Gruppe nach außen hin wird im Extremfall so aussehen, daß die Gruppe von der Umwelt, die durch alle anderen Anbieter gebildet wird, isoliert wird.

Da eine strenge Isolierung nur in den wenigsten Fällen möglich sein wird, kommt es darauf an, Kriterien zu finden, mittels derer eine Gruppenbildung erfolgen kann, ohne daß die strenge Anforderung einer völligen Isolierung dieser Gruppe von der Umwelt erfüllt sein muß.

Eine *völlige* Isolierung zwischen zwei Gruppen soll dann vorliegen, wenn die Gruppenparameter sich gegenseitig nicht beeinflussen, einerlei um welche Parameter und um welche quantitativen Fixierungen der Parameter es sich handelt.

Eine *bedingte völlige* Isolierung soll dann vorliegen, wenn dieser Zustand abhängig ist von den Relationen der Parameter in den betreffenden Gruppen.

Von einer Isolierung soll sinnvollerweise auch dann noch gesprochen werden, wenn eine Gruppe A den Einfluß der Gruppe B als Umwelteinfluß erfaßt, ohne daß dieser zurechenbar mit dem Verhalten der eigenen Gruppe variiert. Im anderen Falle läge eine wechselseitige Verhaltensinterdependenz oder eine einseitige Dependenz vor.

Eine der einfachsten Gruppenbildungen ist die der Industrie, für die technische Kriterien entscheidend sind. Eine Industrie soll sich dadurch auszeichnen, daß in ihr nur solche Produzenten vereinigt sind, die für ein und dasselbe Bedürfnis technisch gleichartige Produkte herstellen[73].

Da für die Mitglieder einer Gruppe nur erforderlich ist, daß eine Verhaltensinterdependenz bezüglich der Festlegung von Aktionsparametern besteht, während für den Begriff der Industrie die engere Begriffsbestimmung zugrunde gelegt werden soll, wird die Gruppe meist die größere Anzahl von Entscheidungseinheiten umfassen; die Industrie bildet dann eine Untergruppe.

Die Gruppe stellt sich also als eine Zusammenfassung von mehreren Industrien dar, die sich dadurch auszeichnen, daß zwischen ihnen Verhaltensinterdependenzen bestehen.

---

gleichen Motivstrukturen und gleichen Zielsetzungen unterschieden werden, da triebhaftes Handeln ausgeschlossen wird und jedes rationale Handeln zielgerichtet ist, nämlich auf das Ziel, einen bestimmten Mangel zu beseitigen. Motiviertes und zielgerichtetes Handeln wird als eine unterschiedliche Umschreibung desselben Vorganges aufgefaßt.

[73] *Philips*, L.: Demand Curves and Product Differentiation, Kyklos, Bd. 17, 1964, S. 404.

Die Verhaltensinterdependenzen können wechselseitig sein wie auf den oligopolistisch strukturierten Märkten ohne Größenstreuung der Gruppenmitglieder, oder es handelt sich um einseitige Abhängigkeitsdependenzen, wenn dominierende Entscheidungseinheiten vorhanden sind. Im letzteren Fall sind die Aktionsparameter der dominierten Entscheidungseinheiten von gleichem Einfluß wie andere Umwelteinflüsse über die völlige Voraussicht besteht. Hier handelt es sich also um starre, einseitige Dependenzen, während es sich im ersteren Falle um wechselseitige Abhängigkeiten handelt.

Ob diese Verhaltensinterdependenzen sich in Wettbewerbsbeziehungen oder in koalitionsmäßiger Koordination der Aktionsparameter ausdrücken, ist eine Frage, die von sekundärem Interesse bei der Entwicklung von Gruppierungskriterien ist, aber nicht unwichtig im Hinblick auf die Größe der Gruppe, denn mit der Änderung eines Gruppenparameters kann der Reaktionsbereich einer anderen Gruppe erfaßt werden, bzw. die Schwelle der Fühlbarkeit überschritten werden.

Lediglich in dem Fall der Domination in einer Gruppe fallen die Möglichkeiten des Wettbewerbsverhaltens oder des Koalitionsverhaltens in der Gruppe schon weg, wenn die dominierten Entscheidungseinheiten nicht über eine Koalition eine wechselseitige Verhaltensinterdependenz als notwendige Voraussetzung für ein Wettbewerbsverhalten erreichen können.

Krelle zeigt an einem Beispiel, daß bei ganz verschiedenen Gütern die Preisbeweglichkeit der Nachfrage, die für ihn Abgrenzungskriterium einer Industrie ist, über dem Schwellenwert der Fühlbarkeit liegen kann, so daß in diesem Falle Anbieter verschiedener Industrien sich in einem Oligopolverhältnis befinden und ihre Aktionen gegenseitig beachten müssen[74].

Indem Ott auf die Notwendigkeit der Trennung von Abgrenzungskriterien für Industrien und solche für Gruppen hinweist, führt er einen Fall an, bei dem die Verhaltensinterdependenzen zwischen Anbietern einer Industrie schwächer sind als solche zwischen verschiedenen Industrien[75]. Solche Situationen ergeben sich immer dann, wenn die technisch gleichen Produkte einer Industrie durch andere Faktoren heterogenisiert werden, etwa durch eine räumliche Streuung der Anbieter. So kann es durchaus sein, daß eine Verhaltensinterdependenz, ausgedrückt durch einen hohen Substitutionskoeffizienten bei einer Standortballung, gleich Null wird, wenn jeder Anbieter ein räumliches Monopol erhält.

Hält man sich nicht an formale Abgrenzungskriterien (etwa an den am Gutsbegriff orientierten Industriebegriff), sondern an die der Ver-

---

[74] *Krelle,* W.: Preistheorie, a.a.O., S. 42.
[75] *Ott,* A. E.: Marktform ..., a.a.O., S. 38.

haltensinterdependenz, so werden die Trennungen zwischen „internal circularity“ und „external circularity“[76] unnötig. Die Tatsache, daß sich verschiedene Industrien in einem „cut-throat-competition“ befinden können, ist dann keine „external circularity“ mehr, sondern eine „internal circularity“.

A. Heertje[77] geht bei der Definition der Industrie von der Nachfrage aus und faßt all jene Anbieter zu einer Gruppe zusammen, die ein Produkt erzeugen, das der Befriedigung eines Bedürfnisses dient. Die Nachfragesubstitution drückt sich dann als Konkurrenz zwischen den Anbietern aus. Die Ansätze zur Abgrenzung einer Industrie bei Krelle und Heertje werden von L. Phlips besonders deswegen kritisiert, weil bei ihnen nicht scharf getrennt wird zwischen dem Substitutionseffekt und dem Einkommenseffekt.

Sein erklärendes Beispiel bezieht sich auf zwei Güter:

„Let us take an initial situation in which the marginal rate of substitution of 1 for 2 is higher than p_2/p_1. When p_1 is lowered, p_2 remaining constant, product 2 will be replaced by product 1 as soon as p_2/p_1 has an absolute value in excess of the rate of substitution. *Replacement* appears to be the typical reaction to a change in the ratio of the prices. There is no substitution effect between two products[78].“

Vereinfachend kann man bei der Analyse der Verhaltensrelationen zwischen mehreren Industrien so vorgehen, daß in einer nach bestimmten Kriterien abgegrenzten Industrie alle Entscheidungseinheiten aggregiert werden und das Aggregat wie eine einzige Entscheidungseinheit behandelt wird.

Besteht zwischen dem so gewonnenen Vektor der aggregierten Aktionsparameter und etwa einem anderen sektoriellen Vektor eine wechselseitige Interdependenz, so müssen diese Industrien nicht unbedingt zu einer Gruppe zusammengefaßt werden, wenn diese Interdependenz nicht für das einzelne Gruppenmitglied transparent wird.

Voraussetzung dafür wird in den meisten Fällen eine Organisation der Gruppen sein, die die Transparenz ermöglicht.

Hieraus kann man die für die Art der Koordination des Verhaltens wichtige Tatsache ableiten, daß mit der Bildung von Koalitionen eine Multiplikatorwirkung entsteht, die zur Bildung von Koalitionen zwischen diesen Primär-Koalitionen führen kann. Ein Multiplikator soll deswegen vorliegen, weil die Primär-Koalitionen eine notwendige Bedingung für weitere Koalitionen darstellt.

---

[76] *Papandreou*, A. G., *Wheeler*, J. T.: Competition . . ., a.a.O., S. 143.

[77] *Heertje*, A.: De prijsvorming van consumtiegederen op oligopolistische markten, Leyde 1960, S. 26 ff.

[78] *Phlips*, L.: Demand Curves . . ., a.a.O., S. 408. Siehe auch *Phlips*, L.: La théorie de la demande et le concept d'industrie, Schw. Z. f. Vw. u. Stat. 99. Jg. 1963, S. 62 ff.

Marshall's Vorstellung einer repräsentativen Firma, die alle Firmen in einer Industrie charakterisieren sollte, wäre als ein Ansatz für eine Aggregation zu betrachten, der jedoch nur dann befriedigen wird, wenn die Kostenstrukturen und Größenrelationen der verschiedenen Firmen nicht allzu goße Streuungen aufweisen.

a) Die Abgrenzung einer Gruppe

Die Diskussion der Abgrenzung einer Gruppe in der Markttheorie soll auf die Anbieterseite beschränkt werden. Gruppenbildungen auf der Nachfrageseite sind völlig analog zu behandeln.

Da ein entscheidender Faktor für den Preisbildungsprozeß das Verhalten der Anbieter ist, könnte man die Gruppen danach abgrenzen, ob Koalitionen vorliegen, oder ob eine wettbewerbliche Interdependenz zwischen den Anbietern besteht. Eine solche Klassifizierung berücksichtigt jedoch die Fälle gemischter Koordinationslösungen in einem Verhaltensnetzwerk nicht[79]. Sie stellt das Ergebnis der Untersuchung dar und kann deshalb nur schwerlich als Ausgangssituation Verwendung finden.

Es ist G. Stigler zuzustimmen, wenn er meint, daß

„a satisfactory theory of oligopoly cannot begin with assumptions concerning the way in which each firm views its interdependence with its rivals. If we adhere to the traditional theory of profitmaximizing enterprises, then behavior is no longer something to be assumed but rather something to be deduced[80]."

Es geht also bei der Abgrenzung der Gruppe um das Problem „... wie eine Gruppe von Anbietern (Nachfragern) so von allen anderen Anbietern (Nachfragern) isoliert werden kann, daß von diesen Anbietern bzw. Nachfragern keinerlei Einflüsse auf die Preisbildung innerhalb der Gruppe ausgehen können"[81].

Dieser allgemeinen Formulierung soll die weitere Bedingung hinzugefügt werden, daß ein Einfluß der anderen Anbieter zwar auf die isolierte Gruppe vorhanden sein kann, aber nicht auf bestimmte andere Anbieter oder einer hinreichend (für eventuelle Reaktionen) kleinen Gruppe zugerechnet werden kann[82].

---

[79] Diese Aussage würde auch nur dann gelten, wenn im Innenverhältnis der Gruppe kein Wettbewerb um Positionsvorteile mehr stattfindet und ein gemeinsames Verhalten gegen die Umwelt der Gruppe sich durchgesetzt hat.

[80] *Stigler,* G. J.: A Theory of Oligopoly, a.a.O., S. 44.

[81] *Ott,* A. E.: Marktform ..., a.a.O., S. 31.

[82] Durch diese Erweiterung wird auch der Fall der Dependenzen bei dominierenden Entscheidungseinheiten erfaßt, denn in einer solchen Verhaltensrelation sind die Abhängigkeiten genau zurechenbar.

Durch diese Zusatzbedingung wird der Fall sinnvoll in die Analyse eingeordnet, daß die Umwelt der isolierten Gruppe — etwa ausgedrückt in der Nachfragefunktion der Gruppe — schon einen Einfluß auf das Gruppenverhalten hat. Allein die Tatsache einer geneigten Nachfragekurve eines Marktes drückt bei konstanter Konsumsumme in der Volkswirtschaft schon eine Interdependenz der Märkte aus. Dieser Aspekt der Interdependenz der aggregierten Gruppen auf der Anbieterseite bedeutet keineswegs, daß Gruppierungen unmöglich sind, da meist keine vollständige Isolierung erfolgen kann.

Eine Abgrenzungsmöglichkeit der Industrien nach objektiven Kriterien liegt in der Beschaffenheit der produzierten Güter. Nach dieser von Marshall in den Vordergrund gestellten Bedingung gehören alle jenen Unternehmen zu einer Industrie, die ein identisches oder ähnliches Gut produzieren.

Da in erster Linie bei Konsumgütern die Frage, ob ein ähnliches Gut vorliegt oder nicht, nur von den Nutzenerwägungen der Konsumenten und nicht durch technische Toleranzen bestimmt wird, wurde in der von J. Robinson und E. Chamberlin entwickelten Theorie des monopolistischen Wettbewerbs der Gesichtspunkt der Qualitätsvariationen in den Vordergrund gestellt. Alle Güter werden als Substitutionskette aneinander gereiht gedacht, so daß sämtliche Produktionsvariationen, die zwischen zwei Substitutionslücken liegen, als zu einer Industrie gehörig angesehen werden. Während J. Robinson[83] die Vorstellung der Lücke in der Substitutionskette zur Abgrenzung des Monopols und der Gruppe verwendet, geht E. A. G. Robinson[84] nur auf die Bestimmung des Monopols ein. Eine Erweiterung des bei J. Robinson und E. A. G. Robinson eng gefaßten Begriffes der Substitutionslücke ist leicht möglich, ohne die grundsätzliche Bedeutung dieser Vorstellung für die Gruppenbildung anzutasten[85], wenn man bei der Substitutionskette verschiedene Qualitätsvariationen aneinanderreiht, wie sie zur Nutzenmaximierung verbraucht werden und nicht zur Befriedigung eines ganz bestimmten Bedürfnisses.

Geht man nicht davon aus, daß die Konsumenten eine bestimmte Präferenz haben und aus den verschiedenen Qualitätsvariationen eines Gutes die Variante auswählen, die den größten Netto-Nutzen gewährleistet, sondern lediglich eine Nutzensteigerung beabsichtigen, die sich als Spontankauf in verschiedenen Industrien niederschlagen kann, so stehen auch verschiedene Industrien miteinander im Wettbewerb um den Anteil der Konsumausgaben. Nur unter dieser Bedingung gilt, daß

---

[83] *Robinson,* J.: The Economics of Imperfect Competition, London 1933, S. 5.

[84] *Robinson,* E. A. G.: Monopoly. Cambridge Economic Handbooks, XI, 7. Aufl., New York, London 1949, S. 4.

[85] *Ott,* A. E.: Marktform ..., a.a.O., S. 32 ff.

„... every use of money competes with every other use“[86]. Die Bedeutung dieser einschränkenden Bedingung wird deutlich, wenn man die Zwei-Stufen-Theorie des Entscheidungsprozesses eines Konsumenten betrachtet, wie sie von Phlips formuliert wird. L. Phlips meint, ein Konsument richte sein Interesse zunächst auf die verschiedenen angebotenen Güter und suche dann aus diesen Gruppen von Gütern eine bestimmte Gutsvariante heraus, die er kauft[87]. Hierbei wird die Bedeutung des Industriebegriffes naturgemäß stärker in den Vordergrund gestellt.

Insbesondere die Anmerkung von E. A. G. Robinson verdeutlicht, daß es bei der Abgrenzung einer Substitutionslücke nicht nur auf objektive (technische) Substitutionskriterien ankommt, sondern auf die subjektive Substitutionswilligkeit. Daß hierbei heterogene Produkte als nahe Substitute auftreten können, sollte nicht stören und eine Abgrenzung der Gruppe nicht vereiteln.

Kaldors Beispiel, wonach Substitutionsinterdependenzen zwischen heterogenen Produkten stärker sein können, als zwischen objektiv ähnlichen Produkten ist insofern nicht glücklich gewählt, als noch eine Variation des Standortfaktors den Vergleich erschwert[88] und die Standortvariation von Kaldor offensichtlich nicht als Heterogenisierungsmoment anerkannt wird.

Eine systematisch besser geordnete Übersicht möglicher Verhaltensinterdependenzen innerhalb einer Industrie und zwischen Industrien findet man bei Phlips[89].

Phlips unterscheidet zwischen dem Substitutionseffekt, dem direkten Konkurrenzeffekt und dem indirekten Konkurrenzeffekt. Er geht davon aus, daß ein Zigaretten-Produzent in der Zigarettenindustrie den Zigarettenpreis senkt. Der *Substitutionseffekt* liegt dann vor, wenn die Konsequenz der Preissenkung in einem Mehrverbrauch an Zigaretten und einer Konsumeinschränkung bei einem anderen Gut x besteht (Fall A). Dies tritt nach Slutsky dann ein, wenn der Substitutionseffekt den Einkommenseffekt dominiert, andernfalls würde die Nachfrage nach Zigaretten und nach dem Gut x steigen.

Der *direkte Konkurrenzeffekt* tritt dann ein, wenn der Konsument von einer bisher geprauchten Zigarettenmarke auf die billiger gewordene umsteigt (Fall B).

---

[86] *Robinson,* E. A. G.: Monopoly, a.a.O., S. 5.
[87] *Phlips,* L.: Demand Curves ..., a.a.O., S. 407.
[88] *Kaldor,* N.: Mrs. Robinson's Economics ..., a.a.O., S. 339 ff. Kaldor weist darauf hin, daß in einem Dorf die angebotenen Zigaretten in einer stärkeren Konkurrenz mit dem dort angebotenen Bier stehen können, als mit den in einem entfernten Dorf angebotenen Zigaretten.
[89] *Phlips,* L.: La théorie ..., a.a.O., S. 60 ff.

Der *indirekte Konkurrenzeffekt* liegt dann vor, wenn ein Konsument, der bisher Pfeifenraucher war, weniger Pfeifentabak kauft und dafür die billiger gewordenen Zigaretten (Fall C).

Hält man sich an die Terminologie von Phlips, so liegt im Fall B also Wettbewerb innerhalb einer Industrie vor, im Fall C besteht Wettbewerb zwischen verschiedenen, aber relativ ähnlichen Industrien, denn es wird ein bestimmtes Bedürfnis, das Rauchen, befriedigt; und im Fall A kann es sich um ganz verschiedene Industrien handeln, da das Gut x auch Bücher oder Zeitschriften darstellen kann.

Da bei einem Monopol der einfachste Fall vorliegt, eine Abgrenzung zu finden, soll zunächst das Problem der Isolierung eines Monopols untersucht werden, um dann analog die Abgrenzung einer Gruppe zu finden.

Zunächst ist erforderlich, daß bei einem Monopol eine Entscheidungseinheit auf einer Marktseite agiert. Ein Teilmonopolist ist kein „echter Monopolist", wie Krelle[90] meint, denn es sind auf einer Marktseite (n) Entscheidungseinheiten vorhanden, von denen jedoch $(n\text{-}1)$ Entscheidungseinheiten durch den Teilmonopolisten dominiert werden. Ein solcher Fall soll als Kollektivmonopol bezeichnet werden, das sich durch die Domination eines Kartellmitgliedes auszeichnet.

Ist nur eine Entscheidungseinheit auf eine Marktseite vorhanden, so liegt nach Krelle dann ein Monopol vor, wenn „keine andere Firma oder Firmengruppe . . . durch Veränderung ihrer marktstrategischen Variablen Nachfrage in fühlbarer Weise von dem Monopolisten zu sich herüberziehen . . ."[91] kann.

Betrachtet man zunächst den Preis der anderen Anbieter als mögliche marktstrategische Variable, so dürfte als Konsequenz dieses Abgrenzungskriteriums eine Preissenkung bis Null bei allen andern Anbietern die Nachfrage des Monopolisten ebensowenig verringern lassen, wie eine sehr starke Preissteigerung bei allen andern Gütern.

Um diese nur sehr schwer zu akzeptierenden Konsequenzen nicht beibehalten zu müssen, könnte man von einem Monopolbereich sprechen, innerhalb dessen die Nachfrage bezüglich des Preises unbeweglich ist. Da aber auch die Qualität eine marktstrategische Variable eines Anbieters ist, dürfen nach obiger Formulierung auch starke Qualitätsverbesserungen bei den anderen Firmen, eventuell zusammen mit Preissenkungen, keine Nachfrageabwanderung bewirken.

Ein Monopol wäre nach obiger Definition auch dann nicht gegeben, wenn infolge der Änderung einer marktstrategischen Variablen zwar

[90] *Krelle*, W.: Preistheorie, a.a.O., S. 40.
[91] *Krelle*, W.: Preistheorie, a.a.O., S. 39.

Nachfrage von dem betrachteten Anbieter fühlbar abgesaugt wird, aber diese Abwanderung gleichzeitig durch einen Nachfragezuwachs in gleicher Größe neutralisiert wird. Eine solche Fluktuation der Nachfrage zwischen mehreren Industrien bei konstanter Nachfrage des Monopolisten wird dessen Marktsituation in keiner Weise beeinflussen, aber er wird nicht mehr als Monopolist bezeichnet werden können.

Ebenso wie die Vorstellung einer „world of monopolies" von Joan Robinson infolge ihrer Monopoldefinition als extrem zu beurteilen ist, muß auch Krelles Formulierung als zu eng abgelehnt werden.

Während bei Marshall infolge der Vorstellung einer repräsentativen Firma der Schwerpunkt der Diskussion bei der Industrie lag[92] und auch Joan Robinson den Industriebegriff noch mit dem Gutsbegriff gleichsetzt, wird schon bei Chamberlin die einzelne Firma in den Vordergrund gestellt.

Bei der ursprünglichen Untersuchung von Chamberlin[93] ist die Trennung in Großgruppe und Kleingruppe entscheidend, bei späteren preistheoretischen Arbeiten geht Chamberlin jedoch davon aus, daß „... the individual firm is either isolated or related oligopolistically to others"[94]. Damit wird die Gruppenvorstellung der „large numbers" aufgegeben, und den oligopolistischen Modellstellungen kommt noch größere Bedeutung zu.

In Triffin's[95] Markttheorie wird die einzelne Firma als Ausgangspunkt seiner gesamten Markttheorie gewählt. Jede Firma j steht in Interdependenzbeziehungen mit anderen Firmen i ($i = 1, 2, 3, \dots n$), die sich in den Auswirkungen einer Preisänderung der Firma j auf dem Absatz der Firmen i ausdrückt.

Ob man allerdings aus diesen verschiedenen markttheoretischen Ansätzen Folgerungen bezüglich eines Gruppenbegriffes ziehen kann, wie es Steinbrück tut, ist fraglich. Es trifft nicht zu, daß mit dem von Chamberlin entwickelten Modell des monopolistischen Wettbewerbs der Begriff Gruppe „jede Bedeutung"[96] verloren habe. Chamberlin selbst diskutiert das Gruppengleichgewicht „... of a number of producers whose goods are fairly close substitutes"[97]. Bei Triffin ist nicht, wie bei

---

[92] *Marshall*, A.: Principles of Economics, 8. Aufl., London 1920, S. 100. Ein Verfechter dieses methodischen Ansatzes von Marshall ist Zimmerman. *Zimmerman*, L. J.: The Propensity ..., a.a.O., S. 24.

[93] *Chamberlin*, E. H.: The Theory of Monopolistic ..., a.a.O.

[94] *Chamberlin*, E. H.: Monopolistic Competition Revisited, Ec., Bd. 18, 1951, S. 362.

[95] *Triffin*, R.: Monopolistic Competition ..., a.a.O.

[96] *Steinbrück*, K.: Vom unvollkommenen Markt zur heterogenen Konkurrenz. Eine Dogmengeschichte der preistheoretischen Umwälzungen der Gegenwart. Mannheimer Schriftenreihe „Angewandte Wirtschaftswissenschaft", hrsg. von Dr. rer. pol. H. Rittershausen, H. 2, 1951, S. 105.

[97] *Chamberlin*, E. H.: The Theory of Monopolistic Competition. A Reorientation of the Theory of Value, Cambridge 1950, S. 81 und S. 149 ff.

Marshall, die Gruppe oder die Industrie Ausgangspunkt der Analyse der Marktprozesse, er untersucht die Interdependenzen einer einzelnen Firma mit der gesamten Umwelt, gesteht aber zu, daß es durchaus sinnvoll sei, für empirische Untersuchungen Industriegruppen zu bilden, die dadurch charakterisiert sind, daß in ihnen „close competitors" sind[98].

Hält Triffin eine solche Gruppierung für möglich, „... without any serious loss in precision or exhaustiveness"[99], so ist nicht einzusehen, warum man bei theoretischen Analysen solche Gruppierungen nicht vornehmen kann, denn die in der Realität ablaufenden Prozesse lassen sich simulieren, und dann kann man eine solche Gruppierung vornehmen, daß die Interdependenzen der Gruppe „nach außen", also eine Art Schlupfvariable des Modells, einen Wert innerhalb einer bestimmten Toleranz annehmen.

Wenn jede Firma mit allen anderen Firmen in Konkurrenzbeziehungen steht, aber in unterschiedlicher Intensität[100], so kann man alle Firmen mit größerer Wettbewerbsintensität zu einer Gruppe, einer Industrie zusammenfassen. In diesem Falle steht man wieder in enger Beziehung zu den Analysen von Robinson und Chamberlin und — unterstellt man eine Gruppe von homogenen Anbietern — kann man auch mit der Marshall'schen repräsentativen Firma arbeiten.

Das Problem der Gruppe und Industrie stellt sich bei den verschiedenen Autoren als ein rein methodisches Problem dar. Triffin baut die Markttheorie auf einer Mikro-Total-Analyse auf, während bei den anderen Autoren die Partial-Analyse im Vordergrund steht.

Welcher Methode der Vorzug zu geben ist, hängt nicht nur von der Frage der praktikableren Verifikation ab, es kann durchaus sein, daß in einem Netzwerk von Interdependenzen voneinander völlig isolierte Bereiche vorhanden sind, so daß man exakt von mehreren Interdependenzbereichen sprechen müßte. In diesem Fall besitzt die Feststellung Triffins „in the general pure theory of value, the group and the industry are useless concepts ..., only two remain essential for the analysis: The individual firms, on the one hand; the whole collectivity of competitors on the other ..."[101], keine Gültigkeit mehr.

Wenn Chamberlin meint, daß „... group boundaries are highly arbitrary ..."[102], so zeigt diese Feststellung eine Schwierigkeit der Gruppie-

---

[98] *Triffin*, R.: Monopolistic Competition ..., a.a.O., S. 88. — Die Ablehnung des Gruppenbegriffes erfolgt auch in neueren preistheoretischen Ansätzen, ohne daß überzeugendere Begründungen geliefert wurden. *Sanmann*, H.: Marktform, Verhalten, Preisbildung bei heterogener Konkurrenz, Jb. f. Soz. Bd. 14, 1963, S. 59/60.

[99] *Triffin*, R.: Monopolistic Competition, a.a.O., S. 88.

[100] *Triffin*, R.: Monopolistic Competition, a.a.O., S. 88.

[101] *Triffin*, R.: Monopolistic Competition, a.a.O., S. 89.

[102] *Chamberlin*, E. H.: The Theory of ..., a.a.O., S. 102—104.

rung von Entscheidungseinheiten auf, wendet sich aber nicht grundsätzlich gegen solche Gruppierungen. Es kann für eine ökonomische Analyse eine Gruppenbildung sehr wichtig sein und die nicht sicher zurechenbaren Grenzentscheidungseinheiten können relativ gesehen wenig Einfluß haben.

Die Schwierigkeit der Gruppenbildung kann auch darauf beruhen, daß Grenzen zwischen einer Gruppe von Entscheidungseinheiten und anderen Entscheidungseinheiten nicht vorhanden sind. In diesem Falle liegt jedoch ein Fehler darin, daß dort Gruppierungen vorgenommen werden sollen, wo keine Kriterien dafür vorliegen. Eine andere Möglichkeit besteht noch darin, daß objektive Gruppierungskriterien bestehen, die jedoch den Entscheidungseinheiten nicht bewußt sind, es kommt infolge eines Mangels an Transparenz nicht zu einer Gruppierung. Diese Möglichkeit einer Gruppierung ist analog zu der Aussage zu verstehen, ein Monopolist zeichne sich dadurch aus, daß er seine Konkurrenten nicht kenne[103].

Für eine aktuelle Gruppierung ist also nur subjektives Wissen maßgebend, das sich mit den objektiven Gegebenheiten decken kann oder nicht. Für die Auswirkung des subjektiven Wissens auf die vorgenommene Gruppenbildung sind zwei Faktoren entscheidend:

1. Inwieweit die Verhaltensinterdependenz eindeutig einzelnen oder Gruppen von Entscheidungseinheiten zugerechnet werden kann. Hierbei erscheinen folgende Differenzierungen notwendig.

a) Ein fühlbarer Interdependenzkoeffizient verknüpft die untersuchte einzelne Entscheidungseinheit (A) oder Gruppe von Entscheidungseinheiten (B) eindeutig mit einer Entscheidungseinheit oder einer Gruppe anderer Entscheidungseinheiten. In diesem Falle gehören die so verknüpften Pole des Netzwerkes zu einer Gruppe. Je größer die Gruppe der Konkurrenten im Verhältnis zu (A) oder (B) ist — bei gleicher Stärkeposition der einzelnen Entscheidungseinheit genügt die Aussage, daß die Anzahl der Gruppenmitglieder wächst — um so mehr nähert sich das Gruppenverhältnis dem Polypol, das sich dadurch auszeichnet, „... daß die Wirkungen marktstrategischer Maßnahmen einer *einzelnen Firma* nur für sie selbst, nicht aber für die *anderen* fühlbar werden, während Maßnahmen einer großen Zahl der *anderen* für die *einzelne Firma* fühlbar sind ...“[104].

b) Es besteht eine fühlbare Verhaltensinterdependenz zwischen einer Entscheidungseinheit oder einer Gruppe von Entscheidungseinheiten mit Konkurrenten. Diese Konkurrenten können aber nicht spezifi-

[103] *Machlup,* F.: The Economics ..., a.a.O., S. 111 ff. *Krelle,* W.: Preistheorie, a.a.O., S. 39.
[104] *Krelle,* W.: Preistheorie, a.a.O., S. 43.

ziert werden, sondern bilden eine größere Gruppe (K), die jedoch mit Sicherheit die konkurrierenden Entscheidungseinheiten enthält. Bei Anwendung des Laplace'schen Entscheidungskriteriums ist jedem Mitglied der Gruppe (K) eine gleich große Wahrscheinlichkeit und allen möglichen Gruppierungen die entsprechenden Summierungen dieser Wahrscheinlichkeitswerte je nach Anzahl der Gruppenmitglieder zuzuordnen. Auf diese Weise kann man eine stochastische Verhaltensinterdependenz konstruieren.

Je nach der Risikofreudigkeit des einzelnen Individuums wird eine Verhaltensinterdependenz bei aktuellen Aktionen unterstellt oder nicht.

2. Als entscheidender wird die Schwelle der Fühlbarkeit in der Literatur angenommen, die institutionell oder individual-psychologisch[105] begründet sein kann, letztlich aber immer einen Mangel an Transparenz darstellt.

Eng verbunden mit dem Problem der Fühlbarkeit ist auch die Frage der Differenzierung von unterschiedlichen Elastizitätskoeffizienten. Bestehen innerhalb der Gruppe und im Außenverhältnis der einzelnen Gruppenmitglieder stark unterschiedliche Substitutionskoeffizienten, so kann die Gruppierung schon dadurch bewirkt werden, daß die stärkeren Koeffizienten die schwächeren dominieren, d. h. nicht mehr fühlbar werden lassen.

J. Robinson verteidigt mit ähnlichen Überlegungen ihr Abgrenzungskriterium für eine Gruppe[106].

Die Verhaltensinterdependenz kann ein- und zweiseitig sein. Eine einseitige Verhaltensinterdependenz liegt dann vor, wenn eine oder mehrere Entscheidungseinheiten einer Gruppe Aktionsparameter fixieren, an die sich die restlichen Gruppenmitglieder nur noch anpassen können. Eine solche Verknüpfung eines Dominations- und Abhängigkeitsverhaltens stellt z. B. die Preisführerschaft oder das Polypol dar. Bei dem Polypol kommt die Asymmetrie des Verhaltens durch eine Aggregation von Entscheidungseinheiten zustande, bei der Preisführerschaft und dem Teilmonopol durch die unterschiedliche Marktmacht der wenigen Entscheidungseinheiten. Alle diese einseitigen Verhaltensinterdependenzen werden als Verhaltensdependenzen bezeichnet und

---

[105] *Krelle*, W.: Preistheorie, a.a.O., S. 12. *Brandt*, K.: Methodologische Bemerkungen zur Marktformenlehre, in: Systeme und Methoden in den Wirtschafts- und Sozialwissenschaften. E. von *Beckerath* zum 75. Geburtstag hrsg. von N. Kloten, W. Krelle, H. Müller, F. Neumark. Tübingen 1964, S. 118 ff.

[106] *Robinson*, J.: The Impossibility of Competition, in: Monopoly and Competition and their Regulation. Papers and Proceedings held by the International Economic Association, ed. by E. Chamberlin, London 1954, S. 245.

stellen eine Form der Zwangskartellierung infolge Domination einer Entscheidungseinheit oder einer Koalition von Entscheidungseinheiten dar.

Die Trennung von Verhaltensdependenzen und Verhaltensinterdependenzen ist also wichtig für die Zuordnung der beiden Verhaltensverknüpfungen zu dem Gruppen- bzw. Kartellbegriff. Nur bei Verhaltensinterdependenzen ist die Frage, ob die Koordination des Verhaltens wettbewerblich oder als Koalition zu lösen ist, noch offen.

Die Interdependenz in dem Netzwerk einer Gruppe sagt nur etwas aus über die *mögliche* gegenseitige Beeinflußbarkeit, aber nichts über die realisierte Verhaltenskoordination und die Untergruppen in einem solchen Netzwerk[107]. Es wird auch keine Einschränkung getroffen bezüglich einer Mindestzahl von Aktionsparametern, deren Fixierung interdependent erfolgt oder über eine notwendige zweiseitige Interdependenz. Eine Entscheidungseinheit kann bei verschiedenen Aktionsparametern unterschiedliche Situationen bezüglich ihres Interdependenzgrades aufzeigen, eine eindeutige Aussage ist nur über einen Aktionsparameter möglich[108].

Bei der Untersuchung der Interdependenz zwischen Entscheidungseinheiten zur Abgrenzung einer Gruppe ist es sinnvoll, zwischen einer isolierten und einer kumulierten Interdependenz zu unterscheiden.

Bei der *isolierten* Interdependenz kann eine einzelne Entscheidungseinheit bei isoliertem Vorgehen das Verhalten der anderen Entscheidungseinheiten beeinflussen. Die Größe der erforderlichen Änderung des Aktionsparameters zur Erreichung einer minimalen Reaktion der konkurrierenden Entscheidungseinheiten der Gruppe zeigt die Macht der einzelnen Entscheidungseinheit innerhalb der Gruppe an. Sinnvollerweise muß man jedoch eine gewisse Zeitspanne unterstellen, während der die neue Position behauptet werden muß.

Bei der *kumulierten* Interdependenz ist eine bestimmte kritische Untermenge einer Menge von Entscheidungseinheiten erforderlich, um eine Reaktion der konkurrierenden Menge zu bewirken. Eine solche einheitliche Änderung eines Aktionsparameters muß nicht gewollt koordi-

[107] Marshak und Radner bauen eine Theorie der Koalition auf, bei der zur Aushandlung der Parameter in einer koalierten Marktgruppe wieder Koalitionen gebildet werden. Siehe hierzu J. *Marshak*, R. *Radner*: Economic Theory of Teams. Cowles Foundation Discussion, Paper Nr. 59a—c. Cowles Foundation for Research in Economics at Yale University. New Haven 1958.

[108] So ist es durchaus sinnvoll festzustellen, daß „... if markets are not completely independent, the alternative is not complete dependence, but rather partial dependence, of which complete dependence is merely a limiting case". *Maroni*, I.: Discrimination under Market Interdependence. Quart. J. of Ec., Bd. 62, 1948, S. 101.

niert erfolgen, sondern kann sich auch zufällig ergeben. Je größer die Anzahl von Entscheidungseinheiten einer Gruppe ist, um so größer wird die Wahrscheinlichkeit, daß ein Teil von ihnen gemeinsam eine Aktionsparameteränderung vornimmt.

Bei einem Teilmonopol etwa kann eine gemeinsame Parameteränderung der Entscheidungseinheiten mit der Struktur des Anpassungsverhaltens eine solche kritische Menge ergeben.

Bei dem Polypol ist es ebenfalls so, daß eine bestimmte Menge von Entscheidungseinheiten wirksam und fühlbar eine Parameteränderung vornehmen kann. Gerade bei einer sehr großen Anzahl von Anbietern, wie bei dem Polypol, ist es recht unwahrscheinlich, daß nur ein Anbieter — wie in der Literatur durchweg angenommen wird — eine Änderung des Aktionsparameters vornimmt.

Unterstellt man einen gewissen Schwellenwert der Fühlbarkeit, so kann in einer Gruppe von Anbietern eines homogenen Gutes ein Nachfrageabzug durch die Preissenkung eines Anbieters von der übrigen Menge der Anbieter sicherlich dazu führen, daß die von dem Einzelnen abgezogene Nachfrage unter dem Schwellenwert der Fühlbarkeit liegt, da sich die gesamte abgezogene Nachfrage auf sehr viele Konkurrenten verteilt[109].

Es ist jedoch unwahrscheinlich, daß bei einem solchen einmaligen Vorgang der Aktionsparameteränderung eines Anbieters die Wirkung dieser Aktion sich auf alle Konkurrenten gleich verteilt. Dazu kommt, daß der Schwellenwert der Fühlbarkeit als Hemmnis der Beweglichkeit der Nachfrage ausfallen kann, wenn die Konkurrenten nicht auf die Wirkung der Preisänderung — die Nachfrageveränderung — warten, sondern schon auf die Preisänderung selbst reagieren, über die sie bei den Modellvoraussetzungen informiert sein müßten. Aber selbst wenn man Informationsmängel auf einem Markt zuläßt, gilt Stigler's Argument, daß „no one has yet invented a way to advertise price reductions which brings them to the attention of numerous customers but not to that of any rival“[110].

Die Reaktion auf eine Preisänderung ist um so wahrscheinlicher, je mehr die Konkurrenten damit rechnen, daß die Verursachung des Schwellenwertes der Fühlbarkeit in der nicht exakten Buchführung der Entscheidungseinheiten liegt[111]. Tritt eine solche Reaktion nur bei einem Teil der Konkurrenten ein, so wird infolge der kumulierten Interdependenz (der zusätzlich noch reagierenden Konkurrenten) der Schwel-

---

[109] Siehe hierzu *Krelle*, W.: Preistheorie, a.a.O., S. 44. *Brandt*, K.: Methodologische Bemerkungen ..., a.a.O., S. 118 ff.

[110] *Stigler*, G. J.: A Theory of Oligopoly, a.a.O., S. 47.

[111] *Krelle*, W.: Preistheorie, a.a.O., S. 12.

lenwert der Fühlbarkeit bei den restlichen Konkurrenten schon eher überschritten. Es dürfte also sehr fraglich sein, ob bei einer großen Zahl von Anbietern nur wenige schon auf die Preisänderung reagieren, denn davon hängt die Wirksamkeit der Parameteränderung derjenigen ab, die die Reaktionsmüdigkeit der Konkurrenten zu einer Gewinnsteigerung benutzen wollen.

Aus diesen Gründen erscheint es etwas gewagt, auf dem Prinzip einer stillschweigenden, betrügerischen Konkurrenz eine Wettbewerbstheorie aufzubauen, wie es Nutter tut. Nutter will mit einem „chiseling-process“[112] auf erstarrten Märkten Wettbewerbsprozesse zustande kommen lassen, indem er davon ausgeht, daß jeder Anbieter durch „chiseling“ gewinnen kann, vorausgesetzt, daß die anderen Anbieter nicht auch zu dieser Strategie greifen, aber schließlich alle Anbieter durch das „prisoner's dilemma“[113] gezwungen werden, diese Aktion auch anzuwenden.

Ein weiterer Ansatz, in dem untersucht wird, inwieweit heimliche Preissenkungen in ein kollusives Oligopolverhalten wettbewerbsstimulierende Faktoren bringen können, stammt von Stigler[114]. „It is a well established proposition that if any member of the agreement can secretly violate it, he will gain larger profits than by conforming to it[115].“

Eventuell müßte man diese Aussage noch strenger formulieren, denn es kann für eine erfolgreiche heimliche Verletzung der Vereinbarung erforderlich sein, daß die Möglichkeit dazu nicht allgemein bekannt ist. Wäre dies nämlich der Fall, so könnten Maßnahmen getroffen werden, um solche heimlichen Aktionen zu verhindern[116].

Diese Unterscheidung ist insofern wichtig, als hierdurch die Verletzung der gemeinsamen Vereinbarung in Verbindung gebracht wird mit der Entscheidung über einen optimalen Informationsgrad innerhalb einer Gruppe. Bei dem Anfall von Informationskosten kann es durchaus sein, daß erst von einem bestimmten Wirkungsgrad der Vertragsverletzungen an ein besseres Informationssystem rational sinnvoll wird. Unabhängig von den Informationskosten kann man jedoch feststellen, daß „... the pooling of information therefore reduces substantially the scope for secret price-cutting“[117].

---

[112] *Nutter*, G. W.: Duopoly, Oligopoly, and Emerging Competition. S. Ec. J. 1964, Bd. III, S. 342 ff.

[113] Siehe hierzu *Lave*, L. B.: An Empirical Approach to the Prisoners' Dilemma Game. Quart. J. of Ec., Bd. 76, 1962, S. 424 ff.

[114] *Stigler*, G. J.: A Theory of Oligopoly, a.a.O., S. 44 ff.

[115] *Stigler*, G. J.: A Theory of Oligopoly, a.a.O., S. 46.

[116] Stigler meint, die beste Möglichkeit, heimlichen Preissenkungen zu begegnen, liege in der Marktaufteilung oder der Zuteilung von bestimmten Käufern an die einzelnen Anbieter. *Stigler*, G. J.: A Theory of Oligopoly, a.a.O., S. 46.

[117] *Stigler*, G. J.: A Theory of Oligopoly, a.a.O., S. 54.

Stigler geht von der Überlegung aus, daß es für die Realisierung einer heimlichen Preissenkung entscheidend ist, ob sie von irgendeinem Konkurrenten entdeckt wird. Geht man davon aus, daß p den Wahrscheinlichkeitswert dafür angibt und n die Anzahl der Abnehmer darstellt, die in den Genuß der Preissenkung gelangen, so gibt der Ausdruck $l - (l - p)^n$ die Wahrscheinlichkeit an, daß ein Konkurrent daraus lernen wird[118].

Daraus zieht er die Schlußfolgerung,

„... that oligopolistic collusion will often be effective against small buyers even when it is ineffective against large buyers. When the oligopolists sell to numerous retailers, for example, they will adhere to the agreed-upon price, even though they are cutting prices to larger chain stores and industrial buyers“[119].

Stigler beschränkt deshalb seine Untersuchung auf große Käufer.

Von diesen Ansätzen, die einen Ausbruch aus der Gruppennorm unterstellen, der kurzfristig bis zur Auslösung des Wettbewerbskampfes einen Übergewinn sichert, ist die Möglichkeit zu unterscheiden, durch eine Parameteränderung latente Nachfrage zu wecken. In diesen Fällen wird angenommen, daß innerhalb eines gewissen Preisintervalls zusätzliche Nachfrage von außerhalb der Gruppe, der der preissenkende Anbieter zugehört, zufließt, so das Reaktionen auf die Parameteränderung von seiten der Konkurrenten nicht zu erwarten sind.

Solange mehrere Anbieter um die auf diese Weise zusätzlich zu gewinnende Nachfrage konkurrieren, ist die Parameteränderung eines einzelnen Anbieters jedoch als wettbewerbsneutral zu bezeichnen. In einem heterogenen Oligopol ist eine solche Parameteränderung also als eine optimalere Anpassung an die Konsumenten-Präferenzen zu bezeichnen, denn sie wird nur dann langfristig realisiert werden, wenn die Zielsetzung der Unternehmung auf diese Weise besser erreicht wird. Bei der Zielsetzung der Gewinnmaximierung ist diese Besserstellung nicht sicher, aber bei der Zielsetzung, den Marktanteil zu vergrößern, muß sie ex definitione eintreten.

Auch bei vorhandener Interdependenz kann ein Freiheitsgrad für autonomes Handeln gegeben sein, der dadurch zustande kommt, daß andere Entscheidungseinheiten zwar durch die Aktionsparameterfixierung beeinflußt werden, aber darauf nicht reagieren, da sie infolge der Reaktion einer weiteren Gruppe der Entscheidungseinheiten darauf in eine noch schlechtere Position gebracht zu werden glauben. Ein durch

---

118 *Stigler*, G. J.: A Theory of Oligopoly, a.a.O., S. 47. Bei einem $p = 0{,}01$ und einem $n = 100$ ist die Wahrscheinlichkeit der Entdeckung schon 0,634.
119 *Stigler*, G. J.: A Theory of Oligopoly, a.a.O., S. 47.

solche sekundäre Reaktion bedingter Freiheitsgrad kann jedoch nur immer dann ausgenutzt werden, wenn die optimale Position noch nicht erreicht worden ist.

Ein weiterer Grund für die Möglichkeit des autonomen Verhaltens kann im unterschiedlichen Grad der Information bei den einzelnen interdependenten Anbietern liegen.

Sind etwa zwei Gruppen *A* und *B* mit der Anbieterzahl 1 und 10 vorhanden, so soll zwischen dem einzelnen Anbieter und jeder Firma in der Gruppe *B* eine Verhaltensinterdependenz bestehen, über die jedoch nur die Firma *A* und nicht die Firmen der Gruppe *B* informiert sind. Dies bewirkt, daß nur der einzelne Anbieter in der Gruppe *A* bei der Fixierung der Aktionsparameter die Verhaltensinterdependenz berücksichtigt, während diese von den Anbietern der Gruppe *B* unberücksichtigt bleibt, die nur mit den internen Interdependenzen beschäftigt sind[120].

Immer wenn Impulse zwischen interdependenten Anbietern auf einer Stufe des Netzwerkes ganz oder teilweise versickern, drückt sich darin also eine Verschiebung der dominierenden Position zwischen den Anbietern aus. Andere als Anpassungsreaktionen auf solche Parameterimpulse werden unterlassen, weil jede Reaktion die verhaltensinterdependenten Entscheidungseinheiten zu Antworten zwingen würde, die eine weitere Verschlechterung der Position des Anpassers bewirken würden.

Im Gegensatz zu dieser Absorption der Impulse, die über der Schwelle der Fühlbarkeit liegen, kann sich ein über ein Netzwerk von Entscheidungseinheiten ausbreitender Impuls mit jedem Schritt der Ausbreitung dämpfen, wenn bei einem jedem Schritt ein Teil der Fühlbarkeitsmenge absorbiert wird, bis sie schließlich unter der Grenze der Fühlbarkeit liegt.

Bei dem homogenen oder heterogenen Polypol ist ein Spezialfall gegeben, der sich dadurch auszeichnet, daß die ganze Wirkung einer Parameteränderung sofort absorbiert wird, weil sie sich auf so viele Konkurrenten verteilt, daß deren individueller Anteil unter der Schwelle der Fühlbarkeit liegt.

Einen einfachen Fall von Verhaltensinterdependenzen stellt das Kettenoligopol dar, bei dem jeder Anbieter mit einigen „nächsten“ Anbietern in einer Verhaltensinterdependenz steht[121].

---

[120] *Papandreou*, A. G., *Wheeler*, J. T.: Competition ..., a.a.O., S. 146.

[121] Henderson charakterisiert ein solches „linked oligopoly“ folgendermaßen: „These may be thousands of grocers, yet each grocer will be intimately affected by a very small number of neighboring grocers ...“ *Henderson*, A.: The Theory of Duopoly. Quart. J. of Ec., Bd. 68, 1954, S. 565.

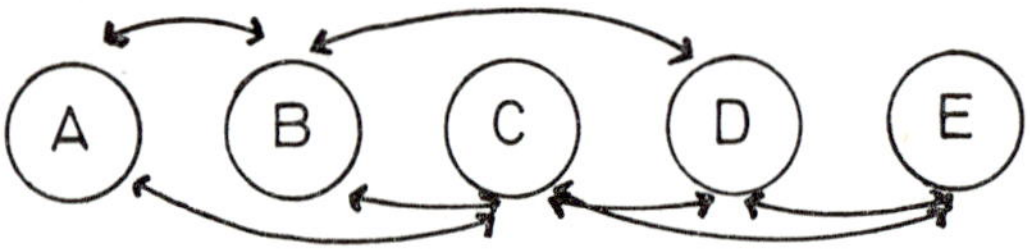

Bei einer im Beispiel angeführten symmetrischen Form der Interdependenz hat jeder Anbieter ein gleiches Interdependenzfeld — etwa wie oben angedeutet die beiden Nachbar-Konkurrenten. Dies symmetrische Interdependenzbild würde in Matrixform folgendes Bild ergeben, wobei angenommen wird, daß jeder Anbieter 1, 2 .... 8 in Wettbewerbsinterdependenz mit zwei Nachbar-Konkurrenten nach jeder Richtung in der Reihenfolge der Zahlen steht. Dabei gibt *O* den Anbieter an, der eine wirksame Parameteränderung vornimmt, und x gibt die Konkurrenten an, auf die sich die Wirksamkeit bezieht.

	1	2	3	4	5	6	7	8
1	o	+	+					
2	+	o	+	+				
3	+	+	o	+	+			
4		+	+	o	+	+		
5			+	+	o	+	+	
6				+	+	o	+	+
7					+	+	o	+
8						+	+	o

Indem man noch zwischen Dependenzen und Interdependenzen unterscheidet und deren Größen quantitativ durch Zahlenwerte angibt, kann man auf diese Weise eine Matrix erhalten, die quantitativ jene Verhaltensverknüpfungen zwischen einzelnen Individuen angibt. Hieraus ist allerdings nicht zu entnehmen, wie dieses Netzwerk organisiert ist — ob wettbewerblich oder durch Kollusion.

An einem Beispiel einer vereinfachten Netzinterdependenz des Verhaltens sollen verschiedene Fälle diskutiert werden.

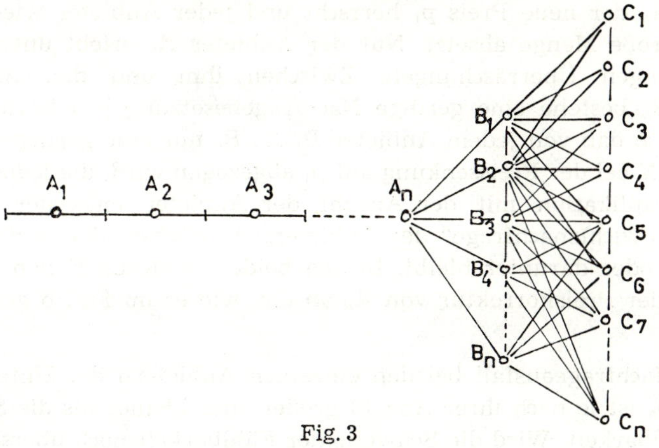

Fig. 3

Die Anbieter A_1, A_2, ... A_n bieten ein homogenes Gut an; es besteht jedoch eine geringe Heterogenisierung der Anbieter, etwa durch eine räumliche Streuung, wie in der Zeichnung angegeben.

Alle Anbieter haben ein gleich großes Nachfragegebiet, so daß die Nachfrage bei den Anbietern $A_1 \ldots A_n$ und einem herrschenden Marktpreis p_0 sich gleichmäßig auf alle Anbieter verteilt. Die Konkurrenzgrenze zwischen je zwei Anbietern bildet die Halbierungslinie der Entfernung zwischen je zwei Anbietern.

Der Anbieter A_1 senke nun seinen Preis p_0 um Δp auf p_1.

Die Preissenkung soll so bemessen sein, daß A_2 die Hälfte seiner Nachfrage verliert, so daß A_1 jetzt alle Nachfrager zwischen A_1 und A_2 versorgt.

A_2 wird bei einer friedlichen Verhaltensweise seinen Preis p_0 soweit senken, bis er das alte Nachfrageniveau wieder erreicht hat.

Fall a).

Die Konsumenten, die von A_2 nach A_1 abgewandert sind, sollen eine so starke Trägheit bezüglich des Lieferantenwechsels besitzen, daß sie erst dann wieder von A_1 nach A_2 wandern, wenn dort ein niedrigerer Preis als bei A_1 verlangt wird, die räumliche Trennung ist nicht groß genug, um diese Trägheit zu überwinden.

In diesem Falle muß bei reaktionshomogenen Käufern A_2 seinen Preis auch um Δp_0 auf p_1 senken, um alle Käufer auf der Verbindung A_2—A_3 zu versorgen und damit sein altes Nachfrageniveau wieder zu erreichen.

Dieser Vorgang setzt sich schrittweise fort, bis bei allen Anbietern $A_1 \ldots A_n$ der neue Preis p_1 herrscht und jeder Anbieter wieder eine gleich große Menge absetzt. Nur der Anbieter A_n erlebt unter diesen Bedingungen Überraschungen. Zwischen ihm und den Anbietern $B_1 \ldots B_n$ bestehe eine geringe Nachfragebesetzung pro Entfernungseinheit, so daß von jedem Anbieter $B_1 \ldots B_n$ nur eine geringere Nachfrage ΔN bei der Preissenkung auf p_1 abgezogen wird, die jedoch durch die Multiplikation mit der Anzahl der Anbieter entweder bis zur „Gleichgewichtsnachfrage" des Anbieters A_n wächst oder darüber hinausgeht oder darunter bleibt. In den beiden letzteren Fällen tritt ein Prozeß der Preiskorrektur von A_n an ein, wie er im Fall b geschildert wird.

Der Nachfrageausfall bei den einzelnen Anbietern der Untergruppe $B_1 \ldots B_n$ ist je nach ihrer Anzahl größer oder kleiner als die Schwelle der Fühlbarkeit. Wird die Schwelle der Fühlbarkeit noch überschritten, so wird der Nachfrageausfall bei einem unter gleichen Bedingungen fortschreitenden Prozeß bei einer Gruppe $C_1 \ldots C_n$ jedoch die Schwelle der Fühlbarkeit bei den einzelnen Anbietern nicht erreichen, die Grenze der Verhaltensinterdependenz ist erreicht, alle Anbieter ausschließlich der Gruppe $C_1 \ldots C_n$ bilden eine Gruppe.

Fall b)

In diesem Falle soll die im Fall a) gemachte Annahme über die Trägheit der Konsumenten beim Lieferantenwechsel fortfallen. Dies bewirkt, daß die Preissenkung bei A_2 nicht so groß sein muß, wie bei A_1; $\Delta\, pA_1 > \Delta\, pA_2$, um die gleiche Menge wie vor der Preissenkung bei A_2 wieder absetzen zu können. Dieser Prozeß pflanzt sich, wie im Fall a), ergänzt durch einen wechselseitigen Anpassungsprozeß zwischen den Anbietern fort, bis die Nachfrageminderung bei einem Anbieter unter dessen Schwelle der Fühlbarkeit fällt, was um so schneller erreicht wird, je schneller sich die Preisdifferenzen bei den einzelnen Anbietern ausgleichen. Im Gegensatz zum Fall a) liegt jedoch ein Unterschied vor. Dort hatte der „chiseling-process" Erfolg, der Marktanteil des Anbieters A_1 ist vergrößert worden, das Wachstum stellt die Summe der Nachfragewerte dar, die bei allen anderen Konkurrenten „unter der Schwelle der Fühlbarkeit" abgezogen worden sind.

Im Gegensatz zu dieser Dämpfung der Reaktionswellen im Netzwerk kann es zu einer Akzeleration kommen, wenn auf einer Stufe der Ausbreitung dieser Wellen ein Kampfverhalten bei einem oder einer Gruppe von Anbietern ausgelöst wird, das sich darin ausdrückt, daß ein größerer Gewinn erstrebt wird als vorher. Die dadurch ausgelösten Impulse können wesentlich stärker sein als die ursprüngliche Parameteränderung, so daß man in diesem Fall von einem Wettbewerbsakzelerator sprechen kann.

Ein Verhaltensmultiplikator würde in jedem Falle vorliegen, wenn eine primäre Parameteränderung $\Delta\ p$ andere Parameteränderungen $\Delta\ p_1 \ldots \Delta\ p_n$ hervorruft, die jedoch reine Anpassungsreaktionen darstellen können, so daß man nicht von einem Wettbewerbsmultiplikator sprechen kann.

Sicherlich gilt, daß in einem solchen Netzwerk der Interdependenzen es nicht nötig ist, daß ein Anbieter die Reaktionen aller Konkurrenten einzeln kennt, „... wenn nur die Gesamtreaktion aller Konkurrenten in der Wirkung auf die Nachfrage abschätzbar bleibt“[122]. Dies gilt jedoch nur für ein individuelles Vorgehen der einzelnen Anbieter. Sobald es um die Bildung eines Kartells geht, reichen diese Informationen nicht aus, um eine „optimale Koalition“ zu finden, da dann die Abgrenzung der Gruppe nicht möglich ist.

Aus dieser Definition, die sich aus Kriterien der Verhaltensinterdependenz ergibt, folgt, daß die Gruppe in ihrer Größe variabel sein kann mit dem Ausmaß der Parameteränderung, denn je nach Größe der Parameteränderung kann die Sekundärreaktion überkompensiert werden oder nicht. Schließt sich etwa eine Marktgruppe von Anbietern zu einem Kollektivmonopol zusammen, und ist infolge dieses Zusammenschlusses eine größere Parametervariation möglich als bei individuellem Vorgehen, so tritt diese Gruppe eventuell in die Netzwerkinterdependenz einer anderen Marktgruppe ein.

Innerhalb einer solchen aus Verhaltenskriterien abgeleiteten Gruppe können sich verschiedene Gruppierungen in der Form von Koalitionen bilden. Steht etwa auf der Anbieterseite eines Marktes ein Außenseiter einem Kartell der restlichen Anbieter gegenüber, so bilden diese Anbieter eine Gruppe; diese Gruppe zeichnet sich jedoch nicht nur durch die oben beschriebene Verhaltensinterdependenz aus, sondern auch durch eine bestimmte Lösung dieser Interdependenz — verstanden als Reaktion darauf — in Form einer Koalition.

Dieser Koalition als Gruppe steht neben sämtlichen anderen Anbietern von Gütern auch der Außenseiter auf der Angebotsseite gegenüber. Er gehört jedoch zu der Marktgruppe der Koalition, die genau genommen nur in zwei Mengen von Anbietern gespalten ist, die sich durch unterschiedliche Organisation der Verhaltenskoordination unterscheiden.

Handelt es sich bei der Marktgruppe um „circular interdependence“[123], also um eine wechselseitige Abhängigkeit der Gruppenmitglieder, so

[122] *Krelle*, W.: Preistheorie, a.a.O., S. 14.
[123] *Triffin*, R.: Monopolistic Competition ..., a.a.O., S. 104.

besteht ein „Zwang zur reaktiven Planung“[124]. Welche Lösung diese Verhaltenskombination erfährt, hängt von den Zielsetzungen der Gruppenmitglieder, den Mitteln, diese durchzusetzen und von ihren Mentalitäten ab. Die reaktive Planung ist also nur als eine notwendige und nicht als hinreichende Voraussetzung für ein Wettbewerbsverhalten anzusehen.

Als Ergebnis soll die Unterscheidung zwischen dem Begriff der Gruppe, der Industrie und der Koalition festgehalten werden.

Während der Begriff der Industrie all jene Produktions- und Entscheidungseinheiten umfaßt, die technisch gleichartige Produkte — also ein Gut — produzieren[125], womit auch die Grenzen eines Marktes bestimmt sind, umfaßt die Gruppe alle jene Entscheidungseinheiten, die durch eine Interdependenz, ausgedrückt etwa durch den Triffin'schen Substitutionskoeffizienten oder den Krelle'schen Koeffizienten der Beweglichkeit der Nachfrage, verbunden sind. Der Begriff der Gruppe deckt sich weitgehend mit dem Begriff des Marktkomplexes[126] von Krelle.

In einer Koalition oder in einem Kartell dagegen sind all jene Entscheidungseinheiten vereinigt, die die wettbewerbliche Interdependenz durch eine des gemeinsamen Handelns ersetzt haben. Die spezielle Ausgestaltung organisatorischer Art spielt bei dieser begrifflichen Fixierung keine Rolle.

b) Die Formen der Verhaltenskoordination innerhalb einer Gruppe

Die Koordination des Verhaltens der einzelnen Gruppenmitglieder kann wettbewerbsmäßig erfolgen.

Um diesen Fall zu umschreiben, genügt es zu sagen, daß jedes Gruppenmitglied seine absolute und/oder relative Gewinnposition zu verbessern sucht. Dies kann auch für den Fall der Gewinnaufteilung bei der gemeinsamen Gewinnmaximierung zutreffen.

---

[124] *Krusche,* D.: Marktverhalten und Wettbewerb. Eine Untersuchung zum Gesetz gegen Wettbewerbsbeschränkungen. Schriftenreihe: Beiträge zur Verhaltensforschung, hrsg. v. G. Schmölders, H. 3, Berlin 1961, S. 14. Heertje unterscheidet zwischen strategischen Preisen und nicht-strategischen Preisen. — „We can ... make a distinction between the prices to which the producer consciously reacts and these that, while they influence the relationship between demand and sales, he nevertheless does not look upon as doing so and thus neglects when making management decisions.“ *Heertje,* A.: On the Theory of Oligopoly, a.a.O., S. 455.

[125] Es wird hier das Abgrenzungskriterium für eine Industrie von Phlips zugrundegelegt, der streng zwischen Produkten und Gütern unterscheidet. Siehe hierzu *Phlips,* L.: Demand Curves ..., a.a.O. *Phlips,* L.: La théorie de la demande ..., a.a.O.

[126] *Krelle,* W.: Preistheorie, a.a.O., S. 25.

Eine Reduzierung der Gewinne der Mitkonkurrenten durch das Angebot eines Anbieters A wird immer schon durch die Existenz des Anbieters A hervorgerufen werden.

Dies wird die anderen Anbieter jedoch dann nicht beeinflussen, wenn sie den Anbieter A als Datum betrachten und nicht als Variable. Der letztere Fall liegt immer dann vor, wenn ein Verdrängungswettbewerb als potentielle Aktion von den Konkurrenten angesehen wird.

Es ist jedoch nicht notwendig, daß es sich bei dem Verdrängungswettbewerb um eine völlige Verdrängung vom Markt handeln muß. Auch eine Verdrängung aus einer Gewinnposition (meist ausgedrückt durch den Marktanteil) muß schon als eine Form des internen Wettbewerbs bezeichnet werden.

Die Verschiebung der Gewinnposition kann simultan mit einer Veränderung des Gruppengewinnes erreicht werden.

Sieht jeder Anbieter einen Gewinn oder Zusatzgewinn des Konkurrenten als entgangenen eigenen Gewinn an, so handelt es sich bei jedem Gruppenangebot um ein Wettbewerbsangebot, wenn entsprechende Änderungen als realisierbar angesehen werden.

Berücksichtigen jedoch die Konkurrenten nicht die relativen Gewinnpositionen, sondern reagieren nur bei der Beeinflussung der eigenen absoluten Gewinnposition, so wird eine Gewinnsteigerung bei einem Anbieter in einem Angebotsduopol nur dann als Wettbewerbshandlung zu interpretieren sein, wenn die Gewinnsteigerung bei dem Konkurrenten als Gewinnminderung auftritt. Bei einer einmaligen Gewinnumverteilung und ausreichender Transparenz darüber, daß keine weiteren Gewinnumverteilungen möglich sind, ist der Wettbewerbsprozeß jedoch mit der einmaligen realisierten Gewinnumverteilung abgeschlossen.

Wie wichtig hierbei die Interpretation einer ökonomischen Situation durch die in dieser Situation handelnden Anbieter ist, wird an folgendem Beispiel gezeigt.

Es soll ein Duopol mit folgender Auszahlungsmatrix für A vorliegen, wobei die Vorzeichen der Auszahlungen an die beiden Anbieter A und B jeweils entgegengesetzt lauten, so daß also ein Nullsummenspiel vorliegt.

B \ A	a_1	a_2
b_1	4	− 1
b_2	− 5	3

Bei der strengen Formulierung des Nullsummenspiels erfolgen die Zahlungen in den angegebenen Größen zwischen den beiden „Spielern", wobei ein Spieler genau die Zahlungsgröße erhält, die ein anderer Spieler zahlt.

Bei der Gleichgewichtslösung mit gemischten Strategien spielen A und B ihre Strategien mit folgenden Frequenzen:

$$a_1 = \frac{4}{13}\,; \qquad b_1 = \frac{8}{13}$$

$$a_2 = \frac{9}{13}\,; \qquad b_2 = \frac{5}{13}$$

Die mathematische Gewinnerwartung beträgt für B bei dieser Sattelpunktlösung $\frac{14}{13}$ und die mathematische Verlusterwartung für A beträgt $-\frac{14}{13}$

Bei dieser Interpretation der angegebenen Zahlungsmatrix erhält man also eine Lösung, bei der Spieler A sobald als möglich aus dem Spiel ausscheidet.

Für eine Realisierung des Spiels erscheint es deshalb sinnvoller, die Zahlungen zwischen den Spielern als Gewinnveränderungsgrößen zu interpretieren, wobei die Gewinnveränderungsgröße bei den beiden Spielern mit umgekehrten Vorzeichen erscheint.

Als Lösung erhält man wieder dieselben Werte, die Gewinnveränderungssalden müssen jetzt allerdings noch kein Ausscheiden aus dem Markt bewirken, da die Matrix nur Veränderungen der Gewinnpositionen der beiden Konkurrenten angibt.

Werden von beiden Spielern die oben angegebenen optimalen Frequenzen gespielt, kann man jedoch kaum sagen, daß zwischen den beiden Anbietern Wettbewerb vorhanden ist, denn um das Gewinnverteilungsverhältnis zu erhalten, ist keinerlei Leistungs- oder Energieeinsatz mehr nötig.

Nun ist es sinnvoll anzunehmen, daß bei der Interpretation dieses Spiels als eines Angebotsduopols auf einem homogenen Markt auch ein einzelner Anbieter auf dem Markte anbieten könnte.

In diesem Fall ist es jedoch nicht mehr so, daß die zusätzlichen Gewinne des einen Spielers durch die Gewinnverluste des anderen Spielers finanziert werden.

Die Gewinne bzw. Verluste des einzelnen Spielers treten als Ergebnis der Interaktion mit der Marktgegenseite auf.

Die Matrix der möglichen Marktgewinne beim Ausscheiden eines Konkurrenten beträgt deshalb:

	+4	+1
	+5	+3

Gilt diese Auszahlungsmatrix für jeden Anbieter, wenn der Konkurrent ausscheidet, so kann man die Ausgangsmatrix auch so interpretieren, daß bei fehlenden Produktionskosten jeder Anbieter den realisierten maximalen Marktgewinn als positive Größe berechnet, und den nicht-realisierten Marktgewinn als Verlust von dieser Zielgröße.

Bildet eine Anbietergruppe eine Koalition und fixiert sie die Aktionsparameter innerhalb dieser Koalition, so kann man differenzieren, ob innerhalb der Koalition eine Aufteilung in eine Untergruppe der Dominierenden und eine Untergruppe der Dominierten gegeben ist, wobei jede Gruppe mindestens ein Mitglied erhalten muß. Dies wird schon immer dann der Fall sein, wenn die Aktionsparameter in einer Koalition durch Abstimmung festgelegt werden, denn es wird nur selten das Abstimmungsergebnis allen Gruppenmitgliedern das individuelle Firmenoptimum erlauben.

In den meisten Fällen wird jedoch die Mehrheit der Stimmen in der Koalition eine dominierende Position innehaben, die es erlaubt, die Aktionsparameter so festzulegen, daß die Minderheit sich insofern in einer dominierten Stellung befindet, als sie sich an dieses Mehrheitsergebnis anpassen muß, wenn ihr Austritt aus der Gruppe ausgeschlossen ist.

Neben diesen Fällen der Domination bei Abstimmungen innerhalb einer Koalition sind noch die Fälle der Domination bei stillschweigender Kartellierung von Bedeutung. Während es bei symmetrischen Marktstrukturen (homogene Anbieter infolge gleicher Kostenstrukturen und homogener Produkte) zu stillschweigender Kartellierung ohne dominierende Positionen in der Gruppe kommen kann, werden asymmetrische Marktstrukturen durch eine dominierende Stellung des Marktführers und ein Anpassungsverhalten des Marktfolgers gekennzeichnet.

Bei der Preisführerschaft auf einem homogenen Markt etwa hat der Preisführer eine dominierende Stellung inne und der Preisfolger richtet sich in dieser stillschweigenden Koalition nach der Aktionsparameterfixierung des Preisführers. „The mechanism most often employed by oligopolists in tacit collusion to adapt the price to changing market conditions is price leadership[127]." Wenn verschiedentlich dem Preisführer ein passives Verhalten bezüglich des Konkurrenzangebotes zugeschrieben wird[128], so ist es fraglich, ob man die Tatsache, daß der dominierende Anbieter bei seiner Preisfixierung das Angebot des Konkurrenten berücksichtigen muß, schon als ein Anpassungsverhalten des Preisführers bezeichnen soll.

Der Marktführer gewinnt zwar seine individuelle Preisabsatzfunktion, indem er bei kontinuierlichen Preisänderungen die Angebotsmengen der Preisfolger abzieht, die sich aus den Grenzkostenverläufen und dem Quasi-Wettbewerbsverhalten $(K' = p)$ ergeben[129], aber seine gewinnmaximierende Preissetzung entscheidet über die Angebotsmengen, die von den Konkurrenten realisiert werden können.

Die Berücksichtigung des Konkurrenzangebotes sollte deshalb nicht als eine passive Verhaltensweise bezeichnet werden, da man ansonsten der Marktform der Preisführerschaft nicht eine gewisse Wettbewerbsintensität absprechen könnte, obwohl „... there is no competitive selling activity between the minor firms and the dominant firm"[130].

Worcester zeigt[131], daß Positionen der Marktführerschaft sich für den Marktführer nachteilig auswirken können und den kleineren Firmen einen Anpassungsvorteil einräumen, der die dominierende Position gefährdet.

Wenn auch die Ableitungen von Worcester bei wachsender Industrienachfrage und möglichem technischem Fortschritt nicht mehr zwingend sind, so bleibt seine Diskussion der Domination insofern interessant, als er die Stabilität von Marktstrukturen aus den Kostenstrukturen ableitet.

Die Möglichkeiten der Verhaltenskoordination durch Wettbewerb oder durch Kartellierung innerhalb einer Gruppe schließen sich nicht gegenseitig aus, da in einzelnen Untergruppen und zwischen diesen verschiedene Koordinationssysteme wirken können. Auch wenn keine Untergruppen gebildet werden, können manche Aktionsparameter durch Kartellvereinbarungen festgelegt werden und manche wettbewerbsmäßig. Insbesondere bei der Entscheidung über die Anwendung von extremen Formen des Wettbewerbs, wie bei dem Verdrängungswettbewerb, wird eventuell die Zielsetzung der Gewinnmaximierung nicht streng verfolgt und dem Konkurrenten eine Existenzberechtigung in der Gruppe zugestanden.

---

[127] *Stigler,* G. J.: The Theory of Price, a.a.O., S. 234.

[128] *Worcester,* D. A. Jr.: Why „dominant Firms" Decline, a.a.O., S. 339. *Cyert,* R. M., *March,* J. G.: Organizational Factors ..., a.a.O., S. 59.

[129] Es wird also unterstellt, daß der Marktführer in diesem Bereich anbietet.

[130] *Cyert,* R. M., *March,* J. G.: Organizational Factors ..., a.a.O., S. 60.

[131] *Worcester,* D. A.: Why Dominant Firms Decline, a.a.O., S. 330 ff.

Unter Zugrundelegung rein ökonomischer Aspekte man der Verhaltensweise der Ausnutzung sämtlicher Möglichkeiten zur Gewinnmaximierung jedoch eine dominierende Rolle insofern zugestehen, als bei einem auf dem Wettbewerbsprinzip aufbauenden Wirtschaftssystem jeder realisierte Wettbewerbsvorteil die Ausgangssituation für das Gewinnen zukünftiger Wettbewerbsvorteile verbessert und bei unterschiedlicher Neigung zur Realisierung von Wettbewerbsvorteilen eine zunehmende Streuung der Machtpositionen zustandekommt, die sich wettbewerbsfeindlich auswirkt, da neutralisierende Effekte der „countervailing power" fortfallen. Es entsteht dann eine Situation, die Downie folgendermaßen kennzeichnet: „live and let live is a policy to be abandoned at the prospect of a quick safe killing[132]."

3. Gruppenstruktur und Gruppenrationalität in der Markttheorie

Bei der Verknüpfung von Marktform und Verhaltensweise soll abgeleitet werden, welches Marktergebnis bei einer bestimmten Marktform und dem Gewinnmaximierungsverhalten der Marktteilnehmer zustande kommt. Gruppenrationalität ist dann eine stabile Gleichgewichtssituation eines Marktes, in der kein Marktteilnehmer seine Gewinnposition verbessern kann.

Hierbei ist für den Marktprozeß nicht nur die einseitige Dependenz der Marktform auf die Verhaltensweise zu untersuchen, sondern auch die Veränderung der Marktform durch bestimmte Verhaltensweisen der Anbieter — etwa die Verdrängung durch Kampfstrategien oder die Bildung eines Kollektivmonopols. In einer solchen Untersuchung wird davon ausgegangen, daß die Marktform durch die Anzahl und die Größe der Marktteilnehmer bestimmt wird. Eine spezielle Verhaltensweise, die die Interdependenz der Marktteilnehmer berücksichtigt, wird den einzelnen Marktteilnehmern nicht zugeschrieben.

Eine charakterisierende Beschreibung einer Marktstruktur soll durch die Einflußpositionen zwischen den Gruppenmitgliedern gegeben werden. Diese Streuung der möglichen Einflußpositionen innerhalb einer Gruppe zusammen mit der Anzahl der Gruppenmitglieder gibt die Gruppenstruktur an.

Sind zwei Anbieter auf einem Markte vorhanden, so gibt es nur zwei Möglichkeiten:

a) sie haben gleichen Einfluß,

b) sie haben unterschiedlichen Einfluß.

---

[132] *Downie*, J.: The Competitive Process, London 1958, S. 107.

In dem ersteren Falle handelt es sich um eine symmetrische Marktstruktur, im zweiten Falle um eine asymmetrische Marktstruktur.

Zwei Grenzfälle dieser asymmetrischen Formen bestehen darin, daß der stärkere Marktteilnehmer den schwächeren verdrängen kann, oder daß ein Anbieter — es können auch mehrere sein — die Position eines Optionsempfängers innehat und der zweite Anbieter die Stellung eines Optionsfixierers.

Eine solche Konstellation eines Optionsempfängers und Optionsfixierers[133] braucht nicht auf eine vertikale Interdependenz beschränkt zu sein, sondern kann auch horizontal auf einer Marktseite erscheinen, wenn dem Anbieter in der schwächeren Position nur die Möglichkeit offensteht, den vom stärkeren Gruppenmitglied überlassenen Marktanteil zu übernehmen oder aus dem Markte auszuscheiden. Es wird immer dann für das stärkere Gruppenmitglied rational sein, dem Optionsempfänger eine solche Alternative zu bieten, wenn mit dem Verdrängungswettbewerb Kosten verbunden sind — die sich in einer Gewinnreduktion auswirken können — und diese Kosten niedriger eingeschätzt werden als die abdiskontierten Gewinneinbußen bei der Aufgabe eines Teils des Marktes.

Werden solche Überlegenheitsstrategien von einem Marktteilnehmer ausgeübt, so ergeben sich stabilere Verhaltensinterdependenzen als bei jenen Marktstrukturen mit annähernd gleichen Einflußpositionen, bei denen ein Wettbewerb um die dominierende Position einen größeren Erfolg verspricht und kollusives Vorgehen erschwert, bis durch den als Lernprozeß zu charakterisierenden Wettbewerb die Dominationsdifferenzen geklärt sind.

Ein solcher Fall der Preisführerschaft einer dominierenden Unternehmung mit mehreren sich anpassenden kleinen Firmen zeichnet sich dadurch aus, daß die dominierende Firma „... supplies a substantial part of total sales (probably one-fourth at a minimum). It has numerous small, independent rivals, but the situation can be viewed as one of duopoly because all of these firms behave competitively“[134]. Werden diese in den Kostendifferenzierungen begründeten Machtstrukturen auch von den Entscheidungseinheiten, die sich unterordnen müssen, anerkannt — und dies muß langfristig bei einer fehlenden Fluktuation der relativen Kostenpositionen der Fall sein — so trifft die Argumentation von E. Heuss nicht zu, die steigende Kostendifferenzen in einer Gruppe mit zunehmender Spannung zwischen den Gruppenmitgliedern verknüpft[135].

---

[133] *Frisch,* R.: Monopole-polypole — a notion de force dans l'économie, in: Festschr. f. H. Westergaard, Kopenhagen 1933. — *Schneider,* E.: Einführung in die Wirtschaftstheorie, Bd. II, 5. Aufl., Tübingen 1958, S. 67.

[134] *Stigler,* G. J.: The Theory of Price, a.a.O., S. 227.

[135] *Heuss,* E.: Das Kartell. Ein Beitrag zur Kartelltheorie, Jb. f. Soz., Bd. 12, 1961, S. 152.

Sind mehr als zwei Anbieter vorhanden, so besteht die Möglichkeit, daß sich die beiden Positionen infolge Koalitionsbildungen vertauschen. Da die Gewinnmaximierung die dominierende Verhaltensweise der einzelnen Gruppenmitglieder darstellen soll, ist die Gruppenrationalität erst dann gegeben, wenn die Aktionsparameterfixierung der einzelnen Anbieter diesen Anbietern den maximalen Gewinn ermöglicht. Bei einem der Zielsetzung entsprechenden Verhalten der einzelnen Anbieter entstehen jedoch nur dann keine Konflikte zwischen den Anbietern, wenn sie sich bei der Fixierung der Aktionsparameter nicht gegenseitig beeinflussen. Eine einseitige Beeinflussung ist für eine aktuelle Konfliktentstehung unerheblich, da etwa die dominierende Position eines Optionsfixierers dem Optionsempfänger nur eine solche passive Anpassungsrolle zugesteht. Konflikte bleiben ausgeschlossen. Damit ist nicht gesagt, daß die Rolle des Optionsempfängers dem Anspruchsniveau dieses Anbieters genügt, eine potentielle Konfliktmöglichkeit bei einem bestehenden Spannungsverhältnis zwischen vorhandenem Anspruchsniveau und realisiertem Anspruchsniveau bleibt also immer erhalten.

Können die einzelnen Anbieter infolge der Gruppenstruktur eine autonome Strategie[136] betreiben, so ist ihr Verhalten zur Erreichung des Zieles der Gewinnmaximierung determiniert.

Aber selbst in dem Fall der vollständigen Konkurrenz mit dem Preis als Datum hängt die Stabilität dieser Marktform davon ab, daß die Anbieter nicht völlige Transparenz besitzen, was jedoch in den Prämissen des Modells gefordert wird und insofern einen Widerspruch darstellt.

Werden „... die nicht vollkommen vorausschauenden Individuen durch solche ersetzt, die volle Voraussicht haben, so müßten sich die Preise offenbar erhöhen ...“[137] und den einzelnen Anbietern einen Gewinn zugestehen in Höhe des gesamten Monopolgewinnes dividiert durch die Anzahl der Marktteilnehmer. Da diese Situation der vorausgehenden gewinnlosen Situation von dem einzelnen Anbieter als Konsequenz des Gewinnmaximierungsprinzips vorgezogen werden muß, kann die Anzahl der Gruppenmitglieder keinen essentiellen Einfluß auf die Koalitionsbildung haben. Dies gilt in erster Linie für den Fall homogener Anbieter, bei denen Koalitionskosten nicht anfallen.

Sind die Anbieter durch verschiedene Kostenstrukturen oder durch Qualitätsdifferenzierungen heterogenisiert, so können Informationskosten entstehen, die notwendig sind, um die optimale Parameterfixierung der Anbieter zu erhalten. Für die Koalitionsvorbereitung ist es

---

[136] *Schneider*, E.: Zielsetzung, Verhaltensweise und Preisbildung, Jb. f. Nat. u. Stat., Bd. 157, 1943, S. 405 ff.

[137] *Morgenstern*, O.: Vollkommene Voraussicht ..., a.a.O., S. 354.

entscheidend, ob trotz der Koalitionskosten eine Nettogewinnerhöhung erwartet wird, und für die Koalitionsbildung ist es notwendig, daß für den einzelnen Anbieter eine Erhöhung des Nettogewinnes erfolgt.

Die Stabilität einer Koalition in Form eines Kollektivmonopols auf einem Markt wird mit dem Argument angezweifelt, daß mit steigender Zahl der Gruppenmitglieder der Einfluß des einzelnen Anbieters auf das Ergebnis der Gruppe immer geringer werde. Aus diesem Sachverhalt wird gefolgert, daß somit der einzelne Anbieter sich nicht mehr an die Einhaltung der gemeinsam fixierten Aktionsparameter halten müsse, wenn er durch eine Parameteränderung seine Gewinnposition verändern könne. Eine solche Umgehung des „code of behavior"[138], die in einer Preissenkung in einem kombinierten Preis-Qualitäts-Kartell oder einer Ausdehnung der Produktion bis $K' = p$ in einem Preis-Quoten-Kartell bestehen kann, verteile die dadurch verursachte Gewinnminderung der Restgruppe auf soviele Gruppenmitglieder, daß das einzelne Gruppenmitglied nichts davon bemerke oder dessen Reizschwelle nicht überschritten werde. Es ist aber nicht so, daß nur die konjekturale Elastizität = O von Frisch die autonome Strategie kennzeichnet. Es kann durchaus in dem diskutierten Gruppenfall sein, daß nicht diese Größe des erwarteten Koeffizienten entscheidend dafür ist, ob eine autonome Fixierung möglich ist, sondern die Parameteränderung alleine ohne deren realisierten Konsequenzen. Die Erwartung solcher Konsequenzen genügt schon, und nur ein solcher Fall kann bei den gegebenen Abgrenzungskriterien der Gruppe vorliegen.

In den diskutierten Fällen handelt es sich immer darum, daß ein Anpassungsverhalten bei den einzelnen Gruppenmitgliedern sich zu einer Verhaltensweise der parametrischen Aktion ändert.

Eine besondere Bedeutung neben der Gruppenstruktur des asymmetrischen Duopols kommt jenen Gruppenstrukturen der Marktform des Oligopols zu, die sich durch autonomes Verhalten der Gruppenmitglieder auszeichnen.

So leitet Cournot das Gleichgewicht zweier Anbieter eines Mineralwassers ab, indem er die Anbieter autonom mit der Menge als Aktionsparameter wechselseitig agieren läßt. Diese Verhaltensweise ändern die Oligopolisten auch dann nicht, wenn sie nach einigen Schritten der wechselseitigen Anpassung bemerken, daß die Angebotsmenge des Konkurrenten nicht als Datum zu betrachten ist.

Die Besonderheit der Parameterfixierung in einem symmetrischen Oligopol, die darin begründet liegt, daß „... there can be no true maximization when only one of the several factors which decide the outcome

---

[138] *Machlup*, F.: The Economics ..., a.a.O., S. 438.

... is controlled by the given individual"[139], wird bei den klassischen Oligopollösungen insofern aus der Modellstellung eliminiert, als man den Einfluß der Konkurrenten fiktiv als Datum ansetzt, an das man sich mit der eigenen Parameterfixierung anpaßt.

Die Prämisse der autonomen Verhaltensweise — jedoch mit dem Preis als Aktionsparameter — wird auch dem homogenen Duopolmodell von Joseph Bertrand zugrunde gelegt; das Launhardt-Hotelling-Modell fügt eine Heterogenisierung des Duopols ein, behält jedoch die Prämisse des autonomen Verhaltens bei. Edgeworth führt in seinem Oligopolmodell Kapazitätsbeschränkungen ein, so daß kurzfristig auch auf einem homogenen Markt Preisunterschiede bestehen können.

Die in diesen Duopolmodellen wirksame Prämisse des autonomen Verhaltens negiert die Fähigkeit der Individuen, den Anpassungsprozeß als Lernprozeß wirksam werden zu lassen, und die irrtümliche Annahme über die autonome Verhaltensmöglichkeit zu korrigieren.

Wenn auch ein Gleichgewicht ableitbar ist, so kann man bei der gegebenen Markttransparenz dieses Gleichgewicht keineswegs als eine rationale Lösung der Gruppeninterdependenz bezeichnen, da die Verhaltensweisen der Oligopolisten ein der Zielsetzung der Anbieter entsprechend besseres Ergebnis unmöglich machen.

Die klassischen Oligopollösungen (Cournot, Bertrand, Edgeworth) zeichnen sich nicht nur dadurch aus, daß keinerlei „... collusive actions and ... cooperative attitudes"[140] vorhanden sind und die Anbieter Irrtümern bezüglich der Strategie der Konkurrenten erliegen, sondern auch durch die Annahme, daß die Entscheidungseinheiten nicht bereit sind, Irrtümer zur Kenntnis zu nehmen und zu korrigieren. Machlup stellt deshalb nicht zu Unrecht fest, daß „... our classical ‚oligopolists' behaved non-oligopolistically ... Thus, we find in these classical models the peculiar constellation that each seller regularly acts as a follower, yet expects his competitors to be not a follower but a leader"[141].

So kommt Rothschild zu dem Schluß, daß diese Oligopollösungen völlig wertlos sind, da sie das Bewußtsein der Interdependenz der Aktionen bei den Oligopolisten aus der Analyse ausschließen[142].

Der Ansatz von Ragnar Frisch, mit Hilfe des konjekturalen Koeffizienten eine wirklichkeitsnähere Annahme über das Verhalten der Marktteilnehmer in das Modell einzufügen, erscheint wegen der An-

---

[139] *Hurwicz*, L.: The Theory of Economic Behavior, in: Readings in Price Theory, hrsg. von K. E. Boulding und G. J. Stigler, London 1953, S. 507.

[140] *Machlup*, F.: The Economics ..., a.a.O., S. 388.

[141] *Machlup*, F.: The Economics ..., a.a.O., S. 389.

[142] *Rothschild*, K. W.: Price Theory and Oligopoly, in: Readings in Price Theory, a.a.O., S. 445.

nahme einer konstanten Erwartungsstruktur zu starr. Dazu kommt, daß bei Parallelreaktion die Reaktionsfunktionen der Anbieter sich nicht schneiden und ein Gleichgewicht unmöglich wird. Diese Reaktionsfunktionen als Parallelen werden jedoch immer in den Fällen symmetrischer Anbieter zu finden sein.

Auch die Weiterentwicklung und Dynamisierung der Oligopoltheorie durch Schneider und Kaysen berücksichtigen nicht im Modellansatz, daß die Anbieter ihre Interdependenz zu einem gemeinsamen Vorgehen ausnutzen können, um dadurch im Sinne der Zielsetzung unrationale Anpassungsprozesse auszuschließen.

In all diesen Ansätzen wird von der individuellen Gewinnmaximierung ausgegangen und unterstellt, daß die individuelle Gewinnmaximierung nur durch eine individuelle Parameterfixierung erreicht werden kann[143].

Bei Theorien, die zur Lösung der Verhaltensinterdependenz innerhalb einer Gruppe mit der kollektiven Gewinnmaximierung der Gruppe arbeiten, unterstellt man, die individuelle Gewinnmaximierung sei aufgegeben worden[144], obwohl die kollektive Gewinnmaximierung meist explizit als Mittel zur individuellen Gewinnmaximierung erklärt wird. Bei solchen Differenzierungen wird nicht deutlich, daß eine Mittelvariation und keine Zielvariation vorliegt. Wird etwa als Ziel der Anbieter angegeben, „... den Gesamtgewinn der Branche zu maximieren“[145], so werden die möglichen Lösungen anders aussehen, wenn dies als Mittel zur individuellen Gewinnmaximierung zu verstehen ist, als wenn dabei die egoistische Verhaltensweise der Anbieter aufgegeben würde.

---

[143] Heertje klassifiziert die einzelnen Oligopoltheorien nach den Reaktionskoeffizienten, die er als die zentralen Angelpunkte der Oligopoltheorie ansieht. Reaktionskoeffizienten stellen jedoch immer die (erwartete) Reaktion *eines* Anbieters dar. *Heertje,* A.: On the Theory of Oligopoly, a.a.O., S. 460 ff.

[144] „Thus, the essential element in Fellner's theory is that it is not the individual profit that is maximised, but the joint profit." *Heertje,* A.: On the Theory of Oligopoly, a.a.O., S. 462.

[145] *Henderson,* J. M., *Quandt,* R. E.: Mikroökonomische Theorie. Eine mathematische Darstellung. Berlin, Frankfurt 1967, S. 189.

D. Die kartelltheoretischen Aspekte

I. Allgemeines

Bei der Analyse des Kartells als einer Koordinationsform des Verhaltens lassen sich drei Problemkreise voneinander trennen:

a) Das Zustandekommen eines Kartells,
b) die Funktionsweise eines Kartells,
c) die Stabilität eines Kartells.

Die Darstellung der Kartellbildung umfaßt all jene Faktoren, die auf eine solche Verhaltenskoordination hinwirken und solche Faktoren, die ihr entgegenwirken. Je nach der quantitativen und qualitativen Kombination der stimulierenden und hemmenden Faktoren wird die daraus sich ergebende Resultante eine Kartellierung bewirken oder nicht.

Entscheidend für die Bildung eines Kartells ist letztlich, ob sich die individuellen Zielsetzungen und Aktionsparameter so aufeinander abstimmen lassen, daß aus der Interdependenz des individuellen Verhaltens ein Gruppenverhalten resultiert, das mit der Umwelt der Gruppe verträglich ist.

Konflikte bei der Harmonisierung des Verhaltens können sich bei homogenen — bezüglich der Zielfunktion — und heterogenen Gruppenmitgliedern ergeben.

Bei homogenen Gruppenmitgliedern wird es immer dann zum Konflikt kommen, wenn das einzelne Gruppenmitglied die Homogenität der anderen Gruppenmitglieder mit den sich daraus ergebenden Konsequenzen nicht anerkennt. In einem solchen Falle wird es zu einem Kampfverhalten von mindestens einem Gruppenmitglied mit dem Ziel der zumindest teilweisen Dominierung kommen. Eine Unterwerfung von Gruppenmitgliedern kann ex definitione nicht stattfinden, so daß das Kampfverhalten als Lernprozeß zu interpretieren ist, der nach einer gewissen Zeit abgebrochen wird. Eine konfliktlose Harmonisierung des Gruppenverhaltens stellt der Fall der stillschweigenden Kartellierung mehrerer homogener Anbieter durch gleiche Marktaufteilung dar.

Bei heterogenen Gruppenmitgliedern besteht entweder die Möglichkeit der Harmonisierung durch eine optimale Funktionsteilung der Gruppenmitglieder und/oder durch eine Machtstruktur in der Gruppe, die den heterogenen Faktoren Rechnung trägt. Die barometrische Preisführerschaft stellt einen Fall der Funktionsteilung dar, das asymmetrische Duopol einen Fall der Verhaltenskoordination durch Domination.

Ein Kartell wird sich sicherlich nur dann bilden, wenn gegenüber der wettbewerbsmäßigen Koordination des Verhaltens den einzelnen Kartellmitgliedern ein größerer Vorteil (Gewinn) zukommt, oder — je nach Zielfunktion — zumindest kein Nachteil erwächst. Falls sich die relativen Gewinnpositionen innerhalb einer Gruppe nicht ändern, ist dies nur möglich, wenn der gesamte Gruppengewinn so stark ansteigt, daß der auf das einzelne Gruppenmitglied entfallende Anteil über dessen Schwelle der Fühlbarkeit liegt.

Die relativen Gewinnpositionen innerhalb einer Gruppe ändern sich immer dann, wenn durch die gemeinsame Festlegung der Aktionsparameter die Zuwachsraten des Gewinnes bei den Mitgliedern des Kartells unterschiedlich steigen. Die Bereitschaft eines Anbieters in einer Industrie zur Kartellierung wird von verschiedenen Autoren schon dann angenommen, wenn die absolute Gewinnposition dieses Anbieters gleich bleibt, während sich die absoluten Gewinne anderer Anbieter erhöhen[1]. Falls das Einverständnis des Kartellmitgliedes y für die Fixierung des Kartellparameters notwendig ist, kann es durchaus sein, daß es zu einem solchen Einverständnis auch dann nicht kommt, wenn sich die absolute Gewinnsituation von y verbessert, aber die relative Gewinnposition verschlechtert. Kann y die Verschiebung der Dominationsstruktur nicht verhindern, ist diese Zielgröße für ihn nicht mehr variabel, sondern ein Datum, an das y sich anpassen muß. In einem solchen Falle ändert sich jedoch die Herrschaftsstruktur innerhalb der Gruppe und damit die Möglichkeit der langfristigen Gewinnerzielung für die Anbieter mit der relativ schlechteren Gewinnposition.

Es erscheint als eine wenig glückliche Lösung, wenn man statt der realisierten Gewinne die erwarteten niedrigeren Gewinne als Bezugspunkt der Gewinnposition wählt und infolge deren Sinken eine Gewinnumverteilung erreichen will. Hierbei werden eindeutig unterschiedlich zu interpretierende Aspekte vermischt. Ein Opfer in einem Schachspiel bleibt ein Opfer, auch wenn der daraus resultierende Vorteil das Opfer

---

[1] *McKinsey,* J. C. C.: Introduction to the Theory of Games, New York, Toronto, London 1952, S. 348 ff. *Vogelsang,* R.: Die mathematische Theorie der Spiele, a.a.O., S. 175. *Luce,* D. R., *Raiffa,* H.: Games and Decisions, a.a.O., S. 117 ff. *Neumann,* J. von, *Morgenstern,* O.: Spieltheorie und wirtschaftliches Verhalten. Unter Mitwirkung von F. Docquier hrsg. v. F. Sommer, übers. v. M. Leppich, Würzburg 1961, S. 598 ff. Originalausgabe: Theory of Games and Economic Behavior, 2. Aufl. Princeton, New York 1953. *Levenson,* A. M., *Solon,* B. S.: Outline of Price Theory, New York, London 1964, S. 199. „Clearly, the firm will be willing to participate in the cartel only if it is at least as well off as it was before."

überkompensiert. Abgesehen davon kann man nicht in dem Fall der Gewinnverteilung von den realisierten Gewinnen zu erwarteten Gewinnen übergehen, da sich auch der Wahrscheinlichkeitskoeffizient der Gewinnerwartung geändert hat und nicht nur die Gewinnhöhe.

Daraus kann man jedoch nicht folgern, daß damit die Analyse der Kartellbildung ganz auf die Untersuchung des Außenverhältnisses des Kartells, also des möglichen Monopolisierungsgrades, beschränkt sein muß.

Akzeptiert man die Kartellierung durch Domination, die sich in einer veränderten Gewinnverteilung innerhalb der Gruppe ausdrückt, so kann bei konstantem Gruppengewinn die Ursache der Kartellierung in einer Veränderung der realen Machtstruktur und/oder in der verbesserten Transparenz der realen Machtstruktur liegen.

Bei der Untersuchung der Funktionsweise eines Kartells wird die der Zielsetzung der Gruppe entsprechende optimale Parameterfixierung mit den daraus folgenden Produktionsaufteilungen und eventuellen Kompensationszahlungen abzuleiten sein. Im Innenverhältnis erfolgen die Parameterfixierungen, die die Verhaltenskoordination der Gruppe bewirken (Quotenaufteilung, Kompensationszahlungen), während im Außenverhältnis die Parameter der Gruppe festgelegt werden (Preis, gesamte Angebotsmenge des Kartells).

Bei Ein-Produkt-Kartellen müssen die optimale Qualität des Gutes und der Monopolpreis der Gruppe fixiert werden, bei Qualitätsdifferenzierungen der angebotenen Güter wird die optimale Qualitäts- und Preiskombination der einzelnen Kartellmitglieder zu finden sein.

Zu der Funktionsweise eines Kartells gehört schließlich auch noch die Anpassung des Kartells an Änderungen der Kreislaufströme, die dieses Verhaltensnetzwerk tangieren, also Änderungen der Kostenstruktur infolge neuer Techniken oder Verschiebungen der Nachfragerelationen, in denen sich Wettbewerbsprozesse zwischen den Gruppen zeigen können. Hiermit wird jedoch schon auf die Untersuchung der Stabilität eines Kartells übergeleitet.

Versteht man die Kartellierung als eine besondere Gleichgewichtssituation einer Gruppe von Individuen, so kennzeichnen die verschiedenen Stabilitätsgrade eines Kartells jene Belastungen, denen das Gruppengleichgewicht ausgesetzt sein kann, ohne aufgegeben zu werden.

Wenn man auch die verschiedenen Aspekte einer Kartellierung bei ihrer Untersuchung trennen kann, so müssen die Parameter, die das Innenverhältnis der Gruppe regeln, simultan mit den Parametern, die das Außenverhältnis regeln, determiniert sein.

Die Bedeutung der Interdependenz wird unterschiedlich gelagert sein. So ist es durchaus möglich, daß die Kartellierung eine so bedeutende

Steigerung des Gruppengewinnes mit sich bringt, daß die Aufteilung des Gewinnes ohne Schwierigkeiten erfolgt, da die relativ hohe absolute Gewinnsteigerung bei den einzelnen Gruppenmitgliedern Erwägungen bezüglich der Veränderung der relativen Gewinnposition dominiert.

Kartellverhandlungen dienen letztlich nur dazu, Ungewißheiten bezüglich des möglichen Gruppengewinnes und dessen Aufteilung, in der die Machtstruktur der Gruppe abgebildet wird, zu beseitigen und mittels Verhandlungen — eventuell durch Bildung von Koalitionen im Kartell[2] — Machtstrukturen zu bilden und/oder zu klären.

Die Notwendigkeit der simultanen Fixierung der Parameter, die das Innenverhältnis einer Gruppe und jener, die das Außenverhältnis regeln, führt eventuell zu einer gewissen Preisstarrheit, wenn Preisänderungen eine neue Gewinnaufteilung erforderlich werden lassen und dadurch der gesamte Kartellvertrag gefährdet wird[3].

In den meisten Fällen wird eine Veränderung der Machtstruktur in einer Gruppe als Ergebnis eines Wettbewerbsprozesses zu interpretieren sein. Es kann jedoch sein, daß die beteiligten Anbieter die Positionsveränderungen nicht beachten, als unwesentlich ansehen oder mit der verschlechterten Position völlig zufrieden sind, so daß in diesen Fällen mit einer Positionsänderung und einer Neuverteilung des Marktgewinnes kein Wettbewerbsprozeß verbunden ist.

II. Die Tendenzen zur Kartellierung

Tendenzen zur Kartellierung werden immer dann vorliegen, wenn die kooperative Koordination des Verhaltens der Gruppenmitglieder den einzelnen Mitgliedern ein Ergebnis sichert, das von ihnen gegenüber der Situation vor der Kartellierung präferiert wird.

Das Koordinationsergebnis als Anreiz zur Kartellierung soll sich für das einzelne Gruppenmitglied in der Erwartung eines höheren oder sicheren individuellen Gewinnes niederschlagen.

Neben die Berücksichtigung der individuellen Gewinnposition kann auch der Vergleich der relativen Gewinnpositionen in der Gruppe von Bedeutung sein, da sich hierin die Machtposition der einzelnen Gruppenmitglieder widerspiegelt.

Ebenso wie die Möglichkeit einer Gewinnverbesserung eine Tendenz zur Kartellierung bewirken kann, wird die Möglichkeit, den individuellen Gewinn konstant zu halten, eine Gewinnminderung oder einen vorübergehenden Verlust zu minimieren, eine Transformation zu der Ver-

[2] Siehe hierzu *Maschler,* M.: The Power of a Coalition, Management Science, Bd. 10, 1963, S. 8 ff.

[3] *Stigler,* G. J.: The Theory of Price, New York 1957, S. 239 ff.

haltenskoordination durch Kartellierung bewirken, wenn das Ergebnis eines individuellen Wettbewerbsverhaltens schlechter eingeschätzt wird.

Die Tendenz zur Kartellierung kann dominant sein oder nicht. Sie wird über die Tendenz zum Wettbewerbsverhalten immer dann dominieren, wenn die Mehrzahl der Gruppenmitglieder zur Kartellierung tendiert und der Abstimmungsprozeß mit Mehrheitsentscheid von allen Gruppenmitgliedern anerkannt wird, oder wenn eine Minderheit sich durchsetzen kann.

Der Abstimmungsmodus wird von den einzelnen Mitgliedern anerkannt, wenn die bei diesem Prozeß der Willensbildung erwarteten Ergebnisse auch in der schlechtest möglichen Form noch jenen Ergebnissen vorgezogen werden, die ohne die Gruppenbildung eintreten könnten.

Das Abstimmungsergebnis kann durch Kompensationszahlungen beeinflußt werden, was als Korrektur des ursprünglichen Koalitionsergebnisses anzusehen ist, das durch Domination in der Gruppe zustande kommt.

Betrachtet man zunächst die Tendenzen, ein Kollektivmonopol zu bilden, so kann man davon ausgehen, daß jene Faktoren, die eine Transformation zu einem Monopol bewirken, auch die Bildung eines Kollektivmonopols hervorrufen werden.

Bei der Untersuchung einer Tendenz zur Monopolisierung muß man trennen zwischen einer Tendenz zur Monopolisierung durch Verdrängung der Konkurrenten und einer Monopolisierung des Marktes durch Bildung eines Kollektivmonopols.

Beide Tendenzen können auch gemischt auftreten, wenn das Ergebnis eines Verdrängungswettbewerbes eine Kartellierung der übrig gebliebenen Marktteilnehmer bewirkt.

Zimmerman[4] untersucht die Faktoren, die eine Monopolisierung beeinflussen, ohne diese beiden Möglichkeiten in die Analyse einzubeziehen. Nach seinem Modellansatz kann er dies auch nicht, da er bei kurzfristiger Betrachtung die Industrie als unveränderliche Einheit betrachtet.

Betrachtet man (langfristig) die Streuungen der Kostenstrukturen als Kriterium einer entsprechenden Streuung der Machtstruktur, so kann man nicht allein aus dieser Tatsache einen Verdrängungswettbewerb ableiten.

Für das Zustandekommen eines Verdrängungswettbewerbs müssen noch andere Voraussetzungen vorhanden sein, um ihn für die „Über-

[4] *Zimmerman*, L. J.: The Propensity to Monopolize, a.a.O., *Zimmerman*, L. J.: Die Bedeutung der Nachfrage- und Angebotselastizität ..., a.a.O.

lebenden" produktiv im Sinne einer langfristigen Gewinnmaximierung erscheinen zu lassen. Man kann jedenfalls nicht Kühne zustimmen, der meint, es sei „... nicht zu verstehen, warum der Stackelberg'sche Dyopolist nach Anstellung raffinierter Überlegungen über die Vor- und Nachteile der Mengenunabhängigkeit . . . die erforderliche Anpassung vornehmen solle, während er doch seinen Gegner durch sofortigen Einsatz aller seiner Machtmittel — also rigoroser Unterbietung — auf einen Schlag ganz aus dem Felde schlagen könne"[5].

So wird vor dem Beginn eines Verdrängungswettbewerbes ein Vergleich angestellt werden müssen zwischen dem entgehenden Gewinn plus dem eventuell auftretenden Verlust, multipliziert mit der Anzahl der Perioden, während der der Verdrängungswettbewerb erwartet wird und dem größeren Gewinn nach erfolgreicher Durchführung der Verdrängung, multipliziert mit der erwarteten Anzahl der Perioden des alleinigen Angebotes. Dieser Vergleich muß noch eine Korrektur durch den Wahrscheinlichkeitswert erfahren, der angibt, wie groß die Wahrscheinlichkeit einer Erfolges der Verdrängung ist[6].

Unterstellt man, daß der Konkurrent, der verdrängt werden soll, der Preissenkung solange folgt, bis nur noch das Minimum der variablen Durchschnittskosten gedeckt ist, so wird die Strategie der Verdrängung in dem Augenblick Erfolg haben, in dem Reparaturen oder Erneuerungen bei den Produktionsmitteln auftreten, die durch die fixen Kosten abgebildet werden. Falls die Kostenstruktur des Anbieters mit der aggressiven Verdrängungsstrategie jedoch so beschaffen ist, daß er einen Preis durchsetzen kann, der den Konkurrenten nicht einmal die durchschnittlichen variablen Kosten sichert, so erfolgt die Verdrängung ohne Verzögerung.

In diesem Falle wird in der Kalkulation, die über den Einsatz der Verdrängungsstrategie bestimmt, die Wahrscheinlichkeitsgröße eines erneuten Markteintritts des Konkurrenten eine große Rolle spielen. Sie muß zumindest für die Zeitperiode in Ansatz gebracht werden, in der größere Ersatzinvestitionen im fixen Anlagekapital des ausscheidenden Anbieters nicht notwendig sind. Der Wiedereintritt in den Markt bei monopolistischer Preisfixierung des dominierenden Anbieters wird um so elastischer sein, je geringer die variablen Kosten an den Gesamtkosten beteiligt sind, da in diesem Falle die zusätzlichen Kosten der erneuten Beschaffung und der Neuplazierung der variablen Produktionsfaktoren relativ gering sind.

Der Zeitpunkt des Einsatzes der Verdrängungsstrategie wird entscheidend durch die Erwartung der Veränderungen der relativen Kostenstrukturen der einzelnen Unternehmen bestimmt werden.

---

[5] *Kühne*, K.: Funktionsfähige Konkurrenz, a.a.O., S. 68.
[6] Das Diskontierungsproblem wird hierbei vernachlässigt.

Erwartet der Anbieter mit der dominierenden Stellung eine relative Verbesserung seiner Kostenstruktur, kann er durch Abwarten eine stärkere Verdrängungsposition erhalten. Ist es jedoch so, daß er eine Angleichung der Kostenstrukturen erwartet, so wird er die Verdrängung forcieren, da er sonst seine dominierende Position verlieren wird[7]. Die Frage der Verdrängung taucht in einem Kartell in ähnlicher Weise auf bei einer geplanten Kapazitätsstillegung oder einem Aufkauf von Stimmen in einem Kartellgremium.

Bei einer Kapazitätsstillegung oder einem Quotenaufkauf steht der Gesichtspunkt einer Rationalisierung und damit einer Kostensenkung im Vordergrund, während bei einem Aufkauf von Stimmen auch die Aktionsparameterfixierung gegenüber der anderen Marktseite entscheidend sein wird.

L. J. Zimmerman[8] geht bei seiner dynamischen Marktformenlehre von der Angebots- und Nachfrageelastizität einer ganzen Industrie aus[9], deren Größenrelationen darüber entscheiden, ob eine Marktform stabil ist, oder ob sie die Tendenz hat, sich zu verändern und in welcher Richtung dies geschieht[10].

Wird die Neigung zur Monopolisierung mit γ bezeichnet, die Angebotselastizität mit E_A und die Nachfrageelastizität mit E_N, so ergibt sich für Zimmerman folgende Verknüpfung der Größen:

$$\gamma = \frac{E_A}{E_N}$$

Da es sich um die Marshall'schen Preiselastizitäten handelt, erhält man für die Angebots- und Nachfrageelastizität

$$E_A = \frac{dm}{dp} \cdot \frac{P}{m} \qquad E_N = -\frac{dm}{dp} \cdot \frac{P}{m}$$

Den Ansatz von Zimmerman kann man insofern als eine Erweiterung der Triffin'schen Marktformentheorie ansehen, als nicht jeder einzelne Anbieter isoliert der Umwelt gegenüber gestellt wird, sondern eine Aggregation zu Industrien erfolgt.

---

7 *Worcester,* D. A.: Why „dominant firms" decline, a.a.O.

8 *Zimmerman,* L. J.: Die Bedeutung ..., a.a.O. *Zimmerman,* L. J.: The Propensity ..., a.a.O.

9 *Zimmerman,* L. J.: The Propensity ..., a.a.O., S. 26.

10 Eine Weiterführung der Theorie Zimmermans geben K. Brandt und A. E. Ott. Siehe hierzu *Brandt,* K.: Preistheorie, a.a.O., S. 199 ff. *Ott,* A. E.: Zur dynamischen Theorie der Marktformen. Jahrbücher f. Nat. u. Stat., Bd. 167, 1955, S. 1 ff.

In diesen Industrien werden jedoch nicht bezüglich der Kostenstrukturen homogene Anbieter zusammengefaßt, so daß bei gemischten Kostenstrukturen eigentlich die Frage der Domination innerhalb einer Industrie geklärt werden müßte. So kann es durchaus sein, daß die Angebotsfunktion infolge einer großen Anzahl kleiner Anbieter mit Überkapazitäten als sehr elastisch angesprochen werden muß, ohne daß in diesem Falle allgemein eine Neigung zur Kartellierung besteht.

Wenige Anbieter können infolge besserer Kostenstrukturen einen Verdrängungswettbewerb durchsetzen, während die Anbieter mit den unproduktiveren Produktionsverfahren ihre Neigung zur Kartellierung nicht durchsetzen können.

Die von Zimmerman an Hand der Industrie analysierten Wettbewerbssituationen lassen sich analog auf die Gruppe übertragen, ohne daß die formalen Ableitungen sich ändern würden. Der Ansatzpunkt für die Problembehandlung ist aber ein grundsätzlich anderer.

Zimmerman untersucht, unter welchen Bedingungen eine Industrie zu einer Monopolisierung tendiert. Die Fragestellung der Kartellierung ist insofern umfassender, als danach gefragt wird, ob eine Gruppe (evtl. eine Industrie) existiert, deren Gruppe-Umwelt-Beziehung eine kartellmäßige Koordination des Verhaltens zur Erreichung der Ziele der dominierenden Gruppenmitglieder erfordert.

Dieser Ansatz ist insofern logisch zwingend, als man nicht davon ausgehen kann, daß die Anbieter einer Industrie *A* auf die Gewinnsteigerung durch Monopolisierung verzichten, nur weil sie zu stolz sind, auch Anbieter einer Industrie *B*, die enge Substitute herstellt, mit in das Kartell einzubeziehen. Dies ist eine Problemstellung, die dem Anliegen Zimmermans sehr nahe kommt, wenn er sagt: „Thus I start from the supposition that entrepreneurs may, with exactly the same right with which they are allowed by economic theory to organize their production, *organize their markets*[11]."

Der Einfluß der Nachfrageelastizität beschränkt sich jedoch nicht auf die Veränderung einer Marktform, sondern beeinflußt auch die Art der Marktform, wenn ein neuer Markt entsteht, da die Nachfrageelastizität ganz allgemein angibt, wie sehr der Gewinn auf Kosten der Marktgegenseite erhöht werden kann.

Für eine Gruppe bedeutet dies, daß nach der Kartellierung der zur Verteilung gelangende Gesamtgewinn der Gruppe mit sinkender Nachfrageelastizität der Gruppe steigt, so daß auch der individuelle Gewinnanteil der einzelnen Gruppenmitglieder steigen kann, wodurch die Tendenz zur Kartellierung gefördert wird, da — wie vorausgesetzt — die Zielsetzung der Gewinnmaximierung die anderen Zielsetzungen dominieren soll.

---

[11] *Zimmerman,* L. J.: The Propensity ..., a.a.O., S. 10.

Der Einfluß steigender Angebotselastizität hingegen gibt nicht wie der einer fallenden Nachfrageelastizität an, ob die Anbieter sich durch Verhaltenskoordination verbessern können, sondern die Möglichkeit, eine Verschlechterung der Gewinnposition zu verhindern oder sogar eine (vorübergehende) Produktion unter Verlusten zu vermeiden.

Bei Überkapazitäten „... ist die Gefahr der *cutthroat competition* am größten, weil die Anbieter auf Amortisation verzichten werden, um die Produktion solange weiterzuführen, wie diese die *out of pocket expenses* deckt“[12].

L. J. Zimmerman geht in seiner Untersuchung nicht von der Marktstruktur als einem Datum, sondern als einer Variablen aus.

Indem Zimmerman sich auf die Analyse der kurzfristigen Elastizität beschränkt, setzt er eine bestimmte Modellprämisse, wogegen nichts einzuwenden wäre, wenn er nicht diese Prämisse als wahrscheinliche Verhaltensfunktion der Anbieter bezeichnen würde. „... I think that the propensity to monopolize is not dependent on changes in the production function ...[13].“

Abgesehen davon, daß Olivers[14] entgegengesetzte Meinung als begründet angesehen werden muß, dürfte doch die Monopolisierung einer Industrie bei konstanter Anbieterzahl infolge einer neuen Produktionstechnik als recht realistisch anzusehen sein. So wäre es denkbar, daß bei einer bisherigen gleichen Produktionstechnik und bei gleichen Marktanteilen aller Anbieter in einer Industrie eine durch Quotierung und Kompensationszahlungen gesteuerte ungleiche Marktaufteilung zustandekommt, wobei die Anbieter mit den größeren Marktanteilen die neue Technik einführen können.

Das dem Modellaufbau Zimmermans charakterisierende marginale Denken wird darüberhinaus wenig konsequent durchgehalten. Dies wird besonders an der Ott'schen Interpretation von Zimmermans Theorie deutlich.

Ott meint, daß bei einer Preiselastizität der Nachfrage $-E_N > 1$ der Grenzerlös positiv sei, da

$$E' = p\left(1 + \frac{1}{E_N}\right)$$

ist.

Hieraus folgert Ott, daß ein Konkurrenzverhalten auf einem Markt, das zum Sinken der Preise führt, „... den Anbietern im Grunde wenig

---

[12] *Zimmerman*, L. J.: Die Bedeutung ..., a.a.O., S. 75.
[13] *Zimmerman*, L. J.: The Propensity ..., a.a.O., S. 34.
[14] *Oliver*, H. M.: Average Cost ..., a.a.O.

ausmacht, da sich der Gesamterlös trotz des Preisfalls ja vergrößert"[15]. Problematisch ist es bei der Anwendung der Gewinnmaximierungshypothese für das Verhalten der Anbieter, ein Angebotsverhalten bei einem Grenzgewinn = 0 als rational anzusprechen. Besteht bei den Anbietern voraussetzungsgemäß Transparenz über die unterschiedlichen Gewinnpositionen bei alternativen Parameterfixierungen, so muß man annehmen, daß jene Aktionsparameter gewählt werden, bei denen ein maximaler Gewinn erreicht wird und nicht eine Position des „second best".

Aus diesem Grunde muß auch die durch Ott[16] von Levy[17] übernommene Differenzierung der Tendenz zur Kartellierung abgelehnt werden.

Levy meint, daß Kartellierungen bei kleinen Gruppen zustande kommen können und bei großen Gruppen nicht, wenn ein gleich großer Gruppengewinn vorliege.

Da bei den preistheoretischen Modellen die Gewinnmaximierung das dominierende Ziel der Anbieter darstellt, kann man der Feststellung Levys

> *„je größer der monopolistische Vorteil ist, den der Zusammenschluß verspricht, um so eher entschließt sich eine große Zahl von Konkurrenten, zugunsten des nur gemeinsam zu Erreichenden ihre verschiedenen Individualinteressen aufzugeben"*[18],

nicht zustimmen, da das dominierende Individualinteresse der Gewinnmaximierung durch den Zusammenschluß in jedem Falle besser erreicht werden kann. Intensitätsunterschiede wirken sich nicht aus.

Will man nur die Neigung zur Kartellierung untersuchen und nicht Differenzierungen bezüglich der Stärke und Intensität dieser Neigungen treffen, so muß man bei den gegebenen Prämissen des Modells auch kleinen Gewinnveränderungen eine induzierende Wirkung für eine Kartellbildung zugestehen.

Nimmt man im Gegensatz zu Zimmerman die existierenden Produktionskapazitäten als Variable an, so können sie dann nicht vermehrt werden, wenn sämtliche dazu erforderlichen Ressourcen im Besitz der Gruppe sind. In diesem Falle wird die Stichhaltigkeit von Machlups Einwendung besonders deutlich, der meint, daß letztlich die Elastizität des Ressourcenangebotes über die Intensität des Wettbewerbes entscheidet[19].

---

[15] *Ott*, A. E.: Zur dynamischen Theorie ..., a.a.O., S. 3. Ott verweist auf Zimmerman, L. J., The Propensity ..., a.a.O., S. 31.

[16] *Ott*, A. E.: Zur dynamischen Theorie ..., a.a.O., S. 5.

[17] *Levy*, H.: Monopole, Kartelle, Trusts in der Geschichte der englischen Industrie, 2. Aufl., Jena 1927, S. 282 ff.

[18] *Levy*, H.: Monopole, Kartelle, Trusts ..., a.a.O., S. 282. Realitätsbezogen ist die Aussage von Levy zweifellos, wenn neben der individuellen Gewinnmaximierung auch noch andere individuelle Ziele handlungsbestimmend sind.

[19] *Machlup*, F.: Marginal Analysis and Empirical Research, Amer. Ec. Rev. 1946, Bd. 36, S. 543 ff.

Wenn Stigler im Hinblick auf die monopolistische Preisfixierung eines Kollektivmonopols meint, daß „the level of collusive prices will also depend upon the elasticities of demand“[20], so müßte man diese Bestimmungsfaktoren eigentlich noch insoweit differenzieren, als die Elastizität der Nachfrage bestimmt wird durch ein Angebot von Substitutionsgütern und/oder die Produktion neuer Güter. Diese Möglichkeiten werden jedoch ausgedrückt durch die Angebotselastizität dieses potentiellen Angebotes.

Der Einfluß der Angebotselastizität (durch Marktzutritt neuer Firmen und/oder Vergrößerung der betrieblichen Kapazität der schon bestehenden Firmen) auf mögliche Monopolisierungen innerhalb des Marktes wird an dem Fall eines homogenen Duopols deutlich. Hier können Preisunterschiede auftreten, wenn der Anbieter *A* seinen Preis über den Preis des Anbieters *B* anhebt und dieser die ihm zufließende Nachfrage nicht völlig befriedigen kann, so daß ein Teil der Nachfrage das homogene Gut weiterhin bei dem Anbieter *A* zu einem höheren Preise kaufen muß.

Inwieweit diese Situation der Preisdifferenzierung auf einem homogenen Markt kurzfristiger oder langfristiger Natur ist, hängt nicht nur davon ab, ob die Anbieter die Preise angleichen, indem der Anbieter *B* den Preis des *A* übernimmt, sondern auch von der Möglichkeit der Veränderung der Angebotselastizität durch neue Investitionen. Stehen Investitionsmittel zur Verfügung, so wird ihr eventueller Einsatz durch die unterschiedlichen (erwarteten) Verzinsungen der Investitionen in den möglichen Einsatzsektoren bestimmt. Sind sie in anderen Sektoren längere Zeit höher, so können die Preisdifferenzen auf dem homogenen Duopolmarkt auch langfristig realisiert werden.

Interpretiert man die Angebotselastizität so, daß auch das Angebot der Ressourcen mit einbezogen wird, so stimmt die von Zimmerman gegebene Verknüpfung zwischen Angebotselastizität und Wettbewerbsintensität nicht mehr. Eine größere Angebotselastizität kann jetzt sowohl Überkapazitäten als auch eine schnelle Vergrößerungsmöglichkeit der Gruppe implizieren; letztere Möglichkeit ist jedoch als wettbewerbsstimulierend zu betrachten, zumal die neu in die Gruppe Eintretenden Produktionstechniken verwenden können, die bei kleinen Marktanteilen produktiver sind und sogar einen Verdrängungswettbewerb ermöglichen. Sieht man von einer institutionellen Monopolisierung einer Gruppe — etwa Zulassungsbeschränkungen eines Handwerks — ab, so gibt die Fluktuation der Unternehmungen zwischen einzelnen Gruppen und Industrien oder die Neugründung bzw. Aufgabe von Unternehmen den Grad der Monopolisierung eines für die Produktion notwendigen Faktors an.

---

[20] *Stigler*, G. J.: A Theory of Oligopoly, a.a.O., S. 46.

Dieser Konkurrenzbeschränkung von der Angebotsseite her entspricht die unelastische Nachfrage. Beide Faktoren müssen simultan wirksam sein, um eine Monopolisierung innerhalb einer Gruppe rational sinnvoll erscheinen zu lassen.

Bei einer unelastischen Nachfragefunktion einer Gruppe (Industrie) kann keine monopolistische Preisfixierung erfolgen, wenn jede minimale Preis- und Gewinnerhöhung eine Vermehrung der Produktionskapazität durch Markteintritt neuer Anbieter bedeutet. Zimmermans Definition der „propensity to monopolize“[21] bleibt deshalb nur bei geschlossenen Gruppen sinnvoll, denn es kann durchaus in einer Gruppe (Industrie) eine starke „propensity to monopolize“ vorliegen, die jedoch infolge der zwischenindustriellen Verknüpfungen nicht zum Auswirken kommen kann.

Indem Stigler auf die unterschiedlichen Kartellierungsmöglichkeiten im offenen und geschlossenen Oligopol hinweist, wobei das offene Oligopol sich dadurch auszeichnet, daß die langfristige kollektive Nachfragekurve infolge des Marktzutritts neuer Konkurrenten beträchtlich elastischer ist als die Nachfragefunktion der Industrie[22], zeigt er die wechselseitige Interdependenz zwischen Angebots- und Nachfrageelastizität auf.

Zimmerman verbindet eine niedrige Angebotselastizität mit einer geringen Neigung zur Monopolisierung[23]. Er begründet dies, indem er meint, daß ein Anbieter mit einem niedrigen E_A „... knows that when he puts up his price the consumers cannot go to one of his competitors in his own industry, as they are also working under conditions of a sharply rising cost curve ...“[24].

Gerade in diesem Falle ist aber doch die Situation für eine Preiserhöhung eines Anbieters günstig, da die Nachfrageelastizität dieses einen Anbieters niedrig ist. Man müßte also in einem solchen Falle eine Neigung zur stillschweigenden Monopolisierung in Form eines Kollektivmonopols erwarten. Die Monopolisierung kann dadurch zustande kommen, daß ein Anbieter mit einer Preiserhöhung beginnt, die ihm einen höheren Gewinn ermöglicht, da die Nachfrage sich nur entsprechend der Steigung der Gesamtnachfragekurve verringert und die ande-

---

[21] *Zimmerman,* L. J.: The Propensity ..., a.a.O., S. 10: „The propensity to monopolize indicates whether there will be in a certain market a pressure towards monopolization or not.“

[22] *Stigler,* G. J.: The Theory of Price, New York 1957, S. 232: „In all open oligopolies, then, the large firms have a collective lon-run demand curve which is considerably more elastic than the industry's demand curve (even though they constitute the whole industry), because of the larger entry of rivals at higher prices.“

[23] *Zimmerman,* L. J.: The Propensity ..., a.a.O., S. 41.

[24] *Zimmerman,* L. J.: The Propensity ..., a.a.O., S. 41.

ren Anbieter dieser Preiserhöhung folgen, was als stillschweigende Preiserhöhung, die durch einen Anbieter induziert wird, zu interpretieren wäre. Insgesamt wird in diesem Falle die Angebotselastizität als Folge der Erhöhung des Monopolisierungsgrades erhöht.

Diese weiterführende Ableitung des Gruppenverhaltens ist insofern nötig, als die Vollbeschäftigungssituation — ausgedrückt durch eine niedrige Angebotselastizität — zwar als sehr günstig für den einzelnen Unternehmer anzusehen ist, man aber bezweifeln muß, ob sie die für den Anbieter günstigste Situation bedeutet[25].

Die Vollbeschäftigung mit dem Angebotsverhalten $K' = p$ kann nur dann als die für den Unternehmer günstigste Situation angesehen werden, wenn er bei diesem Angebotsverhalten auch seinen Gewinn maximiert.

Diese Überlegung kann auch nicht dadurch ausgeschlossen werden, daß man „von E_N abstrahiert", denn es ist in dem Gruppengleichgewicht bei $K' = p$ schon die Elastizität der Gesamtnachfragekurve enthalten, und außerdem genügt in diesem Falle dem einzelnen Anbieter für die individuelle Parameterfixierung schon seine individuelle Nachfrageelastizität, um seine Position über die der Vollbeschäftigung hinaus zu verbessern.

Während Zimmerman etwas einseitig betont „... that idle capacity ... was the cause and not the result of monopolization"[26], müßte man also auch die umgekehrte Verknüpfung des Monopolisierungsgrades und des Grades der Auslastung der Kapazitäten als möglich zulassen. Die nicht ganz widerspruchsfreie Ableitung von Zimmerman kommt dadurch zustande, daß er bei der Untersuchung der Angebotselastizität die Nachfrageelastizität unberücksichtigt lassen will[27], denn voll ausgenutzte Kapazitäten von Anbietern beeinflussen simultan dadurch die Nachfrageelastizität der Konkurrenten, als diese Produktionseinheiten nicht das Angebot erhöhen können, um die Nachfrage zu befriedigen, die von dem Preisführer freigesetzt wird. Dieser Einwand entkräftigt natürlich nicht das Argument von Zimmerman, daß eine hohe Angebotselastizität eine Neigung zur Monopolisierung bewirkt, was durch die Kartellbildungen infolge der Überkapazitäten (Kartelle als Kinder der Not) hinreichend empirisch nachzuweisen ist und theoretisch plausibel erscheint[28].

---

[25] *Zimmerman,* L. J.: Die Bedeutung ..., a.a.O., S. 75: „Absolute Unelastizität des Angebots bedeutet doch eine Vollbeschäftigung sämtlicher Produktionsfaktoren der beteiligten Betriebe, und kann man sich — wenn wir von E_N abstrahieren — für den Unternehmer überhaupt eine günstigere Position vorstellen?"

[26] *Zimmerman,* L. J.: The Propensity ..., a.a.O., S. 43.

[27] *Zimmerman,* L. J.: The Propensity ..., a.a.O., S. 41.

[28] Siehe hierzu auch *Vogelstein,* Th.: Die finanzielle Organisation der kapitalistischen Industrien und die Monopolbildung, a.a.O., S. 430. Bei der Argu-

Die Angebotselastizität innerhalb einer Gruppe zeigt den Grad der Fluktuationsintensität der Produktionskapazität zwischen verschiedenen Gruppen (Industrien) auf, „... when price goes up, the output of the industry will expand because new firms will come into the market“[29].

Dieser Neuzutritt von Firmen in einer Gruppe bedeutet zwar eine Schlechterstellung insofern, als eine bestimmte Nachfragegröße sich jetzt auf eine größere Anzahl von Anbietern verteilt. Aber angenommen, die neu hinzutretenden Anbieter versorgen gerade eine Nachfragesteigerung der Gruppe oder Industrie, so bemerken die bisher allein in der Industrie anbietenden Anbieter von den neu hinzukommenden Anbietern nichts, wenn sie nur ihre bisherige Nachfragesituation betrachten. Hierbei zeigt sich, wie unbefriedigend es sein kann, wenn man die Vorstellung einer Schwelle der Fühlbarkeit nur mit Nachfrageveränderungen des eigenen Unternehmens verbindet.

Ist die Gruppe als Kollektivmonopol organisiert, in die die neuen Anbieter eintreten, so werden eventuell die neuen Anbieter sofort in das Kollektivmonopol eingegliedert. Es kommt also infolge des Gruppenwachstums nicht zu einer Veränderung der Wettbewerbsintensität, oder man müßte die Situation schon als Wettbewerb bezeichnen, die dadurch zustande kommt, daß ein Anbieter sich mit anderen Anbietern in einem Kollektivmonopol den Gruppengewinn teilen muß.

Zimmerman schließt den Problemkreis der Monopolisierung infolge einer Kostendegression bei Betriebsgrößenerweiterung aus, da nach seiner Ansicht „... the propensity to monopolize is not dependent on changes in the production function, but only in the differences in the reactions of short run supply to changes in price“[30].

Indem Zimmerman seine Analyse auf die kurze Periode bezieht und deshalb nur die Grenzkostenkurven als relevant für Tendenzen zur Monopolisierung erachtet, schließt er auch ex definitione einen nicht unwichtigen Kausalfaktor für eine Monopolisierung aus. Dieser besteht darin, die Planungsperiode bei einem größeren Grad der Sicherheit zu vergrößern, was jedoch nur bei einem gewissen Grad der kartellmäßigen Verhaltenskoordination möglich ist, da nur in einem solchen Fall ein Teil der bei individuellem Verhalten nicht-kontrollierbaren Variablen kontrollierbar wird.

---

mentation von Vogelstein, daß „eines der sichersten Monopole ... das Monopol der Unrentabilität ...“ sei, das zusammenbricht, „... sobald es außergewöhnliche Gewinne trägt“, ist jedoch auch wieder die Möglichkeit zu beachten, daß aus der Kartellierung zur Vermeidung von Verlusten ein Kartell zur Erzielung von Gewinnen wird.

[29] *Zimmerman,* L. J.: The Propensity ..., a.a.O., S. 40.

[30] *Zimmerman,* L. J.: The Propensity ..., a.a.O., S. 34.

Zusammenfassend läßt sich also sagen, daß eine Kartellierung in Form eines Kollektivmonopols dann erfolgen wird, wenn infolge der Nachfrageelastizität der Gewinn der Gruppe so stark gesteigert werden kann, daß der auf das einzelne Gruppenmitglied entfallende Gewinnanteil spürbar wird.

Voraussetzung für das erfolgreiche Gelingen einer solchen Bildung des Kollektivmonopols ist, daß das Kartell durch die monopolistische Parameterfixierung die Kartellgruppe nicht so anwachsen läßt, daß der Gewinnzuwachs wieder verloren geht.

Eine strengere Form der Kartellierung, etwa eine Fusion mehrerer Unternehmungen oder die Stillegung einzelner Unternehmen, wird dann gewählt werden, wenn der Gruppengewinn durch eine Senkung der Kosten vergrößert werden kann und notwendige Kompensationszahlungen aus den Rationalisierungsgewinnen gezahlt werden können.

Von diesen Formen der Kartellierung, die eine Verbesserung der Gewinnpositionen der Gruppenmitglieder anstreben, sind die Koalitionen zu unterscheiden, die gebildet werden, um eine Verschlechterung der Gewinnpositionen infolge eines Wettbewerbsverhaltens der Gruppenmitglieder zu vermeiden. Eine Kollektivmonopolbildung aus diesen Motiven, die durch Rationalisierungsmaßnahmen wirksamer gestaltet werden können, wird besonders bei hohen Angebotselastizitäten gegeben sein, die bei fehlendem Gruppenzutritt immer in Überkapazitäten begründet sind. Die Annahme einer geschlossenen Gruppe sagt jedoch schon etwas aus über die Monopolisierung der Gruppe insgesamt, da Fluktuationen zwischen verschiedenen Gruppen als Substitutionen von Ressourcen zwischen verschiedenen Sektoren zu interpretieren sind.

Dieser Gesichtspunkt der Ressourcensubstitution wird von Machlup als Möglichkeit angesehen, die Nachfrageelastizität auf die Angebotselastizität zurückzuführen, wobei er als Bestimmungsgrund der Angebotselastizität jedoch nicht wie L. J. Zimmerman die Grenzkosten, sondern die Durchschnittskosten wählt.

„... average cost may be the most important datum for the estimate of demand elasticity. The elasticity of demand for any particular product is determined by the availability of substitutes. In order to estimate how much business a firm may lose if it raises its price, it will consider whether existing or potential competitors can supply competing products at the particular price. The elasticity of supply from competing sources determines the elasticity of demand for the firm's product. The supply from competing sources will depend on their actual or potential cost of production. And usually the best due that a firm has to the production cost of competitors is its own production cost, corrected for any known differences of conditions ...[31]."

---

[31] *Machlup*, F.: Marginal Analysis ..., a.a.O., S. 543 ff.

Bei einer Kartellierung innerhalb einer Gruppe, eventuell ohne Bildung eines Kollektivmonopols, steht das Motiv der Gewinnverteilung innerhalb der Gruppe durch eine Veränderung der Machtpositionen im Vordergrund. Diese Form der Kartellieung kann durch Zimmermans propensity to monopolize" nicht erfaßt werden. Eventuell kann es durch eine solche Kartellierung zu der Bildung eines Teilmonopols kommen, an dessen Parameterfixierung sich die nicht-kartellierten Anbieter mit der Verhaltensweise $K' = p$ anpassen. In der oben begründeten Terminologie handelt es sich aber dann um ein Kollektivmonopol, in dem eine Gruppe einen dominierenden Einfluß hat, während die Restgruppe sich anpaßt, ohne wettbewerbsmäßig die Aktionsparameter zu fixieren.

Zusammenfassend läßt sich also sagen, daß bei der Monopolisierung, Fusionierung und Kartellierung eines Marktes mehrere Monopolisierungsfaktoren zu unterscheiden sind.

1. Eine Monopolisierung infolge einer Kostendegression mit wachsendem Output der Produktionseinheit[32]. Die durch diesen Faktor bewirkte Tendenz zur Monopolisierung wird auch wirksam sein, wenn in der Ausgangssituation vollständige Konkurrenz vorliegt. Mit sinkender Zahl der konkurrierenden Entscheidungseinheiten am Markt wird dieser Faktor dadurch verstärkt, daß der Preis nicht mehr als Datum, sondern als Variable betrachtet wird. Bei dieser Monopolisierung wird nicht notwendigerweise die Gruppe aufgegeben, da sich die Entscheidungseinheiten zu einer Aktiengesellschaft zusammenschließen können, deren Willensbildung über den Einsatz der produktiveren Produktionseinheit entscheidet. Eine solche Fusionierung der n Entscheidungseinheiten kann jedoch auch ersetzt werden durch eine Fusionierung der Produktionseinheiten, während $(n\text{-}x)$ Entscheidungseinheiten aus der Gruppe ausscheiden, so daß im Extremfall nur noch eine Entscheidungseinheit, ein Monopolist, übrig bleibt. Auch wenn die Minima der Durchschnittskostenkurven auf gleichem Niveau liegen, sind Fusionierungen zwecks Kostenminimierungen eventuell erforderlich. Ein solches Verhalten wird bei Anbietern homogener Produkte um so wahrscheinlicher, je unterschiedlicher die Outputgrößen sind, bei denen das Minimum der Durchschnittskosten erreicht wird.
2. Monopolisierung durch eine dominierende, d. h. im Sinne der Zielsetzung optimale Produktionstechnik.
3. Unabhängig von der Produktionstechnik und der Marktstruktur bewirkt eine geneigte Nachfragefunktion eine Monopolisierung[33].

[32] Dies ist der eigentliche Ansatzpunkt der Kritik Sraffas. *Sraffa,* P.: The Laws of Returns under Competitive Conditions. Ec. J., Bd. 36, 1926.

[33] Siehe hierzu *Morgenstern,* O.: Vollkommene Voraussicht und wirtschaftliches Gleichgewicht, Z. f. Nat. u. Stat., Bd. VI, 1935, S. 353 ff.

4. Zimmermans Monopolisierungsfaktoren.
5. Die Kartellierung zur besseren Anpassung der Aktionsparameterfixierungen der einzelnen Gruppenmitglieder, um dadurch unnötige Oszillationsprozesse bei Anpassungen zu vermeiden.
6. Die Kartellierung als Folge einer starken Risikoscheu. Besteht etwa auf einem Markt mit zwei Anbietern die Sicherheit, daß bei einem möglichen Verdrängungswettbewerb einer der beiden Anbieter überlebt, so beträgt die mathematische Gewinnerwartung Eg für jeden Anbieter $G \cdot 0{,}5 = Eg$.

   Da die Wahrscheinlichkeit eines Verdrängungserfolges nicht höher als 0,5 ist, werden vorsichtige Unternehmer einer solchen Verdrängungsstrategie jene der Kartellierung mit einer Gewinnteilung vorziehen[34]. Bei sehr risikofreudigen Unternehmern dagegen kommt es zur Monopolisierung.

III. Die Koordination der Aktionsparameter in einem homogenen Duopol ohne Kompensationszahlungen

Die Kollusion von zwei Anbietern mit dem Ziel der gemeinsamen Koordination der Aktionsparameter auf einem homogenen Markt kann stillschweigend erfolgen oder bestimmte Formen von Kontakten erfordern.

Eine stillschweigende Koordination der Aktionsparameter soll dann vorliegen, wenn kein Abstimmungsprozeß über die Fixierung der Aktionsparameter stattfindet und/oder keine Kompensationszahlungen notwendig sind, die eine nachträgliche Korrektur der Gewinnpositionen der Anbieter bewirken. Falls ein (einmaliger) Informationsaustausch zwischen den Anbietern stattfindet, kann dieser zwar schon eine Wettbewerbseinschränkung bedeuten, er bewirkt jedoch nicht automatisch eine stillschweigende oder offene Verhaltensabstimmung. Wenn der Informationsaustausch wider Erwarten einem Anbieter einen beträchtlichen Kostenvorteil gegenüber dem Konkurrenten aufzeigt, so kann der Informationsaustausch durchaus einen Verdrängungswettbewerb auslösen.

Zeigt der Informationsaustausch dagegen auf, daß die Kollusion jede Form eines Konkurrenzverhaltens dominiert, so wird bei konstanten Nachfrage- und Angebotsverhältnissen ein einmaliger Informationsaustausch genügen, um eine Gewinnergebnismatrix für alle Strategiekombinationen der Konkurrenten aufstellen zu können.

---

[34] *Leibenstein,* H.: Economic Theory ..., a.a.O., S. 335.

Die Einschränkung der Analyse auf einen homogenen Markt ergibt sich nicht notwendigerweise aus der Problemstellung, sondern vereinfacht die Untersuchung insofern, als nur die verschiedenen Grade der Heterogenisierung der Kostenstrukturen im Hinblick auf das Zustandekommen der Kollusion untersucht werden müssen und nicht die Einflüsse durch Heterogenisierungen der Produkte.

So ist es einmal möglich, daß bei einer Heterogenisierung der Produkte eines Marktes eine bezüglich der Gruppengewinnmaximierung optimale Kombination der Preise und Qualitäten gesucht wird. Weiterhin kann es sich bei einem Informationsaustausch zeigen, daß die Heterogenisierung eines bisher homogenen Marktes infolge wachsender und/oder starrer Nachfragefunktion des Marktes eine Steigerung des Gesamtgewinnes der Gruppe bewirkt.

Diese Möglichkeiten sollen jedoch zunächst ausgeschaltet werden.

Bezüglich der Freiheit der Aktionsparameterfixierung soll unterstellt werden, daß weder Kompensationszahlungen noch Formen der Marktaufteilung durch endogene oder exogene Kräfte des Marktes verboten werden können. Einflüsse staatlicher Antikonzentrationspolitik werden also nicht berücksichtigt.

Wenn homogene Produkte auf einem Markt angeboten werden, so handelt es sich zwar um einen homogenen Markt, nicht aber auch gleichzeitig notwendigerweise um homogene Anbieter. Heterogene Anbieter können homogene Produkte anbieten. Die Anbieter können außer durch unterschiedliche Kostenstrukturen ihrer Produktionseinheiten auch bezüglich der Mentalität differenziert sein, die insbesondere durch den Grad des Optimismus bei subjektiven Erwartungen und/oder durch den Grad der Aggressivität charakterisiert werden soll.

Ein weiterer Faktor der Differenzierung der Anbieter besteht in einer symmetrischen oder asymmetrischen Zuordnung der Produktionseinheiten auf die Entscheidungseinheiten. Dies ist insofern von Bedeutung, als man nicht aus der Prämisse eines Duopols auf einem homogenen Markt folgern kann, „... daß bei Preisgleichheit jeder Duopolist einen Marktanteil von 50 % besitzt"[1]. Diese Schlußfolgerung trifft nur dann zu, wenn eine Gleichverteilung der Produktionseinheiten auf die Entscheidungseinheiten vorliegt, denn es ist durchaus möglich, daß bei einer Ungleichverteilung die Nachfrage sich gleichmäßig auf die einzelnen Produktionseinheiten verteilt, so daß daraus eine ungleichmäßige Verteilung der Nachfrage auf die Entscheidungseinheiten resultiert.

Weiterhin erscheint es überflüssig, bei einer Charakterisierung eines Duopols als homogen ausreichende Kapazitäten zu unterstellen[2]. Gleich

---

[1] *Heuss*, E.: Das Kartell, a.a.O., S. 145.
[2] *Heuss*, E.: Das Oligopol ..., a.a.O., S. 166.

große Kapazitäten reichen aus, um ungleiche Nachfrageverteilungen bei gleicher Anzahl der Produktionseinheiten zu vermeiden.

1. Das Verhalten bei symmetrischen Kostenverläufen

In einem homogenen Duopol mit symmetrischen Kostenstrukturen sind grundsätzlich alle Formen der duopolistischen Preisfixierung möglich, sie sind jedoch nicht alle mit dem Ziel der Gewinnmaximierung in Übereinstimmung zu bringen, da eine Verdrängung nicht möglich ist, und eine asymmetrische Lösung ex definitione ausgeschlossen ist, wenn man die Symmetrieannahme konsequent auf alle Eigenschaften der Individuen und nicht nur auf die Kostenstrukturen der Produktionseinheiten ausdehnt. Unterstellt man zunächst, daß infolge der symmetrischen Kostenstrukturen die Anbieter auch eine symmetrische Gewinnverteilung anstreben, so kann eine Verteilung des infolge einer monopolistischen Preisfixierung erreichten Monopolgewinnes nicht zu einem Konflikt zwischen den Anbietern führen.

Eine Lösung des Konkurrenzprozesses mit einer gleichzeitigen individuellen und Gruppengewinnmaximierung ist möglich, wenn die Anbieter eine stillschweigende Marktaufteilung vornehmen, da damit auch sofort eine Gewinnaufteilung verbunden ist; indem jeder Anbieter sich einer Nachfragefunktion gegenüber sieht, die bei einem Duopol der Hälfte der gesamten Nachfragefunktion entspricht, ergeben sich keine Preisdifferenzen nach den Preisfixierungen der beiden Anbieter. Die Anbieter verhalten sich monopolistisch und erhalten je die Hälfte des gesamten erreichbaren Monopolgewinnes der Gruppe. (Siehe Fig. 4.)

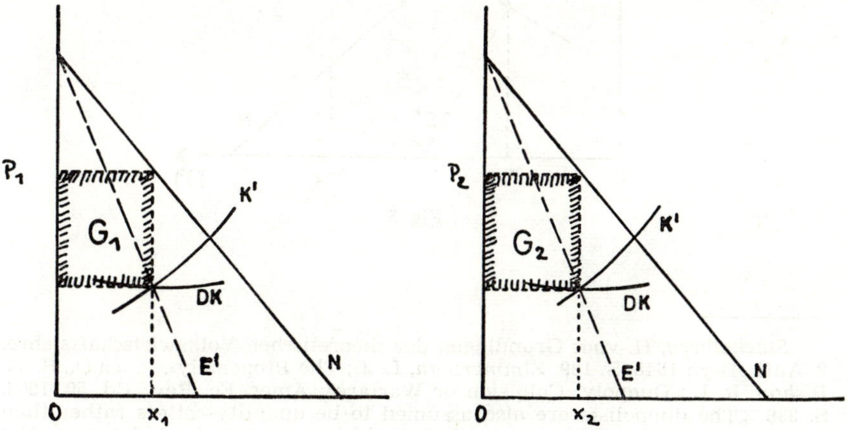

$x_1 = x_2;\ G_1 = G_2$

Fig. 4

Dieses Ergebnis würde man auch bei einer Fusionierung beider Unternehmungen zu einer Entscheidungseinheit und einer gleichmäßigen Quotenaufteilung auf die beiden Betriebe als Produktionseinheiten erhalten. Eine solche strenge Form der Verhaltenskoordination erübrigt sich jedoch, da alle dazu notwendigen Handlungen insofern unnötig sind, als sie die Gewinnposition der Gruppe oder der Gruppenmitglieder nicht verändern können.

Bei der Diskussion des Falles der stillschweigenden monopolistischen Preisfixierung wird in der Literatur die Meinung vertreten, daß eine solche Kartellierung nicht stabil sein kann, wenn nicht auch eine Quotenverteilung erfolgt[3]. Diese Meinung wird folgendermaßen begründet:

Wird der Kartellpreis P_{max} festgelegt, der jedem Anbieter einen maximalen Gewinn unter der Bedingung $K' = E'$ sichert, so wird der einzelne Anbieter, um einen noch höheren Gewinn zu erhalten, nicht die Menge m_1 anbieten, sondern die Menge m_2, so daß die auf dem Markt angebotene Menge größer wird als bei dem Kartellpreis nachgefragt wird und ein Preisverfall mit niedrigeren Gewinnen für alle Anbieter die Folge ist (Siehe Fig. 5)[4].

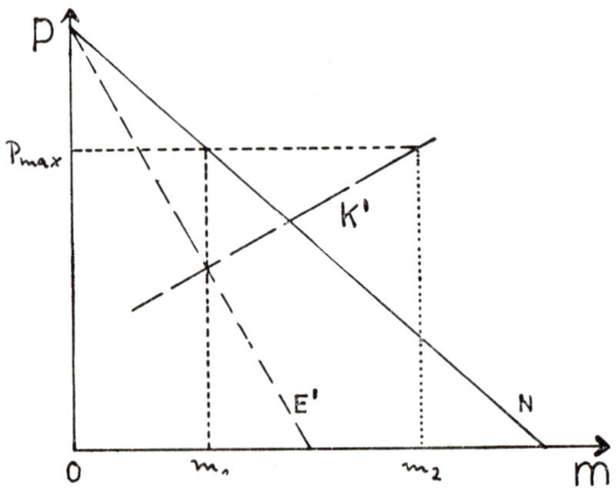

Fig. 5

[3] *Stackelberg*, H. von: Grundlagen der theoretischen Volkswirtschaftslehre, 2. Aufl., Bern 1948, S. 189. *Zimmerman*, L. J.: The Propensity ..., a.a.O., S. 44. *Bishop*, R. L.: Duopoly: Collusion or Warfare?, Amer. Ec. Rev., Bd. 50, 1960, S. 936. „The duopolists are also assumed to be quantity-setters rather than price-quoters, since the mere quoting would leave quantities indeterminate." Eine solche Feststellung gilt nicht bei einer Marktaufteilung mit den oben beschriebenen Konsequenzen.

[4] Dieses Verhalten könnte man als Fata-Morgana-Strategie bezeichnen.

Da die Reaktion der Konkurrenten auf die Wettbewerbsstrategie des Anbieters, der m_2 anbietet, schnell erfolgen wird, ist die Aktionsparameterfixierung $K' = p$ nicht als rational im Sinne eines „chiseling process" zu nennen, da die Zeitdauer bis zur eventuell erneuten Fixierung eines Kartellpreises länger sein wird als die, in der der Übergewinn erzielt wird, so daß der Nettogewinn immer noch geringer ist als bei der Beibehaltung der Kartellstrategie und Fixierung der Menge m_1.

Eine explizite Fixierung der Menge m_1 in Form einer Quotenzuteilung erscheint nicht notwendig, wenn die Anbieter diese Konsequenzen der kurzfristigen Vorteile einer Wettbewerbsstrategie betrachten.

Es genügen also zur Stabilisierung des monopolistischen Angebotes im Oligopol eine Beachtung des Marktanteiles, der durch die individuelle Nachfragefunktion gegeben wird, und der Prämisse der Gewinnmaximierung[5].

Bei Nachfrageveränderungen gegenüber der Gruppe bleibt das Gruppengleichgewicht dadurch erhalten, daß die Mengenveränderung in Form einer „output leadership" erfolgt oder eine simultane Anpassung an die neue Nachfragesituation erfolgt, so daß im Ergebnis die relativen Marktanteile gleich bleiben.

Insofern kann man auf einen Quotenwetbewerb die Überlegung übertragen, die J. R. Hicks für den Preiswettbewerb entwickelt:

„but once we are on the road of competitive pricecutting, it is reasonable to suppose that, sooner or later, one duopolist or the other would perceive that his conjecture that an increase in his output was leading to a contraction of his rival's was proving wrong ... Price cutting would give place to tacit combination ..."[6].

In einem ähnlichen von Shubik[7] angegebenen Wettbewerbsfall werden zwei Gleichgewichtspunkte gegenübergestellt, die sich durch unterschiedliche Gewinnniveaus auszeichnen.

Shubik gibt folgende kombinierte Gewinnmatrix von zwei Anbietern A und B an:

---

[5] Dieser Zusammenhang wird dann anders beurteilt, wenn die Zahl der Konkurrenten sehr groß ist, da „... being only one of many, the individual can reasonably expect that his withdrawal from the association will not affect its price policy ...". *Stigler*, G. J.: The Theory of Price, New York 1957, S. 244. Wenn auch eine solche Argumentation plausibel ist, so wird die Wahrscheinlichkeit, daß gerade nur ein Anbieter eine solche Politik der Preisunterbietung betreibt, mit steigender Anzahl der Gruppe geringer, zumal die Preissenkung auch als solche, ohne ihre Konsequenzen, Nachahmer finden kann.

[6] *Hicks*, J. R.: Annual Survey of Economic Theory. The Theory of Monopoly, in: Readings in Price Theory, Hrsg. von K. E. Boulding und J. G. Stigler, London 1953, S. 377.

[7] *Shubik*, M.: Strategy and Market Structure, a.a.O., S. 60.

B

		H	*L*
A	*H*	3, 3	− 1, 4
	L	4, − 1	1, 1

Aus dieser Matrix ist zu ersehen, daß unabhängig davon, welche Strategie B wählt, A bei der Strategie L immer einen höheren Gewinn hat als bei der Strategie H. B wird dann rationellerweise L wählen.

Shubik meint, daß die Strategiekombination (H, H) die kooperative Lösung des Spieles sei und der gemeinsame Profit nach einem Verteilungsschema zu verteilen sei, während die nicht-kooperative Lösung durch die Strategienkombination (L, L) gegeben sei, die einen Gleichgewichtspunkt des Spieles bei Wettbewerbsverhalten darstelle (Sattelpunkt).

B

		H	*L*	
A	*H*	3	− 1	− 1
	L	4	**1**	1
		4	1	

A

		H	*L*	
B	*H*	3	− 1	− 1
	L	4	**1**	1
		4	1	

Sicherlich ist es richtig, daß die Kombination (L, L) insofern ein Gleichgewicht darstellt, als jede andere Kombination von Strategien bei kurzfristiger (einmaliger) Gewinnmaximierung eine Tendenz zu einer anderen Kombination auslöst und erst dann eine solche Tendenz zur Änderung des Aktionsparameters nicht mehr vorhanden ist, wenn die Kombination (L, L) erreicht ist.

Da jedoch die Gewinnmatrix beiden Anbietern bekannt ist, wissen sie, daß sie sich bei laufend wiederholten „Spielen" durch ein so kurzsichtiges Verhalten auf ein Gewinnniveau herunterkonkurrieren, das jedem Anbieter nur $^1/_3$ des Gewinnes sichert, den jeder Anbieter erreichen könnte, wenn er diesen Mechanismus berücksichtigt und jeder die Strategie H spielt. Man könnte deshalb die Kombination (L, L) als den Fata-Morgana-Fall bezeichnen.

Wenn beide Spieler, von dieser einfachen Überlegung ausgehend, die Strategie H spielen, ermöglichen sie ein individuell höheres Gewinn-Niveau das gleichzeitig das kollektive Gewinnmaximum ist. Außerdem zeichnet sich diese Position noch dadurch aus, daß die Gewinnsteigerung bei beiden Anbietern absolut und (zu der Sattelpunktverteilung) relativ gleich groß ist, so daß diese „kooperative“ Lösung ohne Ausgleichszahlungen ebenso als Gleichgewichtslösung anzusprechen ist[8], obwohl der theoretisch erreichbare individuelle Gewinn 4 ist. Dieser Gewinn ist jedoch nicht realisierbar und deshalb nicht handlungsrelevant.

Dieses Gleichgewicht bei kollusivem Verhalten zeichnet sich dadurch aus, daß bei diesem Punkt der Gruppengewinn am größten ist. Ein größerer individueller Gewinn als die Hälfte des Gruppengewinnes ist kurzfristig nur erreichbar, wenn eine Strategieänderung eines Anbieters solange eine Reaktion des Konkurrenten unmöglich macht, bis sich das Ergebnis der neuen Strategiekombination in den geänderten Gewinnpositionen niederschlägt.

Geht man davon aus, daß die Mentalitäten eines oder mehrerer Konkurrenten nicht so geartet sind, einen größeren oder kleineren relativen Gewinn und damit eine schwächere oder stärkere Position am Markt zu erreichen, als die Sattelpunktlösung ergibt, so muß bei der Prämisse der Gewinnmaximierung die kooperative Lösung die Sattelpunktlösung dominieren. Die Sattelpunktlösung ist nicht als ein Verhaltensgleichgewicht zu bezeichnen, da sich Zielsetzung und Mittelwahl zur Erreichung des Zieles im Widerspruch zueinander befinden.

Ein besonderer Fall liegt vor, wenn bei folgender Auszahlungsmatrix von einer beliebigen Strategiekombination aus abwechselnd mit einem lag von einer Periode eine Festlegung der Strategien erfolgen kann.

A \ B	1	2
1	8,3	3,8
2	3,8	8,3

Das Ergebnis ist in diesem Falle das gleiche, wie bei der Anwendung von gemischten Strategien und simultaner Festlegung der Strategien (siehe Fig. 6). Die Marktprozesse unterscheiden sich nur dadurch, daß im ersteren Falle jeder Anbieter über den nächsten Zug des Gegners informiert ist. Bei gemischten Strategien wird jede Strategie mit der Häufigkeit $^1/_2$ gespielt und der sichere Gewinn ist 5,5.

[8] Diese Aussage gilt auf alle Fälle dann, wenn jede Firma ihre relative Machtposition behaupten will, was man voraussetzen kann. *Robinson*, R.: The Economics ..., a.a.O., S. 231.

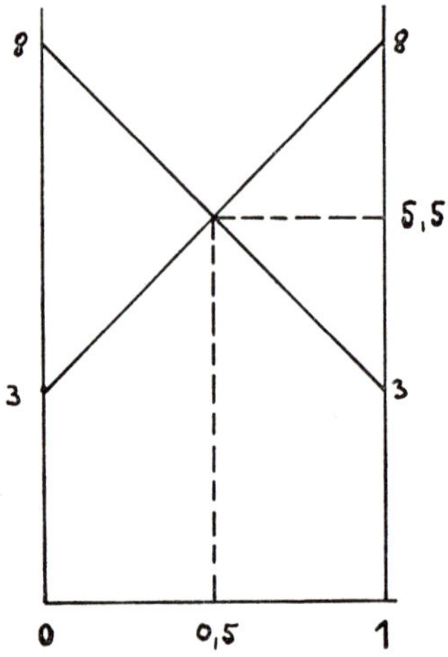

Fig. 6

Bei gemeinsamer Gewinnmaximierung, ausgedrückt durch eine gemeinsame Festlegung der Aktionsparameter, ist der gesamte Gewinn 8 + 3 = 11. Der Gewinnanteil für jeden Anbieter ist notwendigerweise 5,5, da er sonst zu individuellem Vorgehen mit gemischten Strategien übergehen würde.

In folgendem Falle ist nicht mehr die kollektive Gewinnmaximierung gewährleistet (s. Fig. 7). Bei einer optimalen Mischung der Strategien bekommt jeder Anbieter einen Gewinn von 5 Einheiten, während bei gemeinsamer Gewinnmaximierung ein Gruppengewinn von 11 Einheiten möglich ist, so daß eine Gewinneinheit noch zusätzlich auf die beiden Anbieter verteilt werden kann.

Wie aus den beiden Gewinntabellen ersichtlich ist, werden diese bezüglich der gemeinsamen Gewinnmaximierung unterschiedlichen Ergebnisse durch den von der Fig. 6 zur Fig. 7 abnehmenden Grad der Symmetrie bewirkt.

		B 1	B 2
A	1	8,3	2,7
A	2	3,8	7,2

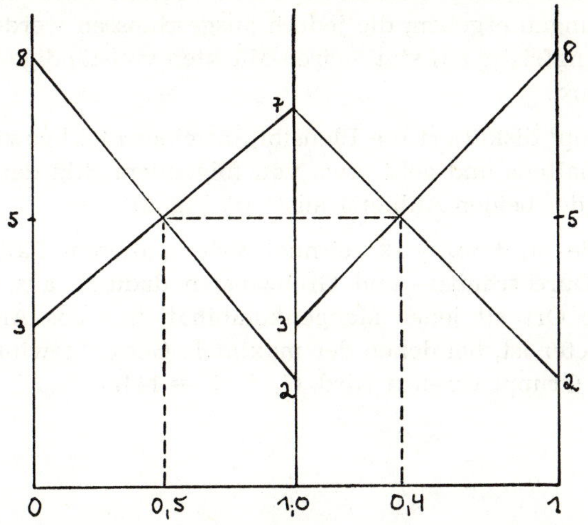

Fig. 7

Die Ableitung dieses Verhaltensgleichgewichtes zweier Duopolisten mit symmetrischen Kostenstrukturen auf einem homogenen Markt wird jedoch nicht allgemein anerkannt.

Der Ansatzpunkt einer Kritik liegt immer in der Möglichkeit, daß ein Duopolist die gleichmäßige Marktteilung als Voraussetzung der stillschweigenden kollektivmonopolistischen Parameterfixierung aufgibt zugunsten einer Wettbewerbsstrategie mit dem Ziel, zumindest kurzfristig den Markt- und damit auch den Gewinnanteil zu erhöhen.

Eine solche Zielsetzung impliziert jedoch immer den möglichen heimlichen Einsatz einer Wettbewerbsstrategie, deren Wirkungsdauer längere oder kürzere Zeit bis zur Reaktion des Konkurrenten in Anspruch nimmt.

Um eine solchen „chiseling-process" zu vermeiden, soll von der realitätsnahen Möglichkeit einer simultanen transparenten Parameterfixierung der Anbieter ausgegangen werden, wobei die Simultaneität der Parameterfixierung sich auf den Zeitpunkt bezieht, in dem die Konsumenten die Parameterfixierung bemerken. Sind die Parameterfixierungen nicht simultan aber transparent, wird sich der lag der Parameterfixierungen bei den einzelnen Anbietern nur dann auf die Gewinnpositionen der Anbieter auswirken, wenn die Konsumentenreaktion vor Ablauf der wechselseitigen Reaktionen bei den Konkurrenten erfolgt.

Bei fehlender Transparenz können sich Vorteile durch Informationsdifferenzierungen ergeben, die jedoch ausgeschlossen werden sollen, da zumindest langfristig auf stationären Märkten vollständige Transparenz herrschen wird.

R. L. Bishop[9] diskutiert die Plausibilität eines gleichgewichtigen kollusiven Verhaltens und geht etwa von folgendem Bild der Gewinndifferenzlinien der beiden Anbieter aus[10]. (S. Fig. 8).

Die Gerade $m_1 + m_2 = 12$ zeichnet sich in diesem Fall homogener konstanter Durchschnitts- und Grenzkosten dadurch aus, daß sie der geometrische Ort all jener Mengenkombinationen des Angebotes der beiden Anbieter ist, bei denen der maximale Gesamtgewinn der beiden Anbieter als Gruppe erreicht wird, $G_1 + G_2 = 144$.

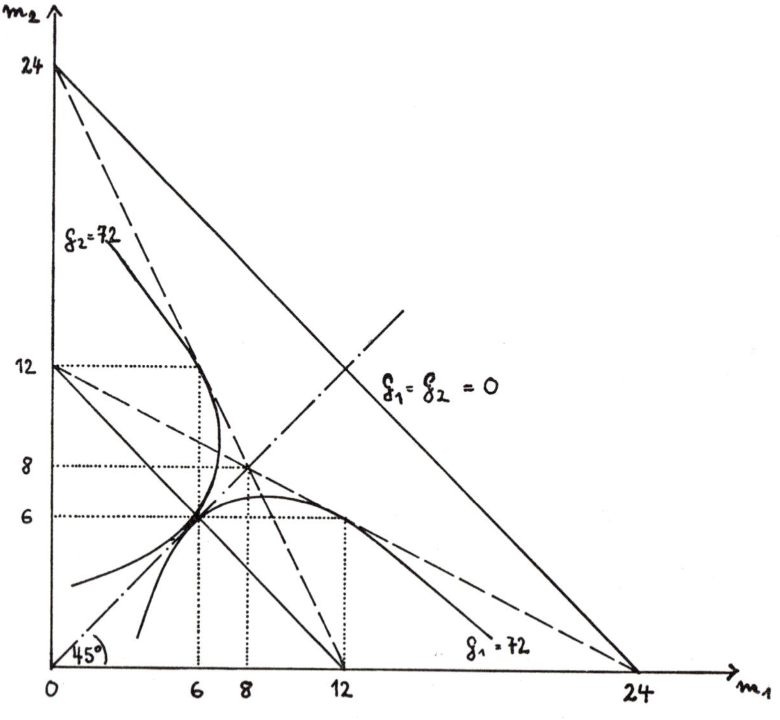

Fig. 8

[9] *Bishop*, R. L.: Duopoly: Collusion or Warfare?, a.a.O., S. 933 ff.

[10] Jeder Duopolist hat die konstante Durchschnittskostenfunktion $DK = a$. Die Nachfragefunktion lautet: $p = a + 24 - m = a + 24 - m_1 - m_2$. Die Profitfunktion eines Anbieters lautet dann: $G_1 = 24\, m_1 - m_1^2 - m_1 m_2$. *Bishop*, R. L.: Duopoly: Collusion or Warfare?, a.a.O., S. 934 f.

Die Symmetriegerade $m_1 - m_2 = 0$ gibt die für die beiden Anbieter gleichen Mengen- und Gewinnkombinationen an. Die Angebotskombination $m_1 = m_2 = 6$ mit dem Gewinn $G_1 = G_2 = 72$ stellt die symmetrischen Kollusionslösung dar, der Punkt $m_1 = m_2 = 12$ gibt die symmetrische Gewinnminimierung an, $G_1 = G_2 = 0$[11].

Der Punkt K zeigt die Duopollösung einer symmetrischen Kollusion auf. Er zeichnet sich dadurch aus, daß er der Gewinnmaximierungsprämisse des Modells insofern am ehesten gerecht wird, als der Gewinn der Gruppe durch keine Variation eines oder mehrerer Aktionsparameter erhöht werden kann und homogenen Entscheidungseinheiten homogene Entscheidungsergebnisse zugeordnet werden.

Während bei konstanten Kosten der beiden Anbieter die Gerade $m_1 = m_2 + 12$ den geometrischen Ort des maximalen Gruppengewinns beschreibt, wird diese Kontraktkurve bei gleichen aber ansteigenden marginalen und Durchschnittskosten zu einer zum Ursprung des Koordinatensystems konkaven Funktion. In diesem Fall stellt nur der Symmetriepunkt der Funktion einen Punkt des gemeinsamen Gewinnmaximums dar. Nur in diesem Punkt der Kontraktkurve produzieren die beiden Anbieter bei gleich großen Grenzkosten gleiche Mengen[12].

Bishop ordnet einer solchen Kostenkonstellation einen größeren Wahrscheinlichkeitsgrad einer „symmetrical collusive solution" zu[13].

Da jedoch die Problemstellung der stillschweigenden symmetrischen Marktaufteilung unter konstanten Kostenverläufen stärker in Erscheinung tritt, soll sie unter diesen Bedingungen untersucht werden.

Verschiedentlich wird argumentiert, daß gegenüber der Kollusionslösung im oben diskutierten Fall die wettbewerbliche Verhaltensinterdependenz die größere Wahrscheinlichkeit der Realisierung besitze, wenn die Isoprofitfunktion zweier Duopolisten sich nicht so berühren, daß bei einer symmetrischen Marktaufteilung der gemeinsame Gewinn maximiert wird. (S. Fig. 8a)[14].

---

[11] Die Cournot'sche Duopollösung erhält man, indem in dem Koordinatensystem die Punkte P_1 (12/0); P'_1 (0/24) und P_2 (0/12); P'_2 (24/0) verbunden werden. Die so gewonnenen Geraden stellen die Reaktionsfunktionen der Duopolisten dar, ihr Schnittpunkt ist das Cournot'sche Gleichgewicht, $m_1 = m_2 = 8$; $G_1 = G_2 = 64$. Das Stackelberg'sche Gleichgewicht liegt beim Berührungspunkt einer Reaktionsfunktion mit einer Gewinnindifferenzkurve des Konkurrenten, $m_1 = 12$; $m_2 = 6$; $G_1 = 72$; $G_2 = 36$. Der Fall der Stackelberg'schen Kriegsführung, bei der jeder der beiden Duopolisten die dominierende Position einnehmen möchte, führt zu dem 0-Gewinn beider Anbieter. *Bishop,* R. L.: Duopoly: Collusion or Warfare?, a.a.O., S. 935.

[12] *Bishop,* R. L.: Duopoly: Collusion or Warfare?, a.a.O., S. 946/47.

[13] *Bishop,* R. L.: Duopoly: Collusion or Warfare?, a.a.O., S. 947.

[14] *Worcester,* D. A.: A Partial Theory of Collusion, Amer. Ec. Rev., P. P., Bd. 48, 1958, S. 596. *Kühne,* K.: Funktionsfähige Konkurrenz, a.a.O., S. 78.

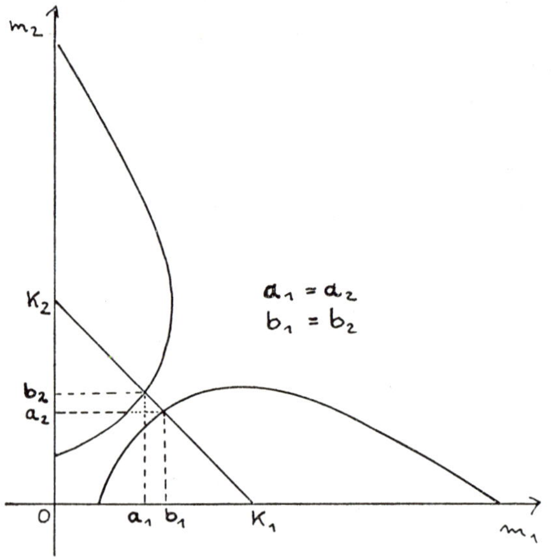

Fig. 8a

Dies gilt jedoch nur unter der Bedingung, daß beide Anbieter weiter am Markte anbieten wollen und den Nutzen ihrer Unternehmertätigkeit höher einschätzen, als die Gewinnsteigerung durch eine Fusionierung oder eine durch Kollusion gesicherte fluktuierende Marktaufteilung in der Relation $a_1 : b_1 = a_2 : b_2$, wobei $a_1 = a_2$ und $b_1 = b_2$ ist und deshalb $b_1 + a_2 = b_2 + a_1 = K_1 = K_2$. Diese beiden Verhaltensweisen verschaffen bei gleichem Anteil am maximalen Gesamtgewinn beiden Anbietern eine sichere individuelle Gewinnmaximierung.

Obwohl Bishop der Symmetrielösung bei konstanten Kosten gegenüber einer asymmetrischen Lösung den größeren Grad der Wahrscheinlichkeit zuordnet[15] — zumindest bei vollständiger Transparenz eines „recurrent market" — meint er, daß „this outcome cannot be established as somehow inevitable, however, even when the duopolists are assumed to be eminently intelligent, knowledgeable, and 'rational'. Even in the present primitively symmetrical case, I shall argue, an asymmetrical collusion is also possible, with or without a preliminary interlude of warfare ..."[16].

[15] Für diesen Fall der Kollusion bei symmetrischen Anbietern trifft nicht Philips Feststellung zu, daß „... the more asymmetrical the distribution of power ... the less formal need the interfirm organization ...". *Philips*, A.: A Theory of Interfirm Organization. Quart. J. of Ec., Bd. 74, 1960, S. 608.

[16] *Bishop*, R. L.: Duopoly: Collusion or Warfare?, a.a.O., S. 936.

Bishop hält auch einen längeren Wettbewerbskampf zwischen den Duopolisten für möglich, obwohl jegliche Verdrängungsmöglichkeit infolge der gleichartigen Kostenstrukturen ausgeschlossen wird[17].

Um die Kollusionslösung zu erreichen, bedarf es nicht der Annahme Bishops, daß die Duopolisten den gemeinsamen maximierten Gewinn auch gleichmäßig aufteilen wollen[18], denn jeder Duopolist kann seinen Konkurrenten auf das Null-Gewinn-Niveau zwingen und so eine für beide Anbieter gleiche Gewinnsituation schaffen, die jedoch infolge der Gewinnmaximierungshypothese von Situationen mit einem höheren individuellen Gewinn notwendigerweise dominiert wird.

Asymmetrische Lösungen oder längerfristige Kampfstrategien mit einem Null-Gewinn für jeden Anbieter sind zwar theoretisch möglich, erlangen aber nicht die reale Bedeutung, die ihnen Bishop zuschreibt[19], da ein jeder Anbieter die Möglichkeit seiner Drohstrategie kennt und sie ebenso wie andere Verhaltensweisen, die für eine Gewinnmaximierung notwendig sind, anwenden wird. Stellt man dies in Frage, könnte man auch beliebig viele andere Parametervariationen zulassen, die mit der Gewinnmaximierung in Widerspruch stehen.

Bei der Diskussion der Konsequenzen nicht-symmetrischer Gewinnaufteilungen unterscheidet Bishop folgende Fälle[20]: (s. Fig. 9).

1. Ein friedliches Anpassungsverhalten entlang der Funktion des maximalen Gesamtgewinnes. Ein solches Verhalten impliziert, daß bei einer asymmetrischen Marktaufteilung ($m_2 = 8$; $m_1 = 4$) der Anbieter mit dem größeren Marktanteil freiwillig die Angebotsmenge bis zu dem symmetrischen Angebot $m_2 = 6$ verringerte, wenn der Konkurrent seine Angebotsmenge über $m_1 = 4$ steigert. Eine solche Anpassung kommt jedoch nur bis zur Symmetrielösung in Frage.
2. Das Kampfverhalten, bei dem jede Angebotssteigerung eines Anbieters über den Symmetriepunkt hinaus mit einer gleich großen Angebotsvermehrung beantwortet wird.

---

[17] Hicks würde in einem solchen Fall nicht von einem Wettbewerbskampf, sondern eher von einem Lernprozeß sprechen. „But once we are on the road of competitive price-cutting, it is reasonable to suppose that, sooner or later, one duopolist or the other would perceive that his conjecture that an increase in his output was leading to a contraction of his rivals was proving wrong. Price-cutting would give place to tacit combination." *Hicks*, J. R.: Annual Survey of Economic Theory. The Theory of Monopoly, in: Readings in Price Theory, a.a.O., S. 377.

[18] *Bishop*, R. L.: Duopoly: Collusion or Warfare?, a.a.O., S. 937.

[19] *Bishop*, R. L.: Duopoly: Collusion or Warfare?, a.a.O., S. 938. „... Game theorists are willing to underwrite this symmetrical solution only when there is an additional symmetry in the ‚utilities' of the duopolists — that is utilities of the von Neumann-Morgenstern type, as based on the subjects' attitudes towards risk ... It involves the extremely dubious assumption that the duopolists' utility functions are known to one another."

[20] Siehe hierzu *Bishop*, R. L.: Duopoly: Collusion or Warfare?, a.a.O., S. 938 ff.

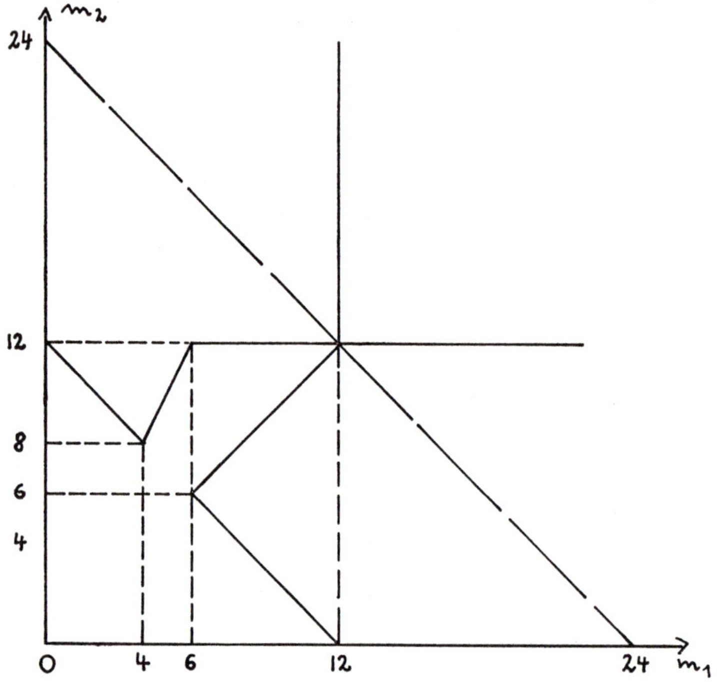

Fig. 9

Die von Bishop diskutierten möglichen Formen des Kampfverhaltens haben das Ziel, den Gegner einzuschüchtern oder ihm einen solchen Eindruck der eigenen Aggressivität zu verschaffen, daß dieser die Unterschiedlichkeit der Mentalität mit einer unterschiedlichen Gewinnaufteilung honoriert.

Wenn man die Aussage von Bishop, daß „... we cannot predict just what the outcome of this conflict of interest will be; for it will depend on the tempers of the two men, including their subjective assessments of one another's attitude“[21], dahingehend interpretiert, so müßte man daraus den Schluß ziehen, daß bei einer Kenntnis dieser Zusammenhänge jeder Anbieter ein Interesse daran haben muß, auf keinen Fall den Eindruck eines passiven Nachgebens als Antwort auf eine aggressive Strategie des Konkurrenten entstehen zu lassen.

In diesem Falle besteht für jeden Anbieter die klare Alternative, eine symmetrische Marktteilung oder eine Gewinnschmälerung — im Extremfall bis auf das Null-Gewinn-Niveau — zu wählen. Diese Entschei-

[21] *Bishop,* R. L.: Duopoly: ..., a.a.O., S. 943.

dung ist durch die Prämisse der Gewinnmaximierung determiniert. Die Investition einer kurzfristigen Gewinnsenkung durch Anwendung einer Kampfstrategie zur Erzielung eines langfristig höheren Gewinniveaus ist von Beginn an dazu verurteilt, eine Fehlinvestition zu sein.

Es ist also zwar richtig, wie Bishop meint, daß ein Anbieter sich rationaler verhält, wenn er es fertigbringt, einen größeren Teil des Gesamtgewinnes bei symmetrischer Kollusion zu erhalten, als eine 50:50-Aufteilung ausmachen würde[22], aber eben die Annahme der Möglichkeit des Erreichens führt zu einem Widerspruch in sich. Entweder möchte der aggressive Anbieter die für ihn günstigere Aufteilung, um seinen absoluten Gewinn zu vergrößern — dann wird ihn die Drohung der Kampfstrategie des Konkurrenten um so mehr von der Anwendung der aggressiven Strategie abschrecken, da eine Senkung des absoluten Gewinnes erfolgt —, oder es ist für ihn das Erreichen einer günstigeren relativen Verteilung entscheidend — dannmuß er sicher sein, daß er den Versuch, diese zu erreichen, mit einer Verschlechterung der eigenen absoluten Gewinnsituation bezahlen muß, ohne daß er ein Anspruchsniveau bezüglich einer günstigeren relativen Verteilung realisieren kann.

Sieht der aggressive Anbieter diese Konsequenzen nicht sofort und handelt entsprechend, so wird er einen „trial-and-error" Prozeß beginnen, der jedoch nach einigen Perioden abgebrochen wird, da die aus diesem Prozeß gewonnenen Erfahrungen bei rationaler Verhaltensweise ihn dazu veranlassen müssen.

Alle diese Überlegungen treffen nicht zu, wenn das Kampfverhalten neben der Verhaltensmaxime der Gewinnmaximierung als alternative Zielsetzung anzusehen ist. In diesem Falle geht es einem oder mehreren Konkurrenten nicht darum, mittels eines Kampfverhaltens den Gewinn zu maximieren, sondern es geht — im Extremfall — einzig darum, den Gegner zu verdrängen. Solche Zielsetzungen werden ausgeschlossen, da sie im vorliegenden Fall unerreichbar und mit der Prämisse der Gewinnmaximierung nicht zu vereinbaren sind.

Die oben gezogenen Schlußfolgerungen gelten natürlich dann nicht, wenn der Konkurrent nicht bereit ist, seine Machtposition am Markte zu verteidigen; aber dies wäre als ein Verschenken der absoluten oder relativen Gewinnposition zu interpretieren und steht im Widerspruch zu der Prämisse der Gewinnmaximierung.

Lediglich in folgenden Fällen sind Kampfstrategien in der Realität möglich, ohne zu einem Widerspruch mit anderen Verhaltensprämissen zu führen:

1. Der Nutzen eines Anbieters steigt mit steigendem Gewinn nicht kontinuierlich, sondern sprunghaft. Bis zu einem Gewinn G_x, der größer

---

[22] *Bishop*, R. L.: Duopoly: ..., a.a.O., S. 944.

ist als die Hälfte des gesamten Kollusionsgewinns, wird mit der Gewinngröße keinerlei Nutzen verknüpft. Erst von der Größe G_x ab wird der Nutzen relevant. Dieser Anbieter strebt also nur solche Positionen an, die mit einem Gewinn $G_v > G_x$ verbunden sind, während die Situationen $G_n < G_x$ keinerlei Präferenzen auslösen[23] (Fig. 10).

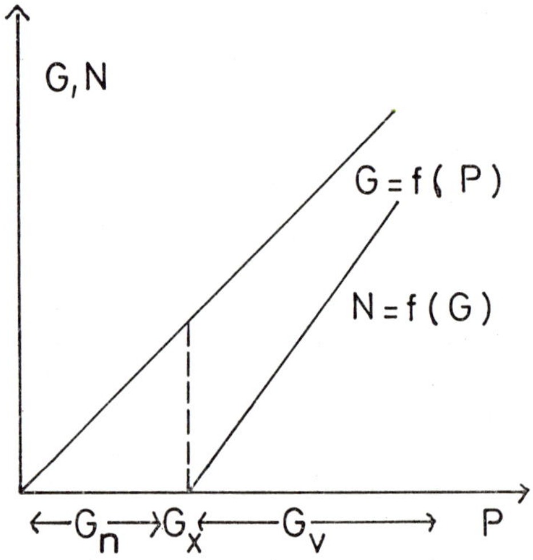

Fig. 10

Verknüpft der Konkurrent dieses Anbieters kontinuierlich mit steigenden Gewinnen einen Nutzen, so kann sich in diesem Fall eine asymmetrische Gewinnverteilung ergeben.

Die Prämissen einer solchen Gewinnverteilung erscheinen jedoch wenig plausibel. Sie werden irrelevant, wenn bei ausreichend langer Produktionsperiode die Gewinne pro Zeiteinheit akkumuliert werden und die so aggregierten Größen die für das Verhalten entscheidenden Kriterien darstellen.

2. Analog lassen sich die Konsequenzen für das Gleichgewicht eines Kollusionsfalles aufzeigen, wenn ein Anbieter einer ungleichen relativen Gewinneverteilung gegenüber dem absoluten Gewinn eine

[23] Besonders für diesen Fall wird N. W. Chamberlains Aussage bedeutungsvoll, wenn er meint, daß „... the greater the benefits of cooperation, the less will both parties be prepared to contest divergent interests". *Chamberlain*, N. W.: Collective Bargaining, New York, Toronto, London 1951, S. 444.

dominierende Bedeutung zuschreibt, während der Konkurrent mit dem einen absoluten Gewinn einen kontinuierlich ansteigenden Nutzen verknüpft.

Auch in diesem Falle ist bei Transparenz der Nutzenstrukturen eine assymetrische Lösung möglich oder ein Kampfverhalten aktuell. Das Kampfverhalten wird mindestens solange andauern, bis durch dieses Handeln die unterschiedlichen Nutzenstrukturen evident geworden sind. Ob es dann abgebrochen wird oder nicht, soll hier nicht interessieren, da sich Bishop streng an die Prämisse der absoluten Gewinnmaximierung hält und nicht das Ziel der Sicherung einer relativen Gewinnposition berücksichtigt.

Auf die Notwendigkeit, nicht nur Pareto-optimales Verhalten zuzulassen, weist Leibenstein in einem welfare-theoretischen Aufsatz hin[24].

Seine Überlegungen, die von Einkommensverteilungen ausgehen, lassen sich direkt auf Gewinnverteilungsaspekte im Kartell übertragen.

Das entscheidende Charakteristikum seines Ansatzpunktes besteht darin, daß er relative und absolute Verteilungsgrößen simultan für den Handelnden entscheiden lassenwill. Als unterschiedliche Verhaltensweisen zeigt Leibenstein folgende auf — wobei die Formulierung analog von den dort diskutierten Einkommensverteilungen auf die hier diskutierten Gewinnverteilungen übertragen werden[25].

(1) Der reine Pareto-Vergleich. Jeder Anbieter betrachtet nur seinen eigenen Gewinn und nicht den Gewinn der Konkurrenten[26].

---

[24] *Leibenstein*, H.: Notes on Welfare Economics and the Theory of Democracy, The Econ. Journ., Bd. 72, 1962, S. 299 ff. Bezüglich verschiedener Einkommensverteilungen meint er, daß „... the literature almost always implies that in making such comparisons we visualise individuals who consider only the magnitude of their own income and not their relative share in the income pie." S. 300/01.

[25] Eine genaue Differenzierung der Verhaltensweisen erscheint exakter, als die ungenaue Ausdrucksweise von Levenson und Solon: „If ... profits are distributed in such a way that each firm receives the same percentage of industry profit as it did prior to collusion, then each firm's profit will increase as a result of collusion." *Levenson*, A. M., *Solon*, B. S.: Outline ..., a.a.O., S. 197.

[26] Für diesen einfachen Fall des Verhaltenshorizontes ist es für das Wettbewerbsergebnis entscheidend, ob eine logistische Funktion als Verhaltensfunktion vorliegt, oder eine Exponentialfunktion, welche B. Russel für die „Konsumption" der Macht unterstellt. Wenn eine Exponentialfunktion gegeben ist, kommt es zu keiner Sättigung, jeder Zuwachs stärkt noch das Wachstum der Funktion. Die Machtgier dürfte in vielen Fällen durch eine solche Funktion bestimmt werden. Werden Gewinne nicht zur Machtsteigerung, sondern zum Konsum verwendet, tritt notwendigerweise eine Sättigung ein, die sich über die sinkende Intensität zur Gewinnerzielung auf den Wettbewerbs- bzw. Kartellierungsprozeß auswirken kann. Siehe hierzu auch *Maller*, J. B.: Cooperation and Competition. An Experimental Study in Motivation, New York 1929, S. 1. *Russel*, B.: Macht. Eine sozialkritische Studie. Zürich 1947, S. 7 ff.

(2) Der „share of the pie“ Vergleich soll in Zukunft als der Positionsvergleich bezeichnet werden, da man für die Festlegung einer Position immer einen Bezugspunkt braucht. Als Bezugspunkt kann die Verteilung in der Konkurrenzsituation oder der Gewinn des Konkurrenten dienen.
Hierbei betrachtet jeder Anbieter seine Gewinnverteilung nur unter dem relativen Verteilungsaspekt[27].

(3) Jene Verhaltensweise, bei der die Verhaltenskriterien von (1) und (2) simultan gemeinsam wirksam werden.

In Fig. 11 stellt die Funktion G_1 eine Gewinnverteilung nach der Verhaltensweise (1) dar, die Funktion G_2 eine nach der Verhaltensweise (2) und die Funktion G_3 eine nach der kombinierten Verhaltensweise (3).

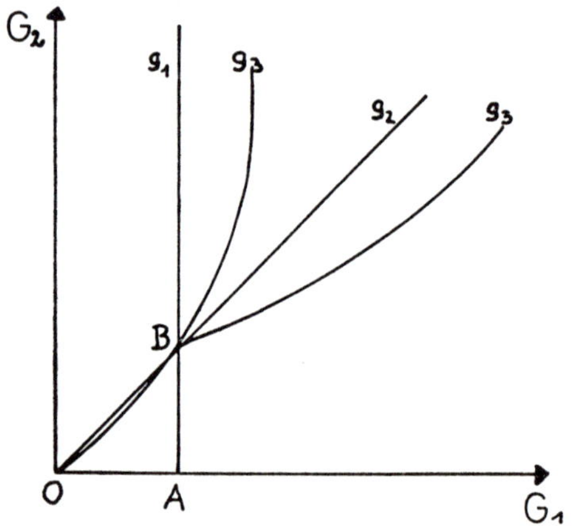

Fig. 11

Die Funktion G'_3 unterscheidet sich von der Funktion G_3 dadurch, daß die Verhaltensweise (3) nicht kontinuierlich beibehalten wird, sondern nur von Punkt B an wirksam ist. Bis zum Punkt B kann entweder die Funktion OB, also die Verhaltensweise des Positions-Vergleichs oder die Funktion AB, d. h. der Pareto-Vergleich wirksam sein.

27 „. . . the relative strength of an oligopolist . . . is measured by the proportion of the joint profits which he obtains.“ *Ryan*, W. J.: Price Theory, London 1958, S. 352.

Da bei der behandelten Modellstellung von symmetrischen Anbietern ausgegangen wird, können asymmetrische Positions-Vergleiche nur in der unterschiedlichen Mentalität der Anbieter begründet sein, die direkt oder indirekt mit der Gewinnmaximierungsprämisse im Widerspruch stehen. Unterschiedliche Gewinnpositionen sollen jedoch langfristig als Ausdruck unterschiedlicher Dominationspositionen angesehen werden.

Positionsansprüche, die nicht realisiert werden können, bringen zwar als Momente eines nicht-realisierten Anspruchsniveaus eine potentielle Unstabilität in das Gruppenverhalten, können jedoch infolge der fehlenden Möglichkeit zur Realisierung langfristig ausgeschaltet werden.

Betrachtet man die Möglichkeit, daß durch Bluffen[28] unterschiedliche Nutzensstrukturen simuliert werden können, so wird der Anbieter, der vor die Entscheidung gestellt wird, ob er sich mit einem geringeren als der Hälfte des Marktanteils begnügen soll, die Kampfstrategie mit einer Kampfstrategie beantworten, wenn er die Wahrscheinlichkeit W_i, daß der aggressive Konkurrent sein Anspruchsniveau ändert, mit $W_i > 1/2$ ansetzt und er insofern optimistisch ist, als er meint, daß in diesem speziellen Fall des Kampfverhaltens der Konkurrent sein Anspruchsniveau nach einem „trial-and-error" Prozeß ändert.

Wie entscheidend sich relative Positionsvergleiche auf den Spielverlauf und das Spielergebnis auswirken können, soll an folgendem Beispiel gezeigt werden.

Es seien als Auszahlungstabellen eines Zwei-Personen-Nicht-Nullsummenspiels gegeben:

$$A \quad \begin{vmatrix} 4 & -3 \\ 1 & -2 \end{vmatrix} \qquad B \quad \begin{vmatrix} -20 & -30 \\ 10 & 40 \end{vmatrix}$$

McKinsey[29] zeigt als Kritik an Nashs Lösungstheorie, daß dieses Spiel zwei Gleichgewichtslösungen aufzeigt, wobei Spieler A die Gleichgewichtslösung in der linken oberen Ecke anstrebt, und B die Gleichgewichtslösung in der rechten unteren Ecke.

Abgesehen davon, daß es schwierig ist, bei der Prämisse der Gewinnmaximierung Wettbewerbslösungen zu suchen, wenn Kollusionslösungen dominieren, kann man in diesem Falle die rechte untere Ecke nicht als Gleichgewichtslösung ansehen, wenn der Spieler A nicht nur seine eigene absolute Gewinnposition betrachtet, nach der er mit der Strategie 2 spielen müßte, da $-2 > -3$ ist, sondern auch die Verlustrelationen,

[28] *Bishop*, R. L.: Duopoly . . ., a.a.O., S. 944.
[29] *McKinsey*, J. C. C.: Introduction . . ., a.a.O., S. 359.

die sich einstellen, wenn A nicht die Strategie 2, sondern die Strategie 1 spielt. In diesem Fall verschlechtert sich A nur um eine Gewinneinheit, B aber 70 Gewinneinheiten. Diese extrem unterschiedliche Verlustveränderung bei beiden Anbietern verschafft A eine solch starke Stellung — falls B auf diese Kombination reagiert —, daß A nicht nur B in die für A günstige Gleichgewichtsposition zwingen kann, sondern eine für ihn noch günstigere Lösung herbeiführen kann, nämlich eine Kooperation der Spieler. Es wird der Gleichgewichtspunkt in der rechten unteren Ecke realisiert, und A sichert sich einen Anteil am Kollusionsgewinn von maximal 38 Gewinneinheiten, der aber auf alle Fälle größer als 4 Einheiten sein wird, so daß diese Kooperationslösung alle anderen Lösungen dominiert.

Ein Extremfall der Motivierung eines Kampfverhaltens in der Marktform eines symmetrischen Duopols liegt dann vor, wenn diese aggressive Verhaltensweise nicht als Mittel zur Gewinnmaximierung angewendet wird, sondern Selbstzweck wird, so daß die damit erreichte Verlustmaximierung bei den Konkurrenten höher eingeschätzt wird als die eigene Gewinnmaximierung[30].

Solche Verhaltensweisen stehen jedoch in direktem Widerspruch zu den Modellprämissen und sind deshalb in diesen extremen Ausprägungen nicht nur aus Gründen der Realitätsbezogenheit unwahrscheinlich, sondern auch logisch nicht haltbar.

Die Grenz- und Durchschnittskosten können neben einem symmetrischen konstanten und ansteigenden Verlauf auch einen fallenden Verlauf aufzeigen. Eine solche Kostensituation ist jedoch nicht mehr mit den anfangs aufgestellten Bedingungen in Einklang zu bringen. In diesem Falle ist eine gemeinsame Gewinnmaximierung ohne vollständige oder teilweise Aufgabe der Produktion durch eine Anbieter nicht möglich, wobei eine Produktionseinschränkung eventuell durch eine Änderung der Produktionstechnik noch rentabel sein kann.

Die Verhaltensweise eines Anbieters, die eventuell auf einen Marktaustritt hinausläuft, wird jedoch nicht ohne Kompensationszahlungen erfolgen, da andernfalls kein Anbieter den durch den Austritt bewirkten Gewinnverlust auf sich nehmen wird.

Noch stärker als für diesen Fall, bei dem der Marktaustritt durch die Möglichkeit einer Gewinnsteigerung induziert wird, gilt Bouldings Formulierung der Situation, in der sich jeder Anbieter befindet:

---

[30] M. Shubik unterscheidet zwischen zwei Formen eines „cut-throat"-Verhaltens: Eine Firma zeichnet sich dadurch aus, daß „... instead of wishing to maximize its own profit each firm may want to maximize the difference between its profits and those of its opponent", während bei einer strengeren Ausprägung „... the only goal of one firm is to inflict as much damage as possible on a competitor regardless of the cost to itself". *Shubik,* M.: Market Form, a.a.O., S. 190.

„Should I get out, and suffer the inconveniences of transferring my occupation or output to another industry, in which case those who are left will reap the reward of my trouble, or should I stay in and wait for someone else to get out? What will happen ... nobody gets out ...[31]."

Liegen Funktionen vor, die sich bezüglich der Neigung nicht kontinuierlich verhalten, etwa u-förmige Grenz- und Durchschnittskosten, so ist bei symmetrischen Kostenstrukturen und mentalitätshomogenen Anbietern wieder eine gleiche Marktaufteilung zu erwarten.

Ist die Nachfragefunktion so gelagert, daß es bei beiden Anbietern gerade zu der Tagentensituation kommt, so werden beide Anbieter zu dem einheitlichen Preis p_t die gleichen Mengen m_1 und m_2 anbieten. In diesem Falle kolludieren sie dahingehend, daß nicht bei der Verhaltensweise $K' = p$ angeboten wird, sondern unter der Bedingung $K' = E'$. Eine solche monopolistische Preisfixierung der Anbieter stellt nicht die einzige Möglichkeit dar, in diesem Falle eine Produktion ohne Verlusterzielung zu ereichen.

Sind die Nachfrage- und Kostenverläufe beider Anbieter den Konkurrenten nicht völlig transparent, könnte man sich auch vorstellen, daß sie vorsichtshalber eine Vollkostenangebotspolitik betreiben[32]. Die Tangentenlösung zeichnet sich dadurch aus, daß sie sowohl das Ergebnis des Angebotsverhaltens bei einer Vollkostenpreisfixierung als bei einer monopolistischen Preisfixierung darstellt (s. Fig. 12).

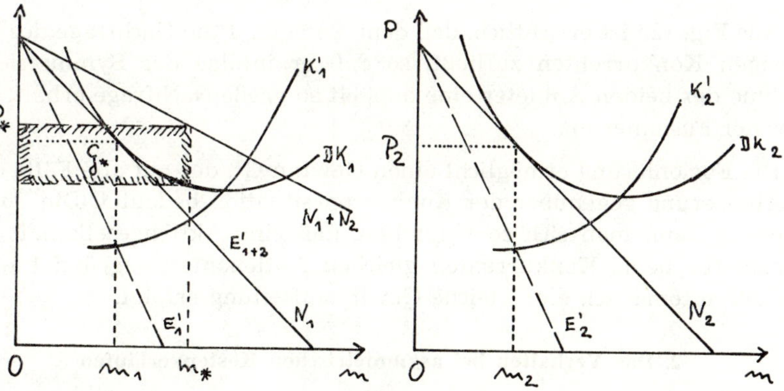

Fig. 12

---

[31] *Boulding,* K. E.: A Reconstruction of Economics, New York 1962, S. 24.

[32] Das Vollkostenprinzip wird verschiedentlich als die primäre Verhaltensweise bei Kollusionen angesehen, siehe hierzu F. Machlup und H. M. Oliver. *Machlup,* F.: Marginal Analysis ..., a.a.O. *Oliver,* H. M.: Average Cost and Long-run Elasticity ..., a.a.O. *Hall,* R. L., *Hitch,* C. J.: Price Theory and Business Behaviour, Oxford Economic Papers, Nr. 2, 1939, S. 18 ff.

Das Einhalten der Vollkostenpreisfixierung ist also in verschiedenen Fällen für beide Anbieter die einzige Möglichkeit, einen Verlust zu vermeiden. Eine Aktionsparameterfixierung mit dem Ziel, durch Preiswettbewerb einen größeren Marktanteil zu erhalten, bringt durch eine gleichgerichtete Raktion des Konkurrenten beide Anbieter in den Verlustbereich

$$p_t = p_1 = p_2; \; m_1 = m_2$$

Wird die Nachfragefunktion noch weiter zum Nullpunkt des Koordinationssystems verschoben, können die Anbieter zumindest für kürzere Zeit eine Verlustminimierung noch als rationaler ansehen als einen Marktaustritt. Sie minimieren in diesem Falle den Abstand zwischen der Nachfragefunktion und der DK-Funktion.

Die Verhaltensweise der Vollkostenpreisfixierung, die die Kartelle als „Kinder der Not" charakterisiert, wird bei einem Nachfragewachstum sofort zugunsten der Verhaltensweise, bei der unter der Bedingung $K' = E'$ angeboten wird, verlassen. Da $K'_1 = K'_2 = E'_1 = E'_2$ ist, kann unter den gegebenen Prämissen keine weitere Gewinnsteigerung erreicht werden.

Betrachtet man außer der Kollusionsmöglichkeit auch noch Fusionierung beider Anbieter als optimale Strategie zur Gewinnmaximierung, so wird diese Strategie zwingend, wenn die Anbieter erwarten, daß sie langfristig bei den gegebenen Kostenstrukturen auf dem sinkenden Ast der DK-Kurve produzieren.

Aus Fig. 12a ist ersichtlich, daß dem Anbieter 1 die Nachfrage des bisherigen Konkurrenten zufließt, so daß er infolge der Symmetrieannahme der beiden Anbieter eine doppelt so große Nachfrage erhält, wie vor der Fusionierung.

Die Fusionierung ermöglicht einen Gewinn G*, der auf alle Fälle eine Verbesserung gegenüber der Konkurrenzsituation bedeutet. Die Fusionierung kann man sich so vorstellen, daß eine Aktiengesellschaft mit einem für beide Konkurrenten gleichen Aktienanteil gegründet wird, so daß automatisch eine gleiche Gewinnaufteilung erfolgt.

2. Das Verhalten bei asymmetrischen Kostenverläufen

Die Asymmetrie der Anbieter bezüglich ihrer Kostenstrukturen kann sowohl quantitativer, als auch qualitativer Art sein. Eine qualitative Heterogenisierung soll dann vorliegen, wenn die Kostenfunktionen bei den einzelnen Anbietern qualitative Steigerungsunterschiede aufweisen[33]; also positive, negative oder O-Steigerung.

[33] Da bei einer Vollkostenkalkulation mit maximal realisierbarem Gewinnaufschlag das Angebotsgleichgewicht eines Monopolisten identisch ist mit dem

Eine quantitative Heterogenisierung liegt dann vor, wenn die Kostenfunktionen sich nur quantitativ bezüglich des Grades ihres Anstiegs oder Falles unterscheiden, aber als gemeinsames Charakteristikum eine positive, negative oder eine Neigung mit dem Wert Null haben.

Funktionen mit einem u-förmigen Verlauf unterscheiden sich also immer nur quantitativ, da sie qualitativ gleich strukturiert sind.

Wenn die Grenzkosten als die das Angebotsverhalten der Produzenten bestimmenden Kosten bei der Analyse der heterogenen Kostenstrukturen ebenso wie bei der Analyse der homogenen Kostenstrukturen in den Vordergrund gestellt werden, so ergeben sich nach den angegebenen Unterscheidungskriterien folgende Fälle:

a) Beide Anbieter haben verschiedene, aber konstante Grenzkosten.

b) Beide Anbieter haben unterschiedliche kontinuierlich steigende Grenz- und Durchschnittskosten.

c) Beide Anbieter haben u-förmige, aber nicht homogene Grenz- und Durchschnittskosten. Hierbei sind die Möglichkeiten zu unterscheiden:

   mit Größendegression,
   ohne Größendegression:

   In letzterem Falle liegen die Minima der DK auf einem Niveau.

d) Ein Anbieter hat konstante Grenz- und Durchschnittskosten, der Konkurrent hat kontinuierlich steigende Grenz- und Durchschnittskosten.

e) Ein Anbieter hat konstante Grenz- und Durchschnittskosten, der andere Anbieter hat u-förmige Grenz- und Durchschnittskosten.

f) Ein Anbieter hat kontinuierlich steigende Grenz- und Durchschnittskosten, der Konkurrent hat u-förmige Grenz- und Durchschnittskosten.

Haben beide Anbieter konstante Grenzfunktionen unterschiedlicher Höhe, so kann kein Kollusionsgleichgewicht durch stillschweigende Marktaufteilung zustande kommen, da das Unternehmen mit der niedrigeren Kostenfunktion einen proportional zu der höheren Kostenfunktion des Konkurrenzbetriebes kleineren Marktanteil erhalten müßte (s. Abb. 13).

Da eine solche Situation zu dem Widerspruch führt, daß der stärkere Duopolist den geringeren Markt- und Gewinnanteil erhält, wird der An-

---

$E' = K'$ Angebot, erscheint die Bezeichnung Vollkostenkalkulation irreführend. Es wird deshalb fast durchweg von der Determinierung des Angebots durch die Grenzkosten ausgegangen. Unter dem allgemeinen Begriff „Kosten" sind deshalb immer Grenzkosten zu verstehen.

bieter mit den niedrigeren Grenzkosten seinen optimalen Preis durchsetzen und den Konkurrenten vom Markte verdrängen, wenn dieser dadurch schon in die Verlustzone gerät.

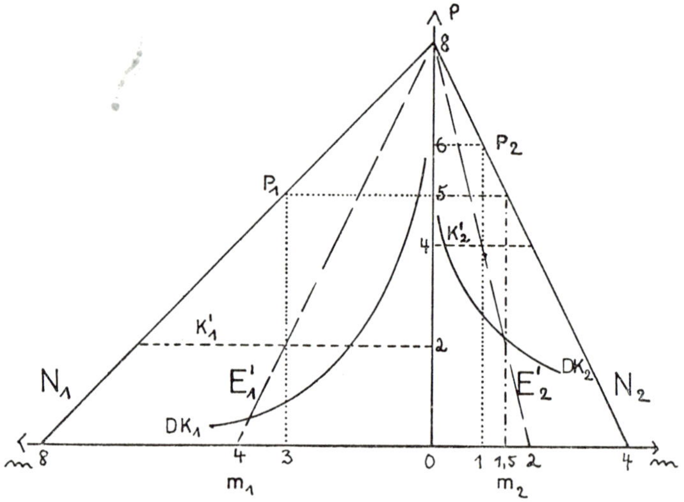

Fig. 13

Wenn man die Verdrängungsstrategie des Anbieters I mit der günstigeren Kostenstruktur ausschließt, so paßt sich der Konkurrent an dessen Preisfixierung an mit der Konsequenz, daß beide Anbieter die gleiche Menge am Markt anbieten[34].

Da die Verdrängungsstrategie jedoch auch dann nicht zum Einsatz kommt, wenn der Anbieter II einen kleineren Marktanteil als die Hälfte des Marktes bei einem Preis p_1 erhält, kann man den Unbestimmtheitsbereich des Modellablaufs auch ausschalten, wenn eine stillschweigende Marktaufteilung umgekehrt zur Relation der Grenzkosten erfolgt. In diesem Fall produziert der Anbieter II genau die Hälfte des gesamten Angebots bei dem Preis p_1.

Ein solches Kriterium der Marktaufteilung kann jedoch nur dann mit der Ausschaltung des Zieles der Verdrängungsstrategie in Einklang gebracht werden, wenn die Kostenfunktionen nicht eine zu große Streu-

[34] *Brandt*, K.: Die Konfliktsituation ..., a.a.O., S. 394. Die Konsequenzen des dortbehandelten Modells, in dem die Kostenfunktionen der Anbieter auch fixe Kosten enthalten, lassen sich direkt auf den Fall konstanter Durchschnittskosten übertragen.

ung aufweisen. Läge die Grenzkostenfunktion des Anbieters II auf dem Niveau N, $N > P_1$, so müßte er notwendigerweise aus dem Markt ausscheiden.

Haben zwei Anbieter lineare Grenzkostenfunktionen mit unterschiedlichen Kostensteigerungen, so kann die Fixierung der Aktionsparameter entsprechend der Lösung beim symmetrischen Duopol erfolgen, wenn davon ausgegangen wird, daß beide Anbieter ihre Unternehmen nicht fusionieren wollen, um auf diese Weise zu einer günstigeren Kostenstruktur für die Gruppe insgesamt zu gelangen, und wenn ein Verdrängungswettbewerb ausscheidet.

Eine weitere Bedingung dafür, daß eine Gleichgewichtslösung analog zu dem symmetrischen Duopol gefunden werden kann, besteht darin, daß die Anbieter die unterschiedlichen Kostenstrukturen zur Aufschlüsselung der Marktanteile in der Weise benutzen, daß $K'_1 : K'_2 = N_2 : N_1$ ist (s. Fig. 14).

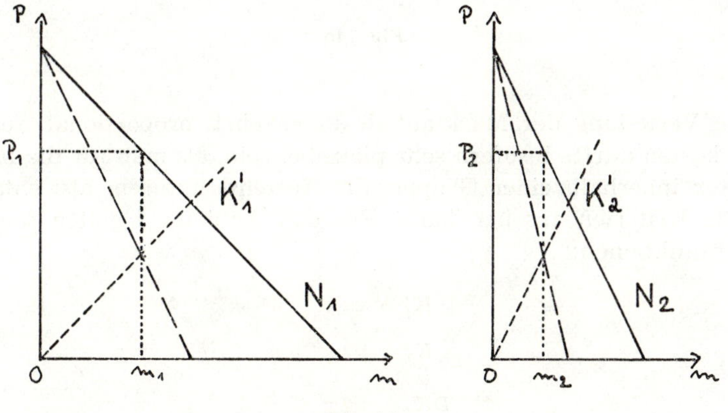

Fig. 14

In diesem Fall ergibt die monopolistische Verhaltensweise der beiden Anbieter ($K' = E'$) einen einheitilchen Marktpreis p^*; $p_1 = p_2$. Die abgesetzte Menge m_1 des Anbieters I ist genau doppelt so groß, wie die abgesetzte Menge m_2 des Anbieters II. Die Grenzkosten der beiden Anbieter sind bei dieser Marktaufteilung gleich, so daß keine optimalere Produktionsaufteilung erfolgen kann.

Bei den nach diesem Marktaufteilungsschlüssel festgelegten Produktionsquoten ist gleichzeitig die Bedingung der monopolitischen Gewinnmaximierung erfüllt[35].

[35] *Stigler*, G. J.: The Theory of Price. Revised ed, New York 1957, S. 228.

In Fig. 14a sind die aggregierten Grenzkosten- und Grenzerlösfunktionen der beiden Anbieter (von Fig. 14) dargestellt, die denselben Monopolpreis p und dieselbe Monopolmenge m aufzeigen, wie bei der Marktaufteilung nach der Bedingung $K'_1 : K'_2 = N^*_2 : N^*_1$.

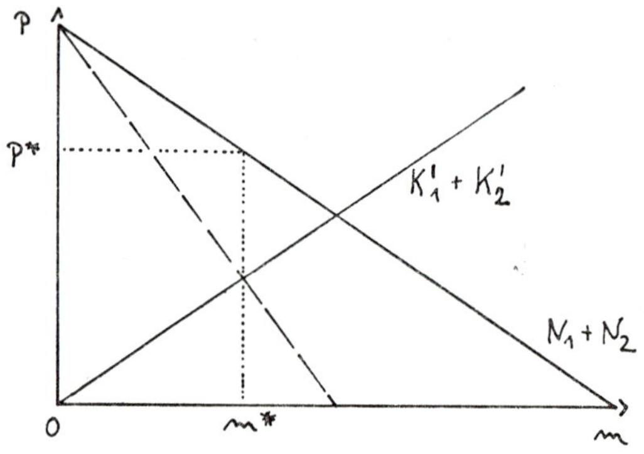

Fig. 14a

Eine Verteilung der Marktanteile umgekehrt proportional zu den Grenzkosten dürfte insofern sehr plausibel sein, als man für die Machtstruktur innerhalb einer Gruppe die Kostenstrukturen als entscheidendste Kriterien ansehen kann. Für den Anbieter I gelten folgende Kostenfunktionen:

$$K'_I = x$$

$$K_I = 1/2\,x^2 + a$$

$$DK_I = 1/2\,x + \frac{a}{x}$$

Für den Anbieter II gelten die Kostenfunktionen:

$$K'_{II} = 2x$$

$$K_{II} = x^2 + b$$

$$DK_{II} = x + \frac{b}{x}$$

Voraussetzungsgemäß sind die Parameterwerte a und b gleich Null. Wäre dies nicht der Fall, müßte man jene kritischen Werte der Parameter finden, bei denen Kartellierungen ausgeschlossen sind[36].

---

[36] Von entscheidendem Einfluß darauf, ob die Kostenstruktur der Anbieter als entscheidendes Kriterium für die Aufteilung des gesamten Marktes anzu-

Bei der Analyse eines homogenen Duopols mit unterschiedlichen und u-förmigen Grenzkosten soll davon ausgegangen werden, daß die Grenzkosten des Anbieters I über denen des Anbieters II liegen[37].

Betrachtet man zunächst einen Preis $p_x > p_1$, so ist diese Situation dadurch gekennzeichnet, daß beide Anbieter durch eine Senkung des Preises ihren individuellen Gewinn vergrößern können[38]. (Siehe Fig. 15, $N_I = N_{II}$)

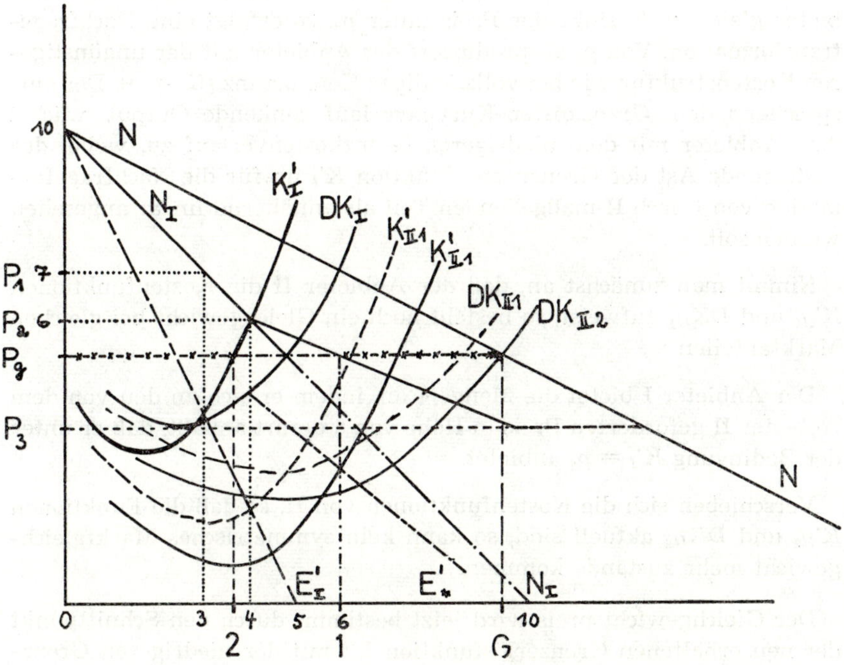

Fig. 15

---

sehen ist, ist die Relation der fixen Kosten bei den Konkurrenten. Sind die Größen *a* und *b* sehr verschieden voneinander, so kann die friedliche Strategie der Marktaufteilung zugunsten einer Marktverdrängung durch den Anbieter mit dem höheren Fixkostenanteil aufgegeben werden. Eine entscheidende Bedingung für die Stabilität einer friedlichen Verhaltenskoordination besteht also in annähernd gleichen fixen Kosten.

[37] Siehe hierzu die Arbeiten von: *Kristensen*, T.: A Note on Duopoly, Review of Econ. Studies, 1938/39, S. 56 ff. *Weintraub*, S.: Price Theory, 2. verb. Aufl., New York, London 1956, S. 172. *Cyert*, R. M., *March*, J. G.: Organizational Factors . . ., a.a.O., S. 59. *Ryan*, W. J. L.: Price Theory, a.a.O., S. 337 ff. *Brandt*, K.: Die Konfliktsituation . . ., a.a.O., S. 385 ff. *Heuss*, E.: Das Oligopol, a.a.O., S. 166 ff.

[38] *Kristensen*, T.: A Note on Duopoly, a.a.O., S. 57.

Sinkt der Preis unter p_3, so scheidet der Anbieter mit der ungünstigeren Grenzkostenfunktion aus dem Markt aus, da er mit Verlust produziert, der Konkurrent wird zum Monopolisten. Sieht man von einer solchen Monopolisierung des Marktes ab, so muß die Gleichgewichtssituation des Duopols zwischen p_1 und p_3 liegen.

Um diese zu finden, isoliert man zunächst die individuellen Nachfragefunktionen der beiden Anbieter.

Bei einer Preissenkung von p_1 bis p_2 ist der Marktanteil beider Anbieter gleich groß, sinkt der Preis unter p_2, so erfolgt eine Nachfragetransformation. Von p_2 ab produziert der Anbieter mit der ungünstigeren Kostenstruktur wie bei vollständiger Konkurrenz ($K' = p$). Der entsprechend dem Grenzkosten-Kurvenverlauf sinkende Output wächst dem Anbieter mit dem niedrigeren Grenzkostenverlauf zu, wobei der ansteigende Ast der Grenzkostenfunktion K'_I im für die Nachfrageformation von I nach II maßgebenden Teil als annähernd linear angesehen werden soll.

Nimmt man zunächst an, daß der Anbieter II die Kostenfunktionen K'_{II_1} und DK_{II_1} aufweist, so besteht noch ein Gleichgewicht bei gleichen Marktanteilen.

Der Anbieter I bietet die Menge 4 an, indem er sich an den von dem Anbieter II geforderten Preis in Höhe von 6 derart anpaßt, daß er unter der Bedingung $K'_I = p_2$ anbietet.

Verschieben sich die Kostenfunktionen von II, so daß die Funktionen K'_{II_2} und DK_{II_2} aktuell sind, so kann kein symmetrisches Marktgleichgewicht mehr zustande kommen.

Der Gleichgewichtspreis wird jetzt bestimmt durch den Schnittpunkt der neu erhaltenen Grenzerlösfunktion E'^* mit der niedrigeren Grenzkostenkurve und die bei diesem Preis p_g nachgefragte Gesamtmenge OG wird zwischen den beiden Anbietern asymmetrisch aufgeteilt. Der Anbieter mit dem niedrigeren Grenzkostenverlauf erhält den größeren Marktanteil 01, der Konkurrent den kleineren Marktanteil OG — 01 = 02.

Die individuelle Nachfragefunktion N_I — N_I als Hälfte der Gruppennachfragefunktion N — N hat Gültigkeit bei Anbietern mit homogenen Kostenfunktionen. Sind die Kostenfunktionen, wie in diesem Falle, heterogen, ergibt sich für den Anbieter mit der günstigeren Kostenfunktion ein doppelt gebrochener Verlauf der Nachfragefunktion. Die Knicke in der Nachfragefunktion werden durch den Punkt der einsetzenden kontiduierlichen Nachfrage-Transformation und den Marktaustritt des Konkurrenten determiniert.

Kristensen charakterisiert diese Form der Preisführerschaft dadurch, daß er den Anbieter mit der günstigeren Kostenstruktur als Monopolisten bezeichnet, „... fixing his price independently“[39].

Die dadurch bewirkte Erweiterung des Monopolbegriffes erscheint nicht nur deswegen unglücklich, weil nicht nur eine Entscheidungseinheit handelt, sondern weil der dominierende Anbieter nicht unabhängig ist von dem Angebot des Konkurrenten[40]. Das realisierte Angebot des Konkurrenten, der zum Anpassen gezwungen ist, beeinflußt immer dann die Fixierung der Aktionsparameter des dominierenden Anbieters, wenn der Marktaustritt des Anpassers eine Gewinnsteigerung des Dominierenden möglich macht[41]. Eine Wahrnehmung dieser Möglichkeit der Gewinnsteigerung muß infolge der Prämisse der Gewinnmaximierung unterstellt werden. Aus all diesen Gründen würde man dieser Form der Preisführerschaft, die durch die unterschiedlichen Kostenstrukturen bedingt ist, eher gerecht, wenn man sie als eine spezielle Form des Kollektivmonopols betrachtete, die sich dadurch auszeichnet, daß die Willensbildung, und damit die Koordination der Aktionsparameter der Gruppe durch eine begrenzte Domination eines Anbieters oder einer Gruppe von Anbietern erfolgt[42]. Eine begrenzte Domination liegt deswegen vor, weil der dominierende Anbieter keine Verdrängungsstrategie anwenden kann. Die Marktstellung einer vollständigen Domination ist mit einer kollusiven Parameterfixierung auf einer horizontalen Marktebene nicht zu vereinbaren und führt zu einem Widerspruch in sich.

Umschreibt man ganz allgemein das Verhalten einer dominierenden Firma als „passiv“[43], so wird damit der Tatsache Rechnung getragen, daß die dominierende Firma den Absatz des Konkurrenten bei alternativen Preisfixierungen berücksichtigen muß. Ebensogut könnte man jedoch sagen, daß nach der Preisfixierung des Preisführers eine Produktionsanpassung an diesen Preis durch den Dominierenden erfolgt.

---

39 *Kristensen,* T.: A Note on Duopoly, a.a.O., S. 59.

40 Die Feststellung von Burns, daß die Preisführerschaft eine besondere Form der Verhaltenskoordination zwischen Anbietern sei, die einer „trade association“ ähnele, trifft den Kartellcharakter der Preisführerschaft eher. — *Burns,* A. R.: The Decline of Competition, New York, London 1936, S. 76.

41 Insofern muß man auch die Darstellung der „umbrella price leadership“ als unrichtig ansehen, die dann vorliegt, „... when a dominant firm in the industry sets price at the level at which it can sell its profitmaximizing output and then permits the smaller firms in the industry to sell all they profitably can at that price.“ — *Levenson,* A. M., *Solon,* B. S.: Outline of Price Theory, a.a.O., S. 202.

42 Da die Anbieter nicht bei Ausgleich der Grenzkosten anbieten und ein Austausch von Produktionsquoten nicht erfolgt und deshalb eine Gewinnsteigerung noch möglich ist, ist die Preisführerschaft als unstabile Verhaltenskoordination zu betrachten.

43 *Worcester,* D. A.: Why „Dominant Firms“ decline, a.a.O., S. 338.

Außerdem liegt in der Isolierung der eigenen Nachfragefunktion durch den Preisführer qualitativ kein anderes Verhalten vor als bei der Bestimmung der Nachfragefunktion eines Monopolisten[44]. Der einzige Unterschied besteht in einer umfassenderen Information des Preisführers bezüglich des konkurrierenden Angebotes. Während beim Monopolisten die Gruppe der Konkurrenten geschlossen und anonym in der konjekturalen Preis-Absatz-Funktion berücksichtigt wird[45], werden in diesem Fall direkte, anderen Entscheidungseinheiten zuordenbare Interdependenzen berücksichtigt.

Da die Preisführerschaft eine bestimmte Machtstruktur der Anbieter umschreibt, aus der ein bestimmtes Verhalten resultiert, kann die Preisführerschaft auch als Verhaltensweise interpretiert werden[46].

Wenn das Anpassungsverhalten des Preisfolgers verschiedentlich als Wettbewerbsverhalten bezeichnet wird, so trifft diese Charakterisierung den Sachverhalt insofern nicht, als durch die Gleichsetzung der Grenzkosten und des Preises lediglich eine Vorschrift zur Erreichung der Gewinnmaximierung erfüllt wird, wenn der Preis als Datum angesehen wird[47].

Diese Vorschrift erfüllt man aber auch in einem Konzern mit mehreren Produktionseinheiten oder in dem Modell des Lange-Lerner'schen Konkurrenzsozialismus, ohne daß ein Element des Wettbewerbes in diesen Formen der Produktionsfixierung vorhanden ist, es wird lediglich ein wettbewerbsanaloges Verhalten erreicht[48].

---

[44] Insofern kann man von einem Preisführer auch nicht sagen, daß er „... will take account not of the costs and receipts of the whole industrie, but only of the predominant firm ...“, da er diese Größen ja bei der Isolierung seiner eigenen Nachfragefunktion verwenden muß. *Robinson*, E. A. G.: Monopoly, a.a.O., S. 30.

[45] Hierbei wird der sehr unwahrscheinliche Fall ausgeschaltet, daß bei sämtlichen Konsumenten kein Konsument das angebotene Gut des Monopolisten nutzenrelevant substituiert. Logischerweise dürfte in diesem Fall überhaupt nur ein einziger Anbieter, der Monopolist, produzieren.

[46] *Seitz*, T.: Preisführerschaft ..., a.a.O., S. 90. — „Nun stellt die Preisführerschaft im Oligopol offenbar eine solche Verhaltensweise dar.“

[47] Worcester spricht indirekt von einem fehlenden Wettbewerb im Falle der dominierenden Firma. „... it is a shortrun situation that will eventually disintegrate ... into competition.“ — *Worcester*, D. A.: Why „dominant firms“ decline, a.a.O., S. 338.

[48] Diese Aussage gilt nur, wenn man den Wettbewerb als einen dynamischen Vorgang auffaßt. Notwendige Bedingungen für ein Wettbewerbsverhalten werden auch bei statischen, wettbewerbsneutralen oder dirigistischen Produktionsmodellen mit einer Entscheidungseinheit oder mehreren Entscheidungseinheiten erfüllt sein. Wie anfangs dargelegt, sind diese notwendigen Bedingungen aber nicht ausreichend für die Charakterisierung eines Wettbewerbsverhaltens. Eine Strategie des „leben und leben lassen“ mit starren Marktanteilen der Entscheidungseinheiten stellt keine Wettbewerbsstrategie dar.

Ebenso wie bei allen anderen asymmetrischen Marktaufteilungen wird sich auch in diesem Falle eines Duopols mit Preisführerschaft auf einem homogenen Markt die Nachfrage bei einer entsprechend großen Käuferzahl gleichmäßig auf die Anbieter verteilen[49].

Da jedoch die Anbieter mit den asymmetrischen Kostenstrukturen im Gleichgewichtsbereich eine ungleiche Marktaufteilung aufweisen und die Käufer keinerlei Absprachen treffen können, wird eine Nachfrageverteilung entsprechend der Marktaufteilung nur zufällig erfolgen können.

Die modellinhärente unvollkommene Transparenz der einzelnen Nachfrager kann dazu führen, daß Präferenzen dergestalt zwischen Käufern und Verkäufern entstehen, daß die Verkäufer bestimmten Käufern Lieferungsversprechen bei bestimmten Preisen machen. Wenn solche Käufer-Verkäufer-Verträge von allen Anbietern abgeschlossen werden, wird damit jedoch nicht die Homogenität des Marktes verlassen. Ohne eine solche vertragliche „Zuteilung" von Käufern kommt es bei homogenen Märkten und ungleichen Kostenstrukturen zu einer Übernachfrage bei jenen Anbietern, die den kleineren Marktanteil bekommen. Diese Übernachfrage wird infolge der Marktaufteilung nicht befriedigt, sie wandert zu den Anbietern mit den größeren Marktanteilen ab.

Bildet sich im Laufe der Zeit ein fester Kundenstamm heraus, so kommt es nicht mehr zu einer Übernachfrage. Jene Käufer, die von einem Anbieter zum anderen Anbieter wanderten, werden, da sie gegenüber dem angebotenen Produkt indifferent sind, sofort bei jenem Anbieter kaufen, bei dem sie ein bei dem Preise ausreichendes Angebot erwarten.

Besteht eine Fluktuation zwischen den Anbietern nicht nur in einer Richtung[50], so kann es auch in den nächsten Perioden zu einer Übernachfrage bei den Anbietern mit dem kleineren Marktanteil kommen. Es entsteht dann ein Markoff'scher Prozeß, der jedoch in den meisten Fällen zu einer Gleichgewichtsverteilung führt oder zu einem Verschwinden der Fluktuation, d. h. einer Wahrscheinlichkeitsverteilung in der Übergangsmatrix, die bei zwei Anbietern wie folgt aussieht:

---

[49] Die konstanten oder symmetrischen Kostenstrukturen führt die gleiche Nachfrageverteilung zu einer gleichen Marktaufteilung. Siehe hierzu *Brandt*, K.: Die Konfliktsituation ..., a.a.O., S. 392 ff.

[50] Man kann nicht deswegen die Möglichkeit einer solchen Fluktuation ausscheiden, weil man aus Transparenzgründen sie für nicht möglich hält, denn ansonsten müßte man annehmen, daß die vollkommene Transparenz auch bei der primären Nachfrageverteilung eine Übernachfrage nicht zustande kommen läßt.

	A_1	A_2
A_1	1	–
A_2	–	1

Anbieter mit unterschiedlich ansteigendem Grenzkostenverlauf haben also zwei mögliche Strategien zur Bestimmung des Angebotspreises und der Angebotsmenge:

a) Die Anbieter teilen den Markt umgekehrt zum Anstieg der Grenzkostenfunktionen auf.

b) Der Anbieter mit der günstigeren Grenzkostenfunktion fixiert als Preisführer den Marktpreis und läßt den Anbieter mit der ungünstigeren Grenzkostenfunktion sich entsprechend $K' = p$ anpassen.

In dem letzteren Falle dominiert das Verhalten eines Anbieters das Verhalten des anderen Anbieters insofern, als er den Preis fixieren kann.

Fraglich dürfte es nur sein, ob er diesen Vorteil auch wahrnimmt. Er beinhaltet insofern einen Nachteil, als er einen relativ größeren Marktanteil erhalten könnte, wenn er eine stillschweigende Marktaufteilung mit dem Konkurrenten erreichen kann.

Man muß also D. A. Worcester zustimmen, der meint, daß „in a very real sense price leadership is bought at the cost of quantity followership“[51]. Dieser Tatbestand dürfte für die dominierende Firma insbesondere dann von Nachteil sein, wenn die dominierende Firma sich der Tangentensituation gegenübersieht und im Gegensatz zu den Preisfolgern keinen Gewinn machen kann[52] (s. Fig. 16).

Um jene Faktoren genauer isolieren zu können, die bei der Strategie *b)* die für den Anbieter mit der ungünstigeren Kostenstruktur relativ bessere Marktaufteilung bewirken, wird von folgendem Beispiel ausgegangen.

Es soll der Bereich untersucht werden, in dem ein Anbieter wie bei vollständiger Konkurrenz ($K' = p$) anbietet und der Konkurrent den Preis unter der Bedingung $K' = E'$ fixiert, wobei E' die Grenzerlösfunktion derjenigen Nachfragefunktion ist, die bis zum Marktaustritt des Anbieters mit der ungünstigeren Kostenstruktur gilt. Würden *beide*

---

[51] *Worcester*, D. A.: Why „Dominant Firms“ Decline, a.a.O., S. 340.

[52] *Worcester*, D. A.: Why „Dominant Firms“ Decline, a.a.O., S. 339 ff. Dieses Marktmodell kann auch analog auf das Verhältnis von Kartell und Außenseiter übertragen werden.

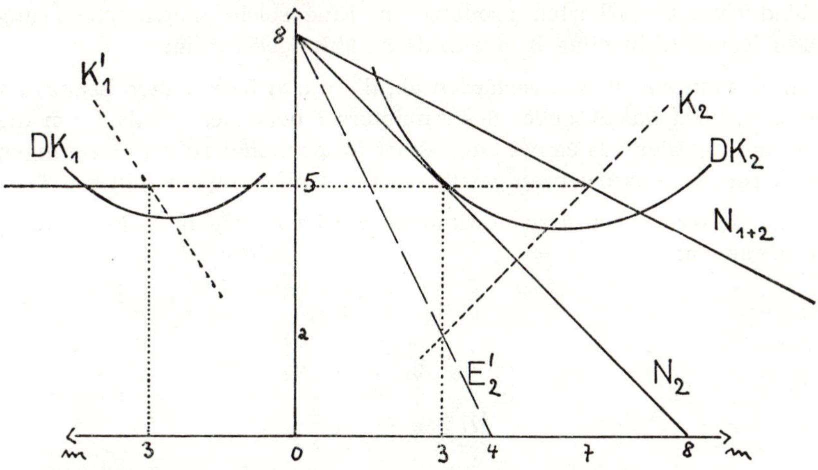

Fig. 16

Anbieter einen bestimmten Preis als Datum nehmen, also wie bei vollständiger Konkurrenz anbieten, so würde in jedem Falle eine Marktaufteilung zustande kommen, bei der die Marktanteile $M_I : M_{II}$ sich umgekehrt zu den Grenzkosten $K'_{II} : K'_{II}$ verhalten (s. Fig. 17):

$$M_{II} : M_I = K'_I : K'_{II} = 3 : 1$$

Der Anbieter mit der ungünstigeren (höher) liegenden Grenzkostenfunktion kann jedoch einen relativ höheren Marktanteil erhalten, als er ihm entsprechend der Relationen der Grenzkostenfunktion zustehen würde.

Dies für ihn günstigere Ergebnis kann der Anbieter *I* erhalten, wenn für ihn die Angebotsbedingung $K'_I = p$ maßgebend ist, während der Anbieter *II* sich monopolistisch verhält und die Menge auf den Markt bringt, bei der $K'_{II} = E'_2$ ist.

Der Anbieter *II* verknappt also das bei einem bestimmten Preis mögliche Angebot dadurch, daß er nicht $K'_{II} = p$ anbietet, sondern unter der Bedingung $K'_{II} = E'_2$.

Betrachtet man die dargestellte nach asymmetrischen Verhaltensweisen sich entwickelnde Angebotspolitik ($K'_I = p$; $K'_{II} = E'_{II}$), so ist ersichtlich, daß eine Steigerung des Gruppengewinnes durch eine Umverteilung der Produktion erfolgen kann, da beide Anbieter mit unterschiedlichen Grenzkosten produzieren. Eine solche Gewinnsteigerung kann jedoch nicht ohne Kompensationszahlungen erfolgen.

Sieht man von Kostenverläufen ab, die durch fixe Kosten beeinflußt werden, wird das Angebot des Anbieters I bei einem Preis p um die Strecke a größer, als es bei umgekehrt proportional zu den Steigungen der Grenzkostenkurven aufgeschlüsselten Marktanteilen sein dürfte.

Um die Größe von a zu bestimmen, wird von folgenden Funktionen ausgegangen:

$$K'_I = \frac{3}{2} x$$

$$K'_{II} = \frac{1}{2} x$$

$$N_1 = -x + 10$$

$$N_2 = -\frac{3}{8} x + 7\ 1/2$$

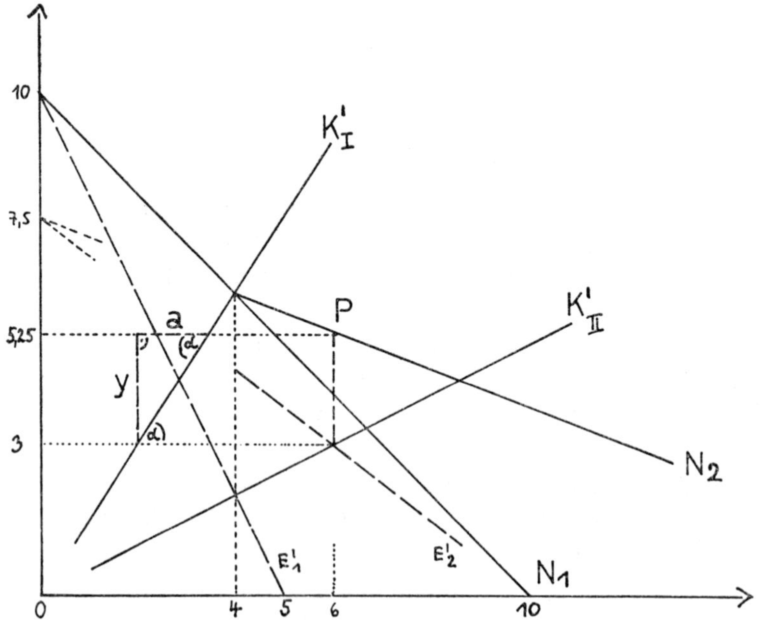

Fig. 17

N_2, die isolierte Nachfragefunktion des Anbieters 2, erhält man, indem von der allgemeinen Funktionsgleichung $y = -bx + c$ ausgegangen wird und die Parameter b und c durch das Einsetzen der Koordination zweier Punkte bestimmt werden.

Wie Fig. 17 zeigt, erhält man a allgemein aus der Steigung der K'_I-Funktion

$$tg\,\alpha = \frac{y}{a}$$

$$\frac{3}{2} = \frac{y}{a}$$

$$(1) \quad a = \frac{2}{3} y$$

Der Wert y ist der Ausdruck der monopolistischen Preisüberhöhung über die Grenzkosten des Anbieters *II*.

$$(2) \quad y = p - K'_{II} \left(\text{bei der Menge } x = 7\frac{1}{2} - p\right) \frac{8}{3}$$

$$(2) \text{ in } (1) \quad a = \frac{2}{3}\left(p - \frac{1}{2} x\right); \quad x = \left(7\frac{1}{2} - p\right)\frac{8}{3}$$

$$a = \frac{2}{3}\left[p - \frac{1}{2} \cdot \frac{8}{3}\left(7\frac{1}{2} - p\right)\right]$$

$$a = \frac{2}{3}\left(2\frac{1}{3} p - 10\right)$$

$$(3) \quad = \frac{14}{9} p - \frac{20}{3}$$

Abschließend kann man also feststellen, daß der Anbieter *I* mit der ungünstigeren Kostenstruktur seinen relativen Marktanteil um $^2/_3$ der monopolistischen Preisüberhöhung durch den Anbieter *II* vergrößern kann.

Diese Korrektur des Marktanteils erhält man, indem der Kehrwert des Grenzkostenanstiegs von *I* mit der Differenz des Marktpreises und der Grenzkosten des Anbieters *II* multipliziert wird.

In dem gewählten Beispiel ist der Gleichgewichtspreis $p = 5$.

Man erhält für a: $a = \frac{14}{9} \cdot \frac{21}{4} - \frac{20}{3}$

$$a = 1{,}5$$

Die Gewinnvergrößerung durch den zusätzlichen Marktanteil a bildet somit für *I* die minimale Kompensationsforderung bei einer effizienten Produktionsaufgliederung.

Unterstellt man, daß auf einem homogenen Markt mit zwei Anbietern durch Übereinkunft, durch die Preisfixierung eines Preisführers oder durch einen Abstimmungsprozeß ein Preis *OA* zustande gekommen ist, so sieht sich eventuell jeder Anbieter einer geknickten Nachfragefunktion gegenüber[53], die durch den Kurvenverlauf *A — B — C* in Fig. 18 dargestellt wird.

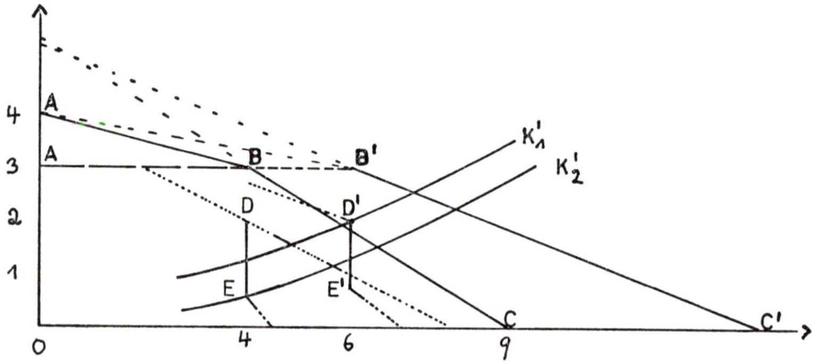

Fig. 18

Danach ist die Preiselastizität der Nachfrage bei einer minimalen Preiserhöhung ∞, da der Konkurrent sofort den gesamten Markt versorgen kann.

Bei einer Preissenkung dagegen reagiert der Konkurrent ebenfalls mit einer Preissenkung, so daß ein Vorteil durch eine Preissenkung nicht erreicht werden kann. Während also die Strecke *A — B* die Elastizität angibt, der sich ein Anbieter bei einer isolierten Preiserhöhung gegenübersieht, gibt die Strecke *B — C* die Elastizität der Gruppe an.

Sieht sich der Anbieter bei einer isolierten Preiserhöhung einer Nachfragereaktion gegenüber, die etwa durch den Kurvenzug *A'— B* gekennzeichnet ist, so handelt es sich um eine geknickte Preisabsatzfunktion auf einem heterogenen Markt, wobei die Neigung der Strecke *A'— B* den Heterogenisierungsgrad des Marktes angibt[54]. Es ist aber

[53] Stigler bezeichnet die durch eine geknickte Preisabsatzfunktion gekennzeichnete Marktinterdependenz als Kartellform. *Stigler,* G. J.: The Kinky Oligopoly Demand Curve and Rigid Rices, J. of Polit. Ec., Bd. 55, 1947, S. 432 ff.

[54] Zur geknickten Nachfragekurve auf einem polypolistischen Markt siehe auch *Gutenberg,* E.: Grundlagen der Betriebswirtschaftslehre, Bd. II, Der Absatz, 7. Aufl., Berlin, Göttingen, Heidelberg 1964, S. 242, 248, 290. *Brandt,* K.: Preistheorie, a.a.O. S. 156. *Kilger,* W.: Quantitative Ableitung polypolistischer Preisabsatzfunktionen aus den Heterogenitätsbedingungen atomistischer

auch möglich, daß die Kapazitätsbeschränkungen bei dem Konkurrenten es nicht erlauben, sofort die gesamte Nachfrage des Preisbrechers zu übernehmen.

Eine durch eine geknickte Nachfragefunktion charakterisierte Marktsituation[55] zeichnet sich dadurch aus, daß bei dem gegebenen Marktpreis *OA* die einzelnen Anbieter sich auch bei unterschiedlichen Grenzkostenfunktionen im Gewinnmaximierungsgleichgewicht befinden können und Nachfrageveränderungen bei einem Anbieter nicht notwendigerweise eine Preisänderung bewirken müssen[56].

Liegen die Grenzkostenfunktionen K'_1 und K'_2 der Anbieter in dem Bereich *DE* der Grenzerlösfunktion, so ist die Gewinnmaximierungsbedingung, $K' = E'$, für beide Anbieter erfüllt.

Wächst die Nachfrage eines Anbieters, so kann die Nachfrageänderung vom einzelnen Anbieter als eine Verschiebung der Nachfragefunktion vom Nullpunkt des Koordinatensystems nach rechts interpretiert werden. An die Stelle des Kurvenzuges $A — B — C$ tritt der Kurvenzug $A — B' — C'$, für den der Bereich *D'E'* der neuen Grenzerlösfunktion indeterminiert bleibt. Verlaufen die heterogenen Grenzkostenkurven der Anbieter auch jetzt noch durch diesen neuen Indeterminiertheitsbereich, so ist eine Anpassung der Anbieter an die neue Nachfragesituation ohne Preisänderung und Erfüllung der Gewinnmaximierungsbedingung $K' = E'$ bei jedem Anbieter möglich[57].

Die Stabilität der durch eine geknickte Nachfragefunktion markierten Interdependenz von Anbietern wird immer davon abhängen, ob Abweichungen von dem Marktpreis isoliert erfolgen, oder ob eine dominierende Preisänderung zustande kommt. Unter einer solchen dominierenden Preisänderung soll der Tatbestand verstanden werden, daß einer induzierenden Preisänderung die anderen Gruppenmitglieder folgen. Dies wird immer dann der Fall sein, wenn die gesamte Nachfrage der Gruppe nachhaltig spürbar für einen solch großen Teil der Gruppe steigt, daß deren Preissteigerung die anderen Gruppenmitglieder zu einer Preisanpassung verleitet[58].

War der Gleichgewichtspreis der geknickten Nachfragefunktion $D — B — C$ zunächst *OD*, so kann es sein, daß ein Anbieter bei einer

---

Märkte, in: Festschr. f. E. Gutenberg, Wiesbaden 1963, S. 269 ff. *Willeke*, F. U.: Monopolistische und autonome Preisintervalle, in: Jb. f. Nat. u. Stat., Bd. 176, 1964, S. 407 ff.

[55] Die durch eine geknickte Nachfragefunktion eines Marktes charakterisierte Interdependenz einer Gruppe wird häufig schon als eine Form der stillschweigenden Kollusion bezeichnet. Siehe *Levenson*, A. M., *Solon*, B. W.: Outline ..., a.a.O., S. 199.

[56] *Ryan*, W. J. L.: Price Theory, a.a.O., S. 340.

[57] *Ryan*, W. J. L.: Price Theory, a.a.O., S. 341.

[58] *Ryan*, W. J. L.: Price Theory, a.a.O.. S. 342.

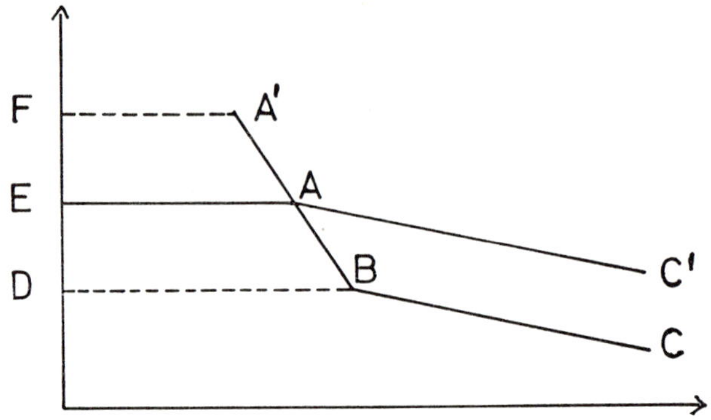

Fig. 19

individuellen Preiserhöhung bis zum Preis *OF* ein — eventuell mit einem *lag* verbundenes gleichgerichtetes Verhalten der oder des Konkurrenten erwartet, so daß ein neuer Gleichgewichtspreis zwischen *OD* und *OF* zustande kommt. Liegt er etwa bei *E*, so wird die neu gewonnene geknickte Preisabsatzfunktion durch den Kurvenzug *E — A — C'* dargestellt.

Haben die Anbieter einer Gruppe u-förmig verlaufende Grenz- und Durchschnittskosten, so sind zwei Fälle zu unterscheiden:

a) Die Minima der kurz- und langfristigen Grenz- und Durchschnittskosten liegen auf einem Niveau unabhängig von der Unternehmensgröße. Es bestehen also „constant returns to scale", so daß keine Konzentrationstendenzen innerhalb einer Gruppe ausgelöst werden, um dadurch über einen größeren Marktanteil günstigere Produktionskostenbedingungen zu erhalten.

b) Die Minima der kurz- und langfristigen Durchschnittskosten zeigen Niveauunterschiede auf.

   Die Unterscheidung dieser beiden Fälle wird insofern als wichtig angesehen, als bei dem Fall a) die Stabilität der Anzahl der Entscheidungseinheiten am ehesten gewahrt bleibt.

   Im Fall b) ist es möglich, durch das Ausschalten von Produktionseinheiten (Kapazitätsstillegungen) Produktionskosten zu sparen, wodurch bei strenger Anwendung des Gewinnmaximierungsprinzips eine Tendenz zur Fusionierung, entweder durch Ausschaltung von Entscheidungseinheiten oder durch eine straffere Bündelung der Willensbildung der Entscheidungseinheiten — etwa durch das Wählen einer neuen Organisationsform (AG) — ausgelöst wird. Da zunächst davon ausgegangen werden soll, daß weder eine Nichtbeschäftigung noch eine Stillegung[59] von Betrieben erfolgt und Transformationen von Produktionsquoten zwischen Produktionseinheiten unmöglich sind, da Kompensationszahlungen nicht zulässig sind, werden solche Gewinnsteigerungsmöglichkeiten nicht verfolgt oder führen — wenn sie durchgesetzt werden sollen — zu einem Verdrängungswettbewerb.

Sieht man von der Möglichkeit ab, daß zwischen den Anbietern Kompensationszahlungen erfolgen, kann eine Produktion im Firmengleichgewicht nur auf dem ansteigenden Teil der Grenzkostenfunktion erfolgen.

Aus diesem Grund sind die bei dem u-förmigen Grenz- und Durchschnittskostenverlauf auftretenden Fragen völlig analog zu den Lösungen bei linear steigendem Grenzkostenverlauf zu behandeln[60].

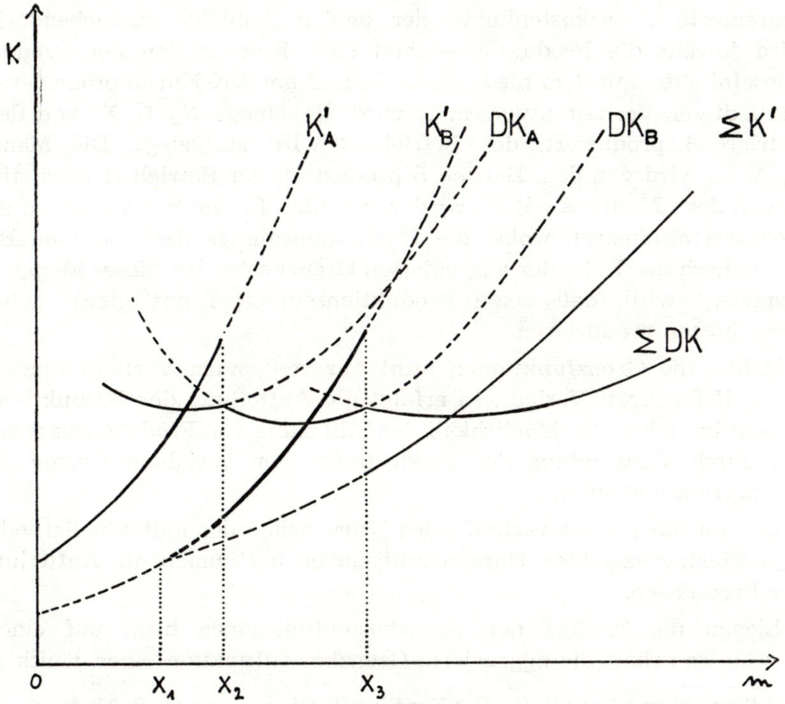

Fig. 20

[59] Bei Nichtbeschäftigung von Produktionseinheiten bleiben diese produktionsbereit im Gegensatz zur Stillegung, bei der die Produktionseinheiten verschwinden. *Brandt*, K.: Die Konfliktsituation ..., a.a.O., S. 397.

Die aggregierte Grenzkostenfunktion $\sum K'$ der Anbieter stellt die Angebotsfunktion des Kartells dar (s. Fig. 20). Bis zur Menge X_1 produziert nur Anbieter *B*, von da an produzieren beide Anbieter zusammen. Da eine freiwillige Stillegung von Produktionseinheiten nicht ohne Kompensationszahlungen möglich ist, muß eine Einigung über die Kompensationszahlungen als notwendige Voraussetzung für eine Betriebsstillegung angesehen werden.

Geht man davon aus, daß die Anbieter eine Einigung über eventuell notwendig werdende Kompensationszahlungen erwarten, so ist es durchaus möglich, daß sie zunächst den maximal erreichbaren Gewinn und die bei den einzelnen Anbietern anfallenden Produktionsquoten feststellen wollen[61]. Der Existenzbeweis eines solchen Gruppengewinnmaximums sagt also nicht notwendigerweise etwas aus über das Erreichbare dieses Maximums, das z. B. infolge fehlender Einigung bei den Kompensationsverhandlungen scheitern kann.

In der Fig. 20 verändert sich die Angebotsfunktion des Kartells bei der Möglichkeit von Betriebsstillegungen. Es ist jetzt nicht mehr die aggregierte Grenzkostenkurve der beiden Anbieter maßgebend. Es wird jeweils die Produktionseinheit oder Kombination der Produktionseinheiten mit dem niedrigsten Verlauf der *DK*-Kurve produzieren. Nach dieser Verhaltensvorschrift wird die Menge $X_y \leqq X_2$ von dem Betrieb *A* produziert, der Betrieb *B* wird stillgelegt. Die Menge $X_y \leqq X_3$ wird von dem Betrieb *B* produziert, der Betrieb *A* wird stillgelegt. Jede Menge $X_y \geqq X_4$ wird von beiden Produktionseinheiten gemeinsam produziert, wobei die Produktionsquoten der einzelnen Betriebe nach der Höhe der aggregierten Grenzkosten bei dieser Menge so festgelegt wird, daß beide Produktionseinheiten mit gleich hohen Grenzkosten produzieren.

Haben die Grenzfunktionen nicht nur steigenden Verlauf, sondern einen U-förmigen Verlauf, so erfolgt die Aufteilung der Produktionsquoten bei fehlender Möglichkeit der Stillegung von Produktionseinheiten durch Verwendung der durchschnittlichen variablen Kosten der Produktionseinheiten.

Die am niedrigsten verlaufenden Kurvenzüge der individuellen oder aggregierten variablen Durchschnittskosten bestimmen die Aufteilung der Produktion.

Liegen die Minima der Grenzkostenfunktionen nicht auf einem Niveau, so erhält die aggregierte Grenzkostenfunktion einen Knick an

---

[60] Siehe hierzu *Brandt*, K.: Die Konfliktsituation . . ., a.a.O., S. 397 ff.

[61] Dies Ziel ist durchaus nicht notwendig, da die hierfür erforderliche Transparenz der Kostenfunktionen der einzelnen Anbieter sich für einen oder einige Anbieter so negativ auswirken kann, daß diese erwarteten Nachteile durch die infolge einer Kartellierung erwarteten Vorteile nicht kompensiert werden können.

der Stelle, an der der aufsteigende Ast jener Grenzkostenfunktion mit dem Minimum auf dem niedrigeren Niveau des Minimums der nächst höher liegenden Grenzkostenfunktion erreicht[62].

Besteht die Möglichkeit der Stillegung von Produktionseinheiten, so entscheiden über die Produktionsquoten der einzelnen Produktionseinheiten nicht die durchschnittlichen variablen Kosten, sondern die totalen Durchschnittskosten. Bei den in Fig. 21 dargestellten Kostenverläufen von zwei Anbietern *A* und *B* produziert der Anbieter *A* bis zur Produktionsmenge X_4 alleine. Der Anbieter *B* wird stillgelegt.

Eine größere Produktionsmenge X_y; $X_4 \leqq X_y \leqq X_5$ wird von dem Anbieter *B* produziert, während der Anbieter *A* nicht produziert.

Steigt die insgesamt von dem Kartell zu produzierende Menge über X_5 hinaus, so produzieren beide Anbieter, wobei von der aggregierten Grenzkostenfunktion $\Sigma K'$ über die individuelle Grenzkostenfunktionen der einzelnen Anbieter die individuellen Produktionsquoten festgelegt

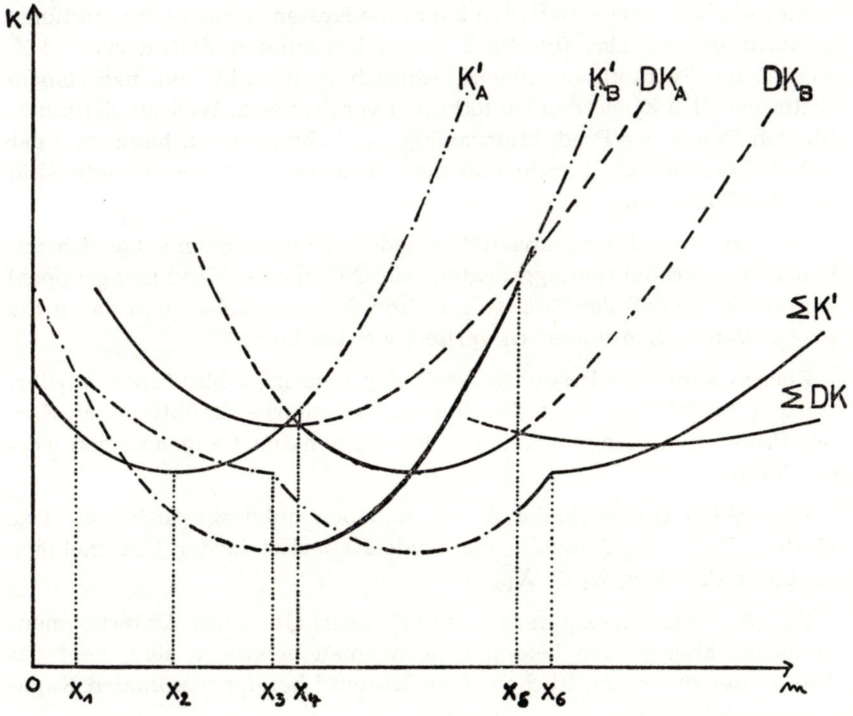

Fig. 21

[62] Siehe hierzu *Brandt*, K.: Die Konfliktsituation ..., a.a.O., S. 399 ff.

werden. Die aggregierte Grenzkostenkurve hat bei den Mengen X_1, X_3 und X_6 Knicke. Der Knick bei X_1 wird dadurch verursacht, daß bei dieser Menge die Grenzkosten des Anbieters A zu denen von B hinzukommen. Die Knicke bei X_3 und X_6 kommen dadurch zustande, daß in diesem Bereich der Anbieter A im Minimum seiner Grenzkosten produziert, während der Anbieter B so lange mit veränderlichen Grenzkosten produziert, bis diese das Niveau des Minimums von A erreicht haben.

3. Der Einfluß der fixen Kosten

Es soll der Einfluß der fixen Kosten auf die Verhaltenskoordination von zwei Anbietern daraufhin untersucht werden, ob die Verhaltenskoordination wettbewerblich oder kollusiv erfolgt.

Es wird von folgendem Beispiel ausgegangen:

Zwei Unternehmen A und B sind so stark automatisiert, daß die variablen Kosten vernachlässigt werden können. Jedes Unternehmen besitzt eine bestimmte Produktionsausstattung, die nicht mit der Produktionsmenge variiert werden kann; die Kosten für diese Produktionsausstattung sind also fix. Nach einem bestimmten Zeitintervall ΔZ_1 werden die Produktionsanlagen technisch verbraucht sein, nach einem Zeitintervall ΔZ_2 werden sie technisch veraltet sein. Welcher Zeitpunkt für den Ersatz der Produktionsanlagen entscheidend ist, hängt von der technischen Fortschrittsrate und dem Grad der Wettbewerbsintensität auf dem Markt ab.

Die fixe Produktionskapazität in jedem Unternehmen setze sich aus homogenen Produktionsaggregaten (Maschinen oder Maschinengruppen) zusammen, so daß der Einsatz der Produktionsmittel — und damit die Produktion — kontinuierlich variiert werden kann.

Ebenso kann die Produktionszeit der einzelnen Maschinen variiert werden, so daß insgesamt eine lineare Funktionsverknüpfung zwischen der Produktionsmenge m und der Produktionszeit t angenommen werden kann.

Die beiden Unternehmen A und B haben unterschiedlich hohe fixe Kosten, $F_A > F_B$. Auch die maximale Kapazität beider Unternehmen sei unterschiedlich, $X_2 > X_1$.

Da die Maschinenaggregate zwar innerhalb eines Unternehmens homogen, aber in den beiden Unternehmen heterogen sind, liegt das Niveau der durchschnittlichen fixen Kosten[63] bei der maximalen Kapa-

[63] Vereinfachend sei angenommen, daß die Periode für die die Nachfragefunktion gilt, auch jener Planungszeitraum ist, für den die fixen Abschreibungsraten angesetzt sind.

zität nicht auf einem Niveau, sondern zeigt unterschiedliche Niveaus auf, $P_A < P_B$, s. Fig. 22 a.

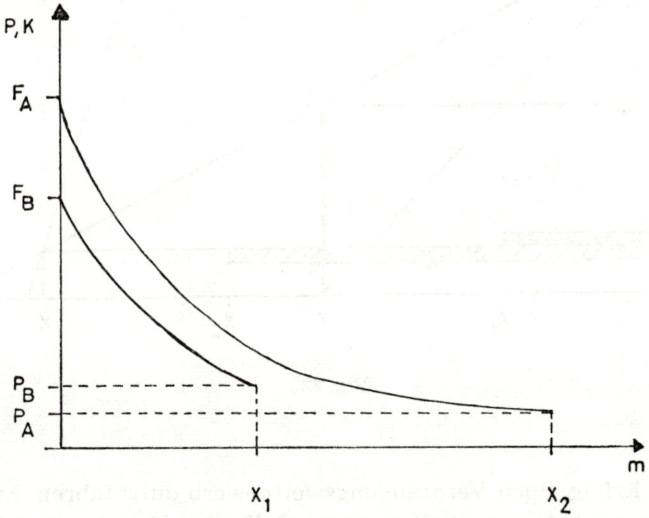

Fig. 22a

Da fixe Kosten keinen Einfluß auf das Angebotsverhalten haben und Grenzkosten im gewählten Beispiel nicht vorliegen, fehlt im Gegensatz zu den bisher diskutierten Fällen der Oligopolpreisbildung eine Angebotsfunktion des einzelnen Anbieters. Sieht man davon ab, daß Kosten für die Reparatur der Produktionsanlagen eine Untergrenze für Preisunterbietungen darstellen können, ist grundsätzlich eine Preissenkung solange ohne Verlust möglich, bis die maximalen Produktionskapazitäten ausgelastet sind. Dies sei bei dem Preis $P_u = 1$ der Fall, bei dem die Menge K angeboten wird, wobei $K = X_1 + X_2$ ist und außerdem $(X_1 + X_2) \cdot P_u = E$ gilt, s. Fig. 22 b.

Im angenommenen Beispiel kann der Anbieter B die Abschreibungen auf seine Produktionsanlagen nicht mehr verdienen, wenn beide Anbieter mit maximaler Kapazitätsausnutzung produzieren, da der Preis unter den minimalen Durchschnittskosten von B liegt. Während A noch einen Gewinn von G_A erzielt, macht B einen Verlust in Höhe von V_B.

Sobald eine Erneuerung der Produktionsanlagen erforderlich ist, wird der Anbieter mit dem höheren Niveau der durchschnittlichen fixen Kosten aus dem Markt ausscheiden. Im diskutierten Beispiel kann A

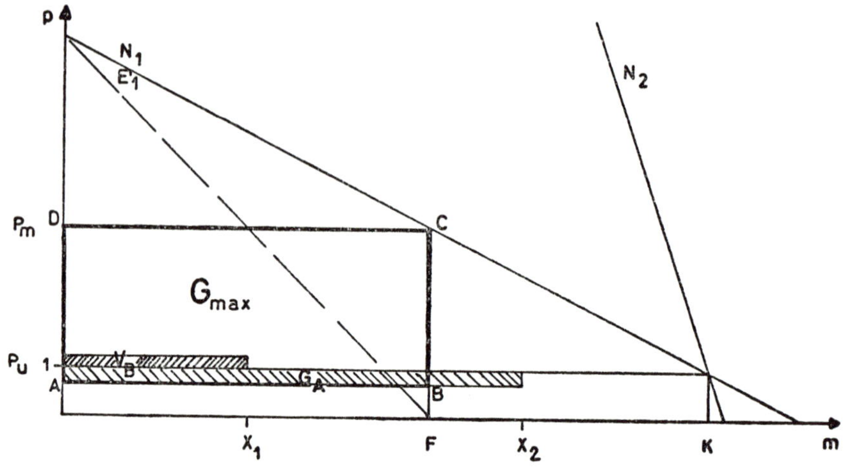

Fig. 22b

also mit Erfolg einen Verdrängungswettbewerb durchführen. Zu dieser Strategie wird *A* dann greifen, wenn *B* für den Fall der Fusionierung als der anderen Alternative einen höheren Gewinnanteil verlangt, als der infolge des Verdrängungswettbewerbes entgangene Gewinn ausmacht. Dabei werden beide Gewinngrößen auf einen Zeitpunkt bezogen.

Die Marktverdrängung von *B* ist dann nicht möglich, wenn die Nachfragefunktion unelastischer ist als im diskutierten Beispiel mit der Nachfragefunktion N_1. Ist die Nachfragefunktion etwa N_2, so kann der Anbieter *B* durch Einschränkung der produzierten Menge einen Preis erzwingen, der über seinen durchschnittlichen fixen Kosten liegt. In diesem Fall erhalten beide Anbieter zusammen zwar nicht den maximalen Marktgewinn, aber die Verhandlungsposition von *B* ist gegenüber dem ersteren Fall wesentlich stärker geworden.

In beiden Fällen ist das Angebotsverhalten also nicht mit dem individuellen Ziel der Gewinnmaximierung zu vereinbaren. In jedem Fall ist der erzielte Marktgewinn geringer als der erzielbare.

Der maximale Marktgewinn der beiden Anbieter wird bei der Angebotsmenge *F* und dem Preis P_{max} realisiert. Bei diesem Angebot wird der Markterlös maximiert, der Gewinn wird durch das Rechteck *ABCD* gekennzeichnet, wenn nur *A* produziert.

Die Koordination der Angebotsmengen beider Anbieter kann beliebig sein, ihre Summe muß jedoch die erlös-maximale Menge *F* ergeben. Geht man davon aus, daß die Aufteilung des Marktes bei der Preisuntergrenze P_u beibehalten werden soll, werden beide Anbieter die Angebotsmenge F in solche Produktionsquoten aufteilen, daß die Relation der maximalen Kapazitäten erhalten bleibt.

Da durch eine solche Ausschaltung des Wettbewerbes zwischen den Anbietern ΔZ_2 zum Aktionsparameter wird, der nicht mehr von Entscheidungen von Konkurrenten abhängt, und ΔZ_1 vorgegeben ist, kann die Produktionskapazität beider Anbieter zeitlich so aufgeteilt werden, daß ein maximales Vielfaches von der Menge F produziert wird. Die dabei auftretenden Verluste an Zinsen sind der Preis für die nicht-optimale Anpassung der Produktionskapazität im Ausgangspunkt der Koordination des Verhaltens.

Langfristig wird also die optimale Kapazität geschaffen werden, bei der die erlösmaximale Menge F mit den minimalen Durchschnittskosten P_A produziert wird. Hat B keinen Zugang zur besseren Produktionstechnik von A, wird er seine Stellung im Markt nicht behaupten können, wenn er seinen Gewinn maximieren will.

Zusammenfassend kann man feststellen, daß in diesem Falle eine Fusion beider Anbieter die wettbewerbliche Koordination dominiert. Welche Form der Fusion gewählt wird — ob Fusionierung der Produktionseinheiten und Ausscheiden einer Entscheidungseinheit aus dem Markt, oder Fusionierung der Entscheidungseinheiten *und* Produktionseinheiten — hängt von der relativen Position eines Anbieters ab. Eine stillschweigende Kollusion, die zur individuellen und Gruppengewinnmaximierung führt, wäre nur dann möglich, wenn beide Anbieter mit homogenen Produktionsanlagen produzieren würden.

Die fixen Kosten können bei der Aufteilung des Kartellgewinnes also insofern eine wichtige Rolle spielen, wenn sie als Drohpunkte benutzt und bei der „fair division" des Gesamtgewinnes zugrunde gelegt werden[64].

Die Vorteile einer Fusionierung, ausgedrückt durch eine Gewinnsteigerung, können im einfachsten Fall darin begründet liegen, daß zwei Unternehmen unterschiedliche Mengen von fixen Produktionsressourcen besitzen, die infolge der Fusionierung eine optimalere Kombination ermöglichen, als in dem Falle der isolierten Produktion.

Es sollen zwei Unternehmen A und B existieren, die mit gleicher Technik und den Produktionsfaktoren P_1 und P_2 produzieren. Die zur Verfügung stehenden Produktionsmittel sind ungleich auf die Entscheidungseinheiten verteilt, und ihre Mengen sind aus der unten angeführten Produktionsmatrix ersichtlich.

---

[64] *Nash*, J. F.: The Bargaining Problem, Ecta., Bd. 18, 1950, S. 155 ff. *Nash*, J. F.: Two-Person Cooperative Games, Ecta., Bd. 21, 1953, S. 128 ff.

Die Unternehmen stellen zwei Produkte G_1 und G_2 her, die auf dem Konsumgütermarkt in der Relation 1 : 1 nachgefragt werden. Die Unternehmen haben schon eine Konsumgütermarktaufteilung vorgenommen, bei der eine Ausschöpfung der Produktionsreserven im Rahmen der gegebenen Produktionsfunktion gewährleistet ist, und die als Kartellierung der Anbieter auf der Angebotsseite des Marktes zu bezeichnen ist.

Da die Produktionsreserven ungleich und unsymmetrisch[65] auf die beiden Produzenten verteilt sind, können bei einer Kartellierung oder Fusionierung der Produzenten die Minimumfaktoren gerade verschwinden, so daß eine Produktionsausdehnung nach Beseitigung der Engpässe der knappen Produktionsfaktoren erfolgen kann.

Dies Problem ist analog dem anfangs behandelten Netzwerkproblem zu interpretieren, wenn durch Addition mehrerer Netzwerke der maximale Fluß im neuen Netzwerk größer ist, als die Summe der maximalen Flüsse in den isolierten Netzwerken, da sich nicht-gesättigte Kanten entsprechend ergänzen.

Der Gewinn pro konsumierte Gutseinheit soll konstant vier Einheiten betragen.

Jedes Unternehmen sieht sich folgenden Daten gegenüber:

Unternehmen A

	Produktion		Konsum	Produktionsreserven	
Prozeßintensitäten	X_1	X_2	X_3		
Input P_1	– 8	– 1	–	$\geq$	– 180
Input P_2	– 1	– 6	–	$\geq$	– 63
Output G_1	1	0	– 1	$\geq$	0
Output G_2	0	1	– 1	$\geq$	0
Gewinn			4		

Wenn das Unternehmen A isoliert produziert, erhält es einen Gewinn von 36 Einheiten[66].

[65] Bei einer ungleichen und symmetrischen Verteilung der Produktionsreserven kommt der Ergänzungseffekt der Produktionsreserven nicht zustande, da beide Produzenten Überkapazitäten beim Überschußfaktor haben.

[66]
$$8x_1 + x_2 = 180 \qquad x_3 = 20 \qquad x_1 = x_2 = x_3 = 9$$
$$x_1 + 6x_2 = 63 \qquad x_3 = 9 \qquad \underline{9 \cdot 4 = 36}$$
$$x_1 = x_2 = x_3 \qquad 9 < 16$$

Bei isolierter Produktion des Unternehmens *B* erhält dieses Unternehmen einen Gewinn von 20 Einheiten[67, 68].

Unternehmen B

	Produktion		Konsum	Produktions-reserven
Prozeß-intensitäten	$\bar{X}_1$	$\bar{X}_2$	$\bar{X}_3$	
Input P_1	− 8	− 1	–	≧ − 45
Input P_2	− 1	− 6	–	≧ − 112
Output G_1	1	0	− 1	≧ 0
Output G_2	0	1	− 1	≧ 0
Gewinn			4	

Produzieren beide Unternehmen nicht isoliert, so erhalten sie nach der Fusionierung einen fast doppelt so hohen Gewinn wie sie bei isolierter Produktion gemeinsam erhalten.

$$8x_1 + x_2 + 8\bar{x}_1 + \bar{x}_2 = 225$$
$$x_1 + 6x_2 + \bar{x}_1 + 6\bar{x}_2 = 175$$
$$x_1 + \bar{x}_1 = x_3$$
$$x_2 + \bar{x}_2 = x_3$$
$$8x_3 + x_3 = 225$$
$$x_3 = 25$$

Der gesamte Gewinn beträgt nach der Fusionierung $25 \cdot 4 = 100$ Einheiten, so daß gegenüber dem gemeinsamen Gewinn vor der Fusionierung von $14 \cdot 4 = 56$ Einheiten eine Gewinnsteigerung von 44 Einheiten erreicht wird.

67
$$8\bar{x}_1 + \bar{x}_2 = 45 \qquad \bar{x}_3 = 5 \qquad \bar{x}_1 = \bar{x}_2 = \bar{x}_3 = 5$$
$$\bar{x}_1 + 6\bar{x}_2 = 112 \qquad \bar{x}_3 = 16$$
$$\bar{x}_1 = \bar{x}_2 = \bar{x}_3 \qquad 5 < 16 \qquad \underline{5 \cdot 4 = 20}$$

68 Zum rechnerischen Ansatz s. *Makower*, H.: Activity Analysis and the Theory of Economic Equilibrium, London 1959, S. 29 ff.

4. Die Konsequenzen einer ungleichen Verteilung von Produktionseinheiten auf die Entscheidungseinheiten

Es erscheint notwendig, den Einfluß einer ungleichen Verteilung von Produktionseinheiten auf die Entscheidungseinheiten zu untersuchen, da meist bei den Konzentrationsdiskussionen ein solcher Einfluß nicht genügend beachtet wird. Sollten sich nämlich aus einer solchen ungleichen Verteilung von Produktionseinheiten Konzentrations- oder Dekonzentrationstendenzen ergeben, so hätte diese Tatsache einen erheblichen Einfluß auf das Zustandekommen und Ergebnis von Kartellverhandlungen.

Ausnahmsweise wird bei der Analyse der Modellstellung nicht von einer konstanten Gesamtnachfrage der Gruppe ausgegangen, sondern von einer stetig wachsenden Gruppennachfrage.

Es wird weiter vorausgesetzt, daß alle Unternehmen der Gruppe gleiche Kostenstrukturen besitzen; die Produktionseinheiten der Unternehmen sind also als völlig identisch zu betrachten.

Beim Prozeßbeginn sollen alle Produktionseinheiten im Durchschnittskostenminimum produzieren. Es ist also $P_j = K' = DK$. In den Durchschnittskosten sei ein branchenüblicher Gewinnzuschlag enthalten.

Die Gesamtnachfrage der Industrie soll bei einem Marktpreis P_j gleich dem Angebot der Industrie sein. Insgesamt produzieren in der Industrie 100 Produktionseinheiten.

Von diesen Produktionseinheiten sind 50 % identisch mit den Entscheidungseinheiten. Die restlichen 50 Produktionseinheiten unterstehen einer Entscheidungseinheit. Insgesamt sind also 51 Entscheidungseinheiten vorhanden.

Außerdem gelten noch folgende Verhaltensprämissen bei den Entscheidungseinheiten:

Per Konvention ist der Preis nicht Aktionsparameter, kein Unternehmen versucht den starrren Marktpreis zu unter- oder überbieten.

Investitionen werden nur aus den anfallenden Gewinnen finanziert.

Die Investition einer Entscheidungseinheit in der Periode t_n ist gleich dem Gewinn aus der Periode t_{n-1}, wenn die produzierten Produktionseinheiten optimal entsprechend der Nachfragesteigerung eingesetzt werden können.

Die Verteilung der Nachfragesteigerung der untersuchten Industrie erfolgt zufallsabhängig auf die Produktionseinheiten, nicht auf die Entscheidungseinheiten. Diese Prämisse ist weitgehend entscheidend für das Modellergebnis. Sie ist jedoch keineswegs wirklichkeitsfremd und kann immer dann einer Nachfrageverteilung auf die Entscheidungseinheiten vorgezogen werden, wenn die Produktionseinheiten symmetrisch im Raum gestreut liegen oder bei ihrer räumlichen Konzentration jede Produktionseinheit einen Marktzugang zum Absatzmarkt besitzt. In diesen Fällen wird sich die Nachfrage nicht an den Entscheidungseinheiten, sondern an den Produktionseinheiten orientieren.

Da es ausgeschlossen ist, daß eine Finanzierung aus Krediten erfolgt, ist es unwahrscheinlich, daß die Gewinne gerade in der für weitere Investitionen notwendigen Höhe anfallen.

Es ist nun möglich, daß (1) der Gewinn einer Produktionseinheit in t_n nicht ausreicht für die notwendige Investition einer neuen Produktionseinheit in t_{n+1} oder (2), daß die Nachfragesteigerung pro Produktionseinheit nicht ausreicht für eine neue optimale Produktionseinheit.

Fall (1)

Die Nachfragesteigerung von der Periode t_n bis zur Periode t_{n+1} soll gerade so groß sein, daß sie von 25 im Optimum produzierenden Produktionseinheiten befriedigt werden kann.

Der Gewinn pro Periode und pro Produktionseinheit soll in der Höhe anfallen, daß davon gerade eine halbe Produktionseinheit hätte finanziert werden können.

Hieraus folgt, daß die Entscheidungseinheit mit den 50 Produktionseinheiten gerade den gesamten bei ihr anfallenden Gewinn investieren könnte, wenn auch die gesamte Nachfragesteigerung auf diese Entscheidungseinheit entfiele.

Da die Nachfragesteigerung pro Produktionseinheit zufallsverteilt ist, erhält jede Produktionseinheit eine Nachfragesteigerung von $\frac{25}{100}$ Produktionseinheit. Die Entscheidungseinheit mit 50 Produktionseinheiten könnte also $\frac{25}{100} \cdot 50 = 12{,}5 = 12$ optimale Produktionseinheiten investieren.

Die Entscheidungseinheiten mit nur je einer Produktionseinheit können bei individuellem Vorgehen nicht investieren, weil sie hierzu zu geringe Finanzierungsmittel besitzen und weil die ihnen zufallende Nachfragesteigerung zu gering ist. Um aus dieser mißlichen Lage herauszukommen, gibt es für die Entscheidungseinheiten mit einer Produktionseinheit nur die Möglichkeit, ein Kartell zu schließen, um ein zeitliches Investitions- und Nachfragepooling zu erreichen. Dies wäre also schon ein Fall, in dem eine ungleiche Verteilung von Produktionseinheiten auf Entscheidungseinheiten zu einer Kartellierung führt.

Schließt man die Möglichkeit einer solchen Kartellierung aus, was insofern als sinnvoll erscheinen kann, als bei einem staatlichen Verbot die Überwachung bei der vorliegenden Kartellform relativ einfach ist, so müßten die kleinen Unternehmen ihren Gewinn in anderen Industrien investieren oder ihn zurücklegen. Bei der weiteren Diskussion soll nur die letztere Möglichkeit betrachtet werden.

Die Tatsache, daß zunächst die kleinen Unternehmen *(Ek)* keine Investitionen vornehmen können, führt dazu, daß die gesamte Nachfragesteigerung der Industrie auf die Entscheidungseinheit *(Eg)* mit den 50 Produktionseinheiten entfällt.

Eg kann also die gesamten angefallenen Gewinne investieren und mit diesen neuen Produktionseinheiten gerade die gesamte Nachfragesteigerung der Industrie befriedigen.

Am Ende dieser Planungsperiode ergibt sich damit folgende Verteilung der Produktionseinheiten:

$$50\ Ek + 75\ Eg = 125$$

Der Gewinnvortrag beträgt:

$$25\ Ek + \ \ 0\ Eg = \ \ 25$$

Am Ende der nächsten Periode haben die *Ek* je einen Gesamtgewinn von einer optimalen Produktionskapazität, die *Eg* hat einen Gewinn von 37,5 Produktionseinheiten. Bei einem Nachfragewachstum $\Delta\, JN$, $125 > JN$, kann unter den angenommenen Prämissen wieder keine Expansion der *Ek* erfolgen.

Beträgt das gesamte Nachfragewachstum etwa 30, so entfällt auf jede Produktionseinheit eine Nachfragesteigerung von $\frac{30}{125}$ Produktionseinheiten, so daß nur die *Eg* expandieren kann.

Kommt es auch in den nächsten Perioden nicht zu einer so großen Nachfragesteigerung, daß auch die *Ek* expandieren können, werden diese zwar nicht vom Markt verdrängt, aber die relative Konzentration des Marktes steigt kontinuierlich an.

Wie aus dem Beispiel ersichtlich ist, kann die steigende relative Kapitalkonzentration nur durch die ermöglichte Kartellierung der *Ek* verhindert werden. Das Verbot einer solchen Kartellierung ist unter Berücksichtigung der aufgezeigten Konsequenzen deshalb wirtschaftspolitisch nicht vertretbar, da die vorliegende Form der kapitalmäßigen Konzentration kumulativ wirkt und die Tendenz zur Entwicklung eines Teilmonopols besteht, während bei der Verhaltenskonzentration ein aktiver Wettbewerb der *Ek* um den Marktanteil möglich wird.

Im folgenden Beispiel soll diese Problem dahingehend vereinfacht werden, daß drei Unternehmen mit einer beliebigen Verteilung von Produktionseinheiten einen Vertrag über die Marktaufteilung eingehen.

Eine kartellmäßige Einigung über Maßnahmen zur Verhinderung oder Korrektur von ungleichen Marktanteilen in einer Unternehmergruppe wird weitgehend davon abhängen, wie die Mentalitäten in der Gruppe gegenüber unsicheren Erwartungen ausgerichtet sind.

Sind alle Gruppenmitglieder pessimistisch bezüglich der eigenen Erfolgsaussichten bei dem Gruppenwettbewerb um den Marktanteil, so wird eine Einigung relativ leicht erfolgen. Eine solche Einigung muß nicht unbedingt eine Gleichverteilung der Marktanteile anstreben, sie kann auch die Stabilität einer gegebenen Nachfrageverteilung anstreben.

Sind etwa auf einem (fast) homogenen Konsumgütermarkt drei Unternehmen K_1, K_2 und K_3 vorhanden und fluktuiert zwischen diesen drei Unternehmen die Nachfrage entsprechend den in der folgenden Strömungsmatrix *[M]* angegebenen Wahrscheinlichkeitswerten, so müßte man zunächst feststellen, unter welchen Bedingungen dieser stochastische Prozeß zu einer Gleichgewichtsverteilung[69] führt.

[M] =

	K_1	K_2	K_3
K_1	1/4	1/2	1/4
K_2	1/4	1/4	1/2
K_3	1/2	1/2	0

Es wird davon ausgegangen, daß eine beliebige Gesamtnachfrage der Industrie vorliegt.

Aus der Gleichgewichtsbedingung

$$(x, y, z,) \begin{pmatrix} 1/4 & 1/2 & 1/4 \\ 1/4 & 1/4 & 1/2 \\ 1/2 & 1/2 & 0 \end{pmatrix} = x, y, z$$

erhält man folgendes Gleichungssystem:

(1) $1/4\,x + 1/4\,y + 1/2\,z = x$

(2) $1/2\,x + 1/4\,y + 1/2\,z = y$

(3) $1/4\,x + 1/2\,y \qquad = z$

(4) $x + y + z = 1$

---

[69] Eine Gleichgewichtsverteilung soll dann vorliegen, wenn für den Markoffprozeß gilt: $(x, y, z) \cdot [M] = x, y, z$. Die Anwendung des Markoffschen stochastischen Gleichgewichtes auf soziale Prozesse erscheint nicht unbedenklich, da die Entscheidungen der Individuen in einem bestimmten Zustand in solchen Abhängigkeitsrelationen zu den vorangegangenen Zuständen erfolgen müssen, daß dadurch ein Widerspruch zu den Eigenschaften des menschlichen Gedächtnisses vorhanden scheint.

Als Lösung dieses Gleichgewichtssystems erhält man:

$$x = \frac{5}{10}\,; \qquad y = \frac{4}{10}\,; \qquad z = \frac{1}{10}$$

Besteht nicht bei allen Unternehmern völlige Informiertheit über das Zustandekommen dieses Gleichgewichtszustandes, so ist es möglich, daß in einem Kartellvertrag bei Anwendung des La-Place-Kriteriums eine gleiche Marktaufteilung vereinbart wird, wonach jedem Unternehmen ein gleicher Nachfrageanteil zufließen soll[70]. Wird von einer Gesamtnachfrage von 24 Einheiten ausgegangen, so muß bei einer angestrebten gleichen Nachfrageaufteilung jedes Unternehmen eine Nachfrage von 8 Einheiten erhalten. Nach einer Periode wird bei einer gleichen Nachfrageverteilung im Ausgangszeitpunkt nach der vorliegenden Matrix der Übergangswahrscheinlichkeiten eine ungleiche Nachfrageverteilung vorhanden sein, so daß Nachfragetransformationen zwischen den Unternehmungen notwendig sind, um eine gleiche Nachfragequotierung zu erhalten.

$$(8, 8, 8) \begin{pmatrix} 1/4 & 1/2 & 1/4 \\ 1/4 & 1/4 & 1/2 \\ 1/2 & 1/2 & 0 \end{pmatrix} = (8, 10, 6)$$

$$(8, 8, 8) - (8, 10, 6) = (0, -2, +2)$$

Um die im Kartellvertrag festgelegte gleichmäßige Nachfrageverteilung zu erhalten, muß das Unternehmen K_2 zwei Einheiten Nachfrage zum Unternehmen K_3 transferieren, während das Unternehmen K_1 weder von einer positiven noch von einer negativen Nachfragetransformation beeinflußt wird. Da nach einer Reihe von Perioden der Unternehmer K_2 zur Einsicht gelangen wird, daß der Kartellvertrag für ihn nur Nachteile bringt, wird er ihn so schnell wie möglich kündigen. Ist eine Kündigungsfrist und eine Vertragsstrafe festgelegt, wenn der Kartellvertrag innerhalb dieser Kündigungsfrist gebrochen wird, entscheidet das Verhältnis der Vertragsstrafe zu dem entgehenden Gewinn, welche Möglichkeit vorgezogen wird.

---

[70] Das Unternehmen mit dem geringsten Marktanteil im gleichgewichtigen Markoff-Prozeß kann über dieses Prozeßergebnis informiert sein. Es wird dann eine Kartellvereinbarung mit gleicher Marktaufteilung anstreben, um die mangelhafte Information der Konkurrenz auszunutzen. In diesem Falle liegt für dieses eine Unternehmen jedoch keine La-Place-Entscheidung mehr vor. Hätte auch das Unternehmen K_1 völlige Transparenz, so wäre es gegenüber dem Kartellvertrag indifferent, es sei denn, dieses Unternehmen würde eine ungleiche Marktaufteilung bei den Konkurrenten einer gleichen Marktaufteilung vorziehen.

Hier handelt es sich also um ein Kartell, das dann unstabil wird, sobald K_2 über die ihn schädigende Wirkung des Kartellvertrages informiert ist.

IV. Die Koordination der Aktionsparameter in einem homogenen Duopol mit Kompensationszahlungen

Unter Kompensationszahlungen zwischen Anbietern sind jene Geldströme zu verstehen, die einem Unternehmer nicht für den Verkauf seiner Produkte von der Marktgegenseite zufließen, sondern von konkurrierenden Entscheidungseinheiten gezahlt werden. Der „Gegenwert“ dieser Zahlung besteht darin, daß das Unternehmen, das die Kompensationszahlungen erhält, dafür eine Korrektur seiner entsprechend dem individuellen Gewinnstreben fixierten Aktionsparameter derart vornimmt, daß das primäre Ergebnis der Korrektur für das Unternehmen negativ ist, sich also in einer Gewinnminderung ausdrückt. Die Kompensationszahlung ist also ein Preis, der einen Gewinnverlust bei einer Verhaltensänderung kompensieren soll. Um diese Gewinnminderung mindestens zu kompensieren — sonst würde das Unternehmen nicht freiwillig die Aktionsparameterfixierung ändern — zahlt ein Konkurrent, oder zahlen mehrere Konkurrenten den dazu erforderlichen Betrag aus ihren eigenen Gewinnen. Diese Aktion werden sie jedoch auch nur dann vornehmen, wenn sie infolge der Aktionsparameteränderung des Konkurrenten einen größeren Gewinn erhalten, als die Kompensationszahlung ausmacht[1].

Eine Kompensationszahlung ist also als eine nachträgliche Korrektur der in einem Netzwerk fließenden Gewinnströme zu verstehen. Diese Korrektur wird notwendig, weil eine kollektive Abstimmung der Aktionsparameter zwar den Gruppengewinn erhöht, aber individuelle Gewinne schmälert oder mit solch minimalen Beträgen ansteigen läßt, daß keine Einigung über die kollektive Abstimmung der Aktionsparameter erzielt wird.

Da in sehr vielen Fällen eine Gruppengewinnmaximierung ohne eine koordinierte Festsetzung der Aktionsparameterpreise in der Gruppe nicht möglich ist, soll zunächst die Problematik der Kompensationszahlungen im Zusammenhang mit der kartellmäßigen Preisfixierung darge-

[1] Solche Kompensationszahlungen sind auf einem homogenen Markt nicht notwendig, wenn die variablen Durchschnittskosten identisch und im relevanten Bereich horizontal sind, da „the maximized industry profits can always be divided in the some proportion as lower industry profits without direct inter-firm compensation, by mere regulation of the market variables“. *Fellner*, W.: Competition among the Few, a.a.O., S. 132/33.

stellt werden, wobei die Ansätze von G. Ellmers[2] und B. Fog[3] zugrunde gelegt werden sollen.

Vereinfachend werden geknickte lineare Gewinnfunktionen zugrunde gelegt[4]. Dadurch verändert sich an der Problemstellung nichts gegenüber nichtlinearen Gewinnfunktionen, wenn man davon absieht, daß bei nichtlinearen Gewinnfunktionen durch deren unterschiedliche Steigung in jedem Punkt der Funktion verschiedene Preisintervalle — etwa auf dem steigenden Ast der Gewinnfunktion — eine unterschiedliche Gewinnappetenz für den Anbieter bedeuten können.

Es wird von drei Anbietern ausgegangen, deren Gewinnfunktionen $1—1^x—1^{xx}$, $2—2^x—2^{xx}$, $3—3^x—3^{xx}$ graphisch die Gewinnveränderung der Anbieter bei gemeinsamer Preiserhöhung vom Wettbewerbsniveau an, das auf der Ordinate liegen soll, aufzeigen (s. Fig. 23)[5].

Der Anbieter 1 erzielt erst bei einer Preissteigerung über den Preis P_2 hinaus einen Gewinn, sein Gewinnmaximum liegt bei P_1.

Der Anbieter 2 erhält einen Gewinn, sobald der Kartellpreis über das Wettbewerbsniveau angehoben wird. Sein Gewinn steigt mit gleicher Rate an und ist bei dem Preis maximal, bei dem auch der Anbieter 1 seinen Gewinn maximiert.

Der Anbieter 3 erhält auch schon beim Wettbewerbspreisniveau einen Gewinn, der sich kontinuierlich bis zum Preis P_3 steigert. Jeder der drei Anbieter wird seinen gewinnmaximalen Preis durchsetzen wollen. Wären alle drei Anbieter mit einem Abstimmungsverfahren einverstanden, bei dem die einfache Mehrheit der Stimmen entscheidet und käme der Anbieter 3 nicht auf die Idee, den 2 zu bestechen, so daß er nicht für P_1, sondern für P_3 stimmt, so würde sich der Preis P_1 durchsetzen.

Aus dem Verlauf der Gewinnfunktionen ist ersichtlich, daß bis zum Preis P_1 alle Konkurrenten eine Gewinnsteigerung bzw. eine Verlustminderung erfahren.

---

[2] *Ellmers,* G.: Produktionslenkung und Preisbildung in der Marktform des Kollektivmonopols, Z. f. Nat., Bd. 10, 1941, S. 62—100.

[3] *Fog,* B.: How are Cartel Prices determined? J. of Ind. Ec., Bd. 5, 1956, S. 16—23.

[4] Zur Bestimmung der für Kompensationszahlungen zur Verfügung stehenden Gewinnsumme bei nichtlinearen Funktionen siehe K. *Brandt:* Die Konfliktsituation ..., a.a.O., S. 416 ff.

[5] Indem Ellmers bei der Ableitung der Kartellpreisbildung von der vollständigen Konkurrenz ausgeht und zeigt, daß bei einer Preiserhöhung das Angebot sich nicht entsprechend einer $K' = p$ Verhaltensweise vergrößern darf, sondern bei einer Angebotspolitik $E' = K'$ kleiner werden muß, vertritt er im Grunde auch Morgensterns Argument bezüglich der Kartellierung eines Marktes der vollständigen Konkurrenz, da sich die Ausführungen von Ellmers analog auf eine entsprechend große Anbieterzahl übertragen lassen. *Ellmers,* G.: Produktionslenkung und Preisbildung, a.a.O., S. 78.

Hieraus ist jedoch nicht die Schlußfolgerung zu ziehen, wie Ellmers und Fog es tun, daß der Preis P_1 damit die untere Kartellpreisgrenze angibt[6].

Es ist nämlich nicht sicher, ob sofort ein Kartell zwischen allen Anbietern zustande kommt. So ist es durchaus möglich, daß in diesem Falle zunächst die Anbieter 2 und 3 koalieren, um den Anbieter 1 dadurch vom Markte zu verdrängen, daß sie ihn weiter im Verlustbereich produzieren lassen. Nach dem Ausscheiden von 1 würde dessen Nachfrage den beiden anderen Anbietern zufließen, so daß deren Gewinn dadurch eventuell langfristig stärker ansteigen würde, als bei einer sofortigen gemeinsamen Kartellierung aller Anbieter. Ellmers und Fog gehen auf diese Frage einer optimalen Kartellmitgliederzahl nicht ein. Der von ihnen behandelte Fall der Fusionierung und Stillegung der Produktionseinheit mit der schlechteren Kostenstruktur ist davon streng zu trennen[7], da die Fusionierung als eine strenge Kartellierung des gesamten Marktes anzusehen ist, während bei der Frage eines optimalen Kartells die Kartellierung einer Marktseite nach einem Verdrängungswettbewerb zwischen dominierenden Anbietern und den übrigen Marktteilnehmern zustande kommen kann. Soll bei dem gewählten Beispiel entschieden werden, ob die Anbieter 2 und 3 sich gegen den Anbieter 1 kartellieren, so ist zunächst ein Verlust — Gewinn Vergleich anzustellen. Da für den Anbieter 1 jede gemeinsame Preiserhöhung mit den Konkurrenten eine Verlustminderung bewirkt, wird 1 sich den Preiserhöhungen anschließen[8].

Wenn die Anbieter 2 und 3 den 1 vom Markt verdrängen wollen, werden sie die Preise jedoch nur bis zu einem Preis erhöhen, der knapp unter P_2 liegt, etwa P_k. Da 1 in diesem Falle noch einen Verlust erleidet, ist das Übel für ihn nur kleiner geworden, da er auch jetzt noch aus dem Markt ausscheiden muß, während die Konkurrenten einen wesentlich höheren Gewinn erzielen als auf dem Wettbewerbspreisniveau.

---

[6] *Ellmers*, G.: Produktionslenkung und Preisbildung ..., a.a.O., S. 68. Ellmers behandelt noch den extremen Fall, bei dem ein Anbieter erst bei einem Preis aus dem Verlustbereich kommt, bei dem andere Anbieter schon ihre Gewinnmaxima überschritten haben. *Fog*, B.: How are Cartel Prices determined?, a.a.O., S. 16 ff.

[7] Zum Problem der Kartellierung mit folgender Stillegung von Produktionskapazitäten siehe auch: *Jöhr*, W. A.: Theoretische Grundlagen ..., a.a.O., S. 157 ff.

[8] Während Ellmers der Ansicht ist, daß in einem solchen Kartellfall mindestens ein Preis zustandekommen muß, bei dem mit Verlust produzierenden Unternehmen der Verlustausgleich zustandekommt, meint Brems, daß ein solches Unternehmen sich schon darum dem Kartell anschließen wird, wenn dadurch der Verlust kleiner wird. Eine solche Aussage kann jedoch nur gelten, wenn zumindest die variablen Kosten gedeckt werden und/oder langfristig ein Verlustausgleich erwartet wird. *Ellmers*, G.: Produktionslenkung und Preisbildung ..., a.a.O., S. 68 ff. *Brems*, H.: Product Equilibrium ..., a.a.O., S. 177.

Wären ihre Gewinnfunktionen durch 2—2'—2^{xx} und 3—3'—3^{xx} gegeben, erhielten beide Anbieter bei diesem Preisniveau sogar ihren maximalen Gewinn.

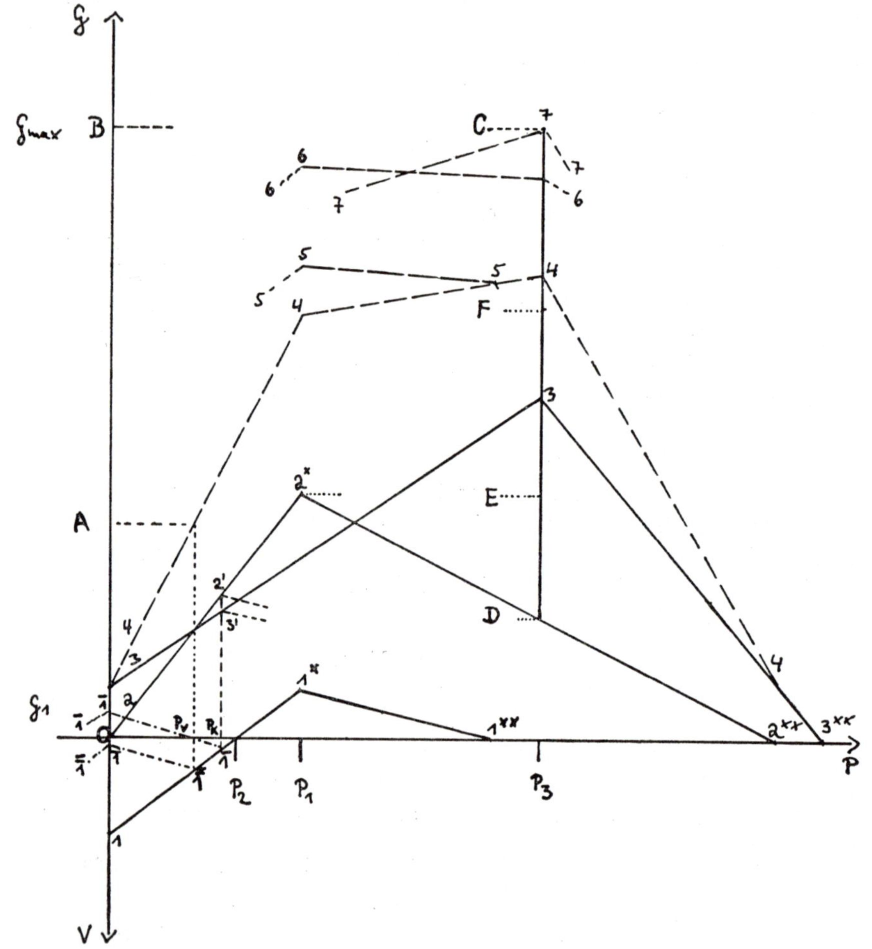

Fig. 23

Für 1 bleibt in dieser Situation die Möglichkeit, Preiswettbewerb zu betreiben[9]. Bewirken seine Preissenkungen bei vorerst konstanten Preisen der Konkurrenten ein Abknicken der Gewinnfunktion, so daß die

[9] Auf einem homogenen Markt würde durch die Preissenkung der 1 dann die gesamte Marktnachfrage erhalten, wenn seine Kapazität ein entsprechendes Angebot bereitstellen könnte. Dies soll hier nicht der Fall sein, so daß die Gewinnveränderung bei 1 in dem angegebenen Umfang erfolgt.

Funktion $\bar{1}$—$\bar{1}$—$\bar{1}$ aktuell ist, so kann 1 bei P_v in den Gewinnbereich gelangen und bei dem Konkurrenzpreis einen maximalen Gewinn G_1 erhalten. Da dies nur bei fehlender Preisanpassung der Konkurrenten gilt, soll angenommen werden, daß sich die Gewinnfunktion von 1 nach $\bar{\bar{1}}$—$\bar{\bar{1}}$—$\bar{\bar{1}}$— verschiebt, sobald die Anbieter 2 und 3 einen Preis P_v verlangen.

Nach dieser Reaktion des dominierenden Kartells ist ersichtlich, daß für 1 keine Möglichkeit mehr besteht, ohne die „Hilfe" (im Sinne einer gemeinsamen Preiserhöhung der Konkurrenten) aus der Verlustzone zu gelangen.

Der Anbieter 1 kann durch die Verweigerung der gemeinsamen Preiserhöhungen aller Anbieter im Gleichschritt lediglich erreichen, daß die Gewinne des Verdrängungskartells kleiner bleiben, als bei einer Kartellierung aller Anbieter. Ist die Gewinnschmälerung[10] bis zur Verdrängung kleiner als die abdiskontierten Gewinnerhöhungen nach der Verdrängung sind, so werden die Anbieter 2 und 3 diese Verdrängungspolitik betreiben.

Die Gewinnfunktion 7—7—7 soll den langfristigen Gesamtgewinn der Anbieter 2 und 3 nach Stillegung der Produktionseinheit 1 angeben, während die Funktion 6—6—6 den Gesamtgewinn von 1,2 und 3 nach vorheriger Sanierung und Rationalisierung der Produktionseinheit 1 angibt, wobei die Sanierung zu einer solchen Parallelverschiebung der ursprünglichen Gewinnfunktion von 1 führen soll, daß beim Konkurrenzpreisniveau aller Anbieter die Entscheidungseinheit 1 ebenso wie 2 ohne Verlust und ohne Gewinn produziert. Damit verschiebt sich die Funktion 6—6—6 auch streckenweise parallel zu der Funktion 5—5—5, die die aggregierte Gewinnfunktion der drei Anbieter vor der Sanierung des Anbieters 1 darstellt.

Wie man sieht, liegt das maximum maximorum auf der aggregierten Gewinnfunktion bei Stillegung der Produktionskapazität von 1. Dieses maximum maximorum wird nur in einem sehr straff organisierten Patinkin-Kartell zu erreichen sein[11], für das nicht gilt „that each firm receives as earnings only the revenue from its own output"[12]. Nur in die-

---

[10] Bei der Berechnung der Gewinnminderung muß als obere Grenze der Gewinn der Anbieter 2 und 3 bei Kartellierung des gesamten Marktes mit oder ohne Stillegung der Kapazität des Anbieters 1 berechnet werden. Der hierbei erzielbare maximale Zusatzgewinn sei *AB*, der bei Stillegung des Unternehmung 1 und einer Zahlung von 0 Geldeinheiten an dessen Unternehmer zustande kommt.

[11] Vorausgesetzt, daß alle anderen Leistungsintensitäten sich nicht verschlechtern. In einem Patinkin-Modell wird mit minimalen Produktionskosten produziert.

[12] *Bain*, J. S.: Output Quotas in Imperfect Cartels, Quart. J. of Ec., Bd. 62, 1948, S. 618; zur Frage der Produktionsquotierung siehe auch *Schneider*, E.:

sem Falle ist jedoch die ohne einschränkende Bedingung aufgestellte Verhaltensmaxime der Gewinnmaximierung genau befolgt worden, denn ebenso wie für die Kollusion gilt auch bei entsprechenden Kompensationszahlungen für eine Kombination von Kollusion und Fusion, daß „if the aggregate industry profit is not maximized and the less-than-maximum profit is divided in some fashion, it always is possible to give every single participant more than he actually gets, by changing the ... agreement to a basis on which the average industry profits is maximized[13].

Aus Fig. 23 ergibt sich ein Gesamtgewinnverlust bis zu einer erfolgreichen Verdrängung des 1 für 2 und 3 von *AB*.

Da G_{max} auch bei einer sofortigen Stillegung von 1 unter Zahlung einer Kompensation zu erreichen wäre, wird die Entscheidung über den Verdrängungswettbewerb davon abhängen, wie hoch die von 1 geforderte Kompensationszahlung K ist, wieviele Perioden Z_1 der 1 bei einem Verdrängungswettbewerb durchstehen wird und wieviele Perioden Z_2 nach erfolgreicher Verdrängung die beiden Anbieter 2 und 3 ein Kollektivmonopol innehaben werden.

Geht man davon aus, daß beide Parteien der konkurrierenden Anbieter die Perioden Z_1 und Z_2 als komplementäre Zeitabschnitte einer vorgegebenen Zeit Z_k[14] auffassen, so muß der Anbieter 1 bei einer einmali-

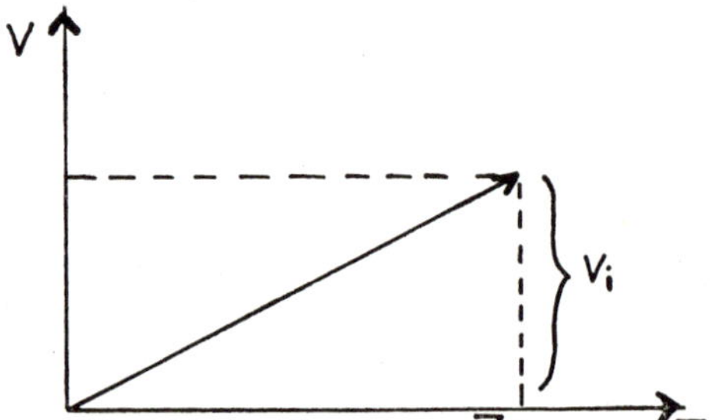

Fig. 24

Das Verteilungs- und Kostenproblem in einer vertrusteten Industrie. Schmollers Jahrb. Jg. 56, 1932. *Patinkin*, D.: Multiple-Plant Firms: Cartels and Imperfect Competition. Quart. J. of Ec., Bd. 61, 1947. *Patinkin*, D.: Note on the Allocation of Output. Quart. J. of Ec., Bd. 61, 1947. *Leontief*, W.: Multiple-Plant Firms, ebd. *Westfield*, F.: Marginal Analysis, Multi-Plant Firms, and Business Practice: An Example, Quart. J. of Ec., Bd. 69, 1955. *Brems*, H.: Cartels and Competition, a.a.O. *Schneider*, E.: Real Economics ..., a.a.O.

[13] *Fellner*, W.: Competition among the Few, a.a.O., S. 130.

[14] Diese Zeit sei durch eine Konstanz der den Markt beeinflussenden Faktoren gekennzeichnet.

gen und nicht im Zeitablauf variierenden Festsetzung seiner Kompensationsforderung zumindest einen möglichen Verlust von V_i in Kauf nehmen, der dann zustande kommt, wenn seine Kompensationsforderung nicht akzeptiert wird und $Z_1 = Z_k$ ist.

Ebenso müssen 2 und 3 als Verhandlungsgruppe einen Gewinnverlust $(AB—K) \cdot Z_k$ für den schlimmsten Fall einplanen, der dann eintritt, wenn 1 seinen Verlustwettbewerb nicht einstellt[15]. Beide Parteien haben also ein Interesse an einer schnellen Einigung über die Verteilung des Zusatzgewinnes AB. Bei der Aufteilung des Zusatzgewinnes wird dieser gerade völlig ausgeschöpft, wenn die Kompensationsforderung K von 1 gerade zusammen mit der Anteilsforderung von 2 und 3 den Gesamtgewinn AB ergibt.

$$K + (AB — K) = AB$$

Geht man davon aus, daß die subjektive Wahrscheinlichkeit p_i, mit der 1 annimmt, daß seine Kompensationsforderung K akzeptiert wird mit sinkender Höhe der Forderung steigt und daß für die Verhandlungspartner die gleiche Schlußfolgerung zu ziehen ist, so ergeben sich folgende Konsequenzen:

Für 1 gilt:
$p_i = 0$, wenn $AB = K$;
$p_i = 1$, wenn $K = O$;

Für 2 und 3 gilt:
$p_j = 1$, wenn $AB = K$;
$p_j = 0$, wenn $K = O$;

Jede Verhandlungspartei besitzt also über das Eintreffen der Extremen Verteilungsmöglichkeiten Sicherheit.

Zwischen den Sicherheitspunkten liegt der Bereich unsicherer Erwartungen, der in dem durch die Fig. 25 dargestellten Fall in Bereiche positiver und optimistischer Erwartungen zerfällt, wobei der Schnittpunkt der Erwartungsfunktionen im aktuellen Fall auf der X-Achse liegt.

Für den Schnittpunkt gilt, daß beide Verhandlungsparteien das dem Schnittpunkt zugeordnete Verteilungsergebnis mit gleicher Sicherheit erwarten. Da sich in diesem Sicherheitsgrad der Grad der Einigungsbereitschaft ausdrücken soll, besitzen beide Verhandlungsparteien in diesem Punkt eine gleiche Verhandlungsbereitschaft. Liegt dieser Punkt im negativen Bereich erwarten beide Parteien Nicht-Einigung.

In diesem Fall ist eine Korrektur der Erwartungen nötig. Ebenso dann, wenn der Verlauf der erwarteten Funktionen mit den realen Funktionen nicht übereinstimmt. In allen anderen Fällen gibt der Schnittpunkt (im positiven Bereich) die Verteilung an, wobei die Zufriedenheit mit dieser Verteilung aus dem Abstand von der X-Achse zu

[15] Verzinsungsprobleme werden hierbei nicht berücksichtigt.

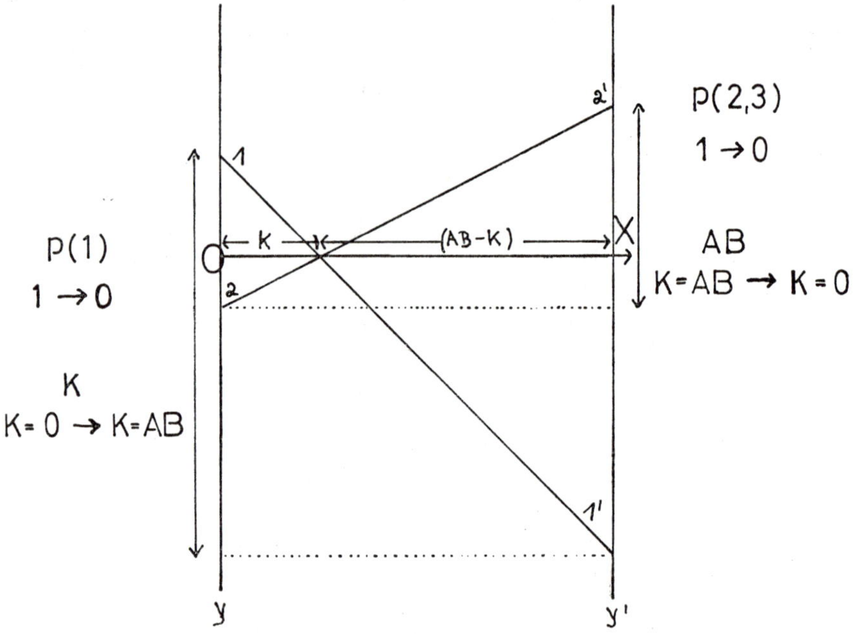

Fig. 25

ersehen ist. Eine unterschiedliche Sperrung des Wahrscheinlichkeitsbereiches trägt den unterschiedlichen Erwartungsänderungen bei Verteilungsänderungen Rechnung.

Bei dieser Lösung wird wirklichkeitsnah vorausgesetzt, daß beide Parteien den maximalen Gewinn möglichst schnell verteilen wollen; es wird — sicherlich wenig wirklichkeitsrelevant — angenommen, daß kein Verhandlungspartner Täuschungen bezüglich seiner Verhandlungsbereitschaft begeht und dies auch nicht vom anderen Verhandlungspartner erwartet. Das Verteilungsgleichgewicht ergibt sich also aus der Tatsache, daß im Einigungspunkt die Einigungsbereitschaft bei beiden Verhandlungspartnern gleich groß ist. Fiktive Abweichungen von diesem Punkt führen infolge der nicht-kongruenten Erwartungsgrößen zum Gleichgewichtspunkt. Daraus folgt, daß es sich immer um ein stabiles Gleichgewicht handelt, wenn die Erwartungsfunktionen sich schneiden. Ist dies nicht der Fall, kann die Verteilung des Höchstgewinnes nicht zustandekommen.

Geht man davon aus, daß nur die Anbieter 2 und 3 am Markte sind, so kann man in diesem einfacheren Falle die genauen Kompensationszahlungen bestimmen.

Die Kurve des gemeinsamen kurzfristigen Gewinns bei paralleler Preisänderung der beiden Anbieter wird in Fig. 23 durch 4—4—4—3^{xx} gegeben[16].

Das Gewinnmaximum des Kartells liegt beim Preis P_3.

Unter der Voraussetzung, daß der Anbieter 2 sein individuelles Gewinnmaximum *OE* erhält und 3 den bei dem Preise P_1 möglichen Gewinn *FC*, so verbleibt noch die zusätzliche Gewinnsteigerung *EF* als Rest, von der ein Teil als Kompensationszahlung dem 2 zufließen kann, um ihn einer Preiserhöhung bis P_3 folgen zu lassen.

Über die genaue Aufteilung dieses Zusatzgewinnes läßt sich ohne weitere Annahmen nichts Genaues sagen.

Setzt man voraus, daß auch jeder einzelne Anbieter über seinen Konkurrenten nicht mehr weiß, kann man bei Anwendung des La-Place Entscheidungskriteriums von einer Gewinnteilung im Verhältnis 1:1 ausgehen.

Die Verteilung des Gruppengewinns und damit die Festsetzung der Kompensationszahlungen tritt bei der strengen Gewinnmaximierung in

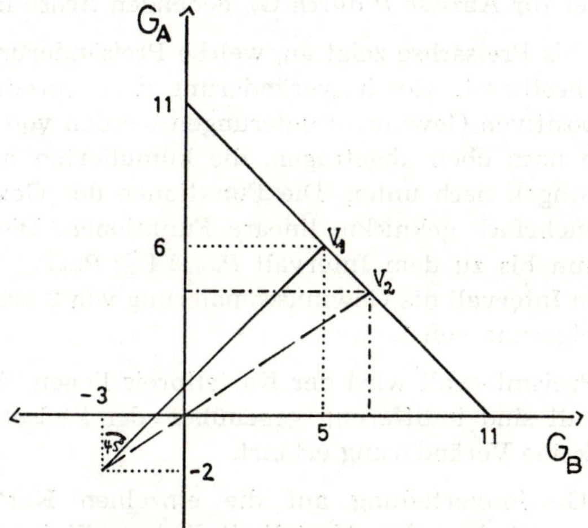

Fig. 26

[16] Die Funktion des kurzfristigen gemeinsamen Gewinnes soll sich von dem oben aufgezeigten langfristigen Gewinnmaximum dadurch unterscheiden, daß nicht gewinnerhöhende Anpassungen der Produktionseinheiten vorgenommen würden.

der Gruppe an die Stelle des Kampfes um die Quotenverteilung, von dem Kester sagt, er sei „schlechthin der interne Kartellwettbewerb“[17].

Können die beiden Anbieter sich durch einen zeitweiligen Verdrängungswettbewerb an die Verlustzone bringen, so bietet sich für die Gewinnverteilung der Nashsche Verteilungsschlüssel an, bei dem von den fixen Kosten der beiden Unternehmen ausgegangen wird[18]. Diese betragen für die Unternehmer A und B 2 bzw. 3 Einheiten[19].

Für einen maximalen Kartellgewinn von 11 Einheiten ergibt sich dann — wie aus Fig. 26 ersichtlich ist — eine Gewinnverteilung von 6 Einheiten für A und 5 Einheiten für B, da in diesem Punkt die 45°-Linie vom Drohpunkt aus die maximale Gewinnlinie in V_1 schneidet. Bei einer strengeren Formulierung einer am Drohpunkt orientierten Gewinnverteilung könnten diese Verlustrelationen der Anbieter umgekehrt in den Gewinnverteilungsrelationen zum Ausdruck kommen. In diesem Falle gäbe V_2 die Gewinnverteilung an, jedoch muß man sich die Achsen vertauscht denken, da der Anbieter mit den höheren fixen Kosten den niedrigeren Gesamtanteil erhält.

Zur Festsetzung des gewinnmaximierenden Preises auf einem homogenen Markt unter Einbeziehung der Möglichkeit von Kompensationszahlungen wird von dem Konkurrenzpreis ausgegangen, der in Fig. 27 auf der parallel zur Abzisse P durch G_K gehenden Achse liegt.

Die Abzisse als Preisachse zeigt an, welche Preisänderungen notwendig sind, um bestimmte Gewinnveränderungen zu „produzieren“. Die kumulierten positiven Gewinnveränderungen werden von der Konkurrenzpreisachse nach oben abgetragen, die kumulierten negativen Gewinnveränderungen nach unten. Die Funktionen der Gewinnveränderungen sind mehrfach geknickte lineare Funktionen. Die Preissteigerung wird dann bis zu dem Intervall P_{max} ; $4 \geqq P_{max} \geqq 3$ fortgesetzt, da nach diesem Intervall die Gewinnschmälerung von 2 stärker wird als die Gewinnsteigerung von 1.

In diesem Preisintervall wird der Kartellpreis liegen. Alle Preise in diesem Intervall sind indifferent gegenüber der Zielsetzung, da der Nettogewinn keine Veränderung erfährt.

Nach der Gewinnverteilung auf die einzelnen Kartellmitglieder kann man die zwischen den Kartellmitgliedern fließenden Gewinnströme in einer Kartellgewinnmatrix darstellen.

---

[17] *Kestner,* F.: Der Organisationszwang. Eine Untersuchung über die Kämpfe zwischen Kartellen und Außenseitern, 2. Aufl., bearbeitet von O. Lehnich. Berlin 1912, S. 36.

[18] *Nash,* J. F.: Two-Person Cooperative James, a.a.O., S. 128 ff.

[19] Die fixen Kosten sind auf den negativen Achsen des Koordinatensystems abgetragen.

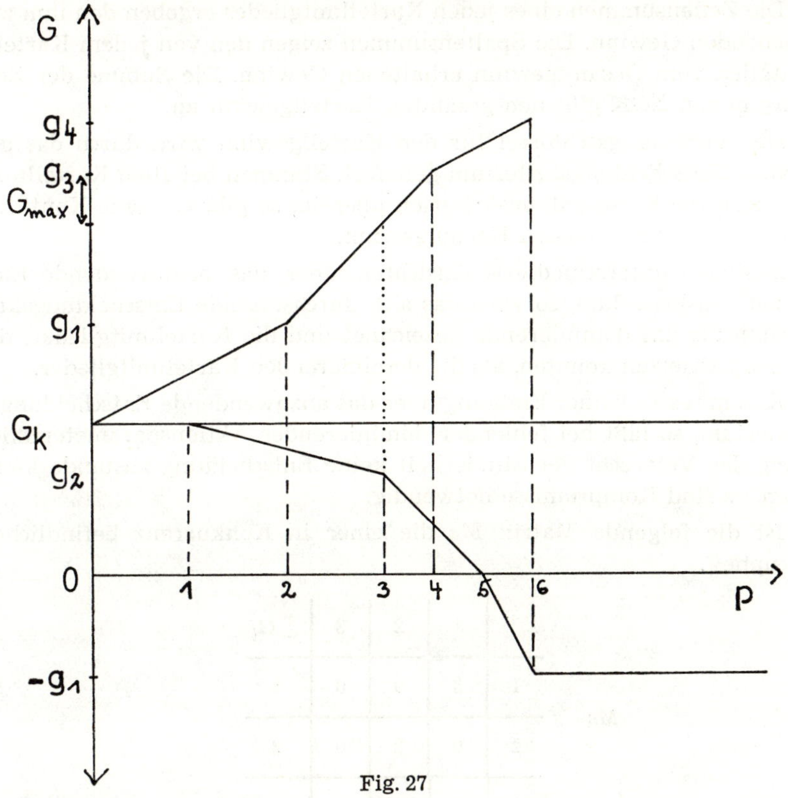

Fig. 27

Sind drei Kartellmitglieder vorhanden, so sieht die Gewinnmatrix wie folgt aus:

	1	2	3	$\sum G_2$
1	G_{11}	G_{12}	G_{13}	$\sum G_1$
2	G_{21}	G_{22}	G_{23}	$\sum G_2$
3	G_{31}	G_{32}	G_{33}	$\sum G_3$
				$\sum G_k$

Sind alle Elemente der Matrix, außer den Diagonalelementen G_{11}, G_{22} und G_{33} gleich Null, so werden keine Kompensationszahlungen geleistet, andernfalls geben die Werte der entsprechenden Matrixelemente die Kompensationszahlungen an.

Die Zeilensummen eines jeden Kartellmitgliedes ergeben den ihm zufließenden Gewinn. Die Spaltensummen zeigen den von jedem Kartellmitglied vom Gesamtgewinn erhaltenen Gewinn. Die Summe der Zeilensummen ΣGK gibt den gesamten Kartellgewinn an.

Der Verteilungsschlüssel für den Kartellgewinn wird durch das gewählte Entscheidungskriterium geliefert. Stimmen bei allen Kartellmitgliedern die Entscheidungskriterien überein, so gibt es keine Konflikte über den zu verteilenden Kartellgewinn.

Bestehen unterschiedliche Ansichten über das anzuwendende Entscheidungskriterium, so wird das sich durchsetzende Entscheidungskriterium als das dominierende bezeichnet und die Kartellmitglieder, die dies durchsetzen konnten, als die dominierenden Kartellmitglieder.

Kommt es zu keiner Einigung über das anzuwendende Entscheidungskriterium, so läßt bei fehlender dominierender Aktionsparameterfixierung das Vetorecht der Minderheit keine Entscheidung zustande kommen, es sind Kompromisse notwendig.

Ist die folgende Matrix Ms die einer in Konkurrenz befindlichen Gruppe[20].

Ms		1	2	3	$\sum G_i$
	1	3	0	0	3
	2	0	2	0	2
	3	0	0	3	3
		3	2	3	9

so gibt die Matrix M_{K1} jene Kartellgewinnverteilung an, bei der die durch die Gewinnverteilung in Ms ausgedrückte Dominationsstruktur beibehalten wurde[21].

M_{K1}		1	2	3	$\sum G_i$
	1	6	0	0	6
	2	0	4	0	4
	3	0	0	6	6
		6	4	6	16

[20] Die Anbieter spielen die Sattelpunktstrategien.
[21] Das gemeinsame Gewinnmaximum ist 16.

Gibt die Matrix M_{K1} die Situation bei stillschweigender Kollusion ohne Kompensationszahlungen an, so könnte die Gewinnstruktur gegenüber der Konkurrenzsituation etwas verzerrt sein, ohne daß die stillschweigende Kollusion gefährdet wird[22].

Eine solche Gewinnverteilungsstruktur könnte neben der bei Konkurrenz für einen Verteilungsschlüssel bei einer strafferen Kartellierung mit einer weiteren Gewinnsteigerung entscheidend sein.

Bei einer Gleichverteilung des Zusatzgewinns in M_{K2} auf die Kartellmitglieder strebt die Verteilungsstruktur mit steigender Summe des Zusatzgewinns einer Gleichverteilung zu.

M_{K2}		1	3	3	$\sum G_i$
	1	4	0	0	4
	2	0	3	0	3
	3	0	0	4	4
		4	3	4	11

Bei der folgenden Matrix M_{K3} wächst, verglichen mit M_{K2} die Dominanz des Kartellmitgliedes 1, obwohl es an 2 und 3 Kompensationszahlungen in Höhe von einer Gewinneinheit zahlen muß.

M_{K3}		1	2	3	$\sum G_i$
	1	7	1	1	9
	2	1	3	0	4
	3	1	0	4	5
		9	4	5	16

Bei der Gleichverteilung des Zusatzgewinnes zu der Sattelpunktgewinnverteilung soll von einer G_1, G_2 Verteilung der mit Sicherheit zu erwartenden Gewinne ausgegangen werden[23].

[22] Verhandlungen über Kompensationszahlungen werden als zu wenig produktiv angesehen, oder die Marktsituation wird als wenig stabil beurteilt.

[23] Diese Lösung wird von Luce-Raiffa mit einer Nutzenskalierung gegeben. Dadurch ändert sich jedoch an der Darstellung nichts, da zwischen der Veränderung der Geldgrößen und jener der Nutzengrößen eine lineare Verknüpfung unterstellt wird. *Luce*, D. R., *Raiffa*, H.: Games and Decisions, a.a.O., S. 137 ff.

Es sei die kombinierte Gewinnmatrix für zwei Spieler A und B gegeben:

$$\begin{pmatrix} +2, & -1 & 1, & 1 \\ -1, & 3 & 4, & -1 \end{pmatrix}$$

Jeder Spieler hat also die Auszahlungsmatrix:

$$V(\{A\}) = \begin{pmatrix} +2 & 1 \\ -1 & 4 \end{pmatrix}$$

$$V(\{B\}) = \begin{pmatrix} -1 & 3 \\ 1 & -1 \end{pmatrix}$$

Da ein Sattelpunkt bei reinen Strategien nicht gegeben ist, wird der Sattelpunkt bei gemischten Strategien gesucht, wobei häufige Wiederholbarkeit des Spiels unterstellt wird.

$$2a_1 + 1a_2 = G_{sa} \qquad b_1 - b_2 = G_{sb}$$

$$-a_1 + 4a_2 = G_{sa} \qquad -b_1 + 3b_2 = G_{sb}$$

$$a_1 + a_2 = 1 \qquad b_1 + b_2 = 1$$

$$a_1 = 1/2 \qquad \underline{G_{sa} = 1\,1/2} \qquad b_1 = 2/3$$

$$a_2 = 1/2 \qquad b_2 = 1/3$$

$$\underline{G_{sb} = 1/3}$$

Der Spieler A spielt also seine beiden Strategien mit der Wahrscheinlichkeit $1/2$ und erhält damit einen sicheren Gewinn von $1\,1/2$, während B die Strategie b_1 mit der Häufigkeit $2/3$ spielt und die Strategie b_2 mit der komplementären Häufigkeit, so daß er zu einem sicheren Gewinn von $1/3$ kommt.

Bei einer Koalition hat das Spiel den Wert 3, da dies der maximale Summenwert der kombinierten Gewinnmatrix ist.

Man erhält also die Gewinnverteilungsfunktionen:

$$G_a = 1{,}5 + 7/6\,\alpha$$

$$G_b = 0{,}3 + 7/6\,(1-\alpha)$$

Der Wert α kann alle Werte zwischen 0 und 1 annehmen und muß durch Verhandlungen bestimmt werden.

Der Verhandlungsbereich bezüglich der Aufteilung des Kollusionsgewinnes wird in Fig. 28 durch die anschraffierte Fläche markiert. Dazu gehören nach dem Begriffe der Domination von v. Neumann-Morgenstern[24] jedoch auch die von der Sattelpunktverteilung zur maximalen Gewinnlinie gehenden Begrenzungslinien. Die auf diesen Strecken liegenden Gewinnverteilungen zeichnen sich dadurch aus, daß jeweils nur für einen Kollusionsteilnehmer eine Gewinnsteigerung vorliegt, während für den zweiten lediglich eine Konstanz der bisherigen Gewinnposition mit einer entsprechenden Aktionsparameteränderung verbunden ist. Da die dominierenden Gewinnverteilungen jedoch nur durch gemeinsames Vorgehen der Anbieter erreicht werden können, sind alle jene Gewinnkombinationen für einen Anbieter nicht erreichbar, wenn der andere Anbieter nicht auch mit dem Erreichen dieser Kombination einverstanden ist.

Er wird es in dem Falle nicht sein, wenn seine eigene absolute Gewinnposition gleich bleibt und die der Konkurrenten sich verbessert, so daß das relative Gewinnniveau, die Gewinnposition des auf einer Begrenzungslinie sich bewegenden Anbieters sich verschlechtert.

Krelles Bedingung der Erreichbarkeit für eine dominierende Position liegt hier nicht vor[25], da Krelles Dominationsbegriff einseitig auf Konkurrenzhandlungen der Anbieter abgestellt ist[26].

Der zu verteilende Gesamtgewinn ist M (= 3), und sämtliche Gewinnkombinationen in dem anschraffierten Lösungsraum bereiten nach

---

[24] Für das anschraffierte Gebiet gilt, daß irgendeine Gewinnverteilung $(a_i; b_j)$ in diesem Gebiet von einem anderen Punkt (a', b') der Gewinnverteilung dominiert wird, wenn gilt: $a' \geqq a_i$; $b' \geqq b'_j$. *Luce*, D. R., *Raiffa*, H.: Games and Decisions, a.a.O., S. 117.

[25] *Krelle*, W.: Preistheorie, a.a.O., S. 268.

[26] Wie sehr Krelles begriffliche Abgrenzungs- von der Wettbewerbsinterdependenz der Anbieter abhängen, geht aus seiner Definition der Erreichbarkeit und Dominanz hervor. Nach Krelle kann der Anbieter 1 von A aus den Punkt B nur dann erreichen, wenn der Anbieter 2 in A' einen kleineren Ge-

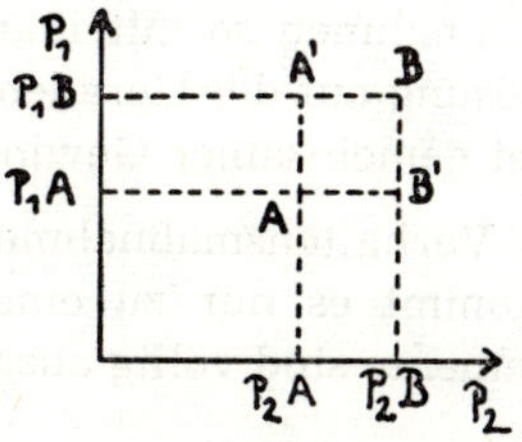

winn hat als in A, und er diese Gewinneinbuße aufholen kann, wenn er eine Preisänderung von A' nach B vornimmt. „B ist für 1 von A aus *nicht* erreichbar, wenn der Gewinn von 2 in A' größer ist als in A".“ Krelle, W.: Preistheorie, a.a.O., S. 268/69. Es ist aber durchaus möglich — und dies wird gerade bei einer parallelen kollusiven Preisänderung der Fall sein —, daß der Gewinn von 2 in A' größer ist als in A, und in B noch größer als in A'.

Luce-Raiffa[27] solange keine Schwierigkeiten bei den Vorverhandlungen, bis die maximale Gewinnlinie erreicht worden ist. Von diesem Augenblick ist jede Gewinnsteigerung eines Kartellmitgliedes mit einer entsprechenden Gewinnminderung eines anderen Kartellmitgliedes verbunden. Die lineare Funktion $M — M$ gibt also die Pareto-optimale Menge der Gewinnkombinationen an.

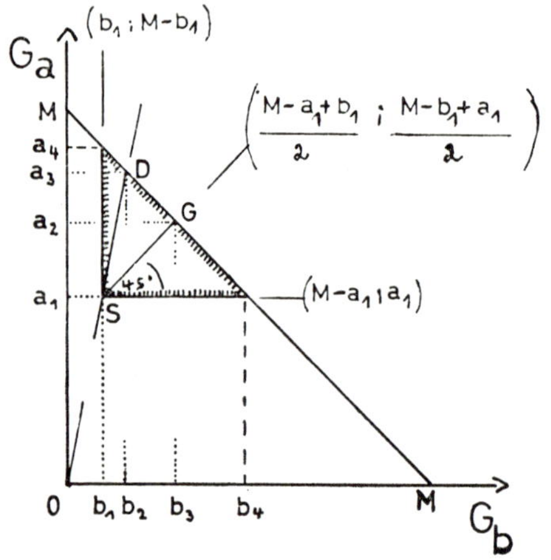

Fig. 28

Wird überhaupt eine Lösung für die Verteilung des Zusatzgewinnes gefunden, so muß die Lösung zwischen den beiden Punkten $(M\text{-}a_1\,;\,a_1)$ und $(b_1\,;\,M\text{-}b_1)$ auf der Geraden $M—M$ liegen[28].

Für eine determinierte Lösung sind noch weitere Annahmen über das Verhalten der Kartellmitglieder notwendig.

Sind diese Verhaltensannahmen so miteinander kompatibel, daß die Gewinnverteilung der Lösung auf der Geraden $M—M$ liegt, so liegt eine determinierte Lösung bei gemeinsamer Gewinnmaximierung vor.

Sind die zusätzlichen Verhaltensmaßnahmen generell nicht miteinander kompatibel, so kommt es nur zu einer Sattelpunktlösung des Spiels, die kollusiven Elemente sind völlig ausgeschlossen[29].

---

[27] The players „can be expected, if they are rational to confine their attention to the jointly undominated outcomes ...". *Luce*, D. R., *Raiffa*, H.: Games and Decisions, a.a.O., S. 138.

[28] *Luce*, D. R., *Raiffa*, H.: Games and Decisions, a.a.O., S. 138. In diesen Punkten fällt der Zusatzgewinn alternativ einem Spieler ganz zu.

[29] Die Gewinnverteilung im Punkt S kann jene wettbewerbliche Gewinnverteilung sein, die als Bezugspunkt die Gewinnverteilung bei Kollusion beeinflußt. *Ryan*, W. J.: Price Theory, a.a.O., S. 352 f.

Eine partielle Kompatibilität ist dann gegeben, wenn die zusätzlichen Verhaltensannahmen abhängig sind von der Lage des Lösungspunktes im Lösungsraum selbst. Ein solches Vorgehen zur Auffindung einer Lösung unterscheidet sich von den Verhandlungslösungen grundsätzlich dadurch, daß bei den bargaining-Lösungen gerade von der Rationalität der Nicht-Transparenz der zusätzlich notwendigen Verhaltensannahmen ausgegangen wird[30].

Bei den zusätzlich notwendigen Verhaltensannahmen für eine determinierte Lösung zeichnen sich folgende Annahmen dadurch besonders aus, daß ihnen objektive Bezugspunkte zugrunde liegen[31]:

1. Der Zusatzgewinn wird gleichverteilt.

   Der Lösungswert ist durch den Shapley-Wert[32] charakterisiert, er hat die Koordinaten $\left(\frac{M - a_1 + b_1}{2}; \frac{M - b_1 + a_1}{2}\right)$ und zeichnet sich dadurch aus, daß er unabhängig vom Nullpunkt determiniert ist.

   Jeder Spieler erhält also die Hälfte des maximalen Gruppengewinns M abzüglich der Hälfte der Gewinndifferenz der Gewinne im Sattelpunkt.

Für das oben gewählte Beispiel erhält A also den Gewinn:

$$\frac{3}{2} + \frac{1{,}5 - 0{,}3}{2} = 2{,}1$$

B erhält den Gewinn:

$$\frac{3}{2} + \frac{0{,}3 - 1{,}5}{2} = 0{,}9$$

2. Der Zusatzgewinn wird so verteilt, daß die Gewinnrelationen bei der Sattelpunktverteilung erhalten bleiben.

---

30 Dieser Aussage wird nicht dadurch widersprochen, daß für die Bestimmung der Lösungen von Nashs Verhandlungstheorie ausgegangen wird, denn Nashs Lösungsansatz basiert gerade auf jenen transparenten Drohpunkten. Seine Verhandlungstheorie stellt also nur einen ganz speziellen Fall einer allgemeinen Verhandlungstheorie dar.

31 Diese Verhaltensannahmen treten nicht neben die Verhaltensmaxima der Gewinnmaximierung, sondern zeigen die Interdependenz von Gewinnmaximierung und Dominationsposition auf. Die Verdrängung aus einer Gewinnposition kann von einem Anbieter als ebenso gravierend angesehen werden, wie die Verdrängung aus dem Markt.

32 Von D. Luce und H. Raiffa so benannt, s. *Luce*, D. R., *Raiffa*, H.: Games and Decisions, a.a.O., S. 137 ff.

In diesem Fall ist nicht der Punkt *G* in der Fig. 28 der Lösungspunkt, sondern der Punkt *D*.

A erhält einen Gewinn von 2,5 und *B* einen Gewinn von 0,5.

Diese beiden Entscheidungskriterien führen dann zu einer eindeutig determinierten Lösung, wenn alle Koalitionspartner sich bei der Parameterfixierung an diesen Lösungskriterien orientieren.

Ist dies nicht der Fall, so besteht keine Harmonie der Verteilungsinteressen, und eine Koalitionslösung kommt nicht zustande, es sei denn, daß die Koalitionspartner zu einem Kompromiß bereit sind. Für solche Kompromisse sind wieder ähnliche Verhaltensannahmen zu machen, wie für die Verteilung des Zusatzgewinns.

Die beiden Entscheidungskriterien führen dann zu einer einzigen Lösung, wenn es sich etwa um ein homogenes symmetrisches Duopol handelt, die Punkte *D* und *G* fallen zusammen[33].

Neben diesen besonders ausgezeichneten Verhaltensannahmen können noch solche bestehen, die rein subjektiv bestimmt sind. Danach können bestimmte Quoten an der Verteilung des Zusatzgewinnes beansprucht werden, oder es kann eine völlige Gleichverteilung der Gewinne der Koalitionspartner gefordert werden. Für alle diese Verhaltensmaxime gilt das bei der Diskussion der Gewinnverteilung im symmetrischen Duopol Gesagte[34].

Daß die Verteilung nach dem Shapley-Wert zweifelhaft sein kann, sei an folgendem Beispiel demonstriert[35].

---

[33] Isard und Smith bringen einen interessanten Lösungsversuch, bei dem die Anbieter nach einem Lernprozeß nicht ganz eine Symmetrieverteilung erreichen. Bei der vorliegenden Transparenz bewirkt der Lernprozeß jedoch einen gewinnmindernden Umweg mit dem Ergebnis, daß die relative Gewinnverteilung nicht völlig gleich ist, so daß die Plausibilität der Lösung als nicht sehr groß zu bezeichnen ist. *Isard,* W. J., *Smith,* T. E.: A Pratical Application of Game Theoretical Approaches to Arms Reduction (and to Goal Determinations among Regional Planing Authorities). Peace Research Society (International), Papers, Bd. IV, 1966, S. 93 ff.

[34] Heertje nimmt an, daß der erstrebte Profitanteil eines Anbieters in einem Markt abhängig ist von seiner angenommenen Marktposition. Seine Annahme, daß der maximale Gruppengewinn nur bei einer bestimmten Profitverteilung erreicht werden kann, läßt sich jedoch nicht mit der Prämisse der Gewinnmaximierung in Einklang bringen, da der erreichbare Zusatzgewinn immer so aufgeteilt werden kann, daß die relative Gewinnverteilung vor der Verteilung des Zusatzgewinnes beibehalten wird. Heertjes Argumentation kann nur bis zu dem Zeitpunkt gelten, zu dem ein Verteilungsschlüssel für den Gewinn als Ausdruck der (unterschiedlichen) Machtverteilung gefunden wurde. *Heertje,* A.: On the Theory of Oligopoly, a.a.O., S. 467/68.

[35] Die dadurch gegen die Shapley-Verteilung angemeldeten Bedenken basieren jedoch lediglich auf der Tatsache, daß die Sattelpunktslösung des Spiels bei gemischten Strategien durch die eine reine Strategie eines Spielers dominiert werden kann.

Die pay-off Matrix des Spieles sei[36]:

	b_1	b_2
a_1	1, 4	−1, −4
a_2	−4, −1	4, 1

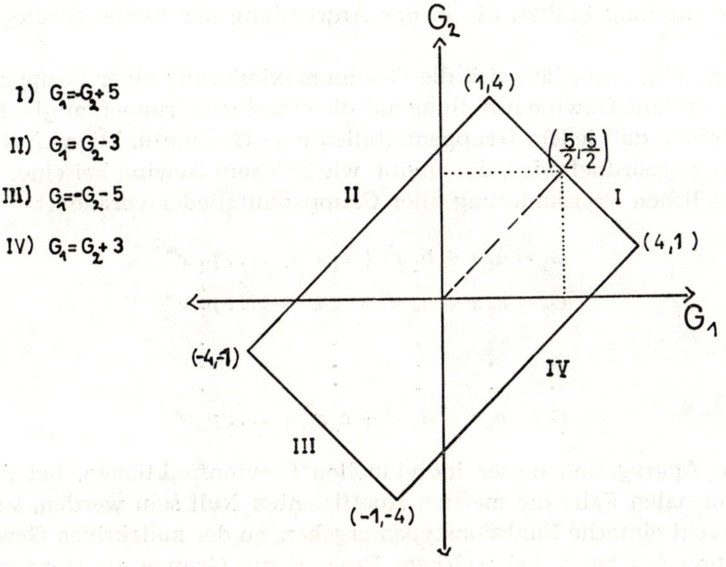

Fig. 29

Der Verhandlungsspielraum *R'* ist in der Figur ersichtlich. Der Sicherheitspunkt ist (0,0). Die max. min. Strategien sind:

$$\left(\frac{4}{5}\,a_1, \frac{1}{5}\,a_2\right) \text{ und } \left(\frac{1}{2}\,b_1, \frac{1}{2}\,b_2\right)$$

Bei völliger Symmetrie erhält man die NASH-Lösung $\left(\frac{5}{2}, \frac{5}{2}\right)$, also den Mittelpunkt des Verhandlungsspielraums als die Verbindungsstrecke von (1, 4) nach (4, 1).

[36] S. *Luce*, D. R., *Raiffa*, H.: Games and Decisions, a.a.O., S. 139 ff.

Die Lösung des Spieles ist symmetrisch, aber das Spiel selbst ist nicht symmetrisch. Spieler 2 hat einen beträchtlichen Vorteil. Angenommen, 2 droht b_1 zu spielen, welche Alternativen hat dann 1? Wenn er a_1 spielt, dann ist die Auszahlung (1, 4), und mehr kann 2 nicht erreichen. Deshalb hat 1 nur als Gegendrohung a_2, was zu (—4, —1) führt mit einer sehr günstigen Verlustverteilung für *B*. Der status quo für die Aushandlung sollte also nicht (0,0) sein, sondern (—4, —1). Als Lösung gäbe sich dann (1, 4).

Die Kritik an der Shapley-Lösung basiert also auf der max.min. Strategienkombination als Ausgangspunkt und zeigt, daß *B* eine dominierende Stellung besitzt, die in der Anwendung der reinen Strategie b_1 liegt.

Ganz allgemein läßt sich die Gewinnmaximierung einer Gruppe und die simultane Gewinnaufteilung auf die einzelnen Gruppenmitglieder so darstellen, daß jedem Gruppenmitglied eine Gewinnfunktion G_i $(i = 1 \ldots . n)$, zugeordnet wird, die angibt, wie sich sein Gewinn bei einer kontinuierlichen Preisänderung aller Gruppenmitglieder verändert.

$$
\begin{array}{l}
G_1 = a_1 x + b_1 x^2 + c_1 x^3 + \ldots . \; p_1 x^m \\
G_2 = a_2 x + b_2 x^2 + c_2 x^3 + \ldots . \; p_2 x^m \\
\quad \vdots \\
G_n = a_n x + b_n x^2 + c_n x^3 + \ldots . \; p_n x^m
\end{array}
$$

Die Aggregation dieser individuellen Gewinnfunktionen, bei denen im normalen Falle die meisten Koeffizienten Null sein werden, so daß sich recht einfache Funktionstypen ergeben, zu der kollektiven Gewinnfunktion G_{k1} zeigt, bei welchem Preis x' die Gruppe als Ganzes den maximalen Gewinn aufzeigt.

$$G_{k1} = G_1^1 + G_2^1 + \ldots G_n^1$$

Indem sämtliche mögliche Kombinationen von Gruppenmitgliedern gebildet werden und die zugehörigen Gruppengewinnfunktionen festgestellt werden, erhält man alle (durch Stillegen von Produktionseinheiten) in der Ausgangsgruppe enthaltenen Untergruppen mit ihren Gruppengewinnfunktionen.

$$
\begin{array}{l}
G_{k1} = G_1^1 + G_2^1 + \ldots G_n^1 \\
G_{k2} = G_1^2 + G_2^2 + \ldots G_n^2 \\
\quad \vdots \\
G_{kn} = G_1^n + G_2^n + \ldots G_n^n
\end{array}
$$

Die Gewinne von den ausgeschiedenen Gruppenmitgliedern sind 0, sodaß auch ihre Gewinnfunktionen wegfallen. Da sich die Nachfrage der ausgeschiedenen Gruppenmitglieder auf die noch anbietenden Gruppenmitglieder verteilt, werden sich deren individuelle Gewinnfunktionen und der den Gruppengewinn maximierende Preis bei jeder neuen Gruppenkombination auch ändern. Jene Funktion G_{ki} mit dem höchsten Gewinnmaximum gibt die optimale Gruppe an, die den Gewinn des maximum maximorum erzielen kann[37]. Wenn davon ausgegangen wird, daß die optimalen Gruppen nur freiwillig, und nicht wie im obigen Fall durch Verdrängungswettbewerb, zustande kommen können, so müssen den ausscheidenden Gruppenmitgliedern Kompensationszahlungen geleistet werden. Jeder G_{ki} Funktion entspricht damit eine Verteilungsfunktion V_{ki}.

Ist $G_{ki} = V_{ki}$, so besteht Einigung über den zu verteilenden Gesamtgewinn.

Da eine Einigung unter allen Umständen sofort erreicht werden muß, wird von G_{ki} Funktionen jene maximale ausgesucht, für die auch die Bedingung $G_{ki} = V_{ki}$ erfüllt ist.

Sehen sich zwei Anbieter etwa folgendem Gewinnindifferenzfeld gegenüber, wobei ihre Aktionsparameterfixierungen auf den Koordinatenachsen abgetragen worden sind[38], so kann man in diesem Feld eine Einigungslinse für jeden Anbieter eintragen, deren gemeinsame Punkte potentielle Punkte der Einigungsfunktion darstellen.

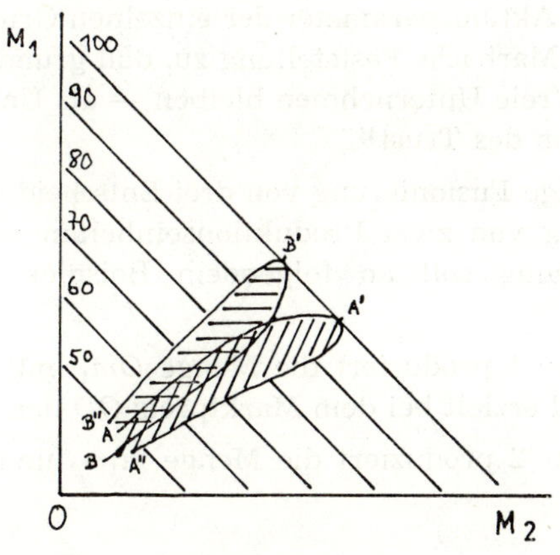

Fig. 30

[37] Ein solches Ergebnis kann auch erreicht werden, wenn zwischen den Kartellmitgliedern ein Markt für Produktionsquoten zustande kommt. *Stigler*, G. J.: The Theory of Price, New York 1957, S. 247.

[38] Bei der Fixierung der Aktionsparameter werden alle jene Aktionsparameterkombinationen mit einem gleichen Gruppengewinnergebnis miteinander verbunden.

Beide Einigungslinsen berühren die Gewinndifferenzlinie von 100. Der gemeinsame Punkt beider Linsen mit dem höchsten Gewinniveau hat einen Betrag von 90; die entsprechende Mengenkombination wird deshalb auf dem Markt realisiert[39], wenn stillschweigende Kollusion vorliegt. Gelingt es, durch Kartellierung oder Fusionierung eine asymmetrische Marktaufteilung zu verhindern, so kann ein Anbieter bei gegebener Produktionsausstattung seinen Gewinn auf 100 steigern.

Bleiben bei der Gruppengewinnmaximierung alle Anbieter auf dem Markt, so ist Fellners Ansicht, eine Gruppengewinnmaximierung könne nicht erfolgen „... because a firm must retain a substantial degree of independence to be able to defend its position in the event of cutthroat competition“[40] wenig stichhaltig, denn bei einer relativ gleichen Gewinnverteilung bleibt die Dominationsstruktur der Anbieter erhalten, sodaß die Startpositionen für eine „cutthroat“ Wettbewerb gegenüber der Konkurrenzsituation nicht geändert werden.

Im Extremfall hat das realisierte Kartell nur noch ein Mitglied, das den ausgeschiedenen Mitgliedern entweder eine einmalige Ausscheidungskompensation oder eine periodische Kompensationszahlung leistet.

Hiervon streng zu unterscheiden ist jener Fall, bei dem selbständige Gruppenmitglieder fusionieren, etwa um Kostendegressionen ausnützen zu können, und etwa in der Organisationsform einer Aktiengesellschaft alle an der Willensbildung beteiligt sind.

Bei einer streng auf die Gruppengewinnmaximierung ausgerichteten Fixierung der Aktionsparameter der einzelnen Gruppenmitglieder trifft nicht mehr F. Marbachs Feststellung zu, daß grundsätzlich alle Kartellunternehmen freie Unternehmen bleiben — als Unterscheidung zur Organisationsform des Trust[41].

Die freiwillige Fusionierung von drei Entscheidungseinheiten bei Betriebsstillegung von zwei Produktionseinheiten zur individuellen Gewinnmaximierung soll an folgendem Beispiel dargestellt werden[42] (s. Fig. 31).

Der Anbieter 1 produziert die Menge Om_1 mit den Durchschnittskosten OB und erzielt bei dem Marktpreis OD den Gewinn G_1.

Der Anbieter 2 produziert die Menge m_1m_2 und erzielt den Gewinn G_2.

---

[39] Die inneren Teile der Begrenzungslinien der Einigungslinsen *(A—A', B—B')* stellen die minimalen eigenen Forderungen dar, während die äußeren Begrenzungslinien *(A'—A", B'—B")* die als maximal erreichbar gedachten Forderungen darstellen. Der maximal erreichbare Gewinn beträgt 100. Er wird nur bei einer stark asymmetrischen Marktaufteilung erreicht.

[40] *Fellner*, W.: Collusion and its Limits ..., a.a.O., S. 8.

[41] *Marbach*, F.: Monopolistische Organisationsformen, a.a.O., S. 8.

[42] S. hierzu: *Barone*, E.: Grundzüge ..., a.a.O., S. 192 ff.

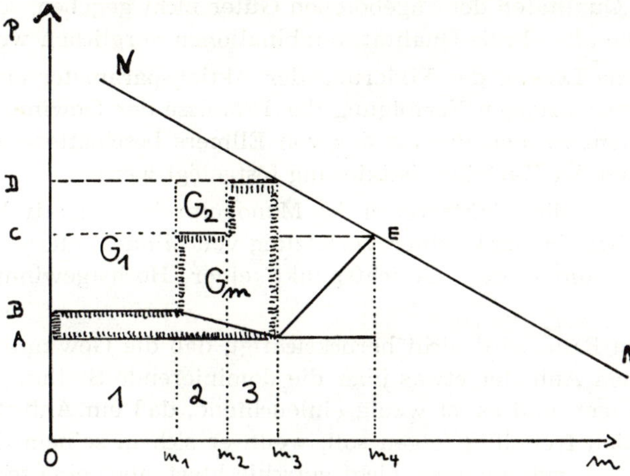

Fig. 31

Der Anbieter 3 produziert gewinnlos die Menge m_2m_3.

Die Durchschnittskosten von 1 sinken bei einer Vermehrung seiner Ausbringung um m_1m_3 auf OA. Diese Vermehrung der Ausbringung könnte zustandekommen bei einer Fusionierung und Betriebsstillegung von 2 und 3.

Der damit erzielbare Mehrgewinn G_m steht zur Aufteilung und damit für Kompensationszahlungen an 2 und 3 zur Verfügung. Die durch die Fusionierung bewirkte Gewinnsteigerung ermöglicht es, die Gewinne aller drei Anbieter zu steigern.

Eine Verdrängungspolitik, verbunden mit einer Preissenkung auf E_{m4}, wobei $E_{m4} < CO$ ist, wäre für den Anbieter 1 nur dann zwingend, wenn die Durchschnittskosten bei der Ausbringung m_4 auf dem Niveau OA bleiben.

Steigen dagegen die Durchschnittskosten von m_3 bis m_4 auf m_4E, so kommt es darauf an, wieviele Perioden 1 seine Monopolstellung für unangreifbar hält, und wie groß seine Risikoempfindlichkeit ist.

Der allgemeine Ansatz zur Bestimmung des Gruppengewinnmaximums läßt sich auch für bezüglich der Qualität heterogenisierte Anbieter verwenden.

Bei gegebenen Qualitäten wird dann nicht mehr von einem einheitlichen Marktpreis ausgegangen, sondern es wird jene Kombination der Preise gesucht, die bei gegebenen Qualitäten ein Gewinnmaximum erreichen läßt.

Sind die Qualitäten der angebotenen Güter nicht gegeben, so müssen die Gewinne aller Preis-Qualitätskombinationen verglichen werden.

Eine solche Lösung der Fixierung der Aktionsparameter eines Kartells bei einer strengen Verfolgung der Prämisse der Gewinnmaximierung erscheint zwingender als der von Ellmers beschrittene Weg, bei dem Grenzen der Kartellpreisfixierung festgelegt werden.

So wird „... die Höchtsgrenze des Monopolpreises negativ bestimmt durch den Gesichtspunkt einer Verletzung von Mindestinteressen, nicht also positiv unter dem Gesichtspunkt einer Höchstgewinnverwirklichung“[43].

In diesem Falle wird nicht berücksichtigt, daß die Gewinnpositionen der einzelnen Anbieter etwas über die dominierende Stellung der Anbieter aussagen und es ist wenig einleuchtend, daß ein Anbieter einer Preisvariation freiwillig folgen soll, wenn er sich in seinem absoluten Gewinnniveau dadurch zwar nicht verschlechtert, aber eine schwächere Stellung in der Struktur der Gewinniveaus der Anbieter erhält.

Auf solche Hinderungsgründe für das Zustandekommen eines Kartells in einer noch viel krasseren Form weist Fog hin, wenn er feststellt, daß oft die Anbieter eher daran interessiert sind, Vorteile für Konkurrenten zu verhindern, als eigene Vorteile zu erlangen[44].

V. Die Koordination der Aktionsparameter im heterogenen Duopol

Eine Heterogenität der von den Duopolisten angebotenen Produkte soll dann vorhanden sein, wenn die Produkte den Käufern differenziert erscheinen. Aus dieser subjektiv orientierten Wahl des Entscheidungskriteriums folgt, daß objektiv differenzierte Güter dann als homogen angesehen werden, wenn die unterschiedlichen Eigenschaften der Produkte nicht wahrgenommen werden[1].

Ebenso wie in diesem Fall muß auch dann bei der Betrachtung des Modellablaufes von homogenen Gütern ausgegangen werden, wenn die differenzierten Kaufobjekte die Käufer nicht zu unterschiedlichen Handlungen verleiten, weil der Differenzierungsgrad nicht ausreicht, um die Reizschwelle bei den Käufern zu überschreiten, die als Trägheitsmoment innerhalb bestimmter Differenzierungsintervalle ein einheitliches homogenes Strukturbild der angebotenen Güter vermittelt[2].

---

[43] *Ellmers*, G.: Produktionslenkung und Preisbildung ..., a.a.O., S. 83.

[44] *Fog*, B.: How are Cartel Prices Determined?, a.a.O., S. 21 ff.

[1] Es wird unterstellt, daß die Käufer homogen bezüglich der Feststellung von Gutseigenschaften sind, so daß nur einstimmige Urteile abgegeben werden und gemischte Urteile bezüglich des Differenzierungsgrades der angebotenen Güter nicht möglich sind.

[2] Je nach der Höhe dieser Reizschwelle sind unterschiedliche objektive Differenzierungsgrade der angebotenen Güter notwendig, um die subjektive

Andere Heterogenisierungsfaktoren, die etwa in der unterschiedlichen Art und Beschaffenheit des Verkaufs liegen können, und durch die bei homogenen Gütern eine nicht voll bewegliche Nachfrage[3] erreicht wird, sollen nicht untersucht werden[4].

Die Art der Verhaltenskoordination auf einem Duopolmarkt kann wettbewerblich oder kartellmäßig erfolgen. Welche dieser beiden Alternativen sich auf dem Markt als dominant durchsetzt, hängt davon ab, welche Rangfolge die Ergebnisse dieser unterschiedlichen Verhaltensinterdependenzen in den Zielvorstellungen der Duopolisten einnehmen, und welche Gruppe der beiden eindeutigen Zuordnungsmöglichkeiten eine Realisierung erreichen kann.

Fällt die Entscheidung zugunsten des Wettbewerbsverhaltens, so wird damit immer eine Veränderung der Dominationsstruktur in der Gruppe angestrebt bzw. einer solchen Veränderungstendenz entgegengewirkt[5].

Während auf den homogenen Märkten — bei Beibehaltung der Homogenität — eine Veränderung der Dominationsstruktur nur über eine Verbesserung der Kostenstruktur möglich ist, und einem solchen Verhalten infolge der Monopolisierungsmöglichkeit Grenzen gesetzt sind, besteht auf dem heterogenen Markt zusätzlich die Möglichkeit von Qualitätsvariationen. Hierbei soll unterschieden werden zwischen einer Qualitätsverbesserung und einer Qualitätsänderung[6].

Bei einer Qualitätsverbesserung liegt lediglich eine präferierte Veränderung der Qualitätsbeschaffenheit vor[7].

Bei einer Qualitätsveränderung dagegen wird ein bestimmtes Gut variiert. Es bleibt also im Gegensatz zu der Produktionsvariation die (technische) Substitutionsmöglichkeit erhalten[8].

Bei der Entscheidung zwischen dem Wettbewerbsverhalten und dem Kartellverhalten soll weiterhin nur die strenge Gewinnmaximierungsprämisse als Verhaltensmaxime zugrunde gelegt werden.

Homogenität der Güter verschwinden zu lassen. Ein negativer Wert der Reizschwelle könnte so interpretiert werden, daß bei den Käufern der Güter die Neigung besteht, (fast) homogene Güter zu differenzieren, um aus dem einheitlichen homogenen Konsum auszubrechen.

[3] *Krelle*, W.: Preistheorie, a.a.O., S. 8 ff.

[4] Hiermit wird unterstellt, daß bei den Käufern nicht die unterschiedliche Verkaufsqualität als unterschiedliche Gutsqualität abgebildet wird. Kaufentscheidungen orientieren sich nur an der Gutsqualität.

[5] Märkte mit fehlender Domination werden nicht mit in die Diskussion eingeschlossen. Bei einem symmetrischen homogenen Oligopol wird jedem Anbieter ein gleich großer, positiver Dominationswert zugeordnet; in der Marktform der vollständigen Konkurrenz ist dieser Dominationswert 0.

[6] Die Qualitätsveränderung stellt noch keine Produktvariation dar, es wird ein bestimmtes Gut produziert.

[7] Diese kann sich z. B. in größerer Haltbarkeit des Gutes ausdrücken.

[8] Eine Qualitätsvariation läge etwa dann vor, wenn die Produktion einer Waschmaschine ohne automatische Regelung der Arbeitsvorgänge durch die einer Waschmaschine mit Automatik ersetzt würde.

Es ist also zu prüfen, ob durch eine stillschweigende oder offene Abstimmung der Aktionsparameter oder durch eine Fusion eine Steigerung des Gruppengewinns möglich ist, und ob für eine entsprechende Verhaltenskoordination eine wirksame Einigung bei den Gruppenmitgliedern zustande kommt[9].

Die Aktionsparameter können bezüglich der wettbewerblichen oder kollektiven Fixierung gemischt koordiniert sein. Ist den einzelnen Aktionsparametern eine unterschiedliche Wettbewerbswirksamkeit zugeordnet, so wird die Kollusionsneigung mit dem Parameter der jeweils höheren Wettbewerbswirksamkeit steigen. Dies liegt in der höheren Effizienz der Einigung über sehr wettbewerbswirksame Aktionsparameter begründet und setzt die Kollusion als dominierendes Mittel zur Gewinnmaximierung voraus, da die Wettbewerbswirksamkeit nicht realisiert werden kann. Henderson meint deshalb, daß der Qualitätswettbewerb eher zustande kommt als der Preiswettbewerb, weil auf eine Konkurrenzpreisvariation von den betroffenen Konkurrenten schneller reagiert werden könne als auf eine Qualitätsvariation[10].

Auf vielen Märkten findet man trotz Kartellpreisen Wettbewerbsinterdependenzen bei dem Aktionsparameter der Qualität[11]. Vielfach wird deswegen die Qualität von den Anbietern als Variable und nicht, wie der Preis, als Datum für individuelle Aktionen gesehen.

Um die Auswirkung eines differenzierten Angebots auf die Interdependenz der Anbieter zu betrachten, wird nicht nur eine Industrie mit einer Anzahl von Qualitätsvariationen isoliert betrachtet, sondern auch die ein- oder wechselseitige produktionsmäßige Durchdringung mehrerer Industrien.

Um bei der Diskussion des heterogenen Angebotes die Ergebnisse der Analyse bei homogenem Angebot berücksichtigen zu können, wird eine Differenzierung des Themas dahingehend vorgenommen, ob Qualitätsvariationen gegeben oder gesucht sind.

1. Die Qualitätsdifferenzierungen der Anbieter sind gegeben und können in der Planperiode nicht abgeändert werden

Man kann davon ausgehen, daß es sich um eine optimale Qualitätskombination der Industrie handelt[12]. Analog zu den Ergebnissen auf einem Markt mit homogenem Gutsangebot sind folgende Fälle möglich:

---

[9] Bei einer wirksamen Einigung reicht die Einigung eines so großen Gruppenanteils aus, daß die Änderung gegenüber den anderen Gruppenmitgliedern durchgesetzt werden kann.

[10] *Henderson*, A.: The Theory of Duopoly, a.a.O., S. 580.

[11] „Even firms bound by agreement can scarcely abolish indirect price competition in the form of services, etc.“ *Zeuthen*, F.: Monopolistic Competition and the Homogenity of the Market, Ecta., Bd. 4, 1936, S. 195.

a) Es ist eine stillschweigende Kollusion möglich, die gleichzeitig individuelle und kollektive Gewinnmaximierung unter der Bedingung $E'_i = K'_i = E'_j$ bewirkt (s. Fig. 14). Ohne Kompensationszahlungen wird eine solche Situation jedoch nur dann stabil sein, wenn die Gewinnposition der einzelnen Anbieter der Dominationsstruktur entsprechen, denn dies bedeutet, daß eine Änderung der relativen Gewinnverteilung keinem Anbieter möglich ist. Im Gegensatz zum Fall eines homogenen Gutsangebotes sind auf dem heterogenen Markt Preisunterschiede möglich.

   Der Preisunterschied stört jedoch nicht das Angebotsgleichgewicht auf dem Markt, da die Konsumenten den höheren Preis zu zahlen gewillt sind, um die bestimmte Qualitätsvariante zu bekommen. Bei einer Qualitätsverbesserung ist ein gleicher Angebotspreis ebenso wie bei einer Qualitätsvariation möglich.

b) Nimmt in dieser Situation der Anbieter *A* eine Preiserhöhung vor[13], und kommt es bei dem Konkurrenten dadurch zu einem solchen Anstieg der Nachfrage, daß infolge einer Kostendegression eine Gewinnsteigerung möglich ist, die größer ist als der Gewinnverlust bei dem Anbieter *A*, so kommt es zu einer entsprechenden vertraglichen Marktaufteilung mit einer Kompensationszahlung zwischen den Anbietern. Im Extremfall stellt der Anbieter mit der ungünstigeren Kostenstruktur seine Produktion ganz ein, und die Nachfrage wandert völlig zu den anderen Anbietern.

   Bei einer solchen Fusionierung kommt es ex definitione nie zu einer Übernahme der gesamten Kapazität des fusionierten Unternehmens. Je größer der Monopolisierungsgrad der Industrie ist, um so wahrscheinlicher wird die Möglichkeit, daß die Kostendegressionen bei den Entscheidungseinheiten bei gegebener Dominationsstruktur zu Fusonierungen führen[14].

Krelles Analyse des Duopols auf einem Markt mit heterogenem Güterangebot führte zu der Auffindung eines genau abgegrenzten Gleichgewichtsbereiches[15].

---

[12] Optimal sei die Qualitätskombination deswegen, weil durch eine Variation der Qualitätskombination keine Expansion der Industrienachfrage erzielt werden kann.

[13] Es ist für die kollektive Gewinnmaximierung notwendig, daß (zunächst) eine solche freiwillige individuelle Schlechterstellung gedacht wird. Eine Preissenkung zwecks individueller Gewinnmaximierung würde bei normaler Nachfragereaktion den vom homogenen Markt bekannten Unterbietungsprozeß auslösen.

[14] Daß dies in der Realität nicht sehr häufig beobachtet wird, liegt u. a. auch an einer komplizierten Zielfunktion der Anbieter und an der fehlenden Transparenz.

[15] *Krelle*, W.: Preistheorie, a.a.O., S. 247 ff.: Krelle drückt die Heterogenisierung als fühlbare, jedoch nicht vollständig bewegliche Nachfrage aus. Die

In der an diese Arbeit sich anschließenden Diskussion[16] wurde insbesondere bezweifelt, ob das Duopolmodell von Krelle mit der Prämisse der Gewinnmaximierung zu vereinbaren ist[17]. Dies ist jener kritische Ansatzpunkt, der auch die Schlüssigkeit der klassischen Oligopollösungen letztlich in Frage stellt.

Da Krelles Theorie Lösungen liefern will, die nicht notwendigerweise die reale Preisbildung erklären, sondern die Aktionsparameterfixierung bei rationaler Zielverfolgung der Anbieter aufzeigt, ist die Einhaltung der Verhaltensmaxime (Gewinnmaximierung) von entscheidender Bedeutung. Die Gewinnmaximierung muß man dabei als eine dominierende Zielsetzung derart betrachten, daß die anderen Verhaltensweisen Mittel zur Erreichung dieses Zieles darstellen und nicht als konkurrierende Zielsetzung neben die Gewinnmaximierung treten. Anderenfalls müßte man jene alternativen Ziele zumindest qualitativ angeben und zur Erzielung genauer Lösungen auch quantitative Substitutionsrelationen festsetzen.

Krelles Lösungsansatz geht von der ersteren Möglichkeit aus. Die Notwendigkeit, auch andere alternative Zielsetzungen mit in die Zielfunktion der Anbieter aufzunehmen, ist ersichtlich, wenn man dem Grad des möglichen selbständigen Handelns einen Eigenwert zuordnet. Hiervon soll jedoch zunächst abgesehen werden.

Eine Gewinnsteigerung für zwei Anbieter substituierbarer Produkte ist immer dann bei einem Angebot aus der eigenen Produktion möglich, wenn die Gruppe insgesamt durch eine andere Aktionsparameterfixierung der Gruppenmitglieder eine Gewinnsteigerung erhalten kann, da die Gewinnaufteilung auf die Gruppenmitglieder auch eine individuelle Gewinnsteigerung ermöglichen muß[18].

In dem bekannten Krelleschen Gleichgewichtsbereich (s. Fig. 32) ist die Anzahl der Aktionsparameterkombinationen, die ein Verhaltens-

---

Anbieter sind völlig informiert über die Konkurrenz und über die Nachfrage. Jeder Anbieter sieht sich klassischen Produktionsfunktionen gegenüber.

[16] *Seitz,* T.: Bemerkungen ..., a.a.O., S. 430 ff. *Krelle,* W.: Unbestimmbarkeitsbereich beim Duopol. Erwiderungen auf Bemerkungen von Tycho Seitz, Jb. f. Nat. u. Stat., Bd. 175, 1963, S. 232 ff. *Fleischmann,* G.: Symmetrisches Duopol. Bemerkungen zur Kritik von Seitz an der Duopoltheorie Krelles, Jb. f. Nat. u. Stat., Bd. 175, 1963, S. 374 ff. *Helmstädter,* E.: Gleichgewichtsbereiche in statischen Duopolmodellen, Jb. f. Nat. u. Stat., Bd. 175, 1963, S. 442 ff. *Ott,* A. E.: Gewinnmaximierung, Reaktionshypothese ..., a.a.O., S. 428 ff.

[17] *Ott,* A. E.: Gewinnmaximierung ..., a.a.O., S. 429.

[18] Vorausgesetzt wird, daß die individuelle Gewinnsteigerung über der Fühlbarkeitsschwelle liegt. Außerdem wird von Krelle nicht wie bei J. v. Neumann und O. Morgenstern die Möglichkeit eingeschlossen, daß die Spieler aus Selbstbescheidung nicht den maximalen kollektiven Gewinn zu erzielen versuchen. Siehe *Neumann,* J. v., *Morgenstern,* O.: Theory of Games and Economic Behavior, Princeton University Press 1944. Deutsche Ausgabe: Spieltheorie und wirtschaftliches Verhalten. Würzburg Physica 1961, S. 532.

gleichgewicht charakterisieren, jedoch größer als jene, die auf der Begrenzungslinie $K - K$ liegen. Daraus folgt, daß für all jene Preiskombinationen (P_i/P_j), für die gilt $P_i \neq P_{K1}$ und $P_j \neq P_{K2}$, die Maximumbedingung nicht erfüllt ist[19].

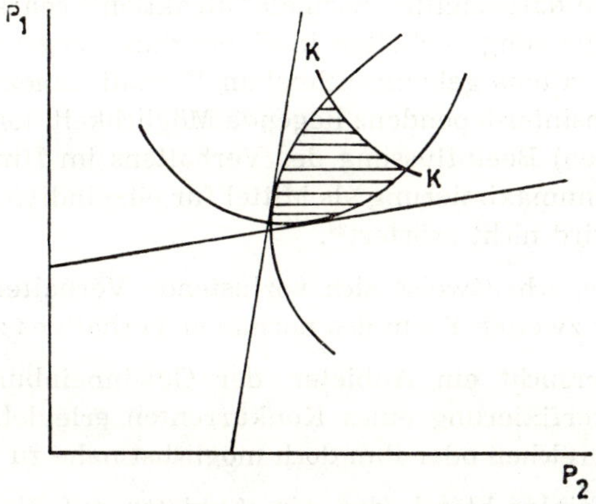

Fig. 32

Daß Krelle zu dem in Fig. 32 schraffiert dargestellten Gleichgewichtsbereich gelangt, liegt an den speziellen Verhaltensprämissen, die Krelle seinem Duopolmodell zugrunde legt[20]:

a) Für die Aktionsparameterfixierung der einzelnen Duopolisten und die Reaktion auf die Aktionsparameterfixierung des Konkurrenten spielt nur die eigene absolute Gewinnhöhe eine Rolle. Krelle meint, daß eine Reaktion eines Anbieters auf eine Parameterfixierung des Konkurrenten nicht erfolge, wenn er dadurch eine Gewinnerhöhung oder zumindest keine Verschlechterung seines Gewinniveaus erfahre[21].

[19] Da *Krelle* von klassischen Produktionsfunktionen ausgeht, erfüllt nur ein Punkt der Maximallinie K—K die Bedingung des größten Gruppengewinns.

[20] So bemerkt A. E. *Ott*, daß nicht die „formale mathematische Richtigkeit ...", sondern die „*Voraussetzungen* der Krelleschen Theorie" problematisch seien. *Ott*, A. E.: Gewinnmaximierung ..., a.a.O., S. 428.

[21] Deswegen geht *Krelle* am Beginn seiner Analyse davon aus, daß nur solche Preisänderungen vorgenommen werden, die (nach erfolgter Reaktion des Konkurrenten) die Gewinnsituation des Konkurrenten nicht berühren. Diese Möglichkeit beinhaltet jedoch, daß der maximale Gruppengewinn vor der Preisänderung noch nicht erreicht war, und der durch sie bewirkte Zusatzgewinn dem mit der Preisvariation vorpreschenden Anbieter nicht streitig gemacht werden soll, obwohl eine Verschiebung der Gewinnposition zustande kommt.

Das relative Gewinniveau (die Gewinnposition) spielt also bei den Erwägungen über die zu treffende Reaktion keine Rolle[22].

Wäre dies nicht der Fall, so könnte der Anbieter aktiv auf die Politik der Verschiebung der Gewinnrelationen mit einem Kampfverhalten reagieren, um eine Korrektur zu erreichen.

Die von Krelle dargestellte „normale“ Reaktion[23] charakterisiert also ein passives Anpassungsverhalten in einem durch gegenseitige Abhängigkeit des Verhaltens gekennzeichnetem Verhaltensnetzwerk. Eine in dieser Verhaltensinterdependenz liegende Möglichkeit der gegenseitigen (stillschweigenden) Beeinflussung des Verhaltens im Hinblick auf eine kollektive Gewinnmaximierung als Mittel für eine individuelle Gewinnmaximierung wird nicht erörtert[24].

Dieses passive, schrittweise sich vortastende Verhalten kommt noch verstärkt in der zweiten Form des normalen Verhaltens zum Ausdruck.

b) Danach versucht ein Anbieter, der Gewinneinbußen durch die Aktionsparameterfixierung eines Konkurrenten erleidet, das alte Gewinniveau zu erreichen oder ihm doch möglichst nahe zu kommen[25].

Es ist nicht einleuchtend, daß ein Anbieter auf eine schädigende Aktionsparameterfixierung des Konkurrenten zunächst einmal so reagieren soll, daß er möglichst den alten Zustand erreicht, um dann aggressive Preismaßnahmen zu ergreifen[26]. Warum soll der so auf Umwegen sich bewegende Anbieter nicht sofort mit aktiver Preiskonkurrenz dem Konkurrenten begegnen, um ihn zur Zurücknahme der Preisvariation zu bewegen?

Die Ergebnisse der Krelleschen Modellanalyse liegen letztlich darin begründet, daß eine Koordination der Aktionsparameterfixierung durch die beiden Anbieter nicht erwogen wird, auch wenn durch diese Verhaltensabstimmung eine individuelle Gewinnmaximierung möglich ist[27].

---

22 Auch in der Diskussion über das Krellesche Duopolmodell wird die Pareto-Reaktion auf Gewinnveränderungen beibehalten. Seitz spricht von Preisänderungen, „... die den Konkurrenten definitiv schlechter stellen“, ohne auf den Unterschied von Gewinniveau und Gewinnposition hinzuweisen. *Seitz*, T.: Bemerkungen ..., a.a.O., S. 443.

23 *Krelle*, W.: Preistheorie, a.a.O., S. 247.

24 Ausgeschlossen werden bei Krelle stillschweigende oder ausdrückliche Verabredungen. *Krelle*, W.: Preistheorie, a.a.O., S. 254.

25 *Krelle* spricht nicht von dem Gewinniveau, sondern von der Gewinnposition, die eigentlich durch einen Bezugspunkt festgelegt sein müßte und dadurch relativiert würde — was bei Krelle jedoch nicht der Fall ist.

26 *Krelle*, W.: Unbestimmtheitsbereiche beim Duopol, a.a.O., S. 235.

27 Der Einwand, *Krelle* habe in seinem Modell Absprachen ausgeschlagen, kann nicht erhoben werden, da Krelle nicht sagt, ob er zu dem Begriff der Absprache auch stillschweigende Verhaltenskoordinationen rechnet. Dies ist kaum anzunehmen, da bei einem solchen Vorgehen der Anbieter nichts abgesprochen werden muß. Man kann bei einer entsprechend strengen An-

Aus diesem Grunde ist das Krellesche Duopolmodell mit dem Gleichgewichtsbereich als Ergebnis nicht mit der Verhaltensmaxime der Gewinnmaximierung zu vereinbaren. Indem Krelle Preisheraufsetzungen ausschließt, „... wenn sich *beide* dadurch besser stehen würden als vorher, ... weil derjenige, der mit der Preiserhöhung zurückhält, dadurch *noch besser* fährt, als wenn er folgen würde“[28], läßt er jene (stillschweigende) Verhaltenskoordination nicht zu, die eine Gewinnsteigerung ermöglichte, ohne daß man von einer Absprache oder einer Verständigung sprechen müßte, es sei denn, man würde die Gewinnmaximierungsmaxime bei beiden Anbietern schon als Abspache bezeichnen.

Hier wird im Grunde genommen bei den Anbietern eine Mentalität vorausgesetzt, die allergisch gegen Verhaltensabstimmungen ist. Gewinnmaximierung wird nur unter der Nebenbedingung erstrebt, daß sie durch individualegoistisches Verhalten zu erreichen ist. Da dies jedoch infolge der wechselseitigen Interdependenz des Verhaltens nicht möglich ist, wird eine widerspruchsfreie Modellabteilung durch diese inkompatible Verhaltensannahmen blockiert, wobei die konkurrierenden Verhaltensprämissen nicht, oder so unklar im Modell formuliert werden, daß man nur aus dem Modellergebnis auf ihr Vorhandensein schließen kann. Da Absprachen erst dann als erforderlich angesehen werden sollen, wenn Kompensationszahlungen festgelegt werden müssen, müßte man unter Erweiterung der Kelleschen Verhaltensprämissen ähnlich wie beim homogenen Oligopol zunächst jenen Bereich abgrenzen, der durch kollusives Verhalten erreicht werden kann.

Die vorliegende Kritik an dem Krelleschen Duopolmodell ist weitergehend als jene von Ott[29] anzusehen, da auch bei Ott das „Wettbewerbsverhalten“ zwischen den Duopolisten im Bereich der Aktionsparameterfixierung beibehalten wird. Aus dieser Nebenbedingung über das Verhalten der Anbieter ergibt sich die Notwendigkeit, daß zu der Maximumbedingung $\frac{dg}{dp} = O$ noch eine Verhaltensannahme zur Bestimmung der Gleichgewichtspreiskombination treten muß[30]. Eine Begründung für die zusätzliche Verhaltensannahme ist insofern schwierig, als sie aus logischen Gründen nicht als Mittel zur Gewinnmaximierung bezeichnet werden dürfte.

nahme über die Gewinnmaximierung als dominierende Verhaltensprämisse auch nicht den Einwand erheben, das Modell werde dann deswegen nicht widerspruchsfrei, da bei fehlender Kartellierung der Nachfrageseite die Gewinnmaximierung der Marktteilnehmer doch nicht streng befolgt werde. Da sich die Untersuchung auf eine Anbietergruppe beschränkt, kann man die Umwelt dieser Gruppe in einem bestimmten Zustand als konstant gegeben voraussetzen, ohne auf die Widerspruchsfreiheit dieses Zustandes eingehen zu müssen.

[28] *Krelle*, W.: Preistheorie, a.a.O., S. 264.

[29] *Ott*, A. E.: Gewinnmaximierung ..., a.a.O., S. 428.

Untersucht man die Interdependenz der Anbieter heterogener Güter, so stellt man fest, daß die Nachfragefunktionen der Anbieter verschieden stark interdependent sind, wobei die Intensität der Interdependenz von der jeweiligen Kombination der Parameter abhängt. In manchen Intervallen der Parametervariation können autonome Parameterfixierungen möglich sein, während in anderen Bereichen eine spürbare Beweglichkeit der Nachfrage zwischen den Anbietern besteht.

Indem die mögliche Wettbewerbsintensität abhängig gemacht wird von der Höhe der Parametervariation und der Ausgangssituation der relativen Parametergröße, liefert das Modell der monopolistischen Konkurrenz zugleich ein ganz allgemeines Interdependenzmodell zwischen Produzenten unterschiedlicher Produkte, und nicht nur einen Ansatz zur Analyse von Anbietern mit Qualitätsvariationen, mit dem einzigen Unterschied zu dem letzteren Modell, daß infolge der stark unterschiedlichen Kostenstrukturen bei den einzelnen Produkten der aktuelle Bereich für Parametervariationen recht klein ist[31].

Indem jedem Anbieter ein monopolistischer Bereich zugeordnet ist, der dessen akquisitorisches Potential kennzeichnet, wird jener Absatzbereich fixiert, in dem kein Käufer (innerhalb der Industrie) den Lieferanten wechselt[32]. Da jedoch von konstanten Preisen der anderen Anbieter heterogener Substitute ausgegangen wird, handelt es sich nur um eine bedingte Autonomität. Wird jener monopolistische Bereich auf der Preisabsatzfunktion verlassen, gilt die Aussage Chamberlins für seine *dd'*-Funktion[33].

Diese modell-theoretische Betrachtungsweise[34] geht von einer konkurrenzmäßigen Preisfixierung aus. Es wird nicht gefragt, wie eine Gruppe heterogener Anbieter eine (stillschweigende) Koordination der Aktionsparameter vornehmen muß, damit auf diese Weise eine Gewinnsteigerung möglich ist.

Ein solch kollusives Element kommt bei Chamberlin schon eher bei der Gewinnung der Gesamtnachfragefunktion (*DD'*-Funktion multipliziert mit der Anzahl der Marktteilnehmer) zum Vorschein, bei der von parallelen und gleichen Preisänderungen der Polypolisten ausgegangen

[30] *Schneider,* E.: Zielsetzung, Verhaltensweise ..., a.a.O., S. 416. *Seitz,* T.: Bemerkungen, a.a.O., S. 441. *Seitz,* T.: Preisführerschaft ..., a.a.O., S. 90.

[31] Dabei wird jedoch ganz auf die subjektive Nutzensubstitution infolge des Konsums der Produkte und nicht auf technische Substitutionskriterien abgestellt.

[32] *Gutenberg,* E.: Grundlagen der Betriebswissenschaftslehre, 2. Band, Der Absatz, 6. Aufl., Berlin, Göttingen, Heidelberg 1963, S. 238.

[33] *Chamberlin,* E. H.: The Theory of Monopolistic Competition, 6. Aufl., Cambridge, 1948, S. 90.

[34] Siehe hierzu auch *Willeke,* F. U.: Monopolistische und autonome Preisintervalle, a.a.O., S. 407 ff.

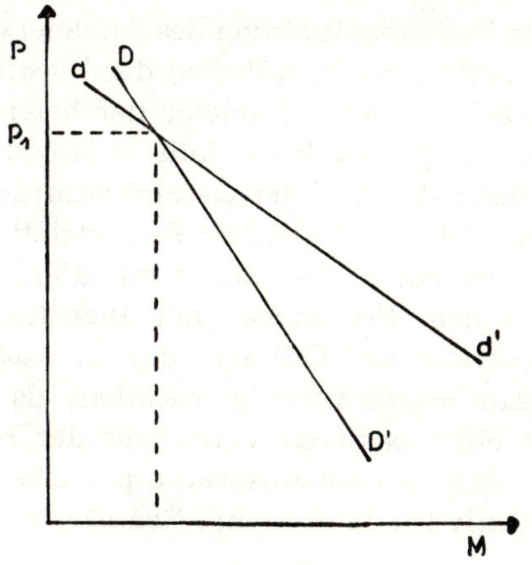

Fig. 33

wird. Ein Widerspruch zwischen der Gutenbergschen doppelt geknickten Preisabsatzfunktion und der Chamberlinschen *DD'*-Funktion, wie Ott[35] ihn sieht, muß nicht bestehen, da jeder monopolistische Bereich ein Teilaggregat der Gesamtnachfragefunktion darstellt.

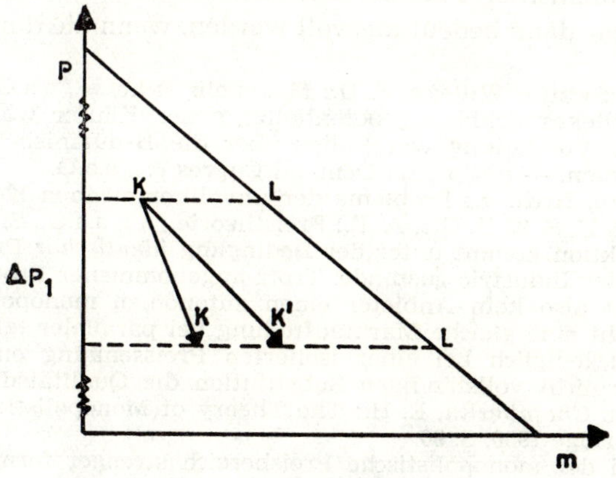

Fig. 34

[35] *Ott,* A. E.: Preistheorie, in: Jb. f. Soz., Bd. 13, S. 54.

In dem monopolistischen Absatzbereich Δp_1 des Anbieters 1 stellt der Vektor $k — k'$ die Nachfragefunktion des Anbieters 1 bei konstanten Preisen der anderen Anbieter dar, während der Nachfragevektor $k — k$ bei paralleler Preisvariation aller Anbieter der heterogenen Produkte zustandekommt[36]. Es ist jedoch keinesfalls notwendig, daß man die Funktion $k — k$ als den n-ten Teil der Gesamtnachfragefunktion $L — L$ der Industrie bei paralleler und gleicher Preisvariation aller Anbieter erhält[37]. Dies würde bedeuten, daß die Dominationsstruktur der Anbieter sich nicht mit dem Preisniveau der Industrie verändert, was jedoch nur ausnahmsweise der Fall sein dürfte. Außerdem ist dieser Chamberlinsche Ansatz insofern wenig fruchtbar, als die *dd'*-Funktion unter der Annahme eines passiven Verhaltens der Konkurrenten zustande kommt, ohne daß dies als Absprache plausibel erklärt wird, so daß diese Funktion fiktiv ist, da über ihre Realisierbarkeit nichts gesagt wird.

Interpretiert man die Gutenbergsche doppelt geknickte Nachfragefunktion als eine Abart der einfach geknickten Preisabsatzfunktion, so kann der realisierte Gleichgewichtspreis am oberen Knick der Nachfragefunktion durch parallele Preisänderungen der Anbieter gefunden werden. Liegt der Chamberlinsche Fall der *DD'*-Funktion vor, verlaufen also die Preisvariationen parallel *und* sind die Preise gleich, so muß der Gleichgewichtspreis bei gleichen Kostenfunktionen und homogenen Gütern der Monopolpreis einer stillschweigenden Kollusion sein. Bei unterschiedlichen Kostenstrukturen kommt es zur Preisführerschaft. Im Fall heterogenisierter Güter liegt dann eine „kinky demand curve" als Charakterisierung der Verhaltenskoordination vor.

Ein monopolistischer Preisbereich eines Anbieters[38] kann für seine Preispolitik nur dann bedeutungsvoll werden, wenn die durch die Preis-

---

[36] Siehe hierzu auch *Willeke*, F. U.: Monopolistische ..., a.a.O., S. 421. Man muß nicht Willekes Erklärung potentieller neuer Käufer wählen, sondern kann auch die Vorstellung von Phlips über die Bedürfnisbefriedigung als Erklärung wählen. — *Phlips*, L.: Demand Curves ..., a.a.O.

[37] *Stackelberg*, Hrch. v.: Probleme der unvollkommenen Konkurrenz, W. A., Bd. 48, 1938 II, S. 95 ff. *Ott*, A. E.: Preistheorie, ..., a.a.O., S. 53. Chamberlins *D-D'* Funktion kommt unter der Bedingung *identischer* Preise bei allen Anbietern in der Industrie zustande. Trotz angenommener Produktionsdifferenzierung hat also kein Anbieter einen autonomen monopolistischen Bereich, es besteht eine gleiche Marktaufteilung bei paralleler (gleicher) Preisvariation, und lediglich bei einer isolierten Preissenkung eines Anbieters kommt in der nicht vollständigen Substitution die Qualitätsdifferenzierung zum Vorschein. *Chamberlin*, E. H.: The Theory of Monopolistic Competition, 6. Aufl., Cambridge 1950, S. 90.

[38] Hier wird der monopolistische Preisbereich strenger formuliert als bei Chamberlin, da bestimmte Anforderungen an die Reaktionen der Konkurrenten bei einer Preisvariation eines Anbieters gestellt werden. Chamberlin kommt es lediglich darauf an, zu zeigen, daß bei einer Qualitätsvariation die Preissenkung eines Anbieters ein anderes Ergebnis bewirkt, als auf dem Markt bei vollständiger Konkurrenz.

senkung hervorgerufene Nachfragesteigerung nicht zu Reaktionen der Konkurrenten führt. Dies ist dann der Fall, wenn:

a) Die Nachfragesteigerung nicht als Nachfrageminderung bei anderen Konkurrenten auftritt, sondern einen Nachfragezuwachs von „außen" bedeutet, und die Konkurrenten sich Pareto-optimal verhalten.

b) Im Fall a) die Konkurrenten bei einem nicht-Pareto-optimalen Verhalten durch eine Parametervariation ebenfalls einen Nachfragezuwachs von „außen" erhalten können und diese Strategie einen größeren Gewinnzuwachs verspricht.

c) Im Fall a) die Konkurrenten bei einem nicht-Pareto-optimalen Verhalten durch eine Parametervariation keine Nachfragetransformation bewirken können.

d) Durch eine Preissenkung eines Anbieters den Konkurrenten Nachfrage abgezogen wird, ohne daß durch eine Parametervariation eine Re-Transformation möglich wäre. In einem solchen Fall läge also eine einseitige Transformation vor, die nicht umkehrbar ist.

Diese Überlegungen gelten für alle Anbieter analog.

Sollte sich die Gesamtnachfragekurve der Gruppe nach rechts verschieben, was sich in einer parallelen monopolistischen Preiserhöhung der Gruppe ausdrücken würde — vorausgesetzt, daß es nicht zu einem Wettbewerbsverhalten kommt —, so wird die parallele Preisänderung von der durch die autonomen Preisänderungen korrigierten Preisstruktur vorgenommen, so daß man allgemein sagen kann, daß sich auf dem heterogenen Markt deutlicher als auf dem homogenen Markt[39] zwei Monopolisierungsbereiche unterscheiden lassen:

a) Der Monopolbereich der Gruppe.

b) Der Monopolbereich des individuellen Anbieters.

Über den Monopolbereich des individuellen Anbieters erfolgt eine Korrektur der Gewinnposition des einzelnen Anbieters. Bei einer kollektiven Gewinnmaximierung ohne Wettbewerbshandlungen *muß* jedoch die individuelle Aktionsparameterfixierung der Art b) des einzelnen Anbieters entfallen, da sie nur gilt, wenn die Preise der übrigen Anbieter konstant sind, was jedoch zu einem Widerspruch führt, da diese Möglichkeit der individuellen autonomen Preisvariation *allen* Anbietern zugestanden werden muß. Nur wenn auch bei deren Preisvariation die individuellen Kaufentscheidungen der Käufer sich nicht

[39] Auf dem homogenen Markt liegt das individuelle Monopolelement in dem Besitz einer präferierten Produktionstechnik begründet. Dieser kann sich in der Möglichkeit der monopolistischen Preisfixierung (Preisführerschaft) und/oder in einem höheren Gewinn niederschlagen.

ändern, liegt eine echte Möglichkeit einer weiteren Gruppengewinnmaximierung vor. Eine solche Möglichkeit besagt jedoch nichts anderes, als daß die Preisstruktur der Anbieter nicht optimal bezüglich der Gewinnmaximierung war. Man ging von einer Kreuzpreiselastizität > 0 aus, die realiter nicht vorhanden war. Insofern war auch die Prämisse der Konstanz der übrigen Preise bei Variation eines Preises nicht notwendig. Man müßte genauer die Preisvariation der übrigen Preise auf einen bestimmten Preisintervall beschränken. Eine parallele Preisvariation aller Preise innerhalb dieses Bereiches würde die Firma mit der autonomen Preissenkung Δp_1 absatzmäßig nicht beeinflussen.

Man kann also folgende Unterscheidungen bei einer autonomen Preissenkung in einer Gruppe mit heterogenem Güterangebot machen:

a) Senkt ein Anbieter seinen Preis um einen gewissen Betrag Δp_1, wächst seine Nachfrage um Δx_1. Der Betrag Δx_1 verteilt sich als Nachfragerückgang auf die anderen Anbieter.
Bei Anbietern homogener Güter ist der Betrag Δx_1 gleich der gesamten restlichen Nachfrage, vorausgesetzt, daß eine Kapazitätsbeschränkung für den preissenkenden Anbieter im relevanten Bereich nicht besteht. Dieser Fall wird jedoch nur dann aktuell werden, wenn der Grund für die Preissenkung in einer Kostensenkung liegt, und damit eine positive Änderung der Dominationsstruktur erreicht wird.

b) Bei einer Preissenkung um Δp_1 eines Anbieters wächst die Nachfrage um Δx_1, die als zusätzliche Industrienachfrage auftritt. Senken die anderen Anbieter ihre Preise parallel, erhalten sie einen entsprechenden Anteil an Δx_1. Mit diesem neuen Preisniveau wird ein höherer Gewinn ermöglicht, wenn die individuelle Gewinnmaximierung vorher noch nicht erreicht war. Es ist also nicht notwendigerweise so, daß eine Preissenkung eine Bewegung vom höheren zum niederen Gewinniveau bedeutet, wie meist bei preistheoretischen Überlegungen angenommen wird[40].

c) Der Fall liegt wie bei b), nur daß bei einer parallelen Preissenkung die zusätzliche Nachfrage trotzdem insgesamt bei dem autonom handelnden Anbieter bleibt. Eine solche Anpassungsreaktion wird also bei genügender Transparenz unterbleiben. In diesem Fall ist bei differenzierten Preisen die Nachfrage der gesamten Industrie also größer, als bei gleichen Preisen im Ausgangspunkt, und wenn der Anbieter mit dem monopolistischen Bereich durch die Preissenkung

---

[40] Beim Verbund-Duopol kann durch eine Parameterfixierung im Kartell gegenüber der wettbewerblichen Preisfixierung erst der Cournotsche Punkt erreicht werden. Siehe hierzu *Helmstädter*, E.: Das Verbund-Dyopol Cournots als Modell der Konkurrenz um den Preisanteil und seine Verteilungstheoretische Anwendung, Jb. f. Nat. u. Stat., Bd. 174, 1962, S. 377 ff.

seinen Gewinn vergrößern kann, dominiert die neue Gleichgewichtssituation eindeutig die vor der Preissenkung.

Lediglich im Fall c) liegt ein Monopolbereich mit der Möglichkeit einer autonomen Parametervariation vor. Im Fall b) liegt die Natur des monopolistischen Bereichs in dem „Vorrecht" einer isolierten Preissenkung begründet. Das Vorliegen des Falles c) hängt jedoch weitgehend von der Größe der Parametervariation Δp_1 ab, da man davon ausgehen kann, daß die Substitution der Qualitätsunterschiede durch einen Preisvorteil nur eine Frage der Größe der Preisvariation ist[41].

Im Fall a) wird es zu einer Preisstarrheit und einer individuellen geknickten Preisabsatzfunktion kommen, wobei jedem Anbieter ein anderer Preis zugeordnet sein kann. Mit zunehmender Homogenität des Angebots steigt die Wahrscheinlichkeit, daß die Nachfragefunktion nur einen Knick aufweist[42].

Im Gegensatz zum Fall b) stellt c) eine Änderung der Dominanzstruktur zwischen den Anbietern dar; der autonom handelnde Anbieter hat infolge seiner speziellen Qualitätsvariation einen Monopolbereich, der innerhalb einer bestimmten Veränderung der Preisstruktur nur durch Qualitätsanpassung und nicht durch Preisvariationen beeinflußbar ist. In diesem Fall besteht eine Marktaufteilung durch die Qualität im Gegensatz zur Marktaufteilung durch den Preis beim homogenen symmetrischen Duopol. Aus der Tatsache, daß bei dem Knick in der Nachfragefunktion eine starke Nachfragetransformation zwischen den Anbietern beginnt, kann man noch nichts über den Grund der Substitution folgern. Neben der als herrschend anzusehenden Erklärung über die Qualitätssubstitution an dem Knick der Nachfragefunktion kann man jedoch auch unterstellen, daß an dieser Stelle p_i ein Teil des Nachfragezuwachses durch eine Preisänderung $p_i + \Delta p$ den Markt als homogen betrachtet und deshalb ein Verhalten „wie bei homogener Konkurrenz" für einen Teil dieses Marktes zustande kommt.

Mit steigendem Anteil der Konsumnachfrage, die das Angebot als homogen betrachtet, werden auch jene Überlegungen der Preisunterbietungen für den Modellablauf entscheidend werden, die für die Anbieter homogener Güter aufgestellt wurden.

Bei einer Mischung von Nachfragern mit einer Substitutionselastizität $= \infty$ und solchen mit niedrigerer Substitutionselastizität kann eine kollusive Aufteilung der Konsumentennachfrage dadurch eine bessere Ab-

---

[41] *Rose*, K.: Kreuz-Preiselastizitäten . . ., a.a.O., S. 429.

[42] Es wird hier also nicht eine so scharfe Trennung der „kinky-oligopoly demand curve" von der Gutenbergschen geknickten Absatzfunktion vorgenommen, wie Ott sie sieht, da in beiden Fällen das Verhalten der Mitkonkurrenten für die Situation eines Anbieters entscheidend ist. *Ott*, A. E.: Preistheorie, a.a.O., S. 52.

schöpfung der Konsumentenrente gewährleisten, daß ein Teil der Anbieter bei relativ hohen Preisen die von den Anbietern mit geringer Substitutionselastizität bevorzugten Qualitätsvariationen anbieten, während die restlichen Anbieter die restlichen Qualitäten bei den niedrigeren Monopolpreisen anbieten[43].

So läßt sich auch der monopolistische Bereich einer doppelt geknickten Gutenbergschen Nachfragefunktion nicht nur auf einem Markt mit monopolistischer Konkurrenz erklären[44], sondern auch auf einem mit heterogener oligopolistischer Konkurrenz[45].

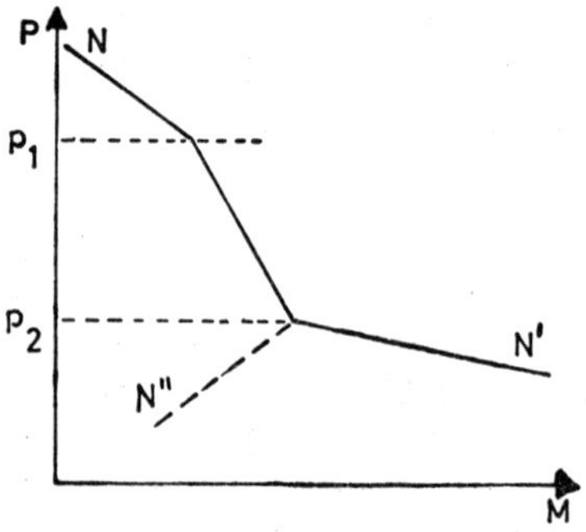

Fig. 35

Während sich der Anbieter *I* im Preisbereich P_1—P_2 autonom verhalten kann (s. Fig. 35), besteht jenseits dieses Intervalles ein durch oligopolistische Interdependenz gekennzeichnetes Verhalten (s. Fig. 36a und b).

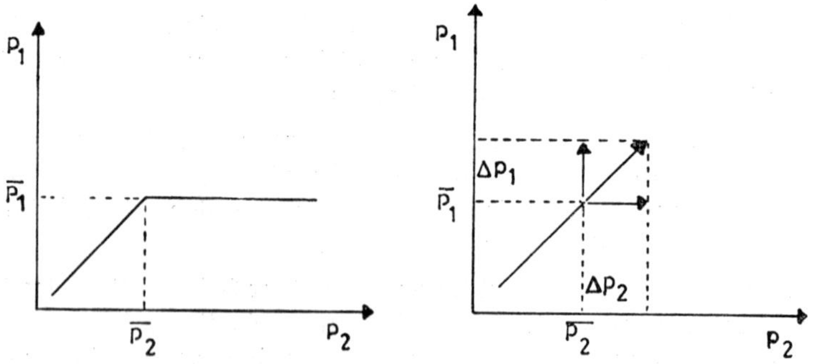

Fig. 36a und b

---

[43] Es wird also vorausgesetzt, daß die Nachfrageelastizität der beiden Märkte sich parallel zur Substitutionselastizität verändert.

[44] *Ott*, A. E.: Preistheorie, a.a.O., S. 52.

[45] In diesem Fall besteht der Nachfragezuwachs im Monopolbereich aus zusätzlicher (bisher latenter) Nachfrage, die in einem bestimmten Preisbereich

Es ist durchaus möglich, daß der Anbieter *I* bei Unterschreitung von P_2 damit rechnen muß (s. Fig. 35), daß infolge der Preisreaktion der Konkurrenten die Nachfragefunktion *N-N"* aktuell wird, da bei der sich ergebenden Preiskombination die Qualitäten der anderen Anbieter teilweise dominieren[46], so daß die Preisuntergrenze P_2 des Anbieters *I* zugleich jene Preisgrenze ist, die er nie unterschreiten wird. Eine solche — mit sinkenden Preisen — schrumpfende Nachfragefunktion kann immer dann zustande kommen, wenn bei den Käufern von einer bestimmten Preisrelation *und* von einem bestimmten absoluten Preis einer Qualität an diese Qualität die anderen Qualitäten zunehmend dominiert[47].

Die Nachfragefunktionen der einzelnen Anbieter können also bei unterschiedlichen Annahmen über die Aktionsparameterfixierung der anderen Anbieter gewonnen werden, wobei die Qualitäten als konstant betrachtet werden.

a) Die Aktionsparameter (Preise) werden parallel variiert.
b) Ein Anbieter variiert seinen Preis, die Preise der anderen Anbieter bleiben konstant. Hier werden also die Preisdifferenzierungen (zu einem Anbieter) variiert.
c) Alle Anbieter haben gleiche Preise. Eventuelle Nachfrageunterschiede sind ganz den Qualitätsdifferenzierungen zurechenbar.

Für das Modellergebnis ist entscheidend, in welcher Reihenfolge die einzelnen Qualitäten in welcher Intensität nachgefragt werden (welche Preisänderung notwendig ist, um eine Nachfragetransformation von einer Einheit der Qualität Q_1 zu einer Einheit der anderen Qualität vorzunehmen), und in welchem Homogenitätsgrad solche Präferenzenordnungen vorhanden sind, d. h. ob die Nachfrager homogen oder heterogen sind.

Dominieren sich bei homogenen Nachfragern und gleichen Preisen der Anbieter die Qualitäten eindeutig, so ist es logisch denkbar, daß verschiedene Qualitäten auf dem Markt angeboten werden; bei heterogener

nur bei dem autonom handelnden Oligopolisten mit der bestimmten Qualitätsvariante unabhängig von einer Preisvariation des Konkurrenten auftritt. Erst bei der Preisuntergrenze des monopolistischen Bereiches müssen die Konkurrenten durch Preissenkungen reagieren, da jetzt auch von ihnen Nachfrage abgezogen wird.

[46] Diese Aussage gilt natürlich nur, wenn man neben der eigentlichen Gutsbeschaffenheit auch den Preis als eine Qualität des Gutes betrachtet, was jedoch in Zukunft ausgeschlossen werden soll. Dann wird davon ausgegangen, daß der Preis und die Qualität die Angebotsbedingung determiniert. Ein vollständiger Wechsel der Dominanz der angebotenen Qualitäten würde bedeuten, daß eine Qualität aus dem Angebot ausscheidet.

[47] Dies könnte zwar durch entsprechende Preisanpassungen korrigiert werden, würde jedoch zu einem Wettbewerbsprozeß führen, der beide Anbieter auf ein niedrigeres Gewinniveau bringt.

Nachfrage ist dies jedoch durchaus möglich und mit der Gewinnmaximierung zu vereinbaren.

Interpretiert man die Nachfragetransformationen zwischen verschiedenen Qualitäten infolge von Preisänderungen als Substitution von Preis und Qualität, kommt es für gewinnmaximierende Anbieter darauf an, jene Preiskombination zu finden, bei der der gemeinsame Gewinn maximiert wird[48].

ad a) Werden bei gegebenen Qualitäten der angebotenen Güter die Preise parallel variiert[49] — $p_1 : p_2 : p_3 \ldots : p_n$ = const. — so erhält man die Gesamtnachfragefunktion der Gruppe, und durch Division dieser Gesamtnachfragefunktion durch die Anzahl der Gruppenmitglieder die individuelle Nachfragefunktion eines Anbieters die *DD'*-Funktion Chamberlins (s. Fig. 33).

ad b) Variiert ein Anbieter bei konstanten Preisrelationen der anderen Anbieter seinen Preis, so erhält man die Chamberlinsche *dd*-Funktion (s. Fig. 33).

Dieser Ausgangspunkt der Betrachtungen der Gruppeninterdependenz ist insofern unbefriedigend, als nicht erklärt wird, wie diese Preisrelationen zustande kommen. Es kann das Ergebnis sowohl eines kollusiven als auch eines wettbewerblichen Verhaltens sein.

Um hierüber Aufschluß zu gewinnen, müßte man zunächst den Einfluß der Qualitätsdifferenzierungen auf die Nachfragegestaltungen untersuchen. Dies ist jedoch nur möglich bei gleichen Preisen aller Anbieter.

ad c) Zunächst soll untersucht werden, daß bei jedem Nachfrager eine bestimmte Reihenfolge der nachgefragten Qualitäten besteht. In einem Duopol sei $Q_1 > Q_2$ bei einer Hälfte der Nachfrager, und bei der anderen Hälfte der Nachfrager sei $Q_2 > Q_1$. In diesem Fall können die Nachfragefunktionen der beiden Anbieter völlig identisch sein, so daß bei einer annähernd gleichen Kostenstruktur der Anbieter für beiden Qualitätsvariationen ein (annähernd) gleicher Preis zustande kommt, und die Anbieter einen (annähernd) gleichen Gewinn erhalten. Ist die Intensität der präferierten Qualität in beiden Anbietergruppen gleich stark, so haben beide Anbieter einen gleich großen monopolistischen Bereich in ihrer Absatzfunktion.

---

[48] Vorausgesetzt, es wird eine Einigung über die Verteilung gefunden oder erwartet.

[49] *Stackelberg*, Hrch. v.: Probleme der unvollkommenen Konkurrenz, a.a.O., S. 95 ff. Siehe hierzu auch *Heuss*, E.: Das Oligopol . . ., a.a.O., S. 174. *Ott*, A. E.: Preisabsatzfunktionen beim unvollkommenen Oligopol, a.a.O.

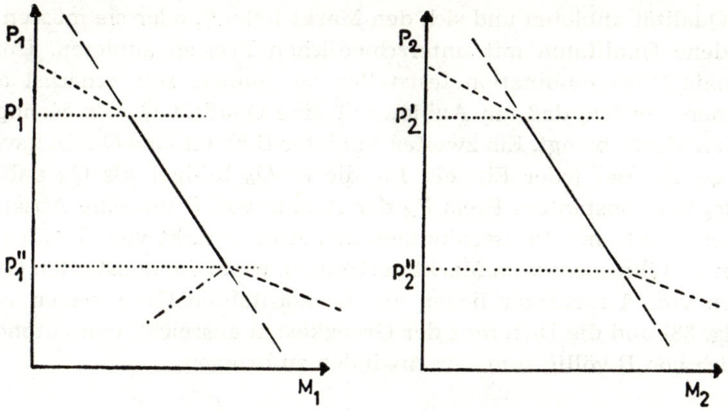

Fig. 37

Zwischen den oberen und unteren Grenzpreisen des monopolistischen Bereiches — p'_1, p'_2 bzw. p''_1, p''_2 — kann jeder Anbieter also Preisvariationen vornehmen, die nicht zu einer Nachfragetransformation zwischen den Anbietern führen, so daß unterschiedliche Kostenstrukturen und/oder unterschiedliche Nachfragefunktionen zwar verschiedene Preise bei den Anbietern bewirksen, aber keine wechselseitigen Wettbewerbsreaktionen in Form von Preisunterbietungen.

Werden die Preisuntergrenzen p''_1 und p''_2 unterschritten, kann es — ebenso wie bei der Überschreitung der Preisobergrenzen — zu einem Knick in der Nachfragefunktion kommen. Es kommt dann nicht zu einem Knick, wenn sich die Nachfragetransformationen neutralisieren. Bei einer isolierten Preissenkung eines Anbieters kann es zu einer Schrumpfung der Nachfragefunktion kommen. Bei einer Preissenkung im Gleichschritt können Knicke durch eine verstärkte Nachfragesteigerung an dem Knickpunkt entstehen. Analog lassen sich auch die oberen Knicke in der Nachfragefunktion erklären.

Sind die unteren Preisgrenzen infolge der Kostenstrukturen der Anbieter nicht aktuell, und kommen die oberen Preisgrenzen infolge der Gewinnmaximierungshypothesen nicht in Frage, so ist es kaum zweifelhaft, daß diese Verhaltensinterdependenz als Kollektivmonopol mit Marktaufteilung bezeichnet werden muß — unabhängig von der genau realisierten Preiskombination —, da eine spürbare Nachfragebewegung zwischen den Anbietern nicht möglich ist.

Liegt bei den Nachfragern eine bestimmte Reihenfolge der Qualitäten vor, und sind die Anbieter homogen, so können mehrere Anbieter nur eine Qualität anbieten und sich den Markt teilen[50], oder sie müssen verschiedene Qualitäten mit unterschiedlichen Preisen anbieten. Um die optimale Preiskombination feststellen zu können, soll zunächst angenommen werden, daß ein Anbieter A eine Qualität Q_A als Monopolist auf den Markt bringt. Ein zweiter Anbieter B bietet eine Qualitätsvariation Q_B an. Bei jeder Einheit, für die er Q_B billiger als Q_A anbietet, wächst bei konstantem Preis P_A der Absatz von B um eine Absatzeinheit. A könnte mit Preissenkungen den Absatzmarkt von B sofort einengen und ihn sogar vom Markt vertreiben, wenn die konstanten Grenzkosten von A niedriger liegen als die konstanten Grenzkosten von B (s. Fig. 38) und die Differenz der Grenzkosten ausreicht, den autonomen Bereich von B völlig zum Verschwinden zu bringen.

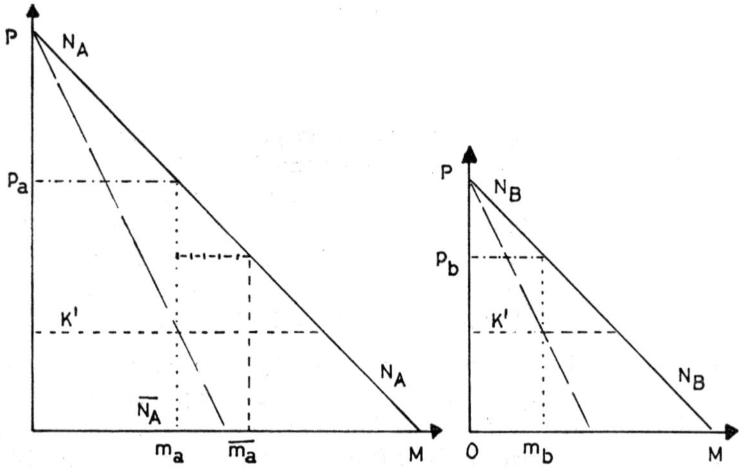

Fig. 38

Er wird jedoch nur dann seinen Monopolgewinn weiter erhalten, wenn er auf den Marktanteil von B nicht reagiert und seine gebrochene Nachfragefunktion N_A-$\overline{N}_A$ in Kauf nimmt. Ist die Kostenfunktion von B günstiger als die von A, könnte der Gruppengewinn noch weiter maximiert werden, wenn A seine Produktion ganz einstellen würde und sich von B eine Kompensation zahlen ließe. Da A die präferierte Qualität anbietet, kann diese Monopolisierung nur mit dem Einverständnis beider Anbieter zustande kommen.

---

[50] Fall der stillschweigenden Kollusion auf einem homogenen Markt bei symmetrischen Anbietern.

Haben also auf einem Markt mit zwei Anbietern heterogener Güter beide Anbieter die gleiche Steigungselastizität der Nachfrage und gleiche konstante Grenzkosten, so kommt es zum gleichen Angebot, als würde der Anbieter mit der dominierenden Qualität Preisdifferenzierung betreiben und die dazu nötige Marktspaltung mittels Qualitätsdifferenzierung erreichen.

Wird durch die Preissenkung des *B* und den Preis des *A* von *A* mehr Nachfrage abgezogen, als der Nachfragezuwachs bei *A* pro Preisdifferenz ausmacht, muß *A* sich mit seinem Preis an den Konkurrenten *B* anpassen (s. Fig. 39).

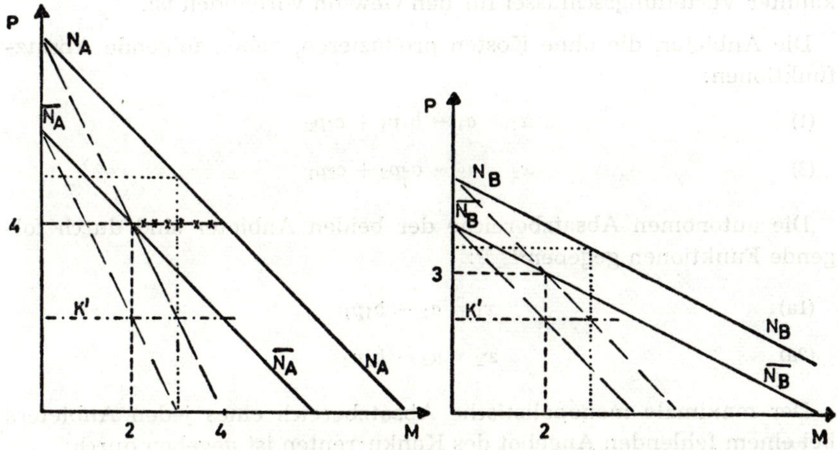

Fig. 39

Ähnliche Lösungen ergeben sich bei anderen Transformationsraten der Nachfrage. Die dabei analog gewonnenen Gleichgewichtslösungen sind ebenso wie die oben angegebenen als Kollusionslösungen zu bezeichnen. Jeder weitere Nachfragezuwachs durch Parameterveränderungen führt zu Gewinneinbußen, da keine neue Marktnachfrage gewonnen wird und eine Nachfragetransformation den Konkurrenten zu wettbewerblichen Preisanpassungen zwingt. Der Markteintritt stellt zwar einen Wettbewerbsimpuls dar, er ist jedoch nur bis zur Beendigung der Anpassung wirksam, das Ergebnis des Preis- und Marktaufteilungsprozesses differiert nicht von jenem der Preisdifferenzierung eines Monopolisten, wobei die Qualitätsdifferenzierung als optimale Marktaufspaltung zu interpretieren wäre, die jedoch im Unterschied zum Problem der Preisdifferenzierung eine Variation der Nachfragefunktion bewirkt.

An einem weiteren Beispiel soll untersucht werden, ob die Verhaltenskoordination zwischen zwei Anbietern von heterogenen substituierbaren Gütern kollusiv oder wettbewerblich erfolgt, und wodurch die Domination einer dieser Lösungsmöglichkeiten bestimmt wird.

Das Vorgehen der Anbieter sei dadurch charakterisiert, daß jeder Anbieter seinen individuellen Gewinn zu maximieren sucht und für die Realisierung dieses Ziels mehrere Möglichkeiten vorhanden sind.

Ist die Summe der individuellen Gewinne etwa bei Cournot-Reaktionen der Anbieter kleiner als das Maximum des gemeinsamen Gewinns bei kollusiver Parameterfixierung, so dominiert die kollusive Verhaltensweise, wobei unterstellt wird, daß ein von beiden Anbietern anerkannter Verteilungsschlüssel für den Gewinn vorhanden ist.

Die Anbieter, die ohne Kosten produzieren, haben folgende Absatzfunktionen:

(1) $$x_1 = a_1 - b_1 p_1 + c_1 p_2$$

(2) $$x_2 = a_2 - b_2 p_2 + c_2 p_1$$

Die autonomen Absatzbereiche der beiden Anbieter sind durch folgende Funktionen gegeben[51-53]:

(1a) $$x_1 = a_1 - b_1 p_1$$

(2a) $$x_2 = a_2 - b_2 p_2$$

Der maximale monopolistische Absatzbereich eines jeden Anbieters bei einem fehlenden Angebot des Konkurrenten ist gegeben durch:

(1b) $$x_1 = a_1 + \frac{c_1 a_2}{b_2} - \left(b_1 - \frac{c_1 c_2}{b_2}\right) p_1$$

(2b) $$x_2 = a_2 + \frac{c_2 a_1}{b_1} - \left(b_2 - \frac{c_2 c_1}{b_1}\right) p_2$$

Da $\frac{c_1 c_2}{b_2} = 0$ oder $\frac{c_2 c_1}{b_1} = 0$ bedeuten würde, daß einer der Koeffizienten Null ist und damit das Modell verlassen würde, kann der maximale monopolistische Absatzbereich nie durch eine Parallelverschiebung des autonomen Absatzbereiches zustande kommen.

[51-53] Bei der Ableitung des monopolistischen Bereichs eines Anbieters müßte eigentlich eine durch die Kosten gegebene Preisuntergrenze berücksichtigt werden, da man ansonsten auch einen höheren Verlust des preissenkenden Anbieters vertreten könnte, wenn dieser einen Preis dafür zahlt, daß kein Nachfrager mehr beim Konkurrenten kauft.

Wären die Koeffizienten b_1, b_2, c_1, c_2 gleich groß, so wäre der Absatz unabhängig vom Preis eines Monopolisten bei jedem Anbieter gleich groß:

$$x_1 + x_2 = a_1 + a_2$$

Geht man zunächst von diesem speziellen Fall aus, der sich dadurch auszeichnet, daß $a_1 = a_2$ oder $a_1 \neq a_2$ ist, und $b_1 = b_2 = c_1 = c_2 = b$ ist, so gelangt man zu folgendem Gleichungssystem:

$$(3) \qquad x_1 = a_1 - bp_1 + bp_2$$
$$(4) \qquad x_2 = a_2 - bp_2 + bp_1$$

Die Nachfrage Ng des gesamten Marktes beträgt in diesem Fall:

$$Ng = x_1 + x_2 = a_1 + a_2 - bp_1 + bp_1 + bp_2 - bp_2$$

Die gesamte Marktnachfrage beträgt also unabhängig von den Preisrelationen des Angebotes der Duopolisten konstant $a_1 + a_2$.

Es wird zunächst davon ausgegangen, daß die Anbieter ihren Gewinn durch individuelles Vorgehen erzielen wollen.

Dabei werden die Gewinnfunktionen der Gleichungen (3) und (4) partiell nach p_1 bzw. p_2 differenziert.

$$(3a) \qquad E_1 = x_1 \cdot p_1 = a_1 p_1 - bp_1^2 + bp_1p_2$$
$$(4a) \qquad E_2 = x_2 \cdot p_2 = a_2p_2 - bp_2^2 + bp_1p_2$$
$$E_2 = G_2 \quad ; \quad E_1 = G_1$$

$$(3b) \qquad \frac{dG_1}{dp_1} = a_1 - 2bp_1 + bp_2$$
$$(4b) \qquad \frac{dG_2}{dp_2} = a_2 - 2bp_2 + bp_1$$

Als notwendige Bedingung für die Gewinnmaximierung gilt:

$$\frac{dG_1}{dp_1} = 0 \;;\; \frac{dG_2}{dp_2} = 0$$

$$(3c) \qquad a_1 - 2bp_1 + bp_2 = 0$$
$$(4c) \qquad a_2 - 2bp_2 + bp_1 = 0$$

$$\text{aus (3c)} \qquad p_1 = \frac{bp_2 + a_1}{2b}$$

$$\text{ins (4c)} \qquad p_2 = \frac{2a_2 + a_2}{3b}$$

$$\underline{p_1 = \frac{2a_1 + a_2}{3b}}$$

Der Absatz der beiden Anbieter beträgt:

$$\underline{x_1 = \frac{2}{3} a_1 + \frac{1}{3} a_2}$$

$$\underline{x_2 = \frac{2}{3} a_2 + \frac{1}{3} a_1}$$

Der Gewinn der beiden Anbieter beträgt:

$$\underline{G_1 = E_2 = \frac{4a_1^2}{9b} + \frac{4a_1 a_2}{9b} + \frac{4a_2^2}{9b}}$$

$$\underline{G_2 = E_2 = \frac{3a_2^2}{9b} + \frac{3a_1 a_2}{9b} + \frac{3a_1^2}{9b}}$$

Ist nicht $a_1 \neq a_2$, sondern $a_1 = a_2 = a$, so ändern sich die Gleichgewichtswerte bei Gewinnmaximierung unter der Bedingung, daß die Anbieter ein individuelles Vorgehen praktizieren, wie folgt:

$$\underline{p_1 = \frac{a}{b}}$$

$$\underline{p_2 = \frac{a}{b}}$$

$$\underline{x_1 = a}$$

$$\underline{x_2 = a}$$

Hieraus folgt, daß beide Anbieter gleiche Preise und gleiche Absatzmengen aufzeigen:

$$x_1 = x_2 \quad ; \quad p_1 = p_2$$

Der gleich große Gewinn beider Anbieter beträgt:

$$\underline{G_1 = \frac{a_2}{b} \quad ; \quad G_2 = \frac{a_2}{b}}$$

Versuchen die Anbieter nicht, durch individuelles Vorgehen ihren Gewinn zu maximieren, sondern durch kollusives Vorgehen, wird die aggregierte Gewinnfunktion Gg partiell nach p_1 und p_2 abgeleitet:

(5) $$Gg = G_1 + G_2 = a_1 p_1 + a_2 p_2 - pb_1^2 - pb_2^2 + 2\,bp_1 p_2$$

(6) $$\frac{dGg}{p_1} = a_1 - 2bp_1 + 2bp_2$$

(7) $$\frac{dGg}{p_2} = a_2 - 2pb_2 + 2bp_1$$

$$\frac{dGg}{p_1} = 0 \quad ; \quad \frac{dGg}{p_2} = 0$$

(6a) $$a_1 - 2bp_1 + 2bp_2 = 0$$

(7a) $$a_2 - 2bp_2 + 2bp_1 = 0$$

Diese beiden Gleichungen können nur dann simultan gleich Null sein, wenn $p_1 = p_2$ ist, da $a_1 \neq 0$ und $a_2 \neq 0$ sind.

Ökonomisch interpretiert werden kann diese Situation so, daß die Anbieter sich einer völlig starren Nachfrage unter der Bedingung gegenüber sehen, daß sie zu gleichen Preisen anbieten[54].

Brechen die Nachfragefunktionen beide bei einem Preis p_1 ab, so maximieren beide Anbieter ihren Gewinn dann, wenn sie diesen maximalen Preis p_1 fordern.

Ist es so, daß beide starre Nachfragefunktionen bei unterschiedlichen maximalen Preisen abbrechen, so kann ohne Angebotsquotierung bei Preisgleichheit nur bis zum niedrigeren der beiden maximalen Preise angeboten werden. Der maximale Marktgewinn ist dann erreicht, wenn jeder Anbieter seine starre Angebotsmenge nicht ändert, aber den maximalen Nachfragepreis fordert.

Reduziert man ganz allgemein das Problem zwischen mehreren Konkurrenten auf die Frage: „Wie kann ich meinem Konkurrenten eine solche Vorstellung über mein Verhalten beibringen, daß sein daraus resultierendes Marktverhalten mir am vorteilhaftesten ist?[55]“, so darf man sowohl in der Gruppe mit Anbietern von homogenen Gütern, als auch in der Gruppe mit Anbietern von inhomogenen Gütern diese Fragestellung nicht nur unter dem Aspekt des Konkurrenzverhaltens

---

[54] Diese Situation ist auch dann schon gegeben, wenn $b_1 = c_1$ und $b_2 = c_2$ ist. Hier ist allerdings nicht sichergestellt, daß die Möglichkeit gleicher Preisvariation ergriffen wird.

[55] *Stackelberg*, H. v.: Probleme der unvollkommenen Konkurrenz, a.a.O., S. 117.

sehen[56], da man ansonsten in einen Widerspruch zu der Verhaltensprämisse der Gewinnmaximierung gerät. Die Intention der Verhaltenslenkung eines Anbieters durch den Konkurrenten kann auch gerade auf die stillschweigende Kollusion zielen oder zu anderen Kartellierungen oder Formen der Fusionierung führen.

Wie wenig traditionelle Gleichgewichtslösungen bei Anbietern heterogener Güter selbst bei monopolistischem Angebot der individuellen Anbieter, $E' = K'$, mit dem Prinzip der Gewinnmaximierung zu vereinbaren sind, sei an folgender Ableitung demonstriert, die deutlich macht, daß das Gleichgewicht bei individuellem Vorgehen von einem bestimmten Reaktionsverhalten der Anbieter abhängt.

Um allgemein aufzuzeigen, ob durch individuelles oder kollusives Verhalten der Gewinn maximiert werden kann, werden bei beiden Verhaltensweisen die gegebenen Gleichungssysteme daraufhin untersucht, ob die notwendigen und hinreichenden Bedingungen für ein Maximum erfüllt sind.

A. Individuelles Verhalten

$$G_1 = a_1 p_1 - b_1 p_1^2 + c_1 p_2 p_1$$

Als notwendige Bedingung für ein Extremum müßten folgende Gleichungen erfüllt sein:

$$\frac{dG_1}{dp_1} = a_1 - 2b_1 p_1 + c_1 p_2 = 0$$

$$\frac{dG_1}{dp_2} = c_1 p_1 = 0$$

Zusätzlich müssen folgende hinreichende Bedingungen erfüllt sein:

$$\frac{d^2G_1}{dp_1^2} = -2b_1 \;; \quad \frac{d^2G_1}{dp_1 dp_2} = c_1 \;; \quad \frac{d^2G_1}{dp_2^2} = 0$$

$$D_i = \left(\frac{d^2G_1}{dp_1 dp_2}\right)^2 - \frac{d^2G_1}{dp_1^2} \cdot \frac{d^2G_1}{dp_2^2} = c_1^2 \geqq 0$$

Falls $c_1 = 0$ ist, kann man keine allgemeine Aussage über einen Extremwert machen.

Falls $c_1 \neq 0$ ist, so liegt kein Extremwert vor.

Da $c_1 \neq 0$ sein muß, damit ein Duopol vorliegt, ist beim individuellen

[56] „Diese Frage legt sich jeder Produzent in der unvollkommenen Konkurrenz vor. Durch sie ist die eigenartige Kampfsituation des Oligopols und Oligopoloids charakterisiert.“ *Stackelberg*, H. v.: Probleme der unvollkommenen Konkurrenz, a.a.O., S. 117.

Vorgehen der Gewinn nicht zu maximieren. Infolge der Symmetrie der Angebotsfunktionen gilt diese Aussage auch für den zweiten Anbieter.

B. Kollusives Verhalten

Die zu maximierende Funktion:

$$Gg = a_1p_1 - b_1p_1^2 + a_2p_2 - b_1p_2^2 + (c_1 + c_2)\, p_1p_2$$

Notwendige Bedingung für das Vorliegen eines Maximums:

$$\frac{dGg}{dp_1} = a_1 - 2b_1p_1 + (c_1 + c_2)\, p_2 = 0 \qquad \frac{dGg}{dp_2} = a_2 - 2b_2p_2 + (c_1 + c_2)\, p_1 = 0$$

Hinreichende Bedingung für das Vorliegen eines Maximums:

$$\frac{d^2Gg}{dp_1^2} = -2b_1; \quad \frac{d^2Gg}{dp_1p_2} = (c_1 + c_2); \quad \frac{d^2Gg}{dp_2^2} = -2\, b_2$$

$$Dg = \left(\frac{d^2Gg}{dp_1dp_2}\right)^2 - \frac{d^2Gg}{dp_1^2}\,\frac{d^2Gg}{dp_2^2} = (c_1 + c_2)^2 - 4b_1b_2$$

Falls $Dg < 0$ oder falls $(c_1 + c_2)^2 < 4b_1b_2$ ist, so liegt ein Maximum an der durch die notwendige Bedingung beschriebenen Stelle vor.

Falls $Dg > 0$, so liegt nicht mit Sicherheit ein Extremwert vor.

Falls $Dg = 0$, so ist keine Aussage möglich.

Da allgemein bei zwei Anbietern substituierbarer Güter unterstellt werden kann, daß $b_1 > c_1$ ist, liegt die hinreichende Bedingung $(c_1 + c_2)^2 < 4b_1b_2$ vor.

Die partiellen Ableitungen liefern also immer jene Werte der Parameter, bei denen die aggregierte Gewinnfunktion ihr Maximum hat. Dabei ist zu beachten, daß die Determinante der Koeffizienten der unabhängigen Variablen verschieden von Null ist. Also:

$$\begin{vmatrix} -2b_1 & (c_1 + c_2) \\ (c_1 + c_2) & -2b_2 \end{vmatrix} \neq 0$$

Zu trennen von dieser Form der Gewinnmaximierung mit gemeinsamer Fixierung der Parameter ist jene Lösungsmöglichkeit, bei der die Anbieter zusätzlich zu der gemeinsamen Preisfixierung mit einem Teil der Konsumenten ein Kartell bilden, so daß neben die horizontale Kartellierung noch eine partielle vertikale Kartellierung tritt.

Diese partielle vertikale Kartellierung ergibt sich, indem ein Anbieter entsprechend seiner minimalen Absatzfunktion anbietet, während der zweite Anbieter entsprechend seiner maximalen Absatzfunktion anbietet. Eine solche Marktaufspaltung ist realisierbar, weil jener Teil der Konsumenten, der mit den Anbietern ein Kartell bildet, eine günstigere Marktversorgung erreicht und die Anbieter einen höheren Gewinn realisieren können.

Um festzustellen, welcher Anbieter mit der minimalen Absatzfunktion anbietet und welcher Anbieter mit der maximalen Absatzfunktion anbietet, berechnet man aus den Gleichungen (1) und (2) die möglichen Gewinnkombinationen:

$$G_1 = \frac{a_1^2}{4b_1} \quad ; \quad G_2 = \frac{(a_1c_2 + a_2b_1)^2}{4b_1\,(b_2b_1 - c_1c_2)}$$

$$\overline{G}_2 = \frac{a_2^2}{4b_2} \quad ; \quad \overline{G}_1 = \frac{(a_1b_2 + a_2c_1)^2}{4b_2\,(b_2b_1 - c_1c_2)}$$

Geht man beispielsweise von folgenden Absatzfunktionen der einzelnen Anbieter aus, so lassen sich die erreichbaren Gesamtgewinne vergleichen, wobei die Existenz eines von allen Anbietern akzeptierten Gewinnverteilungsschlüssels gewährleistet, daß mit einer Vergrößerung des gemeinsamen Gewinns eine Vergrößerung des individuellen Gewinns, also der Zielgröße, verbunden ist.

$$x_1 = 8 - \frac{1}{4}p_1 + \frac{1}{8}p_2$$

$$x_2 = 8 - \frac{1}{2}p_2 + \frac{1}{4}p_1$$

I. Die Gewinne bei Cournot-Reaktion:

$$G_1 + G_2 = 92{,}16 + 81{,}92 = 174{,}08$$

II. Die Gewinne bei gemeinsamer Parameterfixierung:

$$G_1 + G_2 = 85{,}68 + 115{,}05 = 200{,}73$$

III. Die Gewinne bei gemeinsamer Parameterfixierung und partieller vertikaler Kartellierung:

$$G_1 + G_2 = 64 + 170{,}4 = 234{,}4.$$

Im Fall III ist also eine erhebliche Gewinnsteigerung möglich.

Bis jetzt wurde davon ausgegangen, daß den Anbietern keine Kosten entstehen.

An einem Beispiel wird gezeigt, daß Kostendifferenzierung nicht nur das Kollusionsverhalten, sondern auch Fusionierungen der Produktionseinheiten der Anbieter sehr stark beeinflussen können.

Die allgemeine analytische Ableitung kann analog zu dem oben abgehandelten Fall erfolgen.

Zwei Anbieter bieten Qualitätsvariationen mit unterschiedlich hohen konstanten Grenzkosten an.

Es wird nun alternativ die Angebotsmenge eines Anbieters um eine Maßeinheit, die eine bestimmte Produktionsmenge umfaßt, variiert und bei der entsprechenden Nachfragefunktion des Konkurrenten das zugehörige monopolistische Gleichgewicht gesucht, s. Fig. 39a und 39b.

Man erhält so zwei Reaktionsfunktionen R_2—R_2 und R_1—R_1, die in ein Koordinatensystem transformiert werden können, in dem die Angebotsmengen der Anbieter auf den Achsen abgetragen sind, s. Fig. 39c. Die Schnittpunktskoordinaten der entsprechenden Funktionen geben die Angebotsmengen im Angebotsgleichgewicht der beiden Anbieter an[57].

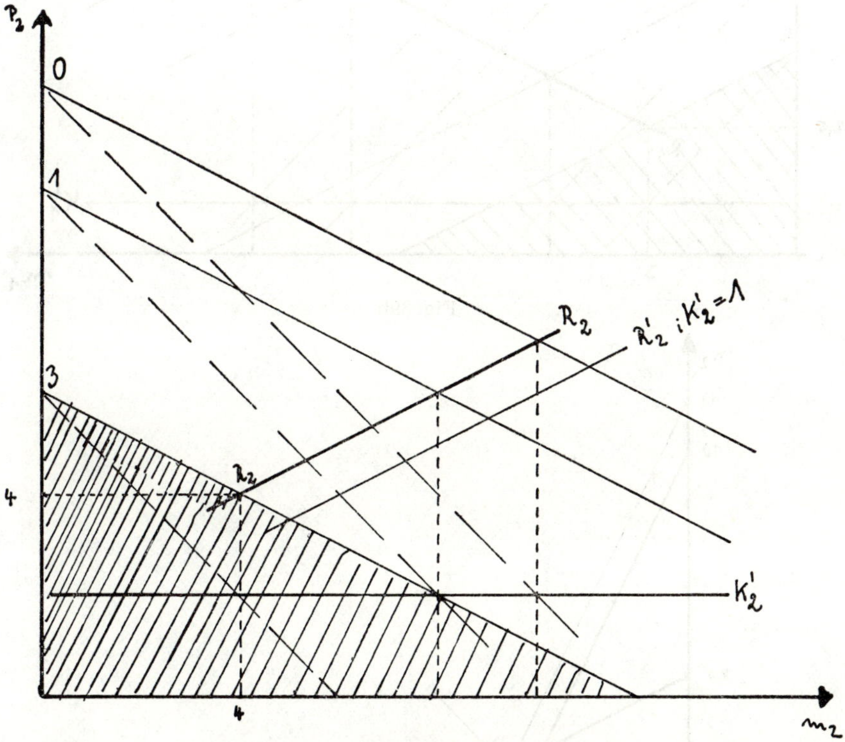

Fig. 39a

[57] Anbieter 1 bietet die Menge m_1 zum Preis p_1 an, wobei $m_1 = 3$, $p_1 = 2{,}5$, $m_2 = 4$ und $p_2 = 4$ ist. Der Gewinn von 1 ist: $G_1 = p\, f(p_1, p_2) - K_{m1}$

$$\frac{dG_1}{dm_1} = p_1 + m_1 \frac{dp_1}{dm_1} - K'(m_1) = 0$$

$$0 = 2{,}5 - 1{,}5 - 1$$

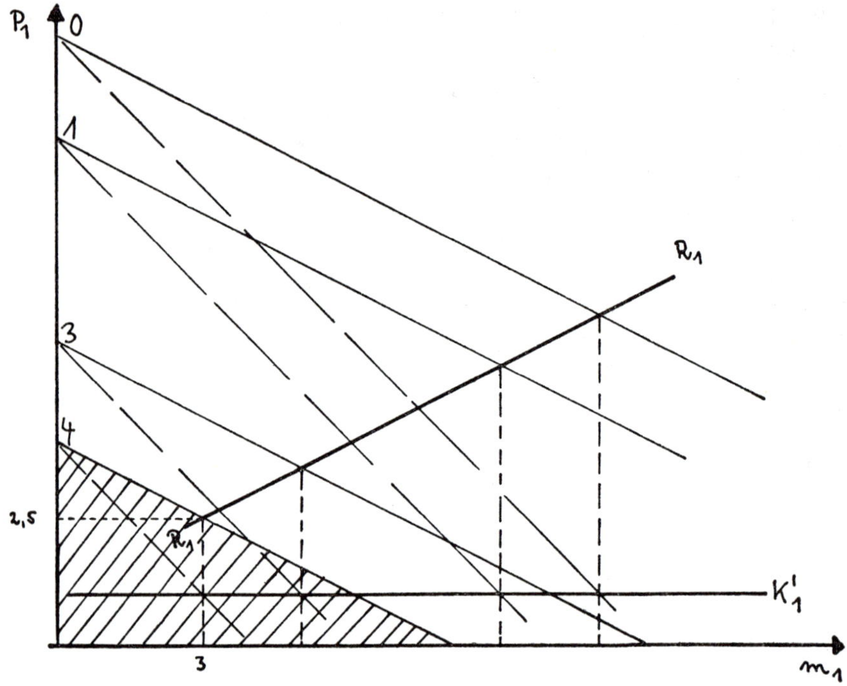

Fig. 39b

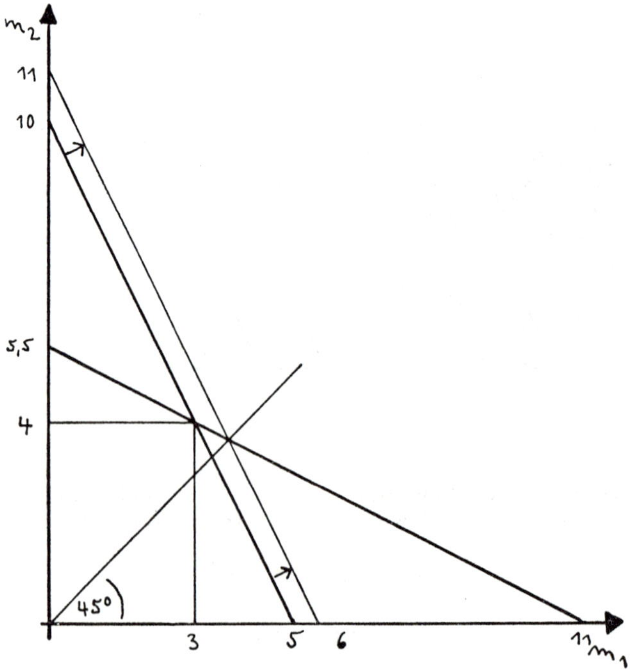

Fig. 39c

Die entsprechenden Preise p_1 und p_2 sind aus der Fig. 39 a ersichtlich. Hätte auch der Anbieter 2, Fig. 39 a, Grenzkosten in der Höhe von 1, würde sich seine Reaktionsfunktion so verschieben, daß die Marktanteile im Angebotsgleichgewicht gleich wären, s. Fig. 39 c.

Das Angebotsgleichgewicht bei unterschiedlichen Grenzkosten ist dadurch charakterisiert, daß der Anbieter mit den höheren Grenzkosten den größeren Marktanteil hat.

Haben die Gesamtkosten die Funktion $K_1 = m$ und $K_2 = 2m$, so ist sofort ersichtlich, daß bei dieser Marktaufteilung keine Gewinnmaximierung der Anbieter vorliegt.

Das zuerst angegebene Gleichgewicht bei Anbietern heterogener Güter kann nicht einmal als Wettbewerbsgleichgewicht angesehen werden, da jeder Anbieter unter der Bedingung $K' = E'$ anbietet. Es handelt sich um ein monopolistisches Gleichgewicht, das jedoch nicht den maximalen Marktgewinn ermöglicht, da die Morphologie der Angebotsstruktur nicht die optimale Kostengestaltung ermöglicht.

Ebenso wie die individuelle Gleichgewichtsbedingung $K' = p$ kein Konkurrenzverhalten beinhalten muß, garantiert die individuelle monopolistische Angebotsbedingung $K' = E'$ nicht unbedingt, daß der individuelle Gewinn maximiert wird, da hierbei nur eine mögliche Form der Verhaltenskoordination berücksichtigt wird.

Unterstellt man, daß die Reaktionsfunktionen nur bis zu den individuellen monopolistischen Nachfragefunktionen gelten, daß also der jeweils schraffierte Bereich der beiden Anbieter ihren autonomen Nachfragebereich darstellt, ist eine Verdrängungsstrategie durch den Anbieter mit der niedrigeren Grenzkostenkurve nicht möglich, eine Monopolisierung des Marktes kann nur durch Kartellierung erfolgen, wobei die monopolistischen Marktgewinne einen Verteilungsschlüssel darstellen.

2. Es wird eine optimale Qualitätsdifferenzierung gesucht

Es soll zunächst der Raum als einziger Heterogenisierungsfaktor angesehen werden. Die Auswirkungen der räumlichen Streuung können analog auf Qualitätsdifferenzierungen übertragen werden[58].

Zwei Anbieter, die ein homogenes Gut anbieten, überlegen sich, welche Standorte sie auf einer homogenen Ebene einnehmen wollen. Der Nachfrageraum sei insgesamt größer, als das gesamte Angebot der mit konstanten Durchschnittskosten produzierenden Anbieter ausfüllen kann.

In dem Fall gleicher Durchschnittskosten werden beide Anbieter ihre Standorte so im Raum verteilen, daß jeder Anbieter auf seinem Absatzgebiet Monopolist ist.

---

[58] Siehe hierzu *Hotelling,* H.: Stability in Competition, Ec. J., Bd. 39, 1929, S. 41 ff.

Auch bei ungleichen Durchschnittskosten, die die Möglichkeit der Verdrängung des Anbieters mit den höheren Durchschnittskosten impliziert, wird es zu einer monopolistischen Marktaufteilung kommen, wenn eine Standortverlegung mit Kosten verbunden ist, da der Anbieter mit der ungünstigeren Kostenstruktur dem Konkurrenzangebot des Konkurrenten jederzeit ausweichen kann und deshalb eine Verdrängungsstrategie infolge der Prämisse der Gewinnmaximierung ausgeschlossen ist[59].

Hier kommt es also zum gleichen monopolistischen Angebot wie auf dem homogenen Markt ohne räumliche Trennung, allerdings muß man bei *gleichzeitiger* Standortfixierung im Falle der räumlichen Konkurrenz mit einer Absprache oder zumindest mit einer einseitigen Information über die Standortwahl rechnen, da sonst die Wahrscheinlichkeit einer (zufälligen) Überschneidung der Absatzgebiete vorhanden ist und einer aus der Standortverlegung sich ergebenden Kostenerhöhung[60].

Liegt nicht der Fall eines unbegrenzten homogenen Absatzraumes vor, sondern stehen zwei isolierte Märkte M_1 und M_2 für die Anbieter A_1 und A_2 eines homogenen Gutes zur Auswahl, so gibt es grundsätzlich folgende Möglichkeiten, wenn man nur fixe Anbieterorte betrachtet:

a) Die beiden Anbieter teilen sich die Märkte, jeder Anbieter bietet auf einem Markt an.
   Dies wird immer dann der Fall sein, wenn die Anbieter und die Absatzgebiete symmetrisch sind. Jeder Anbieter ist Monopolist auf seinem Absatzgebiet, beide erhalten gleich große Gewinne.

b) Beide Anbieter bieten nur auf einem Markt an.
   Dieses Ergebnis wird immer dann zustande kommen, wenn die Absatzgebiete heterogen sind und die beiden Anbieter auf dem von ihnen gemeinsam versorgten Marktgebiet bei Kollusion und Marktaufteilung einen höheren Gewinn machen, als bei einer Verteilung auf die beiden Marktgebiete.

c) Beide Anbieter verteilen sich auf die beiden Absatzgebiete M_1 und M_2. Dadurch steigt der gemeinsame Gewinn beider Anbieter, etwa durch Senkung der Transportkosten oder durch eine Qualitätsdifferenzierung zur vollständigen Abschöpfung der Konsumentenrente.

---

[59] Der Anbieter mit der günstigeren Kostenstruktur müßte mit seinem Standort dauernd dem ausweichenden Konkurrenten folgen, was für ihn lediglich eine Gewinnschmälerung bedeuten würde. Diese dauernde Standortverlagerung käme nur dann zustande, wenn bei den Anbietern das Wettbewerbsverhalten nicht Mittel zur individuellen Gewinnmaximierung wäre, sondern als Ziel die Zielsetzung der Gewinnmaximierung dominieren würde. Die Kosten dürfen allerdings nicht so hoch sein, daß sie Standortvariationen behindern.

[60] Eine solche Standortverlegung wird dann nicht erfolgen, wenn die dadurch anfallenden Kosten höher sind als die gesamte Gewinnsteigerung während der erwarteten Existenzzeit der Monopolstellung der Firma auf dem Markt.

Hat dabei ein Anbieter einen kleineren Gewinn als im Fall b), so wird er also mit der Lösung c) nur einverstanden sein, wenn er von dem zweiten Anbieter eine Kompensationszahlung erhält, die ihm einen größeren Gewinn als im Fall b) sichert.

Das Gewinnmaximierungsgleichgewicht wird nach der erfolgten Marktteilung durch die Bedingung

$$\frac{P_a}{P_b} = \frac{1 + \frac{1}{\eta b}}{1 + \frac{1}{\eta b}}$$

für die Preise auf beiden Märkten gegeben, wobei ηa und ηb die Nachfrageelastizitäten der beiden Märkte angeben (s. Fig. 40).

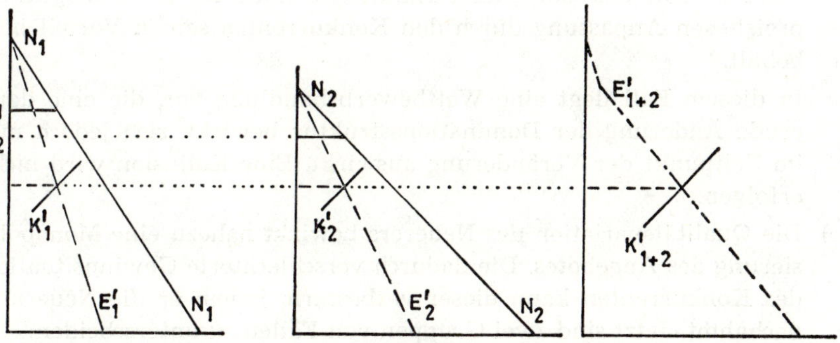

Fig. 40

Bei der Suche nach optimalen Qualitätsvariationen analog zur optimalen Standortvariation wird zunächst davon ausgegangen, daß Anbieter homogener Güter Qualitätsvariationen vornehmen. Wird auf einem homogenen Duopolmarkt von *einem* Anbieter die Qualität des von ihm angebotenen Gutes variiert, so kann diese Heterogenisierung des Angebotes folgende möglichen Einflüsse auf die Wettbewerbsintensität zwischen den Anbietern ausüben:

a) Die Einführung der neuen Qualitätsvariation durch einen Anbieter berührt die Marktsituation des Konkurrenten nicht in der Weise, daß er wettbewerbsmäßig darauf reagiert. Entweder bleibt seine Nachfragesituation, ausgedrückt durch die Nachfragefunktion, erhalten, weil der Neuerer aus anderen Industrien Nachfrage abzieht bzw. einen Entsparungsprozeß einleitet, wodurch die Qualitätsvariation eine Gewinnsteigerung dieses Marktes bewirkt, oder sie verbessert sich sogar dadurch, daß der Neuerer Nachfrage an ihn abgeben muß und dieser Verlust durch den Nachfragezuwachs aus anderen Industrien überkompensiert wird.

In diesem Fall erhöht sich der Monopolisierungsgrad der Industrie. Kommt es auf dem Markt zu einer Änderung der Dominationsstruktur, so ist selbst bei einer Verbesserung der absoluten Gewinnposition eines jeden Anbieters damit eine die Verhaltensinterdependenzen korrigierende Wettbewerbshandlung erfolgt.

b) Die Qualitätsvariation des Neuerers verschlechtert die Gewinnposition des Konkurrenten.

Diese Verschlechterung ist jedoch nicht so stark, als daß ein Nachahmen der Qualitätsvariation angestrebt wird, wenn dadurch eine nochmalige Verschlechterung der Gewinnposition erwartet würde. Wird die dadurch gleichzeitig bewirkte Verschlechterung der Gewinnsituation des Neuerers nicht höher eingeschätzt, so läge hier ein Fall vor, daß der zuerst Handelnde auch bei einer möglichen preislichen Anpassung durch den Konkurrenten seinen Vorteil beibehält.

In diesem Fall liegt eine Wettbewerbshandlung vor, die eine dauernde Änderung der Dominationsstruktur bewirkt, sich jedoch nur im Zeitpunkt der Veränderung auswirkt. Eine Kollusion wird nicht erfolgen.

c) Die Qualitätsvariation des Neuerers bewirkt nahezu eine Monopolisierung des Angebotes. Die dadurch verschlechterte Gewinnsituation des Konkurrenten kann dieser verbessern, indem er die Neuerung nachahmt. Jetzt sind zwei Gruppen von Fällen zu unterscheiden:

α) Nach der erfolgten Anpassung befinden sich beide Anbieter auf einem niedrigeren, höheren oder gleichen Gewinniveau als in der Ausgangssituation. Der Industriegewinn kann nicht dadurch erhöht werden, daß der potentielle Anpasser seine bisherige Qualität weiter produziert.

β) Nach der Anpassung besteht wieder die Ausgangssituation, aber der Industriegewinn ist kleiner als bei dem asymmetrischen Angebot[61].

Bei dem Fall α) hängt in jedem Fall der Wettbewerbsvorteil des Neuerers davon ab, wie lange er sich sein „Qualitätsmonopol" sichern kann. Im Fall β) muß es zu einer Kartellierung zwischen den Anbietern kommen, wobei der Neuerer an den Konkurrenten eine Kompensationszahlung dafür zahlen muß, daß dieser seine alte Qualitätsvariante weiter anbietet.

---

[61] Diese Situation kann dadurch zustande kommen, daß die Nachfragefunktion des Neuerers sehr starr wird, solange er alleine am Markt produziert, weil viele Käufer die relative Seltenheit des Angebots honorieren.

In zwei Fällen führt eine Qualitätsvariation aus rein ökonomischen und nicht institutionellen (patentrechtlichen) Gründen zur sofortigen Monopolisierung des Marktes:

a) Zwei Anbieter in einer Industrie sind asymmetrisch bezüglich ihrer Gewinnposition. Nur der Anbieter mit der günstigeren Gewinnposition kann finanziell eine Qualitätsvariation einführen, die ihm dadurch eine Monopolstellung sichert.

b) Zwei Anbieter einer Industrie sind symmetrisch bezüglich ihrer Gewinnposition. Einer von ihnen bringt als erster eine Qualitätsvariation auf den Markt, die den Markt monopolisiert, die aber nur dann bei maximalem Industriegewinn produziert werden kann, wenn die gesamte Industrienachfrage einem einzigen Anbieter zufällt. Würde der Konkurrent als Nachahmer diese Qualitätsvariation auch noch produzieren, so würden beide Anbieter nur noch mit Verlust produzieren können. Diese Nachahmerstrategie wäre nur dann als rational zu bezeichnen, wenn die Zielsetzung des Nachahmers darin bestände, den Gegner in den Verlustbereich zu bringen. Sie könnte jedoch als Drohstrategie fungieren und im Gegensatz zum Fall a) eine Kollusion zwischen den Anbietern herbeiführen[62].

Es wird im folgenden davon ausgegangen, daß die Duopolisten in einer Industrie ihre Aktionsparameter fixieren, ohne daß zurechenbare Interdependenzen mit bestimmten anderen Industrien vorhanden sind.

Wäre die Industrienachfrage völlig isoliert von anderen Industrien, müßte die Nachfragefunktion der Industrie konsequenterweise unabhängig sein von den angebotenen Gutsqualitäten.

Der Fall einer monopolistischen Absatzaufteilung läge also dann schon vor, wenn die Anbieter eine Qualitätsvariation wählen, die eine bessere Abschöpfung der Konsumentenrente bei gleichbleibender Industrienachfrage gewährleistet, ohne daß der größtmögliche Gewinn erreicht sein muß[63].

---

[62] Ob die Drohstrategie realisiert wird, hängt von den Kosten der Qualitätsvariation für beide Anbieter ab. Hat der potentielle Nachahmer infolge seiner Nachahmerposition große Kostenvorteile, kann er ohne großes Risiko seine Drohstrategie realisieren, falls der Konkurrent zu keiner Teilung des Monopolgewinnes bereit ist.

[63] Den Grenzfall einer solchen Marktaufteilung durch Qualitätsvariation bildet die monopolistische Preisdiskriminierung, bei der die Qualitätsvariation Null ist und eine Preisdifferenzierung nur infolge der dem homogenen Angebot gegenüberstehenden heterogenen Käuferappetenzen möglich ist. Siehe hierzu *Weber*, K.: Zur Frage der Preisdifferenzierung bei Einproduktunternehmungen, Schw. Z. f. Vw. u. Stat., Bd. 92, 1956. *Ott*, A. E.: Zum Problem der Preisdifferenzierung. Schw. Z. f. Vw. u. Stat., Bd. 95, 1959. Die Abgrenzung der Teilmärkte bei der monopolistischen Preisdifferenzierung bedeutet immer eine Heterogenisierung, die Kosten verursacht. Im obigen Fall kommen die Kosten durch die Qualitätsvariation zustande. Bei der Preisdifferenzierung im Einproduktunternehmen kann man aus der Nachfragefunktion nicht entnehmen, ob eine Käufergruppierung vorhanden ist.

Dies kann dann erreicht werden, wenn ein Teil der Nachfrage „isoliert" eine teure Qualität A (Luxusausgabe) innerhalb einer bestimmten Preisspanne nachfragt, während der Restmarkt die billigere und schlechtere Qualität B nachfragt[64].

Die Aufteilung der Nachfrage in zwei Gruppen realisiert sich jedoch erst nach dem qualitätsdifferenzierten Angebot.

Wird nur *eine* Qualitätsvariation angeboten, so gilt die Nachfragefunktion $N_3 \leftrightarrow N_4$ für den gesamten Gruppenmarkt und führt bei symmetrischen Anbietern zur Halbierung des Marktes entsprechend der Nachfragefunktionen $N_1 \leftrightarrow N_1$ und $N_2 \leftrightarrow N_2$.

Bieten die beiden Anbieter bei gleicher Marktaufteilung nur die Qualitätsvariante A an, so erhalten sie einen Gewinn von G_1 und G_2, wobei infolge gleicher Kostenstruktur $G_1 = G_2$ ist.

Da bei den angebotenen gleichen Mengen m_1 und m_2 die Durchschnittskosten der beiden Anbieter sinken[65], zwingt bei strenger Befolgung der Gewinnmaximierungshypothese alleine schon diese Tatsache zur Fusionierung und zur Stillegung eines Betriebes, da $\overline{G}_3 > G_3$ ist[66] (s. Fig. 41 c). Die Produktion einer weiteren Gutsvariante wird plausibel, da infolge der Fusionierung eine Unternehmensaktivität freigesetzt wird, und durch Produktion einer billigen Qualität des Gutes noch ein zusätzlicher Gewinn in Höhe von G_4 erzielt werden kann.

Infolge der unterstellten Gruppenbildung bei der Nachfrage, die durch den Halbierungspreis 5 des für die Nachfrage relevanten Preisbereiches auf der Ordinate zustande kommt, erhält man ein anderes Ergebnis als bei der Preisdifferenzierung eines Anbieters. Der Einfluß der Gruppenbildung wird sich meist durch eine geknickte Nachfragefunktion kenntlich machen (s. Fig. 41 d), wobei der obere Teilbereich der Nachfragefunktion die relativ starre Nachfrage nach dem Luxusgut charakterisiert, während der untere Bereich die relativ elastische Nachfrage nach dem Massenverbrauchsgut charakterisiert. Die zwei Äste der Nachfragefunktion mit unterschiedlicher Neigung drücken aus, daß ein Teil der Nachfrage sich auf einen niedrigen Preis und eine mindere Qualität konzentriert, während der restliche Teil der Nachfrage sich auf die

---

[64] Im Extremfall fällt die Nachfrageentscheidung nur auf Grund der Preisdifferenzierung, die den „Markt" des Luxusgutes auf eine geringe Nachfrage beschränkt. Die Qualitätsdifferenzierung dient nur zur Kennzeichnung der Preisdifferenzierung. Die optimale Qualitätsdifferenzierung zeichnet sich also bei gegebener Kostenfunktion der teureren Qualität durch die Wahl einer zweiten Qualität mit möglichst niedrigen Kosten aus. Vereinfachend wird davon ausgegangen, daß die realisierte Qualitätsdifferenzierung nicht zu einer Variation der Gesamtnachfragefunktion wie etwa in Fig. 41 d führt.

[65] Vereinfachend ist nur in Fig. 41 a das gesamte Kostenbild eines Anbieters gezeichnet worden.

[66] Der senkrecht schraffierte Zusatzgewinn ist größer, als die waagrecht schraffierte Gewinnminderung.

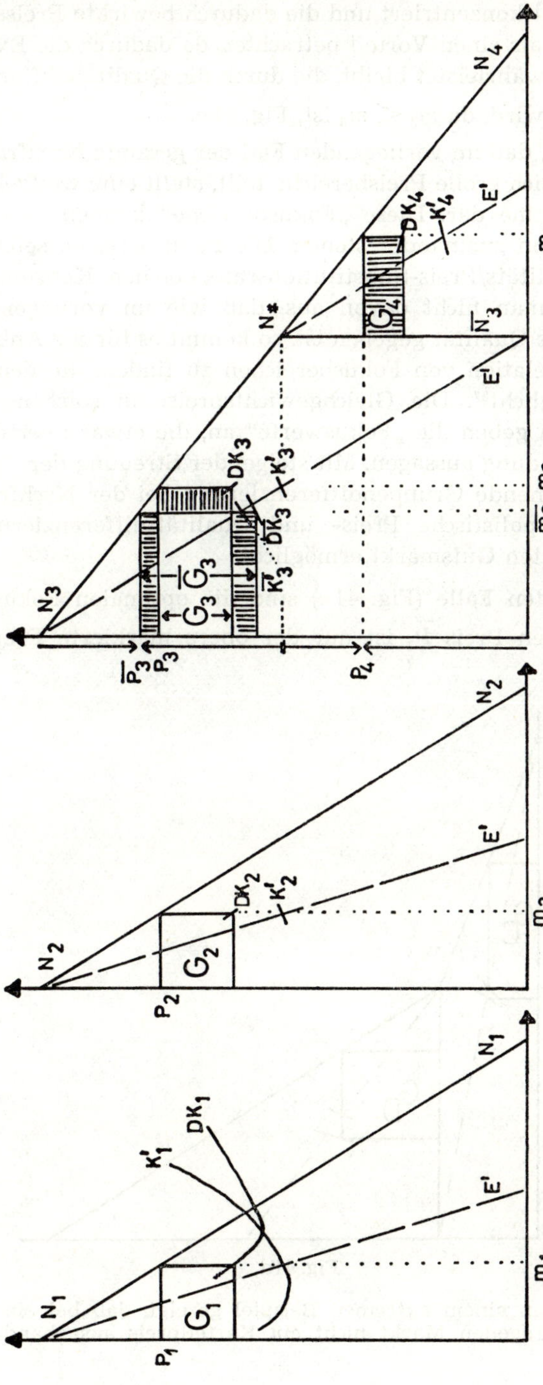
N1
G1
P1
K'1
DK1
E'
m1
N2
G2
P2
DK2
K'2
m2
N3
G3
P3
P4
DK3
K'3
m3
N4
G4
DK4
K'4
m4
N*

Fig. 41 a–c

bessere Qualität konzentriert und die dadurch bewirkte Preissteigerung eventuell noch als einen Vorteil betrachtet, da dadurch die Exklusivität des Marktes gewährleistet bleibt, die durch die Qualitätsdifferenzierung noch verstärkt wird, da $m_3 < m_3$ ist, Fig. 41 c.

Die Tatsache, daß im vorliegenden Fall der gesamte Nachfragebereich sich in zwei gleich große Preisbereiche teilt, stellt eine weitgehend willkürliche Annahme dar. Diese „Fokusbereiche“ können auch in einer anderen Relation zueinander stehen. Die Fokusbereiche selbst werden durch die Qualitäts/Preis-Substitutionsrate bei den Konsumenten bestimmt. Geht man nicht davon aus, daß wie im vorliegenden Falle wenigstens eine Qualität gegeben ist, so kommt es für die Anbieter darauf an, jene Relation von Fokusbereichen zu finden, die den höchsten Gewinn ermöglicht[67]. Die Gleichgewichtspreise in solchen optimalen Fokusbereichen geben die „Fokuswerte“ an, die etwas über die Stärke der Gruppenbildung aussagen. Mit steigender Streuung der Fokuswerte ist eine zunehmende Gruppendifferenzierung bei der Nachfrage gegeben, die monopolistische Preis- und Qualitätsdifferenzierungen auf einem bestimmten Gutsmarkt ermöglicht.

Im behandelten Falle (Fig. 41 c) sind die optimalen Fokuspreise $\overline{P_3}$ und P_4. Für den Preis $\overline{P_3}$ ist nur der obere markierte Preisintervall aktuell.

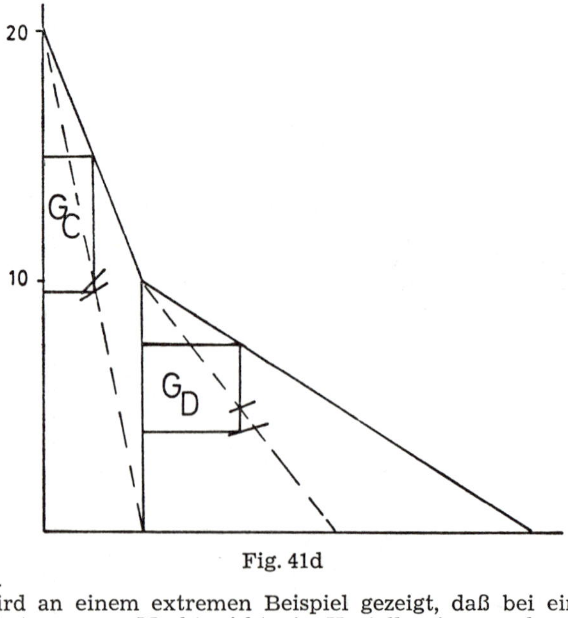

Fig. 41d

[67] Hier wird an einem extremen Beispiel gezeigt, daß bei einem Kartell auf einem heterogenen Markt nicht *ein* Kartellpreis ausgehandelt werden muß.

Werden die Qualitäten *A* und *B* der Fig. 41 c variiert, so erhalte man für die neuen Qualitäten *C* und *D* die in der Fig. 41 d angegebenen Fokusbereiche mit den Gewinnen G_C und G_D. Da $G_C + \bar{G}_D > G_3 + G_4$ ist, dominiert die Qualitätskombination *C, D* die mit den Qualitäten *A* und *B*. Wäre $G_A > G_B$ und $G_C < G_D$, so würde bei gleichbleibenden Fokusbereichen die Kombination der Produktion des Gutes *A* zusammen mit dem Gut *C* die komplementäre Kombination dominieren, so daß im Gleichgewicht bei gegebenen Techniken das Gut *A* und das Gut *C* produziert werden.

Aus diesen Überlegungen ergibt sich, daß eine Qualitätsdifferenzierung — auch bei gleichen Angebotspreisen — noch nicht notwendigerweise ein Wettbewerbsverhalten zwischen den Anbietern bedeuten muß, sondern auch eine stillschweigende monopolistische Qualitätsdifferenzierung beinhalten kann. Zusammenfassend kann man also sagen: Ebenso wie eine einzelne Firma durch Qualitätsvariation die Nachfragefunktion in einzelne Segmente zerlegen kann, für die unterschiedliche Preise gefordert werden, kann auch eine Gruppe von Anbietern eine solche Marktspaltung vornehmen, um den Gewinn zu erhöhen. So kann man sich die in Fig. 41 c dargestellte Marktfiguration entstanden denken aus einem symmetrischen Duopolmarkt, auf dem ein homogenes Gut angeboten wurde. Dieses Gut wird weiterhin von einem Anbieter mit gleicher Qualität produziert, während der Konkurrent mit einer niedrigeren Kostenfunktion eine billigere Ausführung dieses Gutes produziert[68], so daß auf diese Weise ein Zusatzgewinn von ΔG erzielt wird. Die Aufteilung des erhöhten Gesamtgewinnes muß ausgehandelt werden.

Ganz anders sind jene Fälle zu behandeln, bei denen *jeder* Anbieter mehrere Qualitätsvariationen auf dem Markt anbietet. Insgesamt wird sich die Gewinnsituation der gesamten Industrie dann noch dadurch verbessern, daß die Gesamtnachfrage der Industrie wächst, da infolge der verschiedenen Qualitätsvariationen der Anbieter gestreute Käuferappetenzen stärker angesprochen werden können, so daß es zu Substitutionen mit Produkten anderer Märkte kommt.

Die Schwierigkeit bei einer erstrebten Preisdifferenzierung liegt darin, die Nachfrage nach einem Gut zu spalten. Ist diese Nachfragespaltung nicht wie im oben gewählten Beispiel durch Nachfragegruppierungen auf Preisintervalle gegeben, so daß jeder Gruppe ein unterschiedlicher Personenkreis zugeordnet ist, muß diese Gruppenbildung durch Reklame und/oder Qualitätsdifferenzierung induziert werden.

In einem solchen Falle werden die einzelnen Nachfragesegmente jedoch nicht isoliert vorhanden sein, sie sind funktional verbunden. Kennt

---

[68] Vereinfachend wird davon ausgegangen, daß sich die Gesamtnachfrage aus zwei Käuferschichten zusammensetzt, wobei die „ärmere" Käufergruppe dieses Gut nur bis zu einem maximalen Preis von 5 nachfragt.

man die für alle erreichbaren Gruppierungen anfallenden Kosten sowie die Gesamterlöse aller erreichbaren Gruppierungen, so erhält man den gesamten Nettogewinn als Funktion der Marktspaltung und kann jene dem maximalen Gewinn zuzuordnende optimale Gruppenaufteilung finden (s. Fig. 42). Das Qualitätskartell ist dann ganz analog zu einem arbeitsteiligen Produktions- und Angebotsprozeß zu sehen.

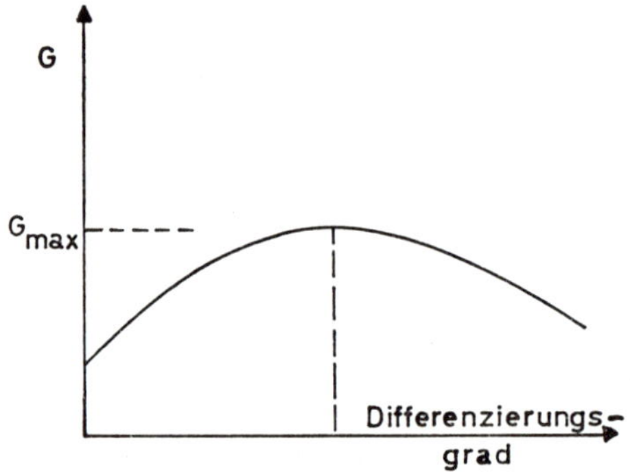

Fig. 42

Gegenüber der monopolistischen Marktaufteilung oder Variantenaufteilung als Formen kartellartiger Parameterfixierung kann es zu einem Wettbewerbsverhalten kommen, wenn etwa bei der räumlichen Konkurrenz die Käuferebene mit einem engen Netz von Verkaufsstellen überzogen ist[69], oder durch „self-competing" Qualitätsvariationen ein „multiproduct-multiplier effect"[70] zustande kommt, der eventuell alle Firmen im Gleichschritt — ähnlich wie beim Bowleyschen Duopol — auf das Nullgewinniveau bringt, so daß (langfristig gesehen) bei konstanter Industrienachfrage eine Kollusion über die zu realisierende Qualitätsstreuung bei den einzelnen Anbietern zustande kommen wird[71]. Bei diesem Qualitätsmultiplikator muß es sich nicht um jenen Fall handeln, bei dem eine wachsende Zahl von Qualitäten in einem Zeitpunkt angeboten wird. Es kann auch ein dauernder Wechsel der angebotenen Qualitäten vorliegen[72]. Ein solcher Qualitätswechsel kann bei einer nicht

[69] Ein solches Vorgehen kann sehr leicht bei Benzinproduzenten mit einem eigenen Verkaufsnetz von Tankstellen zustande kommen.

[70] *Lanzilotti*, R. F.: Multiple Products and Oligopoly Strategy: A Development of Chamberlin's Theory of Products, Quart. J. of Ec., Bd. 68, 1954, S. 467.

[71] Jede Normenvorschrift über technische Größen stellt ein solches Qualitätskartell dar.

[72] Einen solchen Fall stellt auch die oben angeführte Standortvariation dar, oder die Angebotsstrategie einer Modeindustrie.

kollusiven Koordination der Anpassung einen fühlbaren Wettbewerbsfaktor darstellen, wenn die Nachfrage entsprechend wechselnde Bedürfnisse ausdrückt und diese nicht bekannt sind.

In diesem Fall kann nur durch irgendeine Form der Absprache dieser wettbewerbsstimulierende Faktor ausgeschaltet werden. Eine Gewinnsteigerung wird durch eine solche Übereinkunft auf alle Fälle erreicht, da nach den Prämissen die Industrienachfrage konstant ist.

Diese Konsequenz gilt auch für den Wettbewerb zwischen mehreren Industrien, falls nicht ganz neue Produkte entwickelt werden. „... there should be a tendency towards some form of collusive policy or coalition with respect to product adjustments[73].“ Ob es in einer Industrie zu stillschweigenden oder formellen Kollusionen oder Fusionen kommt, hängt davon ab, wie der Einfluß dieser Maßnahmen sich auf den Nachfrage- bzw. Kostenbereich und damit auf die Gewinne auswirkt.

Bei gegebenen Kostenfunktionen kann die Fusionierung zwischen zwei Anbietern eine Gewinnsteigerung der Industrie bewirken, weil der Marktanteil der „überlebenden“ Firma wächst und Kostendegressionen ausgenützt werden können. Eine Spezialisierung der Anbieter auf wenige Produkte ist ohne Kollusion nur möglich, wenn die Konsumenten nicht die Möglichkeit präferieren, komplementäre[74] Produkte „an einem Ort“ einkaufen zu können, oder substitutive Qualitäten besser an einem Ort vergleichen zu können.

Da dies kaum jemals der Fall sein wird, führen eine breite Produktstreuung und eine starke Qualitätsvariation zu einer Umsatzsteigerung, falls diese Politik nicht von allen Anbietern gleichermaßen vorgenommen wird. Im ersteren Fall tendiert der Markt zu einer kapitalmäßigen Konzentration, im zweiten Fall zu einer Kollusion über eine Spezialisierung des Angebotes oder eine Unterlassung der Sortimentsvergrößerung.

Eine Fusionierung ohne Änderung des Produktionssortiments in der Industrie kann durch partielle Stillegung von Produktionseinheiten zu Kostensenkungen führen[75]. Können jene kostensparenden Kapazitätseinschränkungen bei beiden Unternehmen kontinuierlich vorgenommen

---

[73] *Lanzilotti*, R. F.: Multiple Products ..., a.a.O., S. 471. Kommt es zu einer Fusion der Produktionseinheiten einer Industrie, so kann das entstandene Monopol eine Aktionsparameterfixierung vornehmen, wie sie von M. J. Bailey und E. W. Clemens aufgezeigt wird: *Bailey*, M. J.: Price and Output Determination by a Firm Selling Related Products. Amer. Ec. Rev. Bd. 44, 1954, S. 82 ff. *Clemens*, E. W.: Price Discrimination and the Multi-Product Firm, Rev. of Ec. Stud., Bd. 19, 1951—52, S. 1 ff.

[74] Komplementär ist in diesem Falle auf den Nutzen bezogen und nicht technisch zu verstehen. Ein Konsument will die Güter *A*, *B*, *C* ... *K* kaufen, deren Einzelnutzen komplementär sind und den Gesamtnutzen maximieren.

[75] Es wird nur ein Verkaufsnetz oder eine Marktforschungsabteilung unterhalten.

werden, so kann der gleiche Effekt durch eine stillschweigende Kollusion erreicht werden. Dies trifft weitgehend für jene Wettbewerbsmaßnahmen zu, die von Vertragsfirmen ausgeführt werden.

Für wettbewerbliche Maßnahmen, die nicht nur die Wettbewerbsintensität in der Industrie beeinflussen, sondern auch den Wettbewerb dieser Industrie mit einer bestimmten anderen Industrie oder vielen anderen Industrien, treffen analoge Überlegungen zu.

Bei einer von den anderen Industrien isolierten Industrienachfrage führt bei heterogenen Gütern und annähernd gleichen Kosten- und Nachfragefunktionen der Anbieter jede Wettbewerbsmaßnahme zu einem Wettbewerb im Gleichschritt, der lediglich eine Verminderung der Gewinnpositionen bedeutet. „Hence, a policy of mutual restraint is as advisable in this field as in that of price fixing[76].“ Insofern ist die Aussage von Kaldor über die Reklamekosten, für die eine völlig analoge Abteilung gilt, nur bedingt richtig, als es nur bei einer isolierten Betrachtung einer Firma schwierig ist, deren riesen Reklamekosten zu erklären[77].

3. Die Interdependenz spezieller Wettbewerbskosten

Während auf einem Markt homogener Güter, der nicht zur Heterogenisierung neigt, ein Wettbewerbsprozeß nur durch Verbesserungen der Kostenstruktur realisiert werden kann, tritt auf dem heterogenen Markt neben die mögliche Qualitätsvariation der Produkte auch die Möglichkeit der Reklame. Die aktiven Verkaufskosten sollen die Nachfrageelastizität der Käufer verkleinern und/oder potentielle Käufer für das Gut gewinnen. Dies kann durch eine Steigerung der Information über die Gutsbeschaffenheit erfolgen und/oder durch eine Beeinflussung der Käuferpräferenzen[78].

a) Informationskosten führen dann zur Kollusion, wenn die von allen einzelnen Unternehmern individuell vorgenommenen Informationen der Käufer zu keiner Nachfragesteigerung bei einem Anbieter führen, während die Reklameaufwendungen dann zu Nachfrageverschiebungen in der Gruppe führen, wenn nur ein Teil der Gruppe sie vornimmt. Infolge dieser Verhaltensinterdependenz und der Verhaltensweise der Gewinnsteigerung besteht ein Zwang zu einem gleichgerichteten Verhalten in der Gruppe. Bei Kenntnis dieses Zu-

---

[76] *Henderson,* A.: The Theory of Duopoly, a.a.O., S. 580.

[77] *Kaldor,* N.: The Economic Aspects of Advertising, Rev. of Ec. Stud., Bd. 18, 1950—51, S. 12.

[78] Eine Konfrontation eines Gutes und eines Menschen wirkt auf den Menschen mit Reizen ein, die die Kaufentscheidung steuern. Eine Änderung dieser Entscheidung und der Stabilität der Entscheidung kann durch eine bessere Vermittlung des Gutes oder einer entsprechenden Beeinflussung des (potentiellen) Käufers erfolgen.

sammenhanges liegt nur dann eine Gruppengleichheit vor, wenn kein Gruppenmitglied Reklame treibt und der individuelle Gewinn um die Reklamekosten gesteigert wird. Ist die Nachfragefunktion der zu untersuchenden Gruppe nicht konstant, sondern so beeinflußbar, daß der Zuwachs sich entsprechend der vorhandenen Marktaufteilung auf die Gruppenmitglieder verteilt, so wird dann eine Kollusion zustande kommen, wenn der maximal erstrebte Nachfragezuwachs durch eine geringere Summe von Werbungskosten erreicht werden kann, als die minimal mögliche Disaggregation auf jedes Gruppenmitglied ausmacht.

In diesem Fall liegt also eine Art Sprungkostendegression vor.

b) Bei jenen Reklamekosten, die die Kaufentscheidungen der potentiellen Käufer unabhängig von dem Transparenzgrad des Marktes positiv beeinflussen sollen, treffen dieselben Überlegungen wie bei den Kosten zur Erhöhung der Markttransparenz zu, wenn bei der Werbung nicht auf die Produktionsdifferenzierung abgestellt wird, sondern auf die Gutswerbung.

Wird dagegen von den einzelnen Anbietern durch Qualitätsreklame das Wettbewerbsverhalten in der Gruppe forciert, um die Dominationsstruktur in der Gruppe zu verändern, so kann ein gemeinsames Verhalten der Anbieter auf dem Gebiet der Werbemaßnahmen nicht zustande kommen, da sich Wettbewerbsverhalten und Kollusionsverhalten gegenseitig ausschließen.

VI. Die Interdependenz von Anbietern mit verschiedenen Produkten

Bietet von einer großen Anbieterzahl jeder Anbieter nur eine bestimmte Qualitätsvariation eines Produktes an, so liegt der normale Fall monopolistischer Konkurrenz vor. Ein monopolistisches Verhalten dürfte jedoch den Ausnahmefall des Angebotsverhaltens bilden. „What a firm has to sell is not a product, but rather its capacity to produce[1].“ Durch eine Streuung der Produktion in verschiedenen Industrien wird eine Versicherung gegen partielle Konjunkturen erreicht[2], die einem Sicherheitsstreben und damit der langfristigen Gewinnmaximierungsmöglichkeit der Anbieter sehr entgegenkommt.

Koalitionen zwischen Anbietern verschiedener Produkte dürften seltener sein als solche zwischen Anbietern verschiedener Qualitätsvariationen eines Gutes, da die Interdependenzen schwer zurechenbar sind[3].

[1] *Clemens*, E. W.: Price Discrimination . . ., a.a.O., S. 11.

[2] *Lanzilotti*, R. F.: Multiple Products . . ., a.a.O., S. 470.

[3] „. . . since the higher the degree of market dependence, the greater become the advantages of (and the possibility of) breaking up the price structure of the total market.“ *Clemens*, E. W.: Price Discrimination . . ., a.a.O., S. 4.

Allerdings sind Absprachen zwischen symmetrischen Anbietern[4] einer Industrie über die Einführung neuer Produkte insofern wahrscheinlich, als die Ausgangssituation für die Produktion neuer Güter gleich ist und insofern keinerlei Wettbewerbsvorteile bei der Konkurrenz auf dem neuen Markt oder bei dem Eindringen in einen schon vorhandenen Markt bestehen.

Eine solche Absprache[5] wird um so wahrscheinlicher sein, je größer die bei einer fehlenden Absprache vorhandene Wettbewerbsintensität ist — vorausgesetzt, daß die Anbieter in die gleiche Industrie eindringen wollen[6]. Dies wiederum hängt ab von den unterschiedlichen Eintrittspotentialen der Industrien, die durch Kapazitätssubstitutionen oder Finanzierungsmöglichkeiten auf der einen Seite, und durch die Abwehrmöglichkeit des Eindringens auf der anderen Seite bestimmt werden[7]. So kann es durchaus sein, daß zwei finanzkräftige Industrien in eine finanzschwache Industrie mit hoher Kapitalverzinsung eindringen wollen und dieses Vorhaben lediglich dadurch gefährdet wird, daß *beide* Industrien den Plan realisieren wollen. Eine Absprache quantitativer oder qualitativer Art zwischen den potentiellen „Eindringlingen“ wird deshalb sehr wahrscheinlich sein[8].

Es soll davon ausgegangen werden, daß die Unternehmen *A*, *B* und *C* überschüssige Kapazität für die Produktion anderer Produkte verwenden wollen. In Frage kommen für alle drei Unternehmen nur die Industrien *k*, *l* und *m*: Die Überschußkapazität in jedem der drei finanziell gleich starken Unternehmen ist so groß, daß in den Industrien *k*, *l* und *m* gerade so viel produziert werden kann, daß bei der Produktion von jedem Unternehmen alleine der Preis in der Eintrittsindustrie gleich bleibt. Jedes Unternehmen muß sich aus produktionstechnischen Gründen für eine der zur Auswahl stehenden Industrien entscheiden und kann nur die gesamte Überschußkapazität zur Produktion verwenden.

---

[4] Für die Symmetrie können schon gleiche finanzielle Kapitalreserven oder Überkapazitäten ausreichen.

[5] Direkte Absprachen sind hier zur Informationsverbesserung notwendig.

[6] Das Eindringen von Industrien in schon bestehende Industrien stellt einen Wettbewerbsfaktor dar. Absprachen zwischen solchen „newcomers“ schränken jedoch den möglichen Wettbewerb zwischen ihnen selbst ein.

[7] Bei einem oligopolisierten Automarkt etwa wird es für jeden Automobilproduzenten einfacher sein, in eine Ein-Produkt-Zulieferindustrie einzudringen als es für einen Produzenten der Zulieferindustrie möglich ist, in die Automobilindustrie einzudringen.

[8] Auf die Kapitallenkungskartelle wird insbesondere von D. Dewey hingewiesen. „If owners wish to maximize the rate of return upon the capital they have committed to the industry, they will collectively transfer capital to other employments at a rate which (a) maximizes the difference between total receipts and total costs, in the industry when total receipts exceed total expenses and (b) minimizes the difference when total expenses exceed total receipts.“ *Dewey*, D.: Monopoly in Economics and Law, Chicago 1959, S. 9.

Der Gewinn pro eingesetzter Kapitaleinheit ist in den drei zur Auswahl stehenden Industrien unterschiedlich:

$k = 4$ DM pro KE
$l = 2$ DM pro KE
$m = 1$ DM pro KE

Falls die Unternehmen A, B und C zusammen in einer der drei Industrien anbieten, fällt der Preis so stark- daß folgende Verzinsung des Kapitals erreicht wird:

$k = 1$ DM pro KE
$l = 0$ DM pro KE
$m = -1$ DM pro KE

Falls je zwei Unternehmen in einer der drei Industrien anbieten, erhalten sie folgende Kapitalverzinsung:

$k = 2$ DM pro KE
$l = 1$ DM pro KE
$m = 0$ DM pro KE

Entscheiden sich die einzelnen Unternehmer, ohne eine Verhaltensabstimmung mit anderen Unternehmen vorzunehmen — also wettbewerbsmäßig —, so scheidet die Industrie m aus der Produktionsplanung aus, da die dort erzielbare maximale Verzinsung im günstigsten Falle gerade so groß ist, wie die in der Industrie k mit Sicherheit zu erreichende Verzinsung. Die verschiedenen möglichen Verzinsungsraten in den Industrien k und l dominieren also die Industrie m.

Da der mit Sicherheit in k zu erwartende Gewinn größer ist als der im ungünstigsten Fall in l zu erreichende Gewinn, wird beim Wettbewerbsverhalten unter der Voraussetzung, daß alle Unternehmer sehr risikoscheu sind und ihre Entscheidungen isoliert treffen, die Entscheidung für die Produktion in der Industrie k fallen. Jeder Anbieter erhält eine Verzinsung von 1. Die maximale Kapitalverzinsung ist bei einer Absprache und Industrieaufteilung zu erhalten, sie beträgt bei einer Gewinnaufteilung $2^1/_3$. Diese Gleichverteilung wird auch nahezu erreicht werden, da eine Koalition zwischen zwei Anbietern bei Offenlegung ihrer Strategie[9] eine gleiche Verzinsung von 2 ohne Kompensationszahlungen mit Sicherheit erwarten läßt.

Die maximale Verzinsung ist jedoch ohne Kompensationszahlungen nicht erreichbar. Es ist also ein recht enges Produktionskartell notwendig, um eine Gewinnmaximierung auf dem Markt zu erreichen.

---

[9] Ein Anbieter bietet in k an und einer in l, dann muß der Außenseiter notwendigerweise in der Industrie k anbieten.

Ebenso, wie bei dem Aufsuchen einer optimalen Qualitätsdifferenzierung ist es also bei einer Produktstreuung so, daß bei wettbewerbsmäßigem Fixieren der Aktionsparameter nur zufällig jene Aktionsparameterkombination erreicht wird, die einen maximalen Gewinn bewirkt.

Sind mehrere solcher Kombinationen mit einem gleichen, maximalen Gewinn möglich, wird die Wahrscheinlichkeit des zufälligen Erreichens zwar größer, aber bei einem völlig risikoscheuen Verhalten der Anbieter ist die Koalitionsbildung zwingend.

Dies wird immer der Fall sein, wenn ein genügend großes Qualitäts- oder Produktionsexpansionsfeld vorhanden ist und die Unternehmer annehmen, daß eine nicht-koordinierte Aktionsparameterfixierung eine Gewinnschmälerung bedeutet.

Im obigen Fall wurde von homogenen Produzenten ausgegangen. Sind die Produzenten heterogen und ändern sich dadurch die Verzinsungssätze in den einzelnen Industrien bei unterschiedlicher Zahl der in den Industrien expandierenden Unternehmen, so ändert sich an den Überlegungen nichts, wenn man die unterschiedliche Dominationsstruktur der Anbieter, ausgedrückt durch die unterschiedlichen mit Sicherheit zu erwartenden Gewinne, bei der Gewinnverteilung berücksichtigt.

Mit wachsender Asymmetrie dieser Art wird die Wahrscheinlichkeit größer, daß die kostengünstigeren Unternehmen in jenen Industrien mit der höheren Verzinsung expandieren.

Geht man von einer entsprechenden Variation des obigen Beispiels aus, so zeigt es sich, daß das Unternehmen *A* die Industrie *k* mit der höchsten Verzinsung des Kapitals wählen kann[10], ohne zu befürchten, bei der Produktion in *k* mit den Firmen *B* und *C* in Wettbewerb zu geraten. Die Kapitalverzinsung in den einzelnen Industrien, falls nur ein Anbieter in jeder Industrie anbietet, betrage:

Unternehmen		A	B	C
	k	8	5	4
Verzinsung	l	4	3	2
	m	2	1	0

Die Kapitalverzinsung, falls 2 Anbieter in jeder Industrie anbieten:

[10] Bei gleichem Kapitaleinsatz, der sich lediglich durch eine unterschiedliche Produktivität unterscheidet, erhält damit das Unternehmen *A* auch den höchsten Gewinn aus der Zusatzproduktion.

Unternehmen	A + B		A + C		B + C	
Gewinn	A	B	A	C	B	C
k	4	1	2	0	2	1
l	2	0	1	0	1	− 1
m	0	− 1	0	− 2	1	− 2

Die Kapitalverzinsung, falls alle 3 Anbieter in jeder Industrie anbieten:

Unternehmen	A + B + C		
Gewinn	A	B	C
k	3	− 1	− 1
l	2	− 1	− 3
m	1	− 2	− 4

Sind diese drei Ergebnistabellen allen Anbietern transparent, wird eine stillschweigende Aufteilung der Industrien erfolgen, ähnlich wie bei der stillschweigenden Kartellierung auf dem homogenen Markt bei symmetrischen Anbietern.

Bei dem obigen Fall der Produktion in einer neuen Industrie war eine solche stillschweigende Marktaufteilung nicht möglich, weil die Anbieter nur bei einer Kompensationszahlung zu einer Industriezuteilung gelangen, die den Gruppengewinn maximiert und keine wettbewerbsmäßig fixierte Strategie eines Anbieters seine Zuteilung bei kollektivem Vorgehen dominiert.

VII. Die Fixierung von Aktionsparametern bei mehr als zwei Anbietern

1. Abstimmungsprozesse in einer Gruppe

Sind auf einer Anbieterseite eines Marktes mehr als zwei Anbieter vorhanden, so erfährt die Problemstellung insofern eine Erweiterung, als nicht *alle* Anbieter in einem Kartell zusammengeschlossen sein müssen.

Es sind folgende Fälle möglich:

a) Alle Anbieter bilden ein Kartell, innerhalb des Kartells können sich Koalitionen bilden, zwischen denen die Aktionsparameter und Gewinnverteilungsquoten ausgehandelt werden.

b) Die Anbieter eines Marktes unterteilen sich in eine kartellierte Gruppe und in die Restgruppe, die kartelliert sein kann oder nicht[1].

Liegt der Fall b) vor, so sind Voraussetzungen für ein Wettbewerbsverhalten auf dem Markt gegeben.

Beim Fall a) können bei Koalitionsbildung innerhalb des Kartells Wettbewerbselemente wirksam sein, die jedoch morphologisch nicht in Erscheinung treten, da die Anbieter nach außen geschlossen agieren können[2].

Bei der Behandlung dieses Modells können zwei Fälle unterschieden werden:

1. Die Großgruppe,
2. Die Kleingruppe.

Für das Modell der Großgruppe wird angenommen, daß sich keine Koalitionsbildungen oder Fusionierungen (etwa durch Stimmenkauf) ergeben, da die Transparenz der Aktionsmöglichkeiten infolge der großen Zahl der Anbieter zu gering ist[3]. Es hat also jeder Anbieter eine Stimme und kann von verschiedenen Alternativen jener Alternative seine Stimme geben, die er bevorzugt. Infolge der unterstellten Intransparenz, bewirkt durch die große Zahl der Möglichkeiten, stellt der einzelne Anbieter auch keine Überlegungen darüber an, ob es sinnvoller ist, für eine weniger präferierte Alternative zu stimmen, weil diese mehr Realisierungsaussichten zeigt, als die primär erstrebte. Eine solch isolierte Betrachtungsweise eines Anbieters hat nur in einer nicht überschaubaren Großgruppe Sinn.

Geht man davon aus, daß die zur Wahl stehenden Alternativen Preise sind und jeder Anbieter den Preis gegenüber allen anderen Preisen präferiert, bei dem er seinen Gewinn maximiert sieht, so kann man mit

---

[1] Sind mehrere Kartelle in einer Industrie verbunden, so spricht K. Brandt von korporativen Oligopolen. *Brandt,* K.: Preistheorie, a.a.O., S. 92. Solche Oligopole können jedoch nur kurzfristig infolge einer unvollkommenen Information über die Dominationsstruktur am Markt auftreten und führen zur Bildung eines Kollektivmonopols.

[2] Nur für den Fall, daß zu Beginn des Zusammenschlusses zum Kollektivmonopol nicht die den Realitäten entsprechende Dominationsstruktur transparent verwirklicht ist, gilt die Feststellung von K. Brandt, daß „... im Augenblick des Zusammenschlusses ... der Konkurrenzkampf in voller Breite ..." geführt wird. *Brandt,* K.: Preistheorie ..., S. 92.

[3] Bei der Großgruppe soll es sich um monopolistische Konkurrenz handeln, so daß individuelle Optimalpreise gegeben sind und eine Außenseiterkonkurrenz infolge des geringen Marktanteils des einzelnen Anbieters nicht die Auflösung des Kartells bewirken kann. Siehe hierzu *Brandt,* K.: Die Konfliktsituation ..., a.a.O., S. 402.

dem Abstimmungsmodell von Black arbeiten[4], bei dem jener Preis von dem Kartell am Markt gefordert wird, bei dem sich gegenüber allen anderen Preisen eine einfache Mehrheit findet[5]. Es wird davon ausgegangen, daß die Gewinnfunktionen nur einen Extrempunkt haben.

Stehen etwa folgende sieben Preise als Zielgröße der Anbieter zur Diskussion[6], wo wird bei einer Abstimmung der Preis P_4 gewählt werden (s. Fig. 43 a):

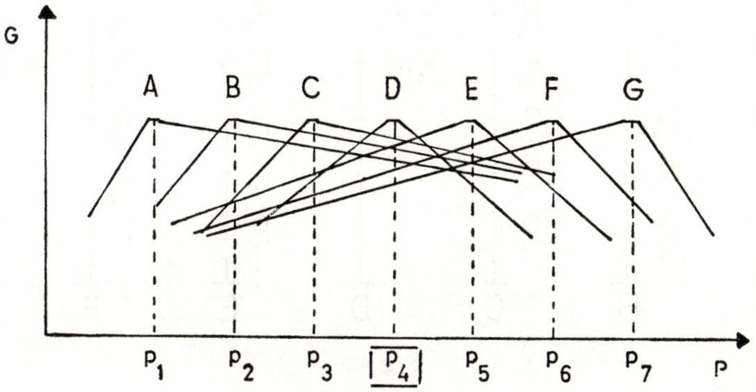

Fig. 43a

	P_1	P_2	P_3	P_4	P_5	P_6	P_7
P_1	x	1,6	1,6	1,6	1,6	1,6	1,5
P_2	6,1	x	2,5	2,5	2,5	2,4	4,3
P_3	6,1	5,2	x	3,4	3,3	5,2	6,1
P_4	6,1	5,2	4,3	x	4,3	5,2	6,1
P_5	6,1	5,2	3,3	3,4	x	5,2	6,1
P_6	6,1	4,2	2,5	2,5	2,5	x	6,1
P_7	5,1	4,3	1,6	1,6	1,6	1,6	x

[4] *Black*, D.: On the Rationale of Group Decision-Marking, J. of Polit. Ec., Bd. 56, 1948, S. 23 ff. *Black*, D.: The Theory of Committees and Elections, Cambridge 1958. *Brandt*, K.: Die Konfliktsituation ..., a.a.O., S. 402 ff.

[5] Der Fall symmetrischer Anbieter auf einem homogenen Markt erscheint als Spezialfall, bei dem alle Anbieter für einen einzigen Preis stimmen. Je weniger die Anbieter heterogenisiert sind, um so wahrscheinlicher ist es, daß alle Anbieter mit dem zustande kommenden Preis zufrieden sind und nicht aus dem Kartell ausbrechen — vorausgesetzt, die Anbieter fordern keinen ihrer symmetrischen Anbieterstruktur nicht entsprechenden unsymmetrischen Marktanteil.

[6] Um das Beispiel der Großgruppe zu erhalten, kann man davon ausgehen, daß jede Optimalpreisgruppe mit einer gleich großen Anzahl von Anbietern besetzt ist.

Die Präferenzenordnung der einzelnen Anbieter sieht in diesem Fall wie folgt aus:

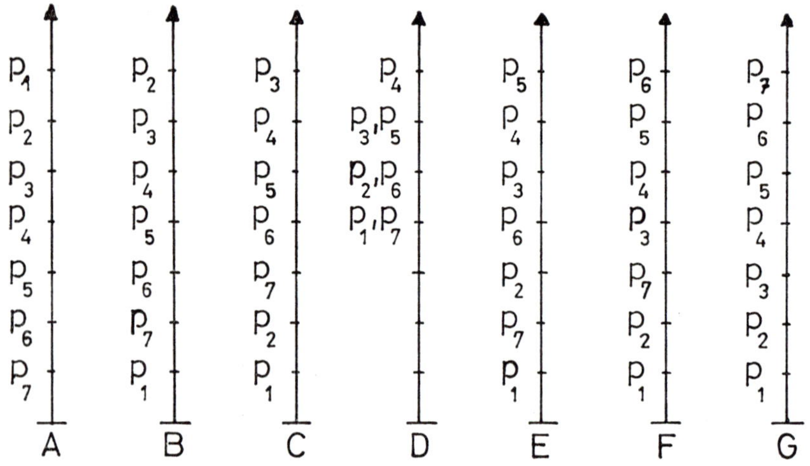

Fig. 43b

Diese Präferenzenordnung kann man in einer zur Diagonalen symmetrischen Matrix zusammenfassen und daraus direkt das Ergebnis ablesen[7], s. S. 265.

Der Preis P_4 erhält gegenüber allen anderen Preisen die Mehrheit, so daß sich der Optimalpreis des Anbieters *D* im Abstimmungsverfahren durchsetzt.

Die optimalen Preise können dicht zusammenliegen und Preisschwankungen bei den einzelnen Anbietern eine so geringe Gewinnschwankung auslösen, daß Preisänderungen nicht diskutiert werden. Allgemein kann man feststellen, daß bei einer ungeraden Zahl von Anbietern mit unterschiedlichen Optimalpreisen der Preis $P = \frac{1}{2}(n + 1)$ als Kartellpreis gewählt wird[8]. Ist eine gerade Zahl von Anbietern mit unterschiedlichen Optimalpreisen vorhanden, so wird der Preis zwischen dem Preis $P = \frac{1}{2}\, n$ und dem Preis $P = \frac{1}{2}\, n + 1$ liegen[9]. Schließt man den Fall

[7] Jede Preiskombination in der Matrix gibt das Abstimmungsergebnis zwischen den beiden kombinierten Preisen an, wobei dem „Zeilenpreis" die erste Zahl und dem „Spaltenpreis" die zweite Zahl zugeordnet ist.

[8] *Black*, D.: The Theory of Committees and Elections, a.a.O., S. 16. Beim Fall der geraden Anzahl von unterschiedlichen Optimalpreisen gibt Black einem Kartellmitglied zwei Stimmen und erhält als Lösung $^1/_2\, n$ oder $^1/_2 n + 1$, je nachdem, wo der Optimalpreis des Anbieters mit den zwei Stimmen liegt.

[9] *Krelle*, W.: Kartelle und Preisflexibilität, Schw. Z. f. Vw. u. Stat., Jg. 95, 1959.

zyklischer Mehrheit bei dem Abstimmungsprozeß aus, so erhält man mit einem solchen Abstimmungsverfahren immer eine Lösung.

Diese Abstimmungslösung ist immer dann plausibel, wenn die individuellen Optimalpreise so dicht zusammenliegen, daß das Abstimmungsergebnis von allen Marktteilnehmern, die nicht ihre Optimalpreis realisieren können, als ein akzeptabler Kompromiß angesehen wird, der ein Zustandekommen von Verdrängungsprozessen verhindert.

Kompensationszahlungen können verhindern, daß größere Streuungen von Optimalpreisen das Abstimmungsverfahren gefährden.

Eine Diskrepanz zwischen der realisierten Präferenzenordnung und jener durch Addition der individuellen Präferenzen gewonnenen Präferenzenordnung wird dann auftreten, wenn die Addition der individuellen Präferenzordnungen zu einem Ergebnis führt, das von jenen Gruppenmitgliedern, die es nicht befriedigt, geändert werden kann.

Haben etwa drei Individuen eine Präferenzenordnung *A* mit gleichen Zielen wie die Präferenzenordnung *B* von drei anderen Individuen, aber in umgekehrter Reihenfolge der Präferenz, so läßt sich dieser Sachverhalt in folgendem Schema aufzeigen, wobei davon ausgegangen werden soll, daß alle Ziele nur alternativ realisierbar sind.

$$3\,A\colon\ 0_1 > 0_2 > 0_3$$
$$3\,B\colon\ 0_3 > 0_2 > 0_1$$

Infolge fehlender Transitivität kann kein Mehrheitsbeschluß zustande kommen. Da man jedoch davon ausgehen kann, daß durch eine entsprechend gewählte Periodisierung die präferierten Ziele 0_1 und 0_3 abwechselnd realisiert werden können, wird hierüber eine Einigung zustande kommen, es sei denn, für jede Anbietergruppe bedeute die Realisierung von 0_2 in zwei Perioden einen größeren Nutzen als die Realisierung von 0_1 bzw. 0_3 in einer von zwei Perioden. Es muß also gelten:

$$0_1 > 2\,0_2 \text{ und}$$
$$0_3 > 2\,0_2$$

Würde zu diesen sechs Gruppenmitgliedern noch ein Individuum *C* mit folgender Präferenzenordnung hinzutreten: $1\,C : 0_2 > 0_3 > 0_1$, so würde bei einer reinen Addition der Präferenzenordnungen eben jene Präferenzenordnung des Individuums *C* als Gruppennorm erscheinen. Eine solche Minoritätslösung können die anderen Gruppenmitglieder jedoch wie im obigen Falle bei entsprechendem Interesse verhindern.

Es zeigt sich hier ähnlich wie bei den behandelten Oligopollösungen, daß bei Beachtung der Verhaltensinterdependenz andere Ergebnisse zustande kommen als bei einer unterstellten autonomen Verhaltensweise.

Dies wird noch im folgenden Falle besonders deutlich.

Kommt es etwa zu einer Ausscheidungsabstimmung über zwei Alternativen, so ist es in einer Kleingruppe durchaus möglich, daß ein Anbieter gegen seine (isoliert aufgestellte) Präferenzordnung stimmt, um das für ihn günstigere Ergebnis zu erhalten, wenn für ihn im Laufe der Abstimmungsprozesse die Präferenzenordnungen der Konkurrenten transparent geworden sind.

Die Ziele sollen wie folgt geordnet sein:

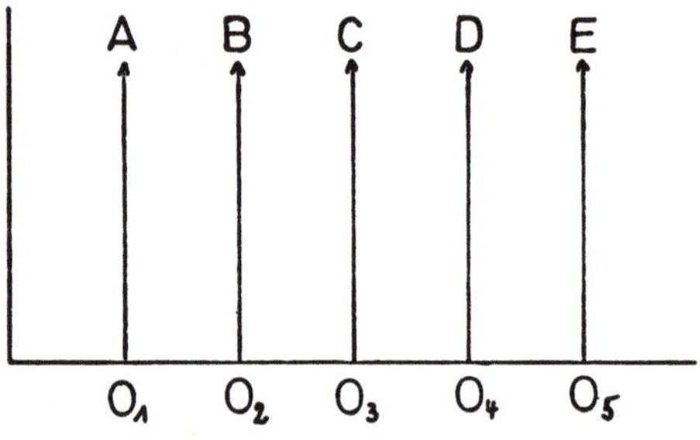

A: $0_1 > 0_2 > 0_3 > 0_4 > 0_5$
B: $0_2 > 0_1 > 0_3 > 0_4 > 0_5$
C: $0_3 > 0_4 > 0_2 > 0_5 > 0_1$
D: $0_4 > 0_5 > 0_3 > 0_2 > 0_1$
E: $0_5 > 0_4 > 0_3 > 0_2 > 0_1$

Wenn bei diesen Präferenzskalen die Anbieter entsprechend den Präferenzskalen abstimmen würden, so wäre 0_3 der Kartellpreis[10].

Es soll zuerst zwischen dem Preis 0_2 und 0_3 abgestimmt werden. Wenn entweder D oder E für 0_2, anstatt wie entsprechend der Präferenzskala für 0_3 stimmen würden, so wäre 0_3 ausgeschieden. Wenn jetzt wieder entsprechend der Alternativen abgestimmt würde, so wäre 0_4 der Kartellpreis.

Ohne eine Stimmengewichtung am Beginn des Abstimmungsprozesses einzuführen, kann man unterschiedliche Kosten- und Gewinnsituationen der Anbieter durch die Möglichkeit des Stimmenkaufs berücksichtigen.

Ein Anbieter X_1 stimmt dann nicht für seinen Optimalpreis P_i, sondern für den Preis P_j. Die ihm daraus erwachsenden Gewinnschmälerungen werden durch die Kompensationszahlung in Form des Preises für die Abstimmung für den Preis P_j überkompensiert[11]. Die Art des Abstimmungsverfahrens wird dadurch nicht verändert.

[10] *Black*, D.: The Theory of Committees ..., a.a.O., S. 45.

[11] Geht man von einem individualegoistischen Verhalten aus, so müßte man exakterweise nicht von Kompensationen sprechen, sondern von Überkompensationen. Alle Kompensationstheorien, die davon ausgehen, daß ein

Unterstellt man, daß keine unterschiedlichen Preise für die zu kaufenden Stimmen gezahlt werden müssen, kann man aus der Elastizität der Optimalpreisfunktionen Aussagen über die Wirksamkeit eines Stimmenkaufs gewinnen, denn der Elastizitätsgrad gibt Aufschluß über die Größe der Parameteränderung (Preis), wenn ein Anbieter zu einer anderen Stimmabgabe gebracht wird.

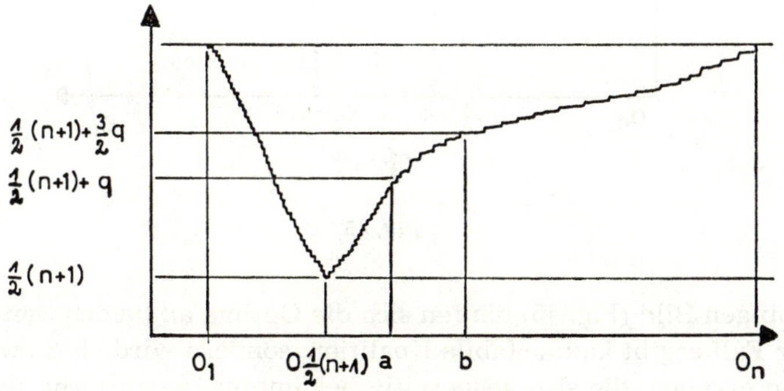

Fig. 44

In Figur 44 soll die Anzahl der Stimmen ungerade sein. Ohne Beeinflussung liegt der Preis also bei $0 \; ^1/_2 \, (n + 1)$[12]. Von 0_1 bis a ist die Kurve relativ starr, von a bis 0_n relativ elastisch.

Dies bedeutet, daß, wenn ein Anbieter, dessen Optimum links von $0 \; ^1/_2 \, (n + 1)$ liegt — etwa bei 0_1 —, eine endliche Anzahl von Anbietern dazu bewegen könnte, so zu stimmen, als läge ihr Optimum niedriger, nur eine relativ kleine Änderung des Parameters bewirken könnte. Das gleiche gilt für Anbieter nahe 0_n. Sie müßten etwa die doppelte Anzahl von Anbietern kaufen, um den Preis von $0 \; ^1/_2 \, (n + 1)$ nach a zu verlegen, als von a nach b.

Im ersten Falle wären es $^1/_2 \, (n + 1) + q$ und im zweiten Fall $^1/_2 \, (n + 1) + {}^3/_2 \, q$[13].

Individuum *X* freiwillig eine Handlung vollführt, die einem anderen Individuum *Y* einen Vorteil bringt, der größer ist als die Transformationsleistung von *Y* an *X*, die gerade ausreicht, daß *X* sein ursprüngliches Handlungsziel wieder erreicht, setzen genau genommen bei *X* kein individualegoistisches Verhalten voraus und bei *Y* ein sehr ausgeprägtes individualegoistisches Verhalten, da ansonsten *Y* den *X* freiwillig an dem gemeinsam erreichten Vorteil beteiligen würde.

[12] *Black*, D.: The Theory . . ., a.a.O., S. 114.

[13] *Black*, E.: The Theory . . ., a.a.O., S. 115.

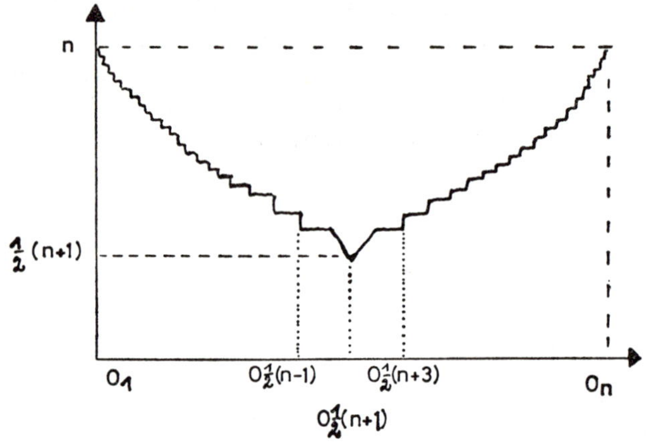

Fig. 45

Im obigen Bild (Fig. 45) häufen sich die Optima an beiden Seiten. (Ein solcher Fall ergibt kaum stabile Koalition, sondern wird eher zwei Koalitionen ergeben, die sich gegenseitig bekämpfen, wenn nicht eine Koalition infolge günstigerer Kostenstruktur dominiert und eine Fusion zustande kommt.)

Wenn hier dieses Abstimmungsverfahren als Möglichkeit einer Preisfixierung im Kartell in Frage kommt, so wird eine starke Tendenz vorhanden sein, Kartellmitglieder, deren Preis um $0\ {}^1/_2\,(n + 1)$ liegt, (mittels Kompensation) dazu zu bringen, ihre Stimme für einen anderen Preis abzugeben, da schon wenige Stimmen eine relativ große Änderung des Parameters zur Folge haben. Es ist sehr fraglich, ob ein solcher Fall, bei dem ein zahlenmäßig kleines „Zentrum" einen so großen Einfluß hat, als stabile Gruppengleichgewichtslösung anzusprechen ist.

Sind mit wachsenden 0-Werten steigende Gewinne verbunden, so ist anzunehmen, daß der Kartellpreis in das Gebiet der rechten Häufung fällt, da diese Anbieter die höchsten Kompensationen zahlen können. Hier wird auch die Möglichkeit interessant, durch Austritt oder Eintritt einen großen Einfluß auf den Kartellpreis ausüben zu können.

Abstimmungsverfahren in Kartellen, Syndikaten oder Kapitalgesellschaften werden meist nur die Entscheidung zwischen zwei Alternativen betreffen, wobei die eine Alternative die Beibehaltung des bisherigen Zustandes sein kann, während die zweite Entscheidung eine mehr oder weniger genau fixierte Änderung bedeuten kann. Ein solch einfacher Entscheidungsfall kann jedoch das Ergebnis eines Simulationsmodells sein, bei dem andere Entscheidungsmöglichkeiten schon ausgeschieden wurden, da für sie von vornherein keine Aussicht auf Erlangung einer Stimmenmehrheit bestand.

Für das Zustandekommen eines Abstimmungsverfahrens ist weiterhin erforderlich, daß Ungewißheit über seinen Ausgang und damit über den Abstimmungswillen der einzelnen Gruppenmitglieder besteht, da eine Abstimmung ansonsten nur formal — etwa um juristischen Gesichtspunkten zu genügen —, aber nicht materiell nötig wäre.

Dies kann durch die Größe der Gruppe bestimmt und/oder zur Geheimhaltung des Abstimmungswillens der Gruppenmitglieder erforderlich sein.

2. Die Bildung von Koalitionen in einer Gruppe

a) Das Außenseiterproblem

Sind nicht alle Mitglieder einer Gruppe von Anbietern homogener oder heterogener Güter kartelliert, so befinden sich die nicht-kartellierten in einer Außenseiterrolle.

Eine solche Außenseiterposition wird jedoch nur dann bezogen werden, wenn sie entweder gewinnindifferent gegenüber der kartellierten Situation ist oder Gewinnvorteile aufweist.

Der erste Fall ist dann vor allem gegeben, wenn man den Kartellbegriff zugrunde legt, der eine Organisation der kartellierten Gruppenmitglieder fordert. Verhalten sich die nicht-kartellierten Anbieter dann kartellmäßig, „als ob" sie organisiert wären, so erlangen sie eine gleiche Gewinnhöhe wie die organisierten Anbieter, vorausgesetzt, es handelt sich um symmetrische Anbieter. Nach der anfangs zugrunde gelegten Kartelldefinition, nach der die Art der Verhaltenskoordination die entscheidende Rolle für das Vorhandensein eines Kartells spielt, handelt es sich in diesem Falle jedoch nicht um ein Außenseiterproblem, sondern um ein Kartell mit einer nicht einheitlichen Organisation der Verhaltenskoordination der Anbieter.

Der klassische Fall des Außenseiters ist dadurch gekennzeichnet, daß ein oder mehrere Anbieter sich nicht der Angebotspolitik des Kartells anschließen. In einer Gruppe homogener Anbieter machen sie dem Kartell dadurch Konkurrenz, daß sie die Angebotsmenge durch die Bedingung $K' = p$ bestimmen. Wird von dem Kartell dieses Angebot nicht als gewinnschmälerndes Datum hingenommen, so bleibt nur die Möglichkeit, mittels eines Preiskampfes den Außenseiter aus dem Markt zu treiben oder in das Kartell zu zwingen.

Wird keines dieser beiden Ziele erreicht, so zeigt dieses Ergebnis des Kampfverhaltens, daß das Kartell keine absolut dominierende Stellung am Markt innehat, die Außenseiterposition ist stabil.

Meist wird der Kartellbeitritt jedoch dadurch erzwungen werden können, daß durch Preissenkungen der Außenseiter eine höhere Gewinneinbuße erleidet, als durch den Kartellbeitritt.

Solche Preiskämpfe, die durch einen Teil einer Anbietergruppe ausgelöst werden, werden nur dann nicht mit dem Ziel der Gewinnmaximierung in Einklang zu bringen sein, wenn das Kartell erwartete, daß die abdiskontierten Gewinnschmälerungen infolge des Preiskampfes größer sind, als die abdiskontierten Gewinnsteigerungen nach dem Kartellbeitritt des Außenseiters. Dies wird bei Anbietern mit gleicher Kostenstruktur weitgehend dadurch bestimmt, wie hoch der Marktanteil der Außenseitergruppe ist, welche Dauer des Preiskampfes zu erwarten ist und wie groß der Planungszeitraum der Anbieter ist.

Das Außenseiterproblem wurde in der früheren Kartelliteratur meist so gesehen, daß die Außenseiterposition freiwillig eingenommen wurde, da sie Vorteile gegenüber einer Kartellzugehörigkeit brachte.

Diese zu spezielle Formulierung soll dahingehend verallgemeinert werden, daß unter Außenseitern all jene Mitglieder einer Gruppe verstanden werden sollen, die nicht einem Kartell innerhalb der Gruppe angehören, unabhängig davon, ob diese Position freiwillig gewählt oder aufgezwungen wurde, denn es ist durchaus möglich, daß ein Kartell einen Vorteil für die Kartellmitglieder beinhaltet, der streng an die (formale) Kartellmitgliedschaft gebunden ist, wie ihn etwa ein Informationsaustauschkartell für die Mitglieder dieses Kartells darstellt.

b) Die optimale Koalitionsbildung

Ein Kartell wird dann gebildet, wenn durch dieses Ziel der Verhaltenskoordination das angenommene individuelle Ziel der Gewinnmaximierung besser erreicht wird. Unter einer optimalen Kartellbildung soll jene Kartellbildung in einer Gruppe verstanden werden, die gegenüber allen anderen realisierbaren Kartellbildungen den Kartellmitgliedern den höchsten individuellen Gewinn sichert; daraus folgt, daß es mehrere optimale Kartelle für ein Gruppenmitglied geben kann[14].

Es soll vereinfachend von einer Gruppe mit drei Anbietern ausgegangen werden, so daß folgende Gruppierungsmöglichkeiten gegeben sind:

(1) (A, B, C)

(2) (A); (B, C)

(3) (B); (A, C)

(4) (C); (A, B)

(5) (A); (B); (C)

Im Falle (1) bildet die gesamte Anbietergruppe ein Kartell.

[14] Vorausgesetzt wird weiterhin, daß nur von Gewinnfunktionen mit einem Maximum ausgegangen wird. Sind mehrere Kartelle realisierbar, ist bei gleichem maximalen Gewinn der Kartelle immer das Kartell mit der geringeren Mitgliederzahl das für die Mitglieder optimale.

In den Fällen (2), (3) und (4) nimmt wechselweise einer der drei Anbieter die Außenseiterposition ein, während die anderen Anbieter ein Kartell bilden. Der Fall (5) zeichnet sich dadurch aus, daß keine Kartellbildung vorliegt.

Es wird die Annahme gemacht, daß es sich um ein wesentliches[15] Nullsummenspiel handelt. Damit scheiden die Fälle (1) und (5) aus der Betrachtung aus.

Wären mehr als drei Anbieter vorhanden, so könnten sich in einer Gruppe zeitweilig mehrere Kartelle bilden.

Sind in einem Kartell mehr als zwei Anbieter zusammengeschlossen, so können sich innerhalb des Kartells Koalitionen zur Aushandlung des Kartellgewinnes bilden.

Der den einzelnen Mitgliedern und Koalitionen einer Anbietergruppe zufließende Wert des Spiels gibt den Index für die Machtverteilung in der Gruppe an.

Dieser Index kann nach Maschler von der charakteristischen Funktion des Spiels differieren[16].

Stellt die in einem Spiel realisierte Gewinnverteilung nach dem Urteil der dadurch geschädigten Spieler nicht die tatsächliche Machtverteilung zwischen den Spielern dar, so können diese mittels Drohungen eine Änderung anstreben. Diese Drohungen brauchen bei einer ausreichenden Transparenz des Spiels nicht realisiert zu werden und führen zu Kompensationszahlungen, „... wenn eine Handlung angedroht wird, bei der eine Partei weniger gewinnt als die andere verliert ...“[17]. Bei den Verhandlungen innerhalb einer Gruppe kann eine Drohstrategie darin bestehen, daß „... a coalition may gain some more strength by thretening not to cooperate with other players, thus causing them losses“[18].

Haben in dem wesentlichen Dreipersonen-Nullsummenspiel die möglichen Koalitionen unterschiedliche Stärken, so ist der für jede Koalition erreichbare Betrag unterschiedlich hoch.

Die Koalition (A, B) erhalte von (C) maximal c.

Die Koalition (A, C) erhalte von (B) maximal b.

Die Koalition (B, C) erhalte von (A) maximal a.

---

15 Ein wesentliches Spiel zeichnet sich dadurch aus, daß Koalitionen den Koalierenden ein besseres Spielergebnis sichern.

16 *Maschler*, M.: The Power of a Coalition, a.a.O., S. 8.

17 *Neumann*, J. v., *Morgenstern*, O.: Spieltheorie und wirtschaftliches Verhalten, a.a.O., S. 562.

18 *Maschler*, M.: The Power of a Coalition, a.a.O., S. 8. Maschler glaubt, durch die Verwendung von Verhaltensweisen (standard of fairness of players) eine bessere Spielbeschreibung zu erhalten, als man sie durch die charakteristische Funktion eines Spiels erhält.

Für die Auszahlung v an eine beliebige Koalition (K_i) gilt dann: $v(K_i) = -v(K_j)$, wobei (K_j) die Gegenkoalition gegen (K_i) darstellt[19].

Hat der Spieler A eine Mindestforderung von x, so kann B aus der Koalition (A, B) nicht mehr als $(c - x)$ erhalten.

Ebenso kann C aus der Koalition (A, C) nicht mehr als $(b - x)$ erhalten. Ist die Summe dieser beiden Restbeträge kleiner als der Koalitionsgewinn der Koalition (B, C) also $(c - x) + (b - x) < a$, so wird keine Koalition mit A zustande kommen. Falls A an einer Koalition teilhaben will, muß er also seine Forderungen so stark heruntersetzen, daß $(c - x) + (b - x) \geqq a$ ist.

Für die Forderung x des Spielers gilt also:

$$x \leqq \frac{-a + b + c}{2}$$

Ebenso gilt für die Forderung y des Spielers B:

$$y \leqq \frac{a - b + c}{2}$$

und für die Forderung z des Spielers C:

$$z \leqq \frac{a + b - c}{2}$$

Außerdem gilt:

$$x + y = z;\ x + z = y;\ y + z = x$$

Den Wert des Spiels für die Spieler kann man aus folgender Auszahlungsmatrix ablesen:

	A	B	C
AB	x	y	$-c$
BC	$-a$	y	z
AC	x	$-b$	z

Für die Gewinnverteilung der Lösung des Spiels ist erforderlich, daß keine Verteilung innerhalb der Lösung eine andere Verteilung innerhalb der dominiert. Jede Verteilung, die nicht zur Lösung gehört, wird durch mindestens eine Verteilung innerhalb der Lösung dominiert. Jede

[19] Siehe hierzu *Neumann*, J. v., *Morgenstern*, O.: Spieltheorie und wirtschaftliches Verhalten. Würzburg: Physica 1961, S. 232 ff.

Verteilung außerhalb der Lösung muß also von mindestens einer Verteilung innerhalb der Lösung dominiert werden.

Im folgenden Beispiel eines wesentlichen Dreipersonen-Nullsummenspiels soll die charakteristische Funktion gelten:

$$v(\phi) = 0$$
$$v(A) = v(B) = v(C) = -1$$
$$v(A, B) = v(A, C) = v(B, C) = 1$$
$$v(A, B, C) = 0$$

Dieses Spiel führt zu den Lösungen 1_1, 1_2 und 1_3.

$$l_1 = \left(\frac{1}{2}, \frac{1}{2}, -1\right)$$
$$l_2 = \left(-1, \frac{1}{2}, \frac{1}{2}\right)$$
$$l_3 = \left(\frac{1}{2}, -1, \frac{1}{2}\right)$$

Die drei Lösungen zeichnen sich nach Neumann-Morgenstern dadurch aus, daß keine von ihnen für sich als Lösung angesehen werden kann, da das System aller drei und ihre Beziehungen zueinander die Lösung darstellen[20].

Die Behauptung, daß nur diese Lösungen existieren können, kann jedoch nicht unwidersprochen bleiben[21].

Angenommen, die Spieler *A, B* und *C* spielen ein Spiel mit der Koalitionsbildung *(A, B)* in der ersten Partie und der damit verbundenen individuellen Gewinnverteilung der drei Spieler:

$$v(A) = \frac{1}{2}$$
$$v(B) = \frac{1}{2}$$
$$v(C) = -1 \qquad v(A, B) = 1$$

Es soll vereinbart sein, daß drei Partien gespielt werden. Erst danach können die Spieler entscheiden, ob sie weiterhin an dem Spiel teilhaben wollen, oder nicht. Nach jeder Partie können die Koalitionen neu gebildet werden.

---

[20] Siehe hierzu *Neumann*, J. von; *Morgenstern*, O.: Spieltheorie und wirtschaftliches Verhalten, a.a.O., S. 267.

[21] Damit wird nicht die Richtigkeit der Lösung von Morgenstern bezweifelt, sondern nur auf plausible *andere* Verhaltensweisen der Spieler verwiesen, die *andere* Lösungen bedingen.

Die Spieler A und B werden nach der ersten Partie keinen Anlaß sehen, ihre Koalition aufzugeben und werden sich mit Zufriedenheit auf die nächsten beiden Partien freuen. Spieler C dagegen wird versuchen, aus seiner Verlustposition herauszukommen. Er wird dies nicht erreichen, wenn er die Konkurrenz der möglichen Koalitionen 1_1, 1_2 und 1_3 gegeneinander auszuspielen versucht. Für ihn besteht lediglich noch die Möglichkeit der Verlustminimierung. Diese erreicht er, wenn er einem der beiden Mitspieler anbietet, mit ihm eine Koalition zu bilden und ihm den gesamten Koalitionsgewinn zu überlassen. Kommt diese Koalition mit A zustande, so lautet die Verteilung:

$$v(A) = 1$$
$$v(B) = -1$$
$$v(C) = 0 \qquad , \; v(A, C) = 1$$

Damit erhält A den für einen Spieler überhaupt maximal zu erreichenden Gewinn, so daß er an keiner Änderung der Koalition mehr interessiert ist. C erzielt infolge der Koalition mit A zwar keinen Gewinn, aber er kann seinen Verlust auf dem Betrag — 1 während aller Partien halten, so daß er gegenüber der ursprünglichen Verlusterwartung eine beachtliche Verbesserung erfahren konnte. Kommt zu Beginn der zweiten Partie die Koalition (A, C) zustande, und wird gleichzeitig eine Strafzahlung vereinbart, die C dann leisten muß, wenn er die Koalition verläßt und die A auf alle Fälle den Gewinn von 1 sichert, ist die Koalition (A, C) stabil.

Da der Spieler A von C nicht den gesamten Gewinn von 1 für sich gefordert hat, gilt für diesen Fall nicht der Einwand von Neumann-Morgenstern bezüglich einer unsymmetrischen Gewinnverteilung in der Koalition[22]. Die so gebildete Koalition ist in diesem Falle auch nicht unklug, unnatürlich oder unmoralisch[23], da die Spieler keine der Spielregeln verletzt haben und die Optimierung einer ökonomischen Variablen durch keine soziale Verhaltensnorm eingeschränkt wurde. Man müßte eher sagen, daß es unklug ist, ein Spiel zu spielen, bei dem man verlieren wird, und daß es unmoralisch ist, ein Spiel zu spielen, bei dem ein Mitspieler notwendigerweise verlieren muß[24]. Dies liegt aber in der Eigenschaft des Spiels als Nullsummenspiel begründet.

---

[22] *Neumann*, J. von, *Morgenstern*, O.: Spieltheorie und wirtschaftliches Verhalten, a.a.O., S. 230 und S. 269.

[23] *Neumann*, J. von, *Morgenstern*, O.: Spieltheorie ..., a.a.O., S. 269. Indem ethische Verhaltensmaxime berücksichtigt werden sollen, müßte der Lösungsraum des Spiels erweitert werden, da Schenkungen zwischen den Spielern moralisch sein können — zumindest, wenn ein verlorenes Spiel eine Existenzgefährdung bedeutet.

[24] Verlust ist hier im ursprünglichen Sinne des Wortes aufzufassen und nicht mit einer Gewinnschmälerung gleichzusetzen.

Die Spieler A und B können natürlich auch von Anfang an durch entsprechende vereinbarte Strafzahlungen die Koalition (A, B) stabilisieren. Sobald sich dies herausgestellt hat, wird das ganze Spiel jedoch sinnlos, wenn man unterstellt, daß geheime Koalitionen nicht eingegangen werden.

Verstoßen solche geheimen Koalitionen nicht gegen die Spielmoral, sind sie in einem Nullsummenspiel geradezu notwendig, um durch zeitweilige „Scheinkoalitionen" eines Spielers der „Gewinnkoalition"[25] mit dem auf die Dauer verlierenden Spieler diesen im Spiel zu halten. Ist der Gewinn einer Koalition bei einer Partie G und wird der Gewinn innerhalb einer Koalition gleichverteilt, so muß die stabile Koalition den Ausdruck

$$(1) \qquad G = gx - \frac{g}{2} y \; ; \; x = f(y)$$

maximieren, wobei G den Gesamtgewinn der „Gewinnkoalition" angibt und g den Gewinn für eine gespielte Partie. Die Anzahl der von der Gewinnkoalition gespielten Partien sei x und die Anzahl der Scheinkoalitionen sei y. Zwischen den Variablen x und y besteht eine funktionelle Verknüpfung, die angibt, wieviele Scheinkoalitionen eingegangen werden müssen, damit eine bestimmte Anzahl von Gewinnkoalitionen gespielt werden können. So kann die Anzahl der gespielten Partien der Gewinnkoalition erhöht werden, wenn dem Spieler, der von der Gewinnkoalition ausgeschlossen wird, ab und zu eine Gewinnmöglichkeit durch ein „Scheinkoalition" zugespielt wird. Im Extremfall hat jedoch der von der Koalition ausgeschlossene Spieler einen bestimmten Betrag bereitgestellt, den er maximal als Spieleinsatz zur Verfügung stellt — unabhängig von den jeweiligen Gewinnchancen bei einem bestimmten Spiel. In diesem Falle sind Scheinkoalitionen nicht erforderlich. Sie verringern zwar nicht den Gewinn, bedeuten aber einen Zeitverlust für die Gewinnkoalition zur Erlangung des maximal erreichbaren Gewinns.

Besteht zwischen den Variablen x und y die funktionelle Verknüpfung $x = {}^1\!/_2\, y$, so bedeutet dies, daß zwei Scheinkoalitionen notwendig sind, damit der von der Gewinnkoalition ausgeschlossene Spieler eine Verlustpartie in Kauf nimmt. Die optimale Strategie für die „Gewinnkoalition" besteht in diesem Fall darin, ohne Scheinkoalitionen so lange auf Gewinn zu spielen, bis der verlierende Spieler aus dem Spiel ausscheidet, da $\frac{g}{2}(2x - y) = 0$ ist. Die für die optimale Verteilung der Scheinkoalitionen notwendige vollständige Transparenz für die „Gewinnkoalition" kann man jedoch nicht voraussetzen, wenn man eine

[25] Die „Gewinnkoalition" ist jene Koalition, die langfristig auf Gewinn spielt und nicht nur kurzfristig aus taktischen Gründen eingegangen wurde.

einseitige vollständige Transparenz ausschließen will, da dann auch der verlierende Spieler über die bestehende Gewinnkoalition informiert sein müßte und von vornherein das Spiel meiden würde. Einen Informationsvorteil hat naturgemäß die Gewinnkoalition insofern, als die Mitglieder dieser Koalition über die Existenz der Gewinnkoalition informiert sind, während der Außenseiter darüber nicht informiert ist und durch die auftretenden Scheinkoalitionen über den wahren Sachverhalt bewußt getäuscht wird.

Aus der Gleichung (1) erhält man:

$$G = \frac{g}{2}(2x - y) \tag{2}$$

Hieraus lassen sich folgende Schlüsse ableiten, wenn man berücksichtigt, daß die Funktion $x = f(y)$ die entscheidende Funktionsverknüpfung zwischen der „Investition“ einer Scheinkoalition und der erstrebten Maximierung der Anzahl der Gewinnkoalitionen darstellt.

$$x = a\,y \tag{3}$$

Für diese Funktion, die eine Verhaltensfunktion des zum Verlierer bestimmten Spielers darstellt, gelten folgende charakteristische Werte:

a) $a = 1/2$; wie oben gezeigt wurde, haben in diesem Falle Scheinkoalitionen keinen Sinn, s. F_1 in Fig. 46;

b) $a > 1/2$; eine solche Parameterfixierung garantiert der Gewinnkoalition immer einen Gewinn. Der Gewinn steigt mit steigendem Wert von a, s. Bereich der Funktionen F_2 in Fig. 46;

c) $a < 1/2$; bei einer solchen auf sicheren Gewinn spielenden Verhaltensweise des zum Verlieren bestimmten Spielers werden ebenso wie im Fall a) keine Scheinkoalitionen vorgenommen werden, s. Bereich der Funktionen F_3 in Fig. 46.

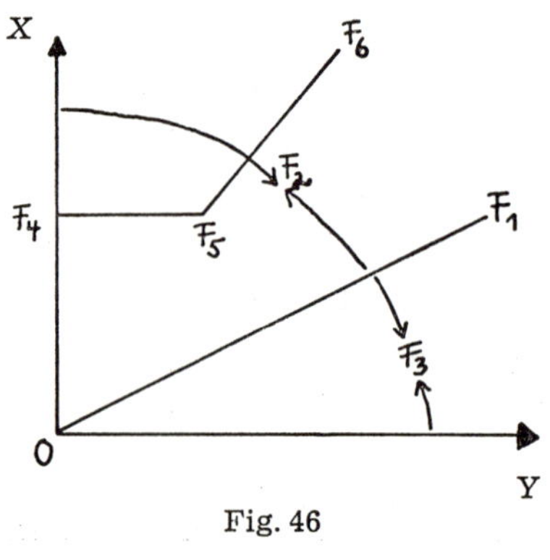

Fig. 46

Selbstverständlich kann die Funktionsverknüpfung zwischen den notwendigen Scheinkoalitionen und den erreichbaren Gewinnkoalitionen auch einen gebrochenen Verlauf zeigen, wie die Funktion $0 — F_4 — F_5 — F_6$ in Fig. 46 zeigt.

Als ein Fall der Scheinkoalition kann jener Fall einer flukturierenden Koalition angeführt werden, bei dem die Gewinnkoalition mittels der Scheinkoalition einen günstigen Zeitpunkt für eine Verdrängungspolitik abwartet.

Die Möglichkeit einer unsymmetrischen Gewinnverteilung in einem wesentlichen Dreipersonen-Nullsummenspiel steht nicht im Gegensatz zu der angenommenen symmetrischen Gewinnverteilung bei symmetrischen Anbietern eines homogenen Gutes, da die Nullsummeneigenschaft des Spieles einen nicht kollektiv zu lösenden Interessengegensatz in das Spiel bringt.

Da man bei Anwendung rein ökonomischer Entscheidungskriterien davon ausgehen muß, daß Spiele mit Verlustverteilungen für einzelne Spieler von diesen Spielen verlassen werden, können Nullsummenspiele keinerlei Bedeutung haben.

Aus diesen Gründen wird im folgenden von Spielen ausgegangen, bei denen kein Spieler in den Verlustbereich geraten kann.

Die Koalition der beiden Spieler S_i und S_j soll ein besseres Gruppen-Spielergebnis ermöglichen, als bei individuellem Vorgehen der Spieler erreicht werden kann. Es gilt also:

$$v(S_i + S_j) \geq v(S_i) + v(S_j)$$ [26]

Für das Zustandekommen einer Koalition kann grundsätzlich die Bedingung

$$v(S_i + S_j) > v(S_i) + v(S_j)$$

angenommen werden, da man nicht davon ausgehen kann, daß Energie für eine Koalitionsbildung verwendet wird, wenn dadurch keinerlei Vorteil erreicht wird.

Bei einer Änderung der charakteristischen Funktion in folgender Weise

$$[v\ (S_i + S_j) > v\ (S_i) + v\ (S_j)] \longrightarrow [v\ (S_i + S_j) = v\ (S_i) + v\ (S_j)]$$

kann jedoch Indifferenz zwischen Kartellierung und individuellem Vorgehen bestehen.

Es gibt also Zustände der Verhaltenskoordination, die nur aus einer bestimmten Richtung erreicht werden können. Dies gilt immer dann,

---

[26] Hiervon wird in der Literatur durchweg ausgegangen: *Neumann*, J. v., *Morgenstern*, O.: Spieltheorie . . ., a.a.O., S. 549. *McKinsey*, J. C. C.: Introduction . . ., a.a.O., S. 345.

wenn die Individuen einen bestehenden Zustand Z_1 nicht in einen neuen Zustand Z_2 überführen, da sie gegenüber Z_1 und Z_2 indifferent sind[27].

Betrachtet man das wesentliche Spiel, das durch folgende charakteristische Funktion umschrieben ist[28]:

$$\begin{aligned} v(i) &= 0 \quad , \quad i = A, B, C \\ v(A, B) &= 50 \\ v(A, C) &= 50 \\ v(B, C) &= 0 \\ v(A, B, C) &= 50 \end{aligned}$$

so erhält man nach der Lösungsmethode von Neumann-Morgenstern und nach den „bargaining"-Modellen als Lösung die Gewinnverteilung

$$(\sim 50, \sim 0{,}0) \quad \text{oder} \quad (\sim 50,\ 0,\ \sim 0)$$

wobei Spieler A von dem Betrag 50 dem Koalitionspartner B oder C einen minimalen Betrag abgibt.

Diese Gewinnverteilung ist nach Maschler jedoch insofern als unrealistisch anzusprechen, als die Spieler C und B ihre Koalitionsdrohung nicht ausnutzen. Wird das Spiel häufig gespielt, können nach Maschler die Spieler B und C nach einer 50:50 Zufallsverteilung entscheiden, wer mit Spieler 1 koaliert, um damit eine Halbierung des Gewinnes von 1 zu erreichen[29]. Maschler bezeichnet diese Gewinnverteilung als „standard of fairness" zwischen den Spielern, wodurch ein Angebot des Spielers A, entweder B oder C den Erwartungswert der Koalition B, C zu zahlen, unwirksam bleibt.

Diese Lösung des Spiels zeigt also eine Zurechnung auf die einzelnen Spieler auf, als sei der in der charakteristischen Funktion gegebene Wert der Koalition (B, C) nicht 0, sondern 25[30].

Ergänzend zu der Ableitung von Maschler müßte man hinzufügen, daß die schwachen Spieler durch Bildung einer Koalition den starken Spieler auf das Nullgewinn-Niveau bringen können und aus dieser Drohstrategie eine Gleichverteilung des Gesamtgewinnes erzwingen können.

[27] Hier handelt es sich nicht um einen anderen Indifferenzbegriff, als er etwa in der Konsumtheorie verwendet wird, wo bei zwei indifferenten Alternativen die Wahl der einzelnen Alternativen eine Gleichverteilung aufweisen würde, während hier die einmal gewählte Alternative beibehalten wird, da keine Präferenz gegenüber dem Erreichen eines anderen Zustandes besteht.

[28] *Maschler,* M.: The Power of a Coalition, a.a.O., S. 8 ff.

[29] Dies Ergebnis muß jedoch auch mit Erfolg zustande kommen, wenn das Spiel nur einmal gespielt wird.

[30] Eine Änderung der charakteristischen Funktion kann nach der Neumann-Morgensternschen Formulierung insofern nicht zustandekommen, als dies eine Änderung der Spielregeln darstellen würde, siehe *Neumann,* J. v., *Morgenstern,* O.: Spieltheorie und wirtschaftliches Verhalten, a.a.O., S. 232.

Die Gewinnverteilung (16,6, 16,6, 16,6) ist also möglich, und es bleibt dahingestellt, ob man den Wert der Koalition *(B, C)* mit $\sim$ 33,3 ansetzt, oder annimmt, daß die Koalition *(A, B, C)* vorliegt und der Gewinn der Koalition aller Gruppenmitglieder gleichverteilt wird.

Kommen keine Koalitionen mit Strafzahlungen zustande, so führt die Koalition zwischen allen Spielern und die folgende Gleichverteilung des Gesamtgewinnes nicht zu einer Koalition *(A, B)* oder *(A, C)* mit der Gewinnverteilung

$$(50-x, x),\ x \geq 16{,}6,$$

da dann sofort die Konkurrenz der Spieler *B* und *C* um die Koalitionsmitgliedschaft den Koalitionsanteil herunterdrücken würde.

Die Konkurrenz aller potentiellen Koalitionen[31] schränkt so die individuelle Gewinnmaximierung ohne Berücksichtigung der Interdependenzen zwischen den möglichen Koalitionen in ähnlicher Weise ein, wie die individuelle Gewinnmaximierung in einer Koalition eines Nicht-Nullsummenspiels durch den Reaktionsmechanismus zwischen den Konkurrenten eingeschränkt wird[32].

Das Ziel der schwachen Spieler kann also nur darin bestehen, sich zu einer stabilen Koalition zusammenzuschließen, um nicht von dem stärkeren Spieler gegeneinander ausgespielt zu werden.

Während nach der Lösung von Neumann und Morgenstern unterstellt wird, daß die Anbieter *B* und *C* nicht durchschauen, daß sie beide einzeln um eine Koalition mit *A* konkurrieren, wodurch ihre Position sehr schwach wird, geht Maschler davon aus, daß die Koalition zwischen *B* und *C* eine notwendige Folge der Konkurrenz ist.

Erreichen die Spieler *B* und *C* nicht, ihre Koalition stabil zu gestalten, besteht die Möglichkeit, daß *A* mit *B* oder *C* eine stabile Koalition bildet.

Die Gewinnverteilung besteht in diesem Fall:

$$(50-x,\ x,\ 0),$$

wobei $25 \geqq x \geqq 16{,}6$ ist. Die genaue Fixierung von x hängt von dem Verhandlungsgeschick der beiden bilateral verhandelnden Koalitionspartner ab.

Welche dieser beiden stabilen Koalitionen zustandekommt, hängt von der zeitlichen Reihenfolge der Koalitionsverhandlungen und von der Risikobereitschaft der beiden Spieler *A* und *B* ab[33]. Weist *B* eine so

---

[31] *Neumann*, J. v., *Morgenstern*, O.: Spieltheorie und wirtschaftliches Verhalten, a.a.O., S. 232.

[32] Als Beispiel kann die Auszahlungsmatrix auf S. 148 dienen.

[33] Beginnen die Koalitionsverhandlungen zwischen *A* und *B* oder zwischen *A* und *C*, so wird eine dieser beiden Koalitionen sämtliche anderen Koalitionen dominieren. Diese Feststellung läßt sich auf alle Spiele erweitern, bei denen alle möglichen Koalitionen gleiche Gewinnsummen erbringen. Es wird von den Koalitonen mit der minimalen Teilnehmerzahl die zustande kommen, die zuerst mit Koalitionsverhandlungen begonnen hat.

große Risikobereitschaft auf, daß er den mit 50%iger Wahrscheinlichkeit erwarteten subjektiven Gewinn x höher einschätzt, als den mit Sicherheit zu erhaltenden Gewinn in einer Koalition *(C, B)* wird eine Koalition *(B, C)* nicht zustande kommen.

Dies gilt jedoch nur, wenn die Anbieter *B* und *C* eine gleich große Risikobereitschaft aufweisen. Ist das Verhalten von *C* dagegen von einem völligen Sicherheitsstreben bestimmt, kann *B* von *C* eine Kompensationsforderung in der Höhe verlangen und erhalten, die ihm die Gewinnerwartung in der möglichen Koalition mit *A* sichert. Da dann die stabile Koalition *(B, C)* zustande kommt, ist der Spielablauf determiniert. Unter Berücksichtigung des zeitlichen Aspektes der Koalitionsverhandlungen ergeben sich somit andere Lösungsmöglichkeiten, als jene von der Spieltheorie aufgezeigten.

Die Notwendigkeit der zeitlichen Reihenfolge von Koalitionsverhandlungen läßt den lerntheoretischen Ansätzen zur Behandlung von Spielproblemen mehr Bedeutung zukommen, als dies zunächst erscheint. Die Zweiteilung des Verhaltens bei Gruppen mit unterschiedlichen Stärken in „... rational analysis of the final outcome — winning the game — can determine play ...“ auf der einen Seite und „... play may be determined according to the conditions that obtain at the point where play begins ...“[34] basiert auf der psychologisch einleuchtenden Feststellung, daß „... it is harder for an initially stronger member to reach the conclusion that the relative strengths are irrelevant ...“, während „... the weaker members can immediately understand the necessity for forming a coalition ...“[35].

Während bei einem Dreipersonen-Spiel die möglichen Konsequenzen aller möglichen Koalitionen noch überschaubar sind, dürfte die Transparenz mit wachsender Anzahl der Spielteilnehmer stark abnehmen.

Die Forderung, daß die Untersuchung aller möglichen Koalitionen für die Lösung eines wesentlichen n-Personen-Spiels notwendig sei[36], muß nicht nur als unrealistisch, sondern als ein Widerspruch zu der Prämisse der Gewinnmaximierung angesehen werden, wenn es sich um ein Marktmodell handelt.

Falls nämlich die Spieler (Anbieter) das Spiel (Angebot der Waren) noch nicht begonnen haben und ihr optimales Verhalten (optimale Koalitionen) suchen, ist es für einen Anbieter optimal, sofort als Monopolist anzubieten[37]. Er wird bei dieser Strategie nicht lange alleine bleiben,

---

[34] *Vinacke*, E. W., *Arkoff*, A.: An Experimental Study of Coalitions in the Triad, Amer. Soc. Rev., Bd. 22, 1957, S. 407.

[35] *Vinacke*, E. W., *Arkoff*, A.: a.a.O., S. 408.

[36] *Neumann*, J. v., *Morgenstern*, O.: Spieltheorie und wirtschaftliches Verhalten, a.a.O., S. 238.

[37] Solange ein Anbieter als Monopolist anbietet, liegt ein Nichtnullsummenspiel vor. Bieten kontinuierlich neue Anbieter an, ist das Spiel als Nullsummenspiel zu interpretieren.

da andere Anbieter sich den Vorteil teilen wollen. Da dies nicht als Verstoß gegen die Spielregeln, sondern als Spiel mit variabler Spielerzahl anzusehen ist, dürfte allein aus diesem Grunde ein Druck auf die zeitliche Koalitionsbildung ausgeübt werden, sodaß die von W. Vinacke und A. Arkoff getroffene Unterscheidung zumindest für schwer überschaubare Spiele Bedeutung erhält.

Für solche Spiele, die unter Ungewißheit gespielt werden, gilt als notwendige Voraussetzung für ihr Zustandekommen, daß jeder Spieler einen Gewinn erwarten kann[38]. Hinreichend ist diese Bedingung nicht, da die Gewinnerwartung in anderen Spielen höher sein kann. Nullsummenspiele scheiden damit schon von vornherein aus der Betrachtung aus. Wenn man von den erzwungenen Nullsummenspielen absieht, sind für spieltheoretische Überlegungen Nullsummenspiele nur so lange von Bedeutung, als es darum geht, den Nullsummencharakter des Spiels festzustellen[39].

Wie sich bei der Diskussion der Frage einer optimalen Kartellierung gezeigt hat, ist dieses Problem nicht isoliert von der Frage der Koalitionsbildung zu lösen.

Die Aussage, daß für jedes Mitglied eines Kartells die Gewinnsituation im Kartell besser sein muß als vor der Kartellierung, gilt nur dann, wenn sich durch die Änderung von einer wettbewerblichen Koordination des Verhaltens in einer Gruppe zu einer kollusiven Koordination keine Verschiebung der Dominationsstruktur des Marktes ergibt, was jedoch häufig der Fall sein wird. Es ist also durchaus möglich, daß mit dem Zustandekommen eines Kartells die Gewinnhöhe eines oder mehrerer Anbieter sinkt. Trotzdem erfolgt eine Teilnahme am Kartell, wenn die Gewinnschmälerung bei Einnahme einer Außenseiterposition noch größer wäre.

Läßt man solche Dominationsverschiebungen durch Gruppierungen bei der Kartellbildung zu, stehen Pareto-optimale Lösungen im Widerspruch zu dem sich hierin konkretisierenden (momentanen) Wettbewerbsprozeß. Die Abweichungen von Pareto-optimalen Lösungen werden jedoch beim Zustandekommen einer Kartellierung von den schlechter gestellten Kartellmitgliedern als weniger schädigend angesehen als

---

[38] Es wird hier also immer jener Fall ausgeschlossen, bei dem eine Verlusterwartung vorhanden ist, der mit dem ungewissen Ausgang jeder einzelnen Partie verbundene Nervenkitzel jedoch höher eingeschätzt wird, als der erwartete Verlust.

[39] Wäre das Schachspiel völlig analysiert, würde es bei allgemeiner Kenntnis der optimalen Zugkombinationen als Spiel uninteressant sein. Dies gilt analog genauso für solche Spiele, bei denen ökonomische Interessen den Spielverlauf bestimmen — nur daß jetzt die Verlusterwartung die Spielteilnahme unmöglich macht, da ansonsten das Verhalten des Spielers im Widerspruch zur Verhaltensprämisse der Gewinnmaximierung stände.

ein Verlassen des Kartells nach dieser Bildung der Dominationsformen infolge der Kartellierung.

Auch wenn man nicht-Pareto-optimale Lösungen als Ausnahmen betrachtet, dürfte die Realitätsbezogenheit vorhanden sein.

VIII. Die Stabilität des Kartellgleichgewichtes

Ein Kartellgleichgewicht ist als Gleichgewicht einer besonderen Form der Verhaltenskoordination anzusehen, die in ihrer reinen Ausprägung neben das Gleichgewicht einer wettbewerblichen Verhaltenskoordination tritt.

Eine kollusive Verhaltenskoordination soll sich dann in einem Gleichgewicht befinden, wenn keiner der Anbieter beabsichtigt, oder in der Lage ist, eine Änderung dieser Verhaltenskoordination durchzusetzen[1] Eine individuelle Zufriedenheit mit der vorhandenen Situation ist also nicht erforderlich.

Bei der Analyse der Stabilität eines Kartellgleichgewichtes muß man trennen zwischen der Stabilität des Kartells und der Stabilität des Kartellgleichgewichts.

Die Stabilität eines Kartells kann sehr groß sein, während die Stabilität des Kartellgleichgewichtes sehr gering ist. Die Störung eines Kartellgleichgewichtes kann sich durch eine Gewinnumverteilung innerhalb des Kartells ausdrücken, die die Stabilität des Kartells in keiner Weise zu beeinträchtigen braucht. Eine Auflösung des Kartells impliziert aber notwendigerweise auch eine Beseitigung des Kartellgleichgewichtes[2].

Da das Gleichgewicht einer kollusiven Verhaltenskoordination meist einen Kompromiß zwischen den sich gegenseitig ausschließenden Zielsetzungen der Anbieter darstellt, kann man zwischen einem echten Kompromiß und einem taktischen Kompromiß unterscheiden, wobei der echte Kompromiß mit einer Zufriedenheit bei den am Kompromiß Beteiligten verbunden ist, während der taktische Kompromiß nur vorübergehend eingegangen wird, bis sich eine günstige Gelegenheit für eine vorteilhaftere Lösung ergibt[3]. Eine solche Gelegenheit kann eintreten,

---

[1] Zur Frage des Gleichgewichtes in der Ökonomie siehe *Brandt*, K.: Ökonomisches Gleichgewicht. Handw. d. Soz., Bd. 4, Stuttgart, Tübingen, Göttingen 1965.

[2] Je nach der spezifischen Beschreibung eines Kartells ist auch die Kartellauflösung an spezielle oder allgemeine Kriterien gebunden. Ein Kartell der Anbieter *A*, *B* und *C* wird durch das Ausscheiden eines Anbieters aufgelöst, auch wenn der ausscheidende Anbieter durch einen anderen ersetzt wird, oder die beiden übrigen Anbieter weiterhin ein Kartell bilden. Eine Kartellierung der Automobilindustrie dagegen wird durch den Ein- und Austritt von Kartellmitgliedern in keiner Weise beeinflußt.

[3] *Messner*, J.: Das Naturrecht. Handbuch der Gesellschaftsethik, Staats-

wenn sich eine Änderung in der Umwelt der Anbieter oder in der Sphäre der Anbieter selbst ergibt[4].

Sollten solche Änderungen keinen Einfluß auf die Gleichgewichtssituation der Verhaltenskoordination haben, so wird von einem stabilen Gleichgewicht gesprochen[5].

Strategisch äquivalente Anpassungen[6] sind zwar mit Parameteränderungen des Kartells verbunden, stellen aber das Gleichgewicht der Verhaltenskoordination in keinem Augenblick in Frage[7].

Der Begriff des stabilen Gleichgewichtes als Gegensatz zum labilen Gleichgewicht aus der Mechanik kann auf das Verhalten von Individuen nicht übertragen werden, da keine Begründung dafür geliefert werden kann, warum ein rational handelnder Mensch nicht wieder jene ihn zufriedenstellenden Position einnehmen soll, nachdem die Störung, die ihn aus dieser Position vertrieben hat, verschwunden ist. Es ist bei der Koordination der Aktionsparameter in einer Gruppe auch unwahrscheinlich, daß nur *eine* Kombination der Aktionsparameter mit der individuellen Gewinnmaximierung zu vereinbaren ist. Im Gegensatz zum Stabilitätsbegriff in der Mechanik wird also die Stabilität eines Kartellgleichgewichtes davon abhängig gemacht, welche „Belastungen" die Kartellmitglieder auf sich nehmen, ohne das Kartell aufzulösen. Hierzu drückt sich der Grad der Zufriedenheit der Kartellmitglieder mit der Kartellösung und der Optimismus in den Erwartungen gegenüber der dominierenden Wirksamkeit von Kartellösungen gegenüber Alternativen aus. Ein zum Stabilitätsbegriff der Mechanik entgegengesetzter Stabilitätsbegriff erscheint insofern notwendig, als in der Mechanik die Untersuchungseinheiten Objekte sind, die nur durch äußere Kräfte aus dem Gleichgewicht gebracht werden können, wovon bei der Untersuchung des Verhaltens von Lebewesen nicht ausgegangen werden kann.

---

ethik und Wirtschaftsethik, 2. Aufl. 1950, S. 521 f. Im Gegensatz zu Messners Ansicht, daß „... der echte Kompromiß das wesenhafte Ziel ... (der) politischen Willensbildung" sei, ist hier der Kompromiß als Mittel zur Zielerreichung (Gewinnmaximierung) zu interpretieren. Der taktische Kompromiß gefährdet schon ein stabiles Gleichgewicht.

[4] Hierzu gehört auch eine Änderung der Information der Anbieter.

[5] Dieser Problemkreis ist nicht mit der spezielleren Frage der Stabilität des Kartellpreises auf einem homogenen Markt gleichzusetzen.

[6] *Neumann*, J. v., *Morgenstern*, O.: Spieltheorie und wirtschaftliches Verhalten, a.a.O., S. 251 ff.

[7] Bei einer Rechtsverschiebung der Nachfragefunktion kann in einem symmetrischen Duopol ein höherer Monopolgewinn erreicht werden, ohne daß durch die dazu erforderliche Parameteränderung der Duopolisten die Koordination des Verhaltens tangiert wird. Ganz allgemein kann man sagen, daß nicht jede Form der Verhaltenskoordination zu einem Konflikt führen muß. Das Anspruchsniveau eines Individuums in einer Gruppe kann voll erreicht werden. Zur Frage der unterschiedlichen Erreichung des Anspruchsniveaus von Individuen in einer Organisation siehe *Argyris*, Ch.: The Fusion of an Individual with the Organisation, Amer. Soc. Rev., Bd. 19, 1954, S. 268.

Sind alle Anbieter sehr risikoscheu und streben sie die Sattelpunktgewinnverteilung an[8], so kann es durchaus sein, daß das Spiel- und Marktergebnis nicht von einem Sattelpunkt, sondern von einer Sattelfläche oder einer Sattellinie zu charakterisieren ist, sodaß die Verhaltenskoordination der Anbieter mehrere stabile Koordinationsgleichgewichte aufzeigt.

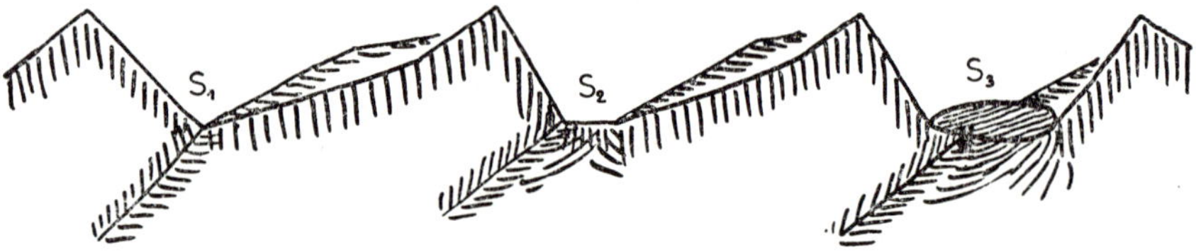

Fig. 47

Analog lassen sich auch bei einer gemeinsamen Gewinnmaximierung[9] mehrere Aktionsparameterkombinationen in der Gruppe mit diesem Ziel vereinbaren, sodaß auch hier nicht ein Punkt, sondern eine Menge von Lösungspunkten stabile Gleichgewichtspunkte sein können.

Neben eine quantitative Stabilität bzw. Unstabilität kann eine qualitative Stabiltät bzw. Unstabilität treten. Die qualitative Unstabilität soll sich dadurch auszeichnen, daß in einer Gruppe unterschiedliche Verhaltensweisen unterschiedlich präferiert werden und eine Verhaltensweise dominant ist. So kann bei einer bestimmten Produktionstechnik die Vollkostenangebotspolitik die Verhaltensweise der Gewinnmaximierung dominieren und auch realisiert werden.

Als notwendige Bedingung für das Vorliegen eines stabilen Gleichgewichtszustandes kann die völlige Auslastung der produktiven Aktivitätskapazität der Unternehmer in einer Gruppe mit Aktivitäten, die nicht auf eine Änderung des Koordinationsgleichgewichtes zielen, gelten[10].

Zeitlich komplementär zu dieser produktiven Kapazität besteht die konsumptive Kapazität, so daß wechselseitige Anpassungen zwischen diesen Kapazitätsgrößen zustande kommen können. Bildet etwa eine Gruppe von Wettbewerbern ein Syndikat oder eine Aktiengesellschaft, so kann die Verschmelzung der Produktionseinheiten mit einem Ausscheiden von *n-1* Entscheidungseinheiten aus dem Prozeß der Willens-

---

[8] *Neisser,* H.: The Strategy of Expecting the Worst, Soc. Res. Bd. 19, 1952, S. 346 ff.

[9] Verstanden als Methode zur Erreichung des individuellen Gewinnmaximums.

[10] Diese Entscheidungskapazität muß nicht unbedingt auf die des Unter-

bildung verbunden sein, während der Entscheidungsbereich der in der Gruppe weiter fungierenden Entscheidungseinheit um die Entscheidungsbereiche der anderen Entscheidungseinheiten wächst. Die aus dem Prozeß der Willensbildung ausscheidenden Entscheidungseinheiten können ihre Aktivitätskapazität jetzt voll konsumptiv verwenden oder auf andere Produktionssektoren richten. Geht man nicht davon aus, daß die Anbieter dem Gelderlös einen Eigenwert zurechnen[11], sondern den Wert durch die Verwendung bestimmt sehen, dürfte die Annahme über die variable Komplementarität der konsumptiven und produktiven Aktivitätskapazität weitgehend der Wirklichkeit entsprechen.

Entspricht es der Wirklichkeit, daß zwischen den variablen Größen Einkommen und Leistungsintensität keine logistische Funktion, sondern eine Exponentialfunktion besteht, so ist das Gruppengleichgewicht durch diese psychologische Relation fortwährend instabil. Dieser Fall tritt dann ein, wenn das Handeln der Anbieter nur von dem Ziel der Machtsteigerung bestimmt wird[12]. Tritt diese Situation in einem Kollektivmonopol auf, so wird dieser Druck zur Einkommenssteigerung um so größer, je größer — ceteris paribus — die Anzahl der Kartellmitglieder ist, da der Pro-Kopf-Gewinnanteil damit fällt.

Das durch einen erhöhten Konsumbedarf induzierte Ziel der Einkommensteigerung wirkt sich also ebenso wie die Konkurrenz leistungssteigernd auf die Anbieter aus. Diese Leistungssteigerung kommt den Konsumenten auch ebenso zugute wie die durch die Konkurrenz induzierte Leistungssteigerung.

Neben das Ziel der Einkommenssteigerung kann das der (über die Gewinnsicherung) Einkommenssicherung treten. Besteht keine Möglichkeit der Schließung des Zuganges zum Markt, wie bei den mittelalterlichen Zünften, muß auch in diesem Falle durch eine Leistungsverbesserung das Leistungs(kollektiv)monopol gesichert werden.

Sieht man die notwendige Bedingung über die Verwendung der Aktivitätskapazität nicht nur als kurzfristig, sondern auch als langfristig gültig an, so ist diese Bedingung auch hinreichend für das Kartellgleichgewicht. Bei kurzfristiger Betrachtung kann der Fall eintreten, daß die produktive Aktivitätskapazität *ohne Erfolg* auf eine Änderung der

nehmers beschränkt sein, sondern kann auch die seiner Mitarbeiter umfassen.

[11] „The Puritan psychology of valuing money for its own sake, and not for the enjoyment and comforts it might yield, is that of the ideal entrepreneur as he was conceived of in the early days of capitalism." *Scitovsky*, T.: A Note on Profit Maximisation and its Implications, in: Readings in Price Theory, a.a.O., S. 356.

[12] „Der Wunsch nach Gütern, sofern sie von Macht ... getrennt sind, ist endlich und kann völlig durch eine maßvolle Wohlhabenheit befriedigt werden. Die wirklich unbegrenzten Begierden sind nicht von der Liebe zu materiellen Dingen diktiert." *Russel*, B.: Macht, a.a.O., S. 9.

gleichgewichtigen Verhaltenskoordination eingesetzt wurde[13]. Unterstellt man, daß bei einem Lernprozeß Frustrationen zu einer entsprechenden Verhaltensänderung führen, so ist obige Aussage als Folge dieser Verhaltensannahme anzusehen und stellt keine zusätzliche Verhaltensprämisse dar.

Würde eine Einschränkung der produktiven Aktivität eines Anbieters zu einer Gewinn-. bzw. zu einer Einkommenserhöhung führen[14], so würde bei strenger Einhaltung der Gewinnmaximierungsmaxime diese Einschränkung auch erfolgen. Es ist jedoch durchaus möglich, daß in der individuellen Nutzenskala des Anbieters die Möglichkeit der eigenen Parameterfixierung oder die Beteiligung an der Willensbildung in einer Gruppe einen Eigenwert besitzt und deshalb zumindest partiell Ziel[15] und nicht Mittel ist, so daß das maximum maximorum des Gewinnes nicht erreicht wird, da die Erfüllung dieser Maximumbedingung im Widerspruch zur Nutzenmaximierung stehen würde.

Dieses Streben der einzelnen Unternehmer nach individueller und selbständiger Entscheidung über die Parameterfixierung kann die Stabilität eines Kartells oder des Kartellgleichgewichtes stärker gefährden, als andere, ökonomische, „Störfaktoren"[16]. Vorausgesetzt werden muß dabei, daß die mögliche Zielkonkurrenz zwischen Gewinnmaximierung und individueller Parameterfixierung nicht bei allen Anbietern quantitativ gleichermaßen vorhanden ist. Bei einer sehr ausgeprägten Neigung zum individuell selbständigen Handeln wird ein Kartell überhaupt nicht zustande kommen. Ist diese Eigenschaft nur bei einem Teil der Anbieter vorhanden, können durch entsprechend hohe Kompensationszahlungen Substitutionen zwischen der selbständigen Entscheidungsfreiheit und einem höheren Gewinn erreicht werden[17].

---

[13] Der Kampf um die Beteiligungsziffer, von Kestner als der interne Kartellwettbewerb schlechthin bezeichnet, wird eingestellt werden, wenn er erfolglos bleibt. War er dagegen erfolgreich, ist ein neues Verhaltensgleichgewicht und damit ein neues Kartellgleichgewicht gefunden worden.

[14] Eine solche Gewinnerhöhung läge vor, wenn ein Unternehmer sich einem Syndikat anschlösse und durch die Unterordnung seiner Parameterfixierungen unter die Politik des Syndikats eine Gewinnerhöhung erzielte. Eine Einkommenserhöhung läge dann vor, wenn der Anbieter in einer Aktiengesellschaft auf sein Stimmrecht verzichtete oder als Strohmann fungierte und dafür eine Vorzugsdividende erhielte.

[15] Eine partielle Ausschaltung der Zielkonkurrenz zwischen zwei Zielen soll dann vorliegen, wenn die Substitutionsrate der Zielsubstitution bei niedrigen Substitutionswerten Null ist.

[16] Diese Aussage gilt in dieser strengen Formulierung nur dann, wenn die diskutierte Anbietergruppe die einzige realisierbare Möglichkeit für die Anbieter darstellt, ihre produktive Kapazität auszulasten. Sind Fluktuationen zwischen mehreren Produktionssektoren möglich, trifft diese Aussage nicht mehr zu. Es kann dann die höhere Gewinn- oder Einkommenserzielung geradezu die Voraussetzung dafür sein, eine präferierte produktive Tätigkeit zu verrichten, wodurch eine größere Freude an der Selbständigkeit erreicht wird.

[17] *Stigler,* G.: The Theory of Competitive Price, New York 1942, S. 108.

Die für die Stabiltät der Verhaltenskoordination optimalere Lösung besteht allerdings darin, die Entscheidungsbefugnis in dem Kartell den Anbietern zu überlassen, die dieser Tätigkeit den größten handlungsbestimmenden Zielwert beimessen, während die passiven Kartellmitglieder nur entsprechend (eventuell höher als die aktiven Kartellmitglieder) am höheren Gewinn beteiligt werden.

Bei einer entsprechend gemischten Verteilung der „Freude an der Selbständigkeit" bei den Anbietern kann also Krelles Feststellung, daß einer Gewinnerhöhung die Freude an der Selbständigkeit entgegenstehen kann, nicht aufrecht erhalten werden[18]. Die im diskutierten Kartellmodell dem Verhalten der Anbieter zugrunde gelegte strenge Form der individuellen Gewinnmaximierung bedeutet eine extreme Ökonomisierung des Lebens. Eine Steuerung des Verhaltens durch das Interesse an einer bestimmten Sache und nicht durch die damit verbundene Gewinnmaximierung dürfte zumindest partiell eher der Wirklichkeit entsprechen. Eine Erweiterung der Zielfunktion würde jedoch an der modelltheoretischen Analyse kaum etwas ändern. Da bei dem Prozeß der Willensbildung in einem Kartell nicht notwendigerweise selbständiges Handeln der Wirtschaftssubjekte ausgeschlossen sein muß, dürfte die Ansicht von Kantorowicz, durch die Kartellierung sinke der Unternehmer zum Lohnarbeiter herab, als extrem einseitig bezeichnet werden[19].

Besteht auf dem kartellierten Markt Ungewißheit über quantitative Größen, die die Gewinnhöhe beeinflussen, und kann diese Ungewißheit durch eine Kartellierung (teilweise) beseitigt werden, so wird mit steigender Intensität des Gewinnsicherungsstrebens auch die Stabilität des Kartells steigen. Bei wachsender Risikofreudigkeit der Anbieter kann das Ziel der Profit*sicherung* für die Oligopolisten wenig entscheidend werden, so daß die Stabilität des Kartellgleichgewichtes in zunehmendem Maße gefährdet wird[20]. Man kann hier also kaum einen Gegensatz zwischen der Verhaltensweise der Gewinnmaximierung und jener der Gewinnsicherung sehen, wie ihn Rothschild sieht[21]. Die Gewinnmaximierung bei Unsicherheit ist durch subjektive und objektve Wahrscheinlichkeitsgrößen beeinflußt, die bei einer Kartellierung beseitigt werden können, so daß die Gewinnveränderung und die Gewinnsicherung auch als Größen betrachtet werden können, die sich in direkter Proportionalität entwickeln können.

---

[18] *Krelle,* W.: Unbestimmtheitsbereiche in der Preisbildung, in: Beiträge zur Theorie der Produktion und der Einkommensverteilung. Schr. d. Ver. f. Socialpol., NF, Bd. 12, 1956, S. 79.

[19] *Kantorowicz,* W.: Kartell-Probleme, a.a.O., S. 21.

[20] Dies gilt um so mehr, je größer der Reiz ist, den das unsichere Marktergebnis auf die Anbieter ausübt. *Arndt,* H.: Konkurrenz und Monopol in Wirklichkeit, a.a.O., S. 269.

[21] *Rothschild,* K. W.: Price Theory and Oligopoly, in: Ec. J., Bd. 57, 1947. Neu ersch. in: Readings in Price Theory, London 1953, S. 450.

Führen nicht kartellendogene Kräfte zu einem Verlassen der Stabilität des Kartellgleichgewichtes oder der Organisationsform des Kartelles selbst[22], wobei die Stabilität eines Gleichgewichtes um so größer ist, je mehr Belastung das Gleichgewicht auszuhalten vermag, so können auch kartellexogene Faktoren das Kartellgleichgewicht stören und zu Wettbewerbsprozessen in der Gruppe führen, die wiederum zu einer Auflösung des Kartells führen können.

Der Marktzutritt eines oder mehrerer neuer Anbieter stellt einen jener exogenen Faktoren dar, die zur Instabilität führen können[23]. Es soll jedoch nicht ohne Einschränkung Bains Ansicht übernommen werden, daß die Stabilität von Vereinbarungen mit zunehmender Möglichkeit des Marktzutritts abnimmt. Ist der Zugang zu einem Markt technisch-ökonomisch leicht zu erlangen, so ist damit nicht gesagt, daß dieser Marktzutritt erfolgreich ist. Sieht ein schon bestehendes Kartell den Verdrängungswettbewerb als bestes Mittel zur Gewinnmaximierung des Kartells an, so können in den Markt eindringende neue Konkurrenten einen wesentlich intensiveren Kartellzusammenschluß bewirken. Die Angebotselastizität ist also nicht nur eine durch technisch-ökonomische Faktoren bestimmte Größe[24], sondern ist auch vom Verhalten der „gestandenen“ Anbieter abhängig.

Langfristig können kartellendogene Kräfte zu einer Verschiebung der Dominationsstruktur führen, ohne daß notwendigerweise Konflikte entstehen müssen[25]. Sind etwa in einem Anbieterkartell unterschiedliche Gewinnraten zu erzielen, und steht es den Anbietern frei, wo sie investieren wollen, kann eine stark differenzierte Wachstumsrate bei den einzelnen Firmen zu einer den Gewinnraten überproportionalen Expansion der produktiveren Firmen führen, so daß praktisch die Entwicklungsvorteile der größeren Firmen von den kleineren Firmen honoriert werden. Ein durch unterschiedliche Expansionsraten der Industrie einsetzender Verdrängungswettbewerb wird erst dann aktuell, wenn die

---

[22] Bei stillschweigender Kollusion sind diese beiden Koordinationsformen identisch.

[23] *Bain*, J. S.: Workable Competition ..., a.a.O., S. 39 f.

[24] Siehe hierzu F. Machlup, der die Angebotselastizität ganz aus den Durchschnittskosten ableiten will und sie als bestimmenden Faktor für die Nachfrageelastizität ansieht, oder L. J. Zimmerman, der die kurzfristige Angebotselastiztät ganz durch die Grenzkosten bestimmt sieht. *Machlup*, F.: Marginal Analysis ..., a.a.O., S. 543. *Zimmerman*, L. J.: The Propensity to Monopolize, a.a.O.

[25] Die Feststellung von Kestner, daß die Konfliktmöglichkeit in einem Kartell wächst, wenn es dem größten Werke nicht genügend Entwicklungsmöglichkeiten bietet, kann nur dann gelten, wenn nicht ausreichende Transparenz über die Konfliktlösung besteht. Ein Kartell kann durchaus eine für alle Anbieter vorteilhafte Übergangslösung für ein Ausscheiden von Anbietern bieten, wenn den unproduktiveren Anbietern eine längere Zeitspanne für Umdispositionen der Investitionen nach Abschreibung der alten Anlagen eingeräumt wird. *Kestner*, F.: Der Organisationszwang, a.a.O., S. 97.

subjektive oder mathematische Gewinnerwartung für die einzelnen Unternehmer in diesem Markte größer ist als in anderen Märkten und andere Kapitalverwendungen nicht erwogen werden.

Neben die Erfolgswahrscheinlichkeit bei diesem Verdrängungswettbewerb tritt der Wert des Erfolges als bestimmende Größe in den Vordergrund, der wiederum von der Nachfrageelastizität des Marktes, dem Kostenverlauf und der Marktstabilität nach der Verdrängung bestimmt ist[26].

Diese wechselseitige Beziehung zwischen Angebotselastizität und Kartellierung muß bei allen auf Zimmermans dynamischer Marktformenlehre aufbauenden Versuchen[27], einen Zusammenhang zwischen Marktzutrittsmöglichkeiten und der Kartellierung des Marktes zu finden, berücksichtigt werden, wenn man den Prozeß in umgekehrter Richtung verfolgt. Da die Stabilität eines Kartells angibt, nach welcher Belastung das Kartell zerfällt, ist jener Punkt der beginnenden Instabilität eines Kartells bis zur Auflösung weitgehend von jenen Faktoren bestimmt, die eine Tendenz zur Kartellierung beeinflussen. Insofern sind hier alle zur Frage der Kartellierungstendenzen aufgezeigten Kausalzusammenhänge in umgekehrter Richtung wirksam.

Unterstellt man nicht, daß das Kartell den maximalen Kartellgewinn erzielt, können sich in der Verhaltenskoordination der Anbieter jene Instabilitätsfaktoren auswirken, die auch den nicht-kartellierten Oligopolmarkt instabil machen[28].

Da aufgezeigt wurde, daß vielfach ohne eine Kartellierung in irgendeiner Form die individuelle Gewinnmaximierung nur unvollkommen erreicht werden kann, dürfte die Stabilität der Kartellierung langfristig gesehen größer sein, als die Stabilität der wettbewerblichen Koordination der Aktionsparameter. Veränderungen des individuellen Gewinnniveaus durch Marktein- oder -austritt können die Stabiltät der Verhaltenskoordinaten beeinflussen, Dominationswettbewerbe können vorübergehend das Kartellgleichgewicht oder das Kartell selbst stören, langfristig kann man diesen Marktformen jedoch eine große Stabilität zusprechen — es sei denn, ein Dominationswettbewerb führt zu einem stabilen Einzelmonopol.

Die Stabilität des Kartells kann ganz allgemein darin begründet sein, daß durch die Kartellierung nicht nur kurzfristig eine individuelle Gewinnmaximierung erfolgen kann, sondern auch langfristig unter der Berücksichtigung der Dynamik des Marktes. Damit wird das Kartell jedoch

---

26 Siehe hierzu *Leibenstein*, H.: Economic Theory ..., a.a.O., S. 337.

27 *König*, H.: Kartelle und Konzentration, in: Die Konzentration in der Wirtschaft, a.a.O., Bd. 20/I, S. 316 f.

28 *Weintraub*, S.: Price Theory, a.a.O., S. 182.

keineswegs nur als eine Organisation der optimalen Anpassung an eine sich ändernde Umwelt zu betrachten sein, sondern auch als eine aktive Organisation, die Qualitätsänderungen vornimmt, neue Techniken einführt und mit neuen Produkten neue Märkte schafft. Die Befürchtung von Heuss, daß „mit einer fortschreitenden Durchkartellierung der Wirtschaft ... die Quelle für die Kreierung neuer Produkte und neuer Märkte“[29] versiegt, kann deshalb bei Beibehaltung der Gewinnmaximierungshypothese aus rein logischen Gründen nicht zutreffen. Außerdem kann der Leistungszwang bei kartellierten Industrien um die Konsumentennachfrage ebenso heftig sein, wie die Konkurrenz von Anbietern in einer Industrie um die Industrienachfrage.

Da bei einer Kartellierung aller Märkte auch die Märkte der Produktionsfaktoren und die Nachfrage kartelliert sein müssen, kann über die Gewinne der Industrien von vornherein keine Aussage gemacht werden. Da bei der Betrachtung der Aspekte der Kartellierung jedoch nur partielle Kartellierung diskutiert wurden und nicht eine allgemeine Kartellierung, sollen Fragestellungen einer durchkartellierten Wirtschaft hier nicht weiter aufgegriffen werden.

---

[29] *Heuss*, E.: Allgemeine Markttheorie, a.a.O., S. 252. Unterstellt man, daß die Gewinnquote in einer Volkswirtschaft durch eine völlige Durchkartellierung der Wirtschaft steigt, und die Gewinne insgesamt investiert werden, so wird auch die Qualitätsvariation und/oder die Produktionsvariation steigen, wenn eine entsprechende Nachfragedifferenzierung vorhanden ist.

E. Kartellierung und Wirtschaftspolitik

Während bei der wirtschaftstheoretischen Behandlung der Kartellproblematik auf die — bezüglich der individuellen Zielsetzungen der Gruppenmitglieder — optimale Organisation der Verhaltensinterdependenz der Anbieter abgestellt wird, untersucht eine Theorie der staatlichen Anti-Kartell- und Anti-Konzentrationspolitik, wie sich die verschiedenen Formen der Konzentration hinsichtlich verschiedener, konkurrierender wirtschaftspolitischer Zielsetzungen optimal beeinflussen lassen.

Primäres Ziel jeglicher Wettbewerbspolitik dürfte die Kontrolle ökonomischer Macht und Machtausübung sein, um notwendig werdende Eingriffe zu ermöglichen. Eine wirksame Kontrolle von Macht (in Form von großen Eigentums- und Einflußkonzentrationen) und der Machtausübung muß als lebensnotwendige Voraussetzung für die Existenz einer Demokratie angesehen werden, da der Machtmißbrauch großer wirtschaftlicher Machtzusammenballungen sich nicht auf den ökonomischen Bereich beschränkt. Eine Ausdehnung in den politischen und wissenschaftlichen Bereich kann als sehr produktiv angesehen werden, wenn hierdurch eine wirksame Kritik an einer fehlenden Demokratie in der Wirtschaft unterbunden wird, oder zumindest nur so spärlich möglich ist, daß sie als belanglos hingestellt werden kann. Meinungsfreiheit ist nicht nur ein juristisches Problem — es müssen auch die ökonomischen Voraussetzungen für ihre Realisierung gegeben sein.

Bei der Diskussion der funktionalen Interdependenz zwischen Kartellierung und Kartellpolitik des Staates wird auf bestimmte (aktuelle) Zielsetzungen der Wirtschaftspolitik hinsichtlich der Marktorganisation abgestellt, ohne daß dabei sämtliche auftretende Zielkonkurrenzen beachtet werden können.

Dabei lassen sich kaum wertgebundene Begriffe wie Leistungswettbewerb—Nichtleistungswettbewerb, lauterer Wettbewerb — unlauterer Wettbewerb oder Wettbewerbsverfälschung[1] vermeiden, obwohl diese Abgrenzungen teils schon Kartellvereinbarungen sind, die die Konkurrenz auf dem Markt im Bereich des „Leben und leben lassen" halten sollen[2]. Wenn Zeitler meint, daß echter Leistungswettbewerb gleiche

---

[1] *Zeitler*, G.: Die Wettbewerbsverfälschung, ein Spezialfall der Wettbewerbsbeschränkung. W. u. W., Jg. 13, 1963, S. 477 ff.

[2] „Um zu verhindern, daß der Konkurrenzkampf ruinös wird, pflegen die Anbieter — auch ohne direkte Vereinbarungen — gemeinsame Vorstellungen

Wettbewerbsbedingungen, d. h. gleiche Wettbewerbschancen, voraussetze[3], so besticht diese klare Formulierung, aber sie kann nicht erklären, warum gerade bei einem Duopol homogener Anbieter sehr wahrscheinlich überhaupt kein Wettbewerb vorhanden ist, obwohl gerade hier die geforderten Voraussetzungen am eindeutigsten erfüllt sind.

Während auf dem Gebiet der wirtschaftstheoretischen Analyse des Marktes und auf dem Gebiet der Theorie der Wirtschaftspolitik Verfälschungen der Ergebnisse von Marktanalysen durch Einflüsse von Ideologien[4] ausgeschlossen sind[5], da die Bildung von Marktmodellen und die daraus abgeleiteten Ergebnisse nur den Gesetzen der Logik unterworfen sind, trifft diese Folgerung für Fragen der Gesetzgebung gegen Wettbewerbsbeschränkungspolitik nicht unbedingt zu, da beim politischen Handeln die Lüge ein im Hinblick auf die Zielerreichung sehr produktiver Faktor sein kann. Die Macht staatlicher Institutionen, die die auf die Transparenz der Empirie gerichteten Bemühungen unmöglich macht, oder deren Ergebnisse im Hinblick auf bestimmte vorgefaßte Zielsetzungen verfälscht, kann damit eine der Wissenschaftlichkeit verpflichtete Kartellpolitik verhindern.

Die Kartellierung als eine Form der Konzentration in der Wirtschaft verdient deswegen besondere Beachtung, weil nicht notwendigerweise irgendwelche äußerlich sichtbaren Organisationskriterien, wie etwa bei der kapitalmäßigen Konzentration, solche Verhaltenskonzentrationen schlüssig nachweisen. Bei einer stillschweigenden Verhaltenskoordination liegt nicht einmal ein Vertrag oder ein mündlicher Informationsaustausch vor.

Ohne im folgenden auf die Diskussion der Frage, ob die Konzentration in der Wirtschaft ein zwangsläufiger Prozeß ist, einzugehen, wird davon ausgegangen, daß grundsätzlich wirtschaftspolitisch durch entsprechende Maßnahmen eine wettbewerbliche Koordination des Verhaltens auf den Märkten erreicht werden soll, wenn dadurch nicht eine niedrigere Produktivität der Industrie in Kauf genommen werden muß[6].

---

von einem *lauteren Wettbewerb* zu entwickeln und zum Bestandteil ihrer Berufs- und Standesethik zu erheben." *Giersch*, H.: Allgemeine Wirtschaftspolitik, Bd. I Grundlagen, Wiesbaden 1960, S. 198. Siehe hierzu auch *Willeke*, F. U.: Leistungswettbewerb und Leistungsprinzip, in: Der Betrieb in der Unternehmung, Festschr. f. W. Rieker, Stuttgart 1963, S. 158 ff.

[3] *Zeitler*, G.: Die Wettbewerbsverfälschung ..., a.a.O., S. 480.

[4] Hierbei soll als Ideologie ein interessengebundener Denkansatz und/oder ein solches Denkergebnis bezeichnet werden, bei dem ein vollständiges und nur den Gesetzen der Logik verpflichtetes Ergebnis zugunsten eines vom Subjekt bevorzugten Ergebnisses des Denkprozesses geändert wird.

[5] Dies gilt natürlich nicht, wenn die Macht von mit entsprechenden Zielen organisierten Interessengruppen ausreicht, die Diskussion bestimmter Modellstellungen zu verhindern.

[6] Für kapitalmäßige Formen der Konzentration wurde diese Einschränkung für die Anti-Trustpolitik in Amerika durch die Einführung der „Rule of Reason" weitgehend getroffen.

Eine solche Verknüpfung von zwei wirtschaftspolitischen Zielsetzungen beinhaltet die Annahme, daß zwischen der Wettbewerbsintensität und der Leistung der Individuen, die unter dieser Wettbewerbsintensität arbeiten, eine Art Ertragsgesetz besteht. Von einem bestimmten Punkt der Steigerung der Wettbewerbsintensität an wird also keine Leistungssteigerung mehr zu verzeichnen sein, der Leistungsanreiz kann völlig verschwinden[7]. Die Entwicklung eines Marktmodells mit optimaler Konkurrenz von Arndt[8] trägt diesem Faktor weit mehr Rechnung, als das der Workable Competition.

Für einen an der Produktivität sich orientierenden Wettbewerb gibt es also eine optimale Wettbewerbsintensität. Indem ein konsequentes Durchgreifen gegen ein kollusives Verhalten nicht als notwendig betrachtet wird, um zu verhindern, daß in der Verhaltensinterdependenz der Wirtschaftssubjekte Sicherheit auf Kosten der Freiheit erlangt wird, kann ein „optimales" Ansetzen des wirtschaftspolitischen Instrumentariums zur Erreichung der optimalen Wettbewerbsintensität keinen Schaden bringen, der Grunderfordernisse der Marktordnung beseitigt.

Nicht vernachlässigt werden darf, daß eine gesteigerte Produktivität, die sich in einem höheren Realeinkommen niederschlägt, eine Steigerung der Wetbewerbsintensität auf anderen Märkten bewirken kann. Werden etwa durch das höhere Realeinkommen Individuen Ausbildungsmöglichkeiten für Berufe erschlossen, die sonst nicht realisierbar gewesen wären, so liegt hier eine Auswirkung einer Konzentration oder wettbewerbseinschränkenden Verhaltenskoordination vor, die bei der Beurteilung nicht ganz vernachlässigt werden darf, wenn man die Wettbewerbsfreiheit der Unternehmer nicht völlig isoliert und/oder bevorzugt betrachten möchte.

Den Wettbewerb als isoliertes Ziel mit der Wettbewerbspolitik des Staates maximieren zu wollen, erscheint so utopisch und lebensfremd, daß von einer solchen starren, dogmatischen Zielstruktur nicht ausgegangen werden kann[9]. Das Gleiche gilt für die extrem entgegengesetzte

---

[7] Niehans vertritt eine ähnliche Ansicht speziell im Zusammenhang mit dem technischen Fortschritt. „Welcher Grad der Konkurrenz ... veranlaßt den Unternehmer zu den größten Bemühungen um technische Fortschritte, um neue Ideen? Gewiß nicht die besonders schwache Konkurrenz, denn ein sicheres Ruhekissen spornt nicht eben zu großer Leistung an; gewiß aber auch nicht eine besonders scharfe, denn wozu soll man sich um Fortschritte bemühen, wenn sie doch nichts einbringen?" *Niehans*, J.: Das ökonomische Problem des technischen Fortschritts, Schw. Z. f. Vw. u. Stat., Bd. 90, 1954, S. 156.

[8] *Arndt*, H.: Konkurrenz und Monopol ..., a.a.O., S. 267 ff.

[9] Wenn Hättich diese Zielsetzung mit der Begründung vertritt, daß nur so die Sicherung der Freiheit in der Wirtschaft gewährleistet sei, so vergleicht er ein partielles Existenzproblem mit einem absoluten, ohne die Interdependenz solcher partieller Problemstellungen zu sehen, und kommt zu entsprechenden

Ansicht, die Kooperation sei das Lebenselement der Wirtschaft[10]. Während also Wettbewerbsintensität und Produktivität eines Marktes Kriterien für ein Eingreifen des Staates in die „workable competition“ sind[11], soll der Einfluß der diskutierten Modelle auf das Wachstum[12], die Preisstabilität[13] oder den Konjunkturverlauf[14] der Wirtschaft ausgeklammert werden. Der Einfluß des Wachstums auf die Kartellierung und Konzentration kann nicht vernachlässigt werden, da eventuell über eine Wirtschaftspolitik der Wachstumsanreizung konzentrationsmindernde Wirkungen — zumindest vorübergehend — hervorgerufen werden können.

Auch der wirtschaftssoziologische Aspekt der Verhaltenskonzentration bleibt unberücksichtigt, womit alle Fragen ausgeschlossen werden, die den Einfluß unterschiedlicher Kartellierungsgrade auf Wirtschaft und Gesellschaft, insbesondere die Demokratie, umschreiben.

Diese Notwendigkeit ergibt sich aus der Beschränkung der modelltheoretischen Analyse auf einzelne Anbietergruppen. Damit wird die Verflechtung der Kartell- und Verbandsbildung auf allen Interessengebieten und die damit notwendigerweise verbundene Synthese von Wirtschaft und Politik nicht im Hinblick auf die Problemstellung der

---

Fehlschlüssen. Die Möglichkeit der Preissenkung durch Konzentration wird offensichtlich überhaupt nicht gesehen. Die Aussagen über das Subsidiaritätsprinzip sind leer in dem Sinne, daß daraus keine Folgerungen auf reale Probleme gezogen werden können. Solange nicht gesagt wird, welche Verwendung eine Sozialproduktsteigerung finden soll und wie das Ziel der Sozialproduktsteigerung aufgestellt wurde, kann man nicht darüber urteilen, ob zur Erreichung dieses Zieles eine partielle Monopolisierung als optimales Mittel vertretbar ist. Neben dem Playboy-Konsum gibt es auch noch die Möglichkeit der Verbesserung oder Erweiterung des Gesundheitssektors in einer Wirtschaft. Es wäre ein Extrem von Unchristlichkeit, dieses Problem der Lebenssicherung als Ziel der Wirtschaftspolitik völlig zu ignorieren. *Hättich,* M.: Wirtschaftsordnung ..., a.a.O., S. 95 ff.

[10] *Eddy,* A. J.: The New Competition, New York, London 1912, 4. Aufl., 1915, S. 26.

[11] Nach Stockings Ansicht besteht die Grundproblematik der gesamten Antitrustpolitik darin, daß infolge der „economies of scale“ wettbewerbsfeindliche Industriestrukturen entstehen und so Leistungsimpulse in Form hoher Wettbewerbsintensität verloren gehen, während gleichzeitig Faktoren, die die mögliche Effizienz der Produktionseinheiten positiv beeinflussen, hinzukommen. *Stocking,* G. W.: Workable Competition and Antitrust Policy, Nashville 1961.

[12] Siehe hierzu *Bock,* B.: Concentration Patterns in Manufacturing, New York 1959. *Brandt,* K.: Konzentration und wirtschaftliche Entwicklung, a.a.O. *Brandt,* K.: Konkurrenzprobleme im wirtschaftlichen Wachstum, Z. f. d. ges. Staatsw., Bd. 119, 1963. *Heuss,* E.: Allgemeine Markttheorie, a.a.O.

[13] Siehe hierzu die Diskussion zwischen Krelle und Niehans. *Krelle,* W.: Kartelle und Preisflexibilität, a.a.O. *Niehans,* J.: Noch einmal Kartelle und Preisflexibilität, Schw. Z. f. Vw. u. Stat. Bd. 95, 1959.

[14] *Willeke,* F. U.: Preis- und Quotenkartelle im Konjunkturverlauf, in: Konjunkturelle Stabilität als wirtschaftspolitische Aufgabe, hrsg. v. G. Zeitel und J. Pahlke, Tübingen 1962.

Demokratie in Wirtschaft und Gesellschaft[15], in die Themastellung einbezogen.

Wie wichtig es ist, ausdrücklich auf die Vernachlässigung der vorhandenen Interdependenz zwischen Wirtschaft und Gesellschaft hinzuweisen, wird deutlich, wenn man die Darstellung Euckens von Konzentrationsvorgängen während der Hitler-Diktatur liest. „Angliederungsobjekte wurden in großem Umfange geschaffen: Jüdische Betriebe in den besetzten Gebieten[16].“ Mit welch kalter Abstraktheit hier ökonomische Vorgänge von einem exponierten und anerkannten Vertreter und Gründer einer liberalen Schule geschildert werden, ohne daß auch nur ein Wort auf das grenzenlose Leid hinweist, das hinter diesen knappen Formulierungen steckt, zeigt, in welch luftleerem Raum ökonomische Darstellungen stehen können, wenn die menschlichen und sozialen Werte und Beziehungen vernachlässigt werden, die vor diesen beschriebenen Vorgängen stehen.

In ähnlicher Weise zeigt sich bei Stackelberg, welche Gefahren sich für die realen zwischenmenschlichen Beziehungen ergeben, wenn Ergebnisse, die aus einer isolierenden wissenschaftlichen Betrachtungsweise gewonnen wurden, ohne genügende Vorsicht auf eine Realität Anwendung finden, die sich an ökonomischen, sozialen, politischen und ethischen Werten orientiert. Nachdem Stackelberg aufzeigt, daß die „... Wirtschaft, soweit sie Oligopole und bilaterale Monopole aufweist und den Grundprinzipien der freien Preisbildung genügt ...“[17], nicht funktioniert und ein von dauernden Erschütterungen gekennzeichnetes chaotisches Bild darstellt, weist er auf bessere Organisationsformen hin. „Ein interessantes Beispiel für die integrale Marktregulierung durch den Staat zeigt Italien. Der kooperativ organisierte Markt, wie er uns in der faschistischen Wirtschaftsverfassung entgegentritt, ...[18]. Sind schon Stackelbergs Ableitungen der Gleichgewichtslosigkeit nicht zweifelsfrei, so sind seine Folgerungen bezüglich einer notwendigen Umgestaltung der Wirtschaft insofern bemerkenswert, als die Gefahren einer faschistischen Gesellschaft übersehen werden, obwohl ihnen gegenüber ungleichgewichtige Marktpreise vernachlässigbare Schönheitsfehler sind.

---

[15] *Schiller*, K.: Sozialismus und Wettbewerb, in: Grundfragen moderner Wirtschaftspolitik, hrsg. v. C. Schmid, K. Schiller, E. Potthoff, Köln 1957.

[16] *Eucken*, W.: Wettbewerb als Grundprinzip der Wirtschaftsverfassung. Erw. Niederschr. eines Referates, das in der Arbeitsgemeinschaft „Preispolitik“ der Akademie für Deutsches Recht am 3. November 1941 erstattet wurde, in: Der Wettbewerb als Mittel volkswirtschaftlicher Leistungssteigerung und Leistungsauslese, vorgelegt v. G. Schmölders, Berlin 1942, Schriften der Akademie für Deutsches Recht, Heft 6.

[17] *Stackelberg*, H. v.: Marktform und Gleichgewicht, Wien 1934, S. 94.

[18] *Stackelberg*, H. v.: Marktform und Gleichgewicht, a.a.O., S. 102. In ähnlicher Weise vernachlässigt Pareto die Interdependenz zwischen politischer, ökonomischer und intellektueller Freiheit. Als Verächter der Demokratie

Auch in der neueren Literatur werden die Interdependenzen zwischen ökonomischen, sozialen und politischen Bereichen sehr vernachlässigt. So behandelt Machlup das Problem von „Oligopol und Freiheit"[19] mit der Zielsetzung, hierbei Querverbindungen zwischen Wirtschaftstheorie, Wirtschaftspolitik und Politischer Theorie aufzuzeigen, ohne die Einflußnahme von großen Unternehmen auf die Politik und die sich daraus ergebenden Konsequenzen anzudeuten.

Trotz der infolge der Prämissen der Modellstellung engen Abgrenzung der Gegenüberstellung von Kartellierung und Wirtschaftspolitik können aus der Analyse der Aspekte der Kartellierung einige Konsequenzen für die Kartell- und Konzentrationspolitik eines Staates gezogen werden. Dabei muß grundsätzlich die Anti-Kartellpolitik des Staates zusammen mit der Politik zur Vermeidung kapitalmäßiger Konzentrationen betrachtet werden, da beide Formen in einem Zusammenhang stehen, der dadurch zustande kommt, daß die Anbieter die möglichen Formen der Konzentration substituieren können[20]. Die Politik des Staates zur Einschränkung der Konzentration auf den Märkten ist deshalb problematisch, weil diese Politik eine Einschränkung der Freiheit bewirkt und ergriffen wird, um die Freiheit am Markt zu erhalten[21]. Dies kann so weit gehen, daß die Fusionierung und das Aufkaufen von Unternehmen verhindert wird, auch wenn alle an der Fusion Beteiligten und auch die Konsumenten daraus einen Vorteil gewinnen. In einem solchen Fall wird ein Anbieter gezwungen, am Markt anzubieten, obwohl er es vorzöge, sich aus dem Markt zurückzuziehen. Selbst unter der Bedingung, daß der Fusionsgewinn kein Rationalisierungsgewinn sondern ein Monopolgewinn ist, dürfte ein solches Verkaufsverbot[22] mit

---

glaubte er politische Unfreiheit mit ökonomischer und intellektueller Freiheit vereinbaren zu können. Siehe hierzu *Zanden,* J. W. V.: Pareto and Fascism Reconsidered, Amer. J. of Ec. a. Soc., Bd. 19, 1960.

[19] *Machlup,* F.: Oligopol und Freiheit, Ordo Bd. 18, 1967, S. 35 ff.

[20] So wird bei Gemeinschaftsunternehmen, Arbeitsgemeinschaften und Ein- und Verkaufsgemeinschaften weitgehend der wettbewerbseinschränkende Kartellcharakter verneint. Siehe hierzu *Rasch,* H.: Kartellvertrag oder Gemeinschaftsunternehmen? W. u. W., Jg. 11, 1961, S. 79 ff.

[21] Hier handelt es sich also um das „klassische" Welfareproblem, da die Freiheitsbereiche der einzelnen Individuen interdependent sind und die Handlungs- und Entscheidungsfreiheit der Wettbewerber meist nur als notwendige Voraussetzung betrachtet wird, damit der Wettbewerb zum Nutzen der Gesamtwirtschaft wirksam werden kann, siehe hierzu *Benisch,* W.: Kartellrecht und Schutz der individuellen Freiheit. W. u. W., Jg. 11, 1961, S. 764 ff. und S. 777.

[22] Eine entsprechende Forderung von E. Heuss zur Vermeidung der Bildung von Oligopolen ist im Hinblick auf den Erfolg schon deshalb zweifelhaft, da die Verbandsbildungen kartellrechtlich nicht als bedenklich angesehen werden, und auch im Gegensatz zu der Ansicht von Heuss eine größere Anzahl von Anbietern ihre Aktionsparameter über die Informationsverbreitung der Verbände koordinieren können. *Heuss,* E.: Allgemeine Markttheorie, a.a.O., S. 267.

den elementaren Forderungen an eine freie Verfügungsmacht über das Eigentum nicht mehr in Einklang zu bringen sein. Hieraus folgt, daß die wirtschaftsrechtlichen Normen des Staates zur Beeinflussung der Wettbewerbsintensität auf dem Markt primär auf die Begünstigung von Wettbewerbsfaktoren (Markteintritt, Fluktuation von Firmen) gerichtet sein müssen und nicht auf Maßnahmen, die Einschränkungen des Wettbewerbs beseitigen sollen[23].

Es würde zweifellos die Möglichkeiten eines Staates überfordern, wollte er grundsätzlich die Oligopolisierung aller Märkte verhindern, wie Heuss dies fordert. Werden Unternehmungsfusionierungen durch Verkaufsauflagen rückgängig gemacht, wie dies in den USA in beträchtlichem Umfange geschieht[24], so kann hierdurch zwar ein enger kapitalmäßiger Zusammenschluß verhindert werden. Es ist jedoch nur bei entsprechenden Hearingsverfahren, wie die in den USA praktiziert werden, möglich, zu verhindern, daß der Kauf des wieder ausgegliederten Unternehmens durch die Fusionsfirma so gesteuert wird, daß anschließend eine enge Kollusion möglich ist. Jedes „fremde" Kaufangebot kann überboten werden, da der Kaufpreis ja sowieso in der „Kartellgruppe" bleibt und deshalb Transformationszahlungen von der Fusionsfirma zu dem „gewünschten" Käufer in jeder beliebigen Höhe möglich sind, die dessen Kauf notfalls finanzieren können. Durch entsprechende Regelungen über die Willensbildung in Kapitalgesellschaften kann der Wettbewerb im Innern einer Organisation, die durch kapitalmäßige Konzentration zustande gekommen und notwendig geworden ist, ermöglicht und gefördert werden.

Eine Monopolisierung der Produktionseinheiten bedeutet also nicht notwendigerweise auch eine Monopolisierung der Willensbildung.

Inwieweit durch eine Konzentration der Willensbildung odes des Verhaltens die Wettbewerbsintensität in der Volkswirtschaft und/oder die Produktivität beeinflußt werden, dürfte nur festgestellt werden können, wenn auch die Sekundärwirkungen solcher Primärkonzentrationen berücksichtigt werden.

Die Bildung eines Kartells auf einem Markt wird die Wettbewerbsintensität zwischen den kartellierten Anbietern fast verschwinden lassen, aber eventuell die einzige Möglichkeit sein, mit einem anderen Kartell oder einer (vorher) marktbeherrschten Unternehmung in ein

---

[23] Diese beiden Formen sind natürlich nicht immer zu trennen. Es kann durchaus sein, daß Eingriffe in bestehende Marktverhältnisse erfolgen müssen, wodurch schwächeren Anbietern eine Chance zum erfolgreichen Markteintritt gegeben wird. Siehe hierzu das Problem von „Business Reciprocity and the Size of the Firms" in: *Stocking*, G. W.: Workable Competition ..., a.a.O., S. 290 ff.

[24] Siehe hierzu *Benisch*, W.: US-Antifusionsverfahren im Jahre 1960. W. u. W., Jg. 11, 1961.

Wettbewerbsverhältnis zu treten. Insgesamt kann durch eine Konzentration also erst Wettbewerb ermöglicht werden. Neben den möglichen Senkungen der eigentlichen Produktionskosten können durch eine Konzentration auch die Informationskosten oder Reklamekosten gesenkt werden, ohne daß dadurch eine negative Beeinflussung der Wettbewerbsintensität erfolgen würde.

Für eine rationale und damit (für den Konsumenten) wirtschaftliche Entscheidung eines Anbieters ist ein bestimmtes Informationsminimum unerläßlich[25]. Vereitelt eine wettbewerbsintensive Marktform dies, so würde die Verhinderung der Konzentration dieses Marktes durch wirtschaftspolitische Maßnahmen einer Behinderung des Leistungswettbewerbs gleichkommen.

Wie wenig man allgemeingültige Regeln für die staatliche Wettbewerbspolitik aufstellen kann, ergibt sich daraus, daß neben einer durch Kartellabsprache ermöglichten Informationsverbreitung in einer Gruppe von Anbietern auch ein Informationsmonopol für eine produktive Anpassung einer Unternehmung notwendig sein kann[26].

Aus der Tatsache, daß spezielle und homogene Fälle der Kartellierung und Konzentration (Fusion) infolge der Sekundärwirkungen bezüglich der Entwicklung der Wettbewerbsintensität und Produktivität völlig verschieden beurteilt werden müssen, folgt, daß die Kartellpolitik eine an einer differenzierten Zielskala sich orientierende Politik der Von-Fall-zu-Fall-Entscheidung sein muß, wie dies in der amerikanischen Anti-Trust-Politik demonstriert wird.

Läßt man eine Oligopolisierung der Märkte zu, so muß man auch ein kollusives Verhalten auf diesen Märkten in Kauf nehmen[27]. Unterstellt

---

[25] So weist Richardson darauf hin, daß bei vollständiger Konkurrenz ein Informationsminimum kaum vorhanden ist. „... the activity required of entrepreneurs requires a certain minimum information, ... the availability of such information is a function of the nature of the economic arrangements or system ..., the conditions necessary for adequate information are incompatible with perfect competition.“ *Richardson,* G. B.: Equilibrium, Expectations, and Information, Ec. J., Bd. 69, 1959, S. 223. Diesen Zusammenhang betont auch *Keirstead,* B. S.: Capital, Interest and Profits. Oxford 1959, S. 169.

[26] Richardson zeigt einen solchen Fall auf, bei dem ein Informationsvorteil eines Anbieters von einer Gruppe erforderlich ist, um eine Angebotsvergrößerung zustande kommen zu lassen. „An entrepreneur need fear no threat of increased, competitive supply if others are unaware of the unsatisfied demand; he enjoys a form of monopoly ... In this way, paradoxically, the imperfect distribution of information may sometimes facilitate economic adjustment.“ *Richardson,* G. B.: Equilibrium, Expectations ..., a.a.O., S. 234.

[27] Siehe hierzu *Gabriel,* S. L.: „Aufeinander abgestimmte Verhaltensweisen“ unter wettbewerbspolitischem Aspekt. W. u. W. 1961, Jg. 11, S. 802 ff. Wirtschaftspolitisch müßten bei Märkten mit unterschiedlicher Organisation der Verhaltenskonzentration solche Konzentrationskräfte bevorzugt werden, die die größere Produkivität aufzeigen. Hierzu gehört auch der Fall, daß Wettbewerbsmaßnahmen (Reklame) der Anbieter sich in ihrer Wirkung gegen-

man den Extremfall, nämlich eine monopolistische Marktaufteilung auf einem Markt *A*, kann es für wettbewerblich organisierte Märkte, die mit diesen Märkten wirtschaftlich verflochten sind, notwendig sein, sich auch zu kartellieren, um durch einen Ausgleich der Monopolisierungsgrade Nachteile, die sich aus der Monopolisierung des Marktes *A* ergeben, zu vermeiden oder zu vermindern. Diese Nachteile ergeben sich daraus, daß von dem Monopol nicht nur die Produktivitätsvorteile wahrgenommen werden, sondern auch jene, die sich aus der Monopolstellung gegenüber der Nachfrage ergeben. Eine Verhaltens- oder Kapitalkonzentration wird also auf vertikaler und/oder horizontaler Ebene Sekundärkonzentrationen hervorrufen, die infolge der „counter-vailing power" die Monopolmacht des Marktes *A* einschränkt und die Wettbewerbsintensität in der Wirtschaft positiv beeinflußt. Das Zustandekommen solcher Sekundärkonzentrationen wäre also von der wirtschaftspolitischen Zielsetzung der Wettbewerbsintensivierung her nur positiv zu beurteilen. Sieht man diese Konzentration isoliert, ohne Bezug auf die wirksame Ursache, wird man ihnen keine Existenzberechtigung zugestehen, da sie keine reale Produktivitätssteigerung bewirken[28].

Es ist so durchaus möglich, daß einige Konzentrationen einer mehr oder weniger großen Konzentrationsmultiplikator auslösen. Die Beurteilung durch staatliche Behörden, ob die Konzentration gebilligt werden soll oder nicht, kann daher auch bei produktivitätsorientierten Konzentrationen nur von Fall zu Fall geschehen und erfordert einen so großen Staatsapparat, daß auch hier die Produktivität dieser Politik so gefährdet erscheint, daß es erfolgversprechender sein dürfte, positive Wettbewerbsanreize zu bieten und Wettbewerbsunternehmen zu fördern, um die Monopolgewinne des Marktes zu reduzieren[29] und langfristige Monopolisierungen zu verhindern.

Der Eingriff in den Wettbewerbsprozeß über prozeßpolitische Maßnahmen erfordert genaue Kriterien zur Abgrenzung von Leistungswettbewerb und Nichtleistungswettbewerb[30]. Dabei wird ein bestimmtes Verhalten eines Anbieters, der im Verdacht steht, Nichtleistungswettbewerb zu betreiben, immer am Gruppenverhalten der Industrie gemessen werden, das rein kollusiv ausgerichtet sein kann. Vergleiche von industriellen Durchschnittsprofiten und dem Angebot des zu prüfenden

---

seitig neutralisieren können, so daß eine kollusive Beschränkung dieser Aktivitäten ohne Einfluß auf die Wettbewerbsintensität, aber von positivem Einfluß auf die Produktivität der Industriegruppe sein kann.

[28] Eine monetäre Produktivitätssteigerung kann dadurch zustande kommen, daß Preise von Kostenfaktoren gesenkt werden können.

[29] Wenn man damit schon keinen Wettbewerb erreichen kann.

[30] Siehe hierzu *Willeke*, F. U.: Leistungswettbewerb und Leistungsprinzip, a.a.O.

Anbieters sind deshalb fragwürdig, wenn Eingriffe in das Verhalten der kollusiv anbietenden Anbieter ausgeschlossen werden soll. Ein Vergleich von Erlös und Durchschnittskosten bedeutet eine Orientierung an der fiktiven Konkurrenzsituation des vollständigen Wettbewerbs.

Will man diese einzelnen Eingriffe in die freie Entscheidungsbefugnis der Anbieter unterlassen[31], dürften von größerem Erfolg für eine wettbewerbsintensivere Marktgestaltung noch jene wirtschaftspolitischen Maßnahmen sein, die eine höhere Expansionsrate der bestehenden Industrien ermöglichen, eine große Produkt- und Qualitätsstreuung bewirken, und damit die Markttransparenz der Anbieter auf dem Markte einschränken und Kollusionen erschweren.

Diese Maßnahmen bewirken, daß Pioniergewinne von Unternehmern im Schumpeterschen Sinne die Dauermonopolgewinne überwiegen und Fluktuationen von Anbietern zwischen den Märkten verschiedener Produkte die Anzahl der im (potentiellen) Wettbewerb stehenden Anbieter nicht nur groß, sondern auch variabel halten.

Arndts Vorstellung von einer optimalen Streuung um die optimale Konkurrenzgröße zeichnet sich dadurch aus, daß sie *„... kurzfristige Höchstleistungen ohne langfristige Entartung des Wettbewerbs ermöglicht“*[32]. Ein solcher sehr leistungsintensiver Wettbewerb kann jedoch nur als kurzfristige Erscheinung angesehen werden, die von Konzentrationsformen abgelöst wird — entweder mit einer Änderung der Wettbewerbspositionen der einzelnen Anbieter oder ohne eine solche Änderung. Dies deswegen, weil die Anbieter dieses Wettbewerbs-Spiel durchschauen können und sich koalieren oder in einer mit der günstigeren Ausgangspositionen gesteigerten Leistung den Positionsvorteil ausnutzen und eine Monopolisierung anstreben können.

Die Fluktuation der Anbieter zwischen den Märkten dürfte auch dann noch stimulierende Wettbewerbselemente in einem Markt halten, wenn (im Extremfall) auf allen Märkten reife Oligopole vorhanden sind, die ihre Verhalten mittels stillschweigender Kollusion koordinieren können, da die ausreichend vorhandene Markttransparenz dies ermöglicht. Eine soziologisch bedingte Stagnation der Wettbewerbsintensität, ausgelöst dadurch, daß die produktive Aktivitätskapazität der Unternehmer infolge des hohen Wohlstandes (Gewinniveau) zunehmend durch die konsumptive Kapazität ersetzt wird, würde weitgehend nachhaltiger schwächende Wirkung auf die Wettbewerbsintensität auslösen als eine Anzahl von Kettenoligopolen, die durch Wettbewerbshandlung der nach weiterer Macht strebenden Anbieter zu leistungssteigernden Maßnah-

---

[31] Der Erfolg dieser Eingriffe ist insofern sehr zweifelhaft, als die Entscheidungskriterien nur schwer zu objektivieren sind.

[32] *Arndt*, H.: Konkurrenz und Monopol in Wirklichkeit, a.a.O., S. 266.

men gezwungen werden. Auch hier kommt wieder zum Ausdruck, daß eine wettbewerbsmäßig strukturierte Marktmorphologie weder eine ausreichende, noch eine notwendige Bedingung für das Vorhandensein von Wettbewerb ist.

Der Einfluß der Banken auf die Verhaltenskoordination der Anbieter über die finanzielle Abhängigkeit der einzelnen Anbieter von ihnen, dürfte ein weiterer Aspekt der Konzentrationsursachen sein, der schwerwiegender ist, als die Fusionierung mehrerer Anbieter mit dem Ziel der besseren Anpassung an die Nachfrage.

Die Verflechtung von Wirtschaft und Politik zeigt sich nicht zuletzt darin, daß wettbewerbseinschränkende Institutionen (Verbände) mit größter Wirksamkeit der Zielerreichung vernachlässigt werden zugunsten solcher Wettbewerbsprobleme, die in ihrer logischen und empirischen Objektivierung Ansatzpunkte für eine Wettbewerbspolitik mit recht zweifelhaftem Erfolg liefern.

Die Verbände stellen zweifellos eine Institution dar, die den Prozeß der Willensbildung ermöglichen soll. Die Ziele der Verbände, ihre Möglichkeiten und ihre erstrebten und realisierten Einwirkungen auf die Willensbildung in den verschiedensten Sektoren der wirtschafts-, gesellschafts- und staatspolitischen Bereiche können nur dann im Hinblick auf bestimmte wirtschaftspolitische Zielsetzungen bewertet werden, wenn sie ersichtlich sind.

Diese Aufgabe der staatlichen Institutionen der Wirtschaftspolitik dürfte für eine wissenschaftlich orientierte Wirtschaftspolitik im Vordergrund stehen.

Zusammenfassung

Zusammenfassend lassen sich folgende Ergebnisse der Arbeit herausstellen:

1. Die Verhaltenskoordinationsform eines Kartells zur völligen oder teilweisen Ausschaltung des Wettbewerbs bedarf keiner Absprachen oder Formen einer Organisation der Verhaltenskoordination. In den Fällen einer stillschweigenden Verhaltenskoordination kommt bei gleichen Kostenstrukturen der Anbieter eine Marktmonopolisierung zustande, die vom Marktergebnis her einem Einzelmonopol gleichzusetzen ist. Diese Schlußfolgerung ergibt sich aus der Tatsache, daß die Nettoproduktivität einer Organisation null oder sogar negativ sein kann. In ersterem Fall liegt eine Indifferenz der Kartellmitglieder gegenüber der Organisation vor, im zweiten Fall ist die Organisation als Störfaktor im Hinblick auf die Zielerreichung zu betrachten.

   Individuelle Gewinnmaximierung in einer Gruppe bei Interdependenz der individuellen Aktionsparameterfixierungen ist möglich, wenn ein von allen Gruppenmitgliedern akzeptierter Verteilungsschlüssel für den maximalen Gruppengewinn existiert.

2. Mit einer Monopolisierung der Produktion ist nicht notwendigerweise eine Monopolisierung der Willensbildung verbunden. Eine Monopolisierung der Willensbildung sagt nichts über die dabei notwendige Machtausübung aus. Kartellierungen und Fusionierungen sind substituierbar. Die Monopolisierung der Produktion eines Gutes sagt noch nichts aus über eine Preisänderung des Gutes, wenn mit ihr eine Kostenänderung verbunden ist.

3. Bei konsequentem Gewinnmaximierungsverhalten der Anbieter stellt die Gewinnmaximierung kein Steuerungsmittel einer Marktwirtschaft dar, das den Wettbewerb auf den einzelnen Märkten sichert, sondern führt notwendigerweise zur verhaltensmäßigen und/oder kapitalmäßigen Monopolisierung der Produktion eines Gutes oder eines Interdependenzbereiches. Der Gewinn hat jedoch dann noch die Funktion, als Regulator einer optimalen Leistungssteuerung und Kapitallenkung zu dienen. Eine Erhöhung der Wettbewerbsintensität ist nicht notwendigerweise mit einer Erhöhung der Leistungsintensität verbunden oder umgekehrt. Die Wettbe-

werbsintensität stellt nur einen Faktor der Beeinflussung des Leistungsergebnisses dar.

Bei der Gewinnmaximierung muß man also unterscheiden, ob sie

a) als Mittel zur Erreichung eines höheren Nutzenniveaus über eine Erhöhung des Einkommensniveaus zu interpretieren ist, oder

b) als erwünschtes, aber nicht handlungsauslösendes Ergebnis einer Pionierleistung, die in dem immateriellen Handlungserfolg den dominierenden Nutzen sieht, oder

c) als eine aus a) und b) gemischte Verhaltensfunktion.

4. Die realisierte Wettbewerbsintensität bei der Verhaltenskoordination mehrerer Personen läßt sich nicht aus der Analyse der Marktmorphologie ableiten. Morphologische Faktoren beeinflussen das Verhalten, determinieren jedoch nicht notwendigerweise die Verhaltensinterdependenz der Individuen.

Untersucht man die Einflußfaktoren der Marktmorphologie auf den Wettbewerb, so muß zwischen folgenden Problemkreisen streng unterschieden werden:

a) Der Einfluß darauf, ob es zum Wettbewerb kommt.

b) Der Einfluß auf die Intensität des Wettbewerbs, wenn Wettbewerbsverhalten vorliegt.

Ein homogener Oligopolmarkt etwa ist ein sehr wettbewerbsintensiver Markt, wenn Wettbewerb herrscht, da es sich hier meist um einen Verdrängungswettbewerb handelt.

Wettbewerbsverhalten zur Schaffung von Transparenz über die Machtstruktur auf einem solchen Markt wird nach einem Lernprozeß immer vom Kollusionsverhalten dominiert werden, wenn die Anbieter ihren Gewinn maximieren wollen und ein Verteilungsschlüssel für den Zusatzgewinn gefunden worden ist, wobei der Verteilungsschlüssel als konkreter Ausdruck der Machtstruktur der Anbieter aufzufassen ist.

5. Die Wirkung einer Kartellierung auf die Wettbewerbsintensität kann nicht allein aus der wettbewerbseinschränkenden Wirkung im Kartell eingeschätzt werden.

6. Der Wettbewerb drückt sich in einer (versuchten) Änderung der Marktposition einer Entscheidungseinheit aus, wenn diese Änderung von den dabei benachteiligten Marktteilnehmern nicht ohne Anstrengungen, sie zu verhindern oder rückgängig zu machen, akzeptiert wird. Der Wettbewerb nimmt langfristig mit steigender Transparenz der Verhaltensinterdependenz und sinkender Risikofreudigkeit der Anbieter ab.

7. Qualitätsvariationen von verschiedenen Anbietern auf einem Markt wirken ebenso wie Marktzutritte in einen homogenen Markt nicht in jedem Falle wettbewerbsstimulierend auf die anderen Gruppenmitglieder.

   Der Einfluß auf die Wettbewerbsintensität im Markt wird von den Erfolgsaussichten einer Wettbewerbspolitik und von der Einkommenssättigung der Produzenten bestimmt.

8. Eine Wettbewerbstheorie, die nur die Gewinnmaximierung berücksichtigt, erscheint nicht ausreichend differenziert zur Erklärung der realen Phänomene der Verhaltensinterdependenz auf einem Markt und der zwischenmenschlichen Beziehungen überhaupt. Erfolgsstreben unter Berücksichtigung einer vorhandenen Risikofreudigkeit und Nutzen aus selbständiger Tätigkeit können das Modellergebnis bei Gewinnmaximierung ebenso variieren, wie die Neigung, eine selbständige Tätigkeit mit niedrigem Einkommen einer unselbständigen Tätigkeit mit hohem Einkommen vorzuziehen. Eine realitätsbezogenere Aussage erhält man schon, wenn die Höchstgewinnmaximierung durch die Zielsetzung der relativen Gewinnmaximierung substituiert wird.

   Hat die Möglichkeit der selbständigen Entscheidung für eine Person einen Eigennutzen und erscheint deshalb der Faktor Selbständigkeit in der Zielfunktion der Person, so bewirkt eine entsprechend komplexere Zielfunktion dann einen wettbewerbsfördernden Einfluß, wenn das Selbständigkeitsstreben so gehäuft auftritt, daß eine Monopolisierung, bei der die Selbständigkeit des Anbieters zweifellos größtmöglich ist, nicht zustande kommt.

   Während also beim Streben nach Selbständigkeit die Monopolisierung Ziel ist und der Wettbewerb um dieses Ziel die Zielerreichung verhindert, ist die Freude am Wettbewerb notwendige und hinreichende Bedingung zugleich, daß es zu einer Kollusion der Aktionsparameter der Anbieter nicht kommt.

9. Es erscheint zweifelhaft, ob in hochindustrialisierten Ländern mit einem relativ hohen Durchschnittseinkommen die Marktabgrenzung nach einem Gutsbegriff eine sinnvolle Gruppenabgrenzung für die Analyse der Verhaltenskoordination abgibt. Bei den Kaufentscheidungen werden sowohl Substitutionen zwischen verschiedenen Qualitätsvariationen eines Produktes, als auch Substitutionen zwischen verschiedenen Produkten und Dienstleistungen vorgenommen. Dies gilt begrenzt auch in Volkswirtschaften mit niedrigem Einkommensniveau, denn es ist logisch nicht möglich, bei Kaufentscheidungen von dem Kauf eines bestimmten Gutes oder einer bestimmten Dienstleistung auszugehen, ohne die Auswahlentscheidung zwi-

schen völlig unterschiedlichen Konsumzielen zu berücksichtigen. Bei dem Handlungsziel der Nutzenmaximierung der Käufer befinden sich demgemäß mehrere (monopolisierte) Industrien in Konkurrenz. Neben einen Leistungswettbewerb innerhalb einer Industrie tritt also der Leistungswettbewerb zwischen Monopolen, der sich stärker durch die Anonymität der Verhaltensinterdependenz auszeichnet, als der Industriewettbewerb.

10. Infolge der Möglichkeit stillschweigender Verhaltensabstimmungen muß die Tätigkeit der Verbände im Marktprozeß größere Beachtung durch wirtschaftspolitische Institutionen finden.

11. Bei der wirtschaftspolitischen Beurteilung einer hochkonzentrierten Produktion muß die Fluktuationshäufigkeit der Firmen in dominierenden Positionen beachtet werden. Ebenso wichtig sind realeinkommensteigernde Wirkungen von Konzentrationsprozessen, da diese Wirkungen in anderen Sektoren der Wirtschaft wettbewerbswirksam sind und die Freiheitsgrade der Entscheidungen beeinflussen.

    Ökonomische Vorteile von Machtkonzentrationen können dann unbedenklich genutzt werden, wenn es sich um kontrollierte Macht handelt. Es hängt von der Funktionsweise der politischen Willensbildung ab, ob wirksame Kontrollorgane geschaffen werden.

12. Eine expansive Wirtschaftspolitik stellt bei gesichertem Marktzutritt infolge der transparenzmindernden Wirkung dynamischer Marktprozesse die einfachste und erfolgreichste wettbewerbsfördernde Politik des Staates dar.

    Da Markttransparenz andererseits eine notwendige Voraussetzung für eine optimale und effektive Ressourcenverteilung darstellt, muß in einem demokratischen Prozeß der Willensbildung das rechte Maß für erforderliche staatliche Eingriffe gefunden werden.

13. Generelle Aussagen über Marktaggregate und entsprechend allgemein gefaßte juristische Normen, die sich an morphologischen Entscheidungskriterien orientieren, sind bei der staatlichen Wettbewerbspolitik nicht angebracht, da nur die genaue Analyse der Einzelfälle eine unterschiedliche Behandlung der vielfältigen Variationen realer Marktsitutionen ermöglicht. Dabei muß die Interdependenz der ökonomischen, gesellschaftlichen und politischen Sektoren beachtet werden. Dies kann jedoch nur erreicht werden, wenn in wissenschaftlichen Untersuchungen polare Modellstellungen zugunsten realitätsbezogeneren Modellen vernachlässigt werden.

Literaturverzeichnis

Abbot, L.: Quality and Competition. An Essay in Economic Theory, New York 1955. Übersetzung: Qualität und Wettbewerb. Ein Beitrag zur Wirtschaftstheorie, München, Berlin 1958.

Adelman, M. A.: Equilibrium in Multi-Process Industries, Quarterly Journal of Economics, Bd. 60, 1946.

Åkerman, J.: Shackle's System and Theories of Business Cycles, Metroeconomica, Bd. 11, 1959.

Alexander, E.: Homöostase und überschüssige Energie, in: Die Motivation menschlichen Handelns, hrsg. v. H. Thomae, Köln, Berlin 1965. Neue Wissenschaftliche Bibliothek, Bd. 4, Psychologie.

Alexander, F.: Über das Spiel, Psyche. Eine Zeitschrift für Psychologische und Medizinische Menschenkunde, hrsg. v. W. Hochheimer, A. Mitscherlich, Bd. 10, 1956/57.

Albert, H.: Nationalökonomie als Soziologie, Kyklos, Bd. 13, 1960.

— Rationalität und Wirtschaftsordnung. Grundlagenprobleme einer rationalen Ordnungspolitik, Jahrbuch für Sozialwissenschaft, Bd. 14, Göttingen 1963.

Althusius, J.: Grundbegriffe der Politik. Aus: „Politica methodice digesta", 1603, hrsg. v. E. Wolf, 1943.

Andrews, P. W. S.: On Competition in Economic Theory, London, New York 1964.

Arant, W. D.: Competition of the Few among the Many, The Quarterly Journal of Economics, Bd. 70, 1956.

Archibald, G. C.: „Large" and „Small" Numbers in the Theory of Firm, The Manchester School of Economic and Social Studies, Bd. 27, 1959.

Argyris, Ch.: The Fusion of an Individual with the Organisation. The American Sociological Review, Bd. 19, 1954.

Arndt, H., u. *Ollenburg,* G.: Begriff und Arten der Konzentration. In: Die Konzentration in der Wirtschaft, Bd. 1, hrsg. v. H. Arndt, Stand der Konzentration, Berlin 1960, Schriften des Vereins für Socialpolitik, NF, Bd. 20/I.

Arndt, H.: Konkurrenz und Monopol in Wirklichkeit. Jahrbücher für Nationalökonomie und Statistik, Bd. 161, 1949.

— Marktmechanismus und heterogene Konkurrenz, Jahrbuch für Sozialwissenschaft, Bd. 14, Göttingen 1963.

— Mikroökonomische Theorie. Bd. 1, Marktgleichgewicht, Tübingen 1966. Bd. 2, Marktprozesse, Tübingen 1966.

Arrow, K. J.: Social Choice and Individual Values, Cowles Commission for Research in Economics. Monograph Nr. 12, New York, London 1951.

---

* Bei mehreren Verfassern einer Veröffentlichung erfolgt die Eingliederung im Literaturverzeichnis nur unter dem zuerst genannten Namen.

Bailey, M. J.: The Interpretation and Application of the Compensation Principle, The Economic Journal, Bd. 64, 1954.

— Price and Output Determination by a Firm Selling Related Products, The American Economic Review, Bd. 44, 1954.

Bain, J. S.: Output Quotas in Imperfect Cartels, The Quarterly Journal of Economics, Bd. 62, 1948.

— Pricing in Monopoly and Oligopoly, The American Economic Review, Bd. 39, 1949.

— Workable Competition in Oligopoly: Theoretical Considerations and Some Empirical Evidence, The American Economic Review, P. P., Bd. 40, 1950.

— Price Theory, New York 1952.

— Price Leaders, Barometers, and Kinks, Journal of Business, Bd. 33, 1960.

Bakke, E. W.: The Fusion Process. A Map of the Exploration of the Relationship of People and Organizations, New Haven 1953.

Baldwin, R. E.: A Comparison of Welfare Criteria, The Review of Economic Studies, Bd. 21, 1954.

Barone, E.: Grundzüge der theoretischen Nationalökonomie. Übersetzung v. H. Staehle, Bonn 1927.

Baumol, W. J.: Welfare Economics and the Theory of the State, Publications of the London School of Economics, London, New York, Toronto 1952.

— On the Theory of Oligopoly, Economica, Bd. 25, 1958.

— Business Behaviour, Value and Growth, New York 1959.

— Economic Theory and Operations Analysis, New York 1961.

Beckerath, H. v.: Industrielle Kartellprobleme der Gegenwart, Berlin 1926.

— Der Inhaltswandel des Kartellbegriffs und seine wirtschaftlichen Folgen, Wirtschaftsdienst, Jahrg. 12, Hlbd. 2, 1927.

Benisch, W.: Kartellrecht und Schutz der individuellen Freiheit, Wirtschaft und Wettbewerb, Jahrg. 11, 1961.

— US-Antifusionsverfahren im Jahre 1960, Wirtschaft und Wettbewerb, Jahrg. 11, 1961.

Berdrow, W.: Die Unternehmerkartelle und der Weg zum wirtschaftlichen Frieden, Berlin 1898.

Bernsdorf, W.: Artikel: „Gruppe“, Handwörterbuch der Soziologie, hrsg. v. W. Bernsdorf und F. Bülow, Stuttgart 1955.

Birch, C. M.: Papandreou's Coefficients of Penetration and Isolation, The American Economic Review, Bd. 40, 1950.

Bishop, R. L.: Elasticities, Cross-Elasticities, and Market Relationships, The American Economic Review, Bd. 42, 1952.

— Duopoly: Collusion or Warfare? The American Economic Review, Bd. 50, 1960.

Black, D.: The Elasticity of Committee Decisions with an Altering Size of Majority, Econometrica, Bd. 16, 1948.

— The Decisions of a Committee Using a Special Majority, Econometrica, Bd. 16, 1948.

— On the Rationale of Group-Decision-Making, The Journal of Political Economy, Bd. 56, 1948.

— The Theory of Committees and Elections, Cambridge 1958.

Black, D., u. *Newing*, R. A.: Committee Decisions with Complementary Valuation, London 1951.

Bloom, G. F.: A Reconsideration of the Theory of Exploitation, The Quarterly Journal of Economics, Bd. 55, 1941.

Bock, B.: Concentration Patterns in Manufacturing, hrsg. v. National Industrial Conference Board, New York 1959.

Bohlin, H.: Gränserna för kartelpriser, Ekonomisk Tidskrift 1944.

Böhm, F.: Das Kartellproblem, Schweizerische Zeitschrift für Volkswirtschaft und Statistik, Jahrg. 87, 1951.

Bolza, H., u. *Hof*, A.: Qualitative und quantitative Aussagen über moderne Gruppenbildung, Jahrbuch für Nationalökonomie und Statistik, Bd. 171, 1959.

Borch, H. v.: Amerika — Die unfertige Gesellschaft, München 1964.

Boulding, K. E.: The Organizational Revolution. A Study in the Ethics of Economic Organization, New York 1953.

— Economic Analysis, 3. Aufl., New York 1955.

— A Reconstruction of Economics, New York 1962.

— Conflict and Defense. A General Theory, New York 1962.

— The Ethics of Rational Decision, Management Science, Bd. 12, 1966.

Braess, P.: Kritisches zur Monopol- und Duopoltheorie, Archiv für Sozialwissenschaft und Sozialpolitik, Bd. 65, 1931.

Brandt, K.: Konzentration und wirtschaftliche Entwicklung. In: Die Konzentration in der Wirtschaft, Bd. 3, Wirkungen und Probleme der Konzentration, hrsg. v. H. Arndt, Berlin 1960, Schriften des Vereins für Socialpolitik, NF, Bd. 20/III.

— Preistheorie, Ludwigshafen 1960.

— Die Konfliktsituation im Kartell, Zeitschrift für die gesamte Staatswissenschaft, Bd. 117, 1961.

— Konkurrenzprobleme im wirtschaftlichen Wachstum, Zeitschrift für die gesamte Staatswissenschaft, Bd. 119, 1963.

— Methodologische Bemerkungen zur Marktformenlehre. In: Systeme und Methoden in den Wirtschafts- und Sozialwissenschaften, Erwin v. Beckerath zum 75. Geburtstag, hrsg. v. N. Kloten, W. Krelle u. a., Tübingen 1964.

— Arbeitsteilung (II). Wirtschaftliche Bedeutung, Handwörterbuch der Sozialwissenschaften, Stuttgart, Tübingen, Göttingen 1964.

— Ökonomisches Gleichgewicht, Handwörterbuch der Sozialwissenschaften, Bd. 4, Stuttgart, Tübingen, Göttingen 1965.

Bredemeier, H. C., u. *Stephenson*, R. M.: The Analysis of Social Systems, London, New York 1962.

Brems, H.: Cartels and Competition, Weltwirtschaftliches Archiv, Bd. 66 I, 1951.

— On the Theory of Price Agreements, The Quarterly Journal of Economics, Bd. 65, 1951.

— Gränserna for fastsättelsen af kartelpriser, Ekonomisk Tidskrift, Juni 1951.

— Product Equilibrium under Monopolistic Competition, Harvard Studies in Monopoly and Competition, 5, Cambridge, Massachusetts 1951.

Brentano, L.: Die wirtschaftlichen Kartelle, Schriften des Vereins für Socialpolitik, Bd. 61, Leipzig 1895.

— Über die Ursachen der heutigen sozialen Not, Leipzig 1889.

Brunn, J. H. v.: Untersuchung kartellbildender Vorgänge, Wirtschaftsdienst, Jahrg. 31, 1951.

Buchanan, J. M.: Individual Choice in Voting and the Market, The Journal of Political Economy, Bd. 62, 1954.

— Simple Majority Voting, Game Theory and Resource Use, Canadian Journal of Economics and Political Science, 1961.

Buchanan, J. M., u. *Tullock*, G.: The Calculus of Consent. Logical Foundations of Constitutional Democracy, Ann Arbor 1962.

Bücher, K.: Die Entstehung der Volkswirtschaft, 8. Aufl., Tübingen 1925.

— Die wirtschaftlichen Kartelle, Schriften des Vereins für Socialpolitik, Bd. 61, Leipzig 1895.

Buchholz, E.: Interessen. Gruppen. Interessengruppen. Elemente einer wirtschaftssoziologischen Organisationslehre — unter besonderer Berücksichtigung der deutschen Verbandsforschung, Dissertation Tübingen 1963.

Burgess, J. St.: The Guilds of Peking, New York 1928.

Burns, A. R.: The Decline of Competition, New York, London 1936.

Cady, G. C.: An Approach to the Theory of Multiple Production, Southern Economic Journal, 1949/50.

Caplow, T.: A Theory of Coalitions in the Triad, The American Sociological Review, Bd. 21, 1956.

Cartwright, D., u. *Zander*, A. ed.: Group Dynamics, Research and Theory, Evanston 1953.

Casper, K.: Theorie des Monopolpreises, Jahrbücher für Nationalökonomie und Statistik, Bd. 141, 1935.

Cassel, G.: Neuere monopolistische Tendenzen in Industrie und Handel, Genf 1927.

Cassels, J. M.: Monopolistic Competition and Economic Realism, Canadian Journal of Economics and Political Science, Bd. 3, 1937.

Chamberlain, N. W.: Collective Bargaining, New York, Toronto, London 1951.

Chamberlin, E. H.: Duopoly: Value when Sellers are Few, The Quarterly Journal of Economics, Bd. 44, 1929/30.

— The Theory of Monopolistic Competition. A Reorientation of the Theory of Value, Cambridge 1933, 8. Aufl. 1962.

— Monopolistic Competition Revisited, Economica, NS, Bd. 18, 1951.

— „Full Cost" and Monopolistic Competition, The Economic Journal, Bd. 62, 1952.

— Elasticities, Cross-Elasticities, and Market Relationships: Comment, The American Economic Review, Bd. 43, 1953.

— Towards a more General Theory of Value, New York 1957.

— On the Origin of „Oligopoly", The Economic Journal, Bd. 67, 1957.

Chamley, P.: L'oligopole, Paris 1944.

Christensen, P., u. *Dalgaard*, F.: Kooperation, 4. Aufl., Kopenhagen o. J.

Chu, C. C., u. *Blaisdell*, T. C.: Peking Rugs and Peking Boys, Peking 1924.

Churchman, C. W., *Ackoff*, R. L., u. *Arnoff*, L. E.: Introduction to Operations Research, New York 1957, 4. Aufl. 1959. Übersetzung: Operations Research. Eine Einführung in die Unternehmensforschung, übers. v. E. Schlecht und F. Ferschl, Wien 1961.

Clark, J. M.: Toward a Concept of Workable Competition, The American Economic Review, Bd. 30, 1940.

Clarkson, G. P. E., u. *Simon*, H. A.: Simulation of Individual and Group Behavior, The American Economic Review, Bd. 50, 1960.

Clemens, E. W.: Price Discrimination and the Multi-Product Firm, The Review of Economic Studies, Bd. 19, 1950/51.

Coase, R. H.: The Problem of Duopoly Reconsidered, The Review of Economic Studies, Bd. 2, 1935.

— Monopoly Pricing with Interrelated Costs and Demands, Economica, NF, Bd. 13, 1946.

Cohen, K. J., u. *Cyert*, R. M.: Theory of the Firm: Resource Allocation in a Market Economy, New York 1965.

Commons, J. R.: The Economics of Collective Action, New York 1957.

Cook, W. W.: „Trusts". The Recent Combinations in Trade, their Charakter, Legality, and Mode of Organization, and the Rights, Duties, and Liabilities of their Managers and Certificate-Holders, New York 1888.

Cournot, A.: Recherches sur les Principes Mathématiques de la Théorie des Richesses, Paris 1838. Übersetzung: Untersuchungen über die mathematischen Grundlagen der Theorie des Reichtums, übers. v. W. G. Waffenschmidt, Jena 1924.

Cyert, R. M., u. *March*, J. G.: Organizational Structure and Pricing Behaviour in an Oligopolistic Market, The American Economic Review, Bd. 45, 1955.

— Organizational Factors in the Theory of Oligopoly, The Quarterly Journal of Economics, Bd. 70, 1956.

Dahrendorf, R.: Soziale Klassen und Klassenkonflikte in der industriellen Gesellschaft, Stuttgart 1957.

— Markt und Plan. Zwei Typen der Rationalität. Walter Eucken Institut. Vorträge und Aufsätze, Heft 14, Tübingen 1966.

Dargun, L.: Egoismus und Altruismus in der Nationalökonomie, Leipzig 1885.

Davidsohn, R.: Forschungen zur Geschichte von Florenz, Berlin 1901.

Deutsch, M.: A Theory of Cooperation and Competition, Human Relations, Bd. 2, 1949.

— The Effects of Co-operation and Competition upon Group Process, Human Relations, Bd. 2, 1949. Wiederabdruck in: Group Dynamics. Research and Theory, hrsg. v. D. Cartwright and A. Zander, New York 1953.

Dewey, D.: Monopoly in Economics and Law, Chicago 1959.

Dobb, M. H.: A Note on Index Numbers and Compensation Criteria, Oxford Economic Papers, Bd. 8, 1956.

Dobretsberger, J.: Kartelle unter dem Druck der Krise, Wien 1932.

Dorfman, R., u. *Steiner*, P. O.: Optimal Advertising and Optimal Quality, The American Economic Review, Bd. 44, 1954.

Dowdell, E. G.: The Concerted Regulation of Price and Output, The Economic Journal, Bd. 58, 1948.

Downie, J.: The Competitive Process, London 1958.

Downs, A.: In Defense of Majority Voting, The Journal of Political Economy, Bd. 64, 1961.

Draheim, G.: Die Genossenschaft als Unternehmungstyp, Göttingen 1955.

Dresher, M., *Shapley*, L. S., u. *Tucker*. A. W. ed.: Advances in Game Theory, Annals of Mathematic Studies No 52.

Droysen, J. G.: Grundriß der Historik, hrsg. v. E. Rothacker, Halle 1923.

Dunkmann, K.: Kooperation als Strukturprinzip der Wirtschaft, München, Leipzig 1931.

Durkheim, E.: Regeln der soziologischen Methode. In neuer Übersetzung hrsg. v. R. König, Soziologische Texte, Bd. 3, Neuwied 1961.

Eddy, A. J.: The New Competition, New York, London 1912.

Edmonston, H. J.: A Treatment of Multiple-Process Industries, The Quarterly Journal of Economics, Bd. 66, 1952.

Edwards, C. D.: Maintaining Competition, New York 1949.

Edwards, E. O.: An Indifference Approach to the Theory of the Firm, Southern Economic Journal, Bd. 28, 1961.

Edwards, W.: The Theory of Decision Making, Psychological Bulletin, Bd. 51, 1954.

Efroymson, C. W.: The Kinked Oligopoly Curve Reconsidered, The Quarterly Journal of Economics, Bd. 69, 1955.

Ehrenberg, R.: Zeitalter der Fugger, Jena 1912.

Eisermann, G.: Werbung und Wettbewerb, Zeitschrift für die gesamte Staatswissenschaft, Bd. 117, 1961.

Ellmers, G.: Produktionslenkung und Preisbildung in der Marktform des Kollektivmonopols, Zeitschrift für Nationalökonomie, Bd. 10, 1941.

Emge, R. M.: Der Einzelne und die organisierte Gruppe, Akademie der Wissenschaften und der Literatur. Abhandlungen der geistes- und sozialwissenschaftlichen Klasse, Jahrg. 1956, Wiesbaden 1956.

Enke, S.: Profit Maximization under Monopolistic Competition, The American Economic Review, Bd. 31, 1941.

— On Maximizing Profits: A Distinction between Chamberlin and Robinson, The American Economic Review, Bd. 41, 1951.

Eschenburg, Th.,: Herrschaft der Verbände?, Stuttgart 1955.

Eucken, W.: Wettbewerb als Grundprinzip der Wirtschaftsverfassung. In: Der Wettbewerb als Mittel volkswirtschaftlicher Leistungssteigerung und Leistungsauslese, vorgelegt v. G. Schmölders, Schriften der Akademie für deutsches Recht, Heft 6, Berlin 1942.

— Die Grundlagen der Nationalökonomie, 6. Aufl., Berlin, Göttingen, Heidelberg 1950.

— Wettbewerb, Monopol und Unternehmer, Bad Nauheim 1953.

— Grundsätze der Wirtschaftspolitik, hrsg. v. W. Eucken und K. P. Hensel, 2. Aufl. Tübingen 1955.

Eulenberg, F.: Das Geheimnis der Organisation. Ein Versuch über Arten und Formen, Bedingungen und Voraussetzungen, Zwecke, Folgen und Grenzen der Organisation, aus dem Nachlaß hrsg. v. G. Jahn, Berlin 1952.

Evans, G. C.: A Simple Theory of Competition, American Mathematical Monthly, Bd. 29, 1922.

— The Dynamics of Monopoly, American Mathematical Monthly, Bd. 31, 1924.

— Mathematical Introduction to Economics, New York, London 1930.

Feldhaus H.: Kollektive Preispolitik in der Oligopol- und Kartelltheorie, Dissertation Köln, Wirtsch. u. Sozialw. F., 1953.

Fellner, W.: Competition among the Few. Oligopoly and Similar Market Structures, New York 1949.

— Collusion and its Limits under Oligopoly, The American Economic Review, P. P. Bd. 40, 1950.

— Elasticities, Cross-elasticities, and Market Relationships — a Comment, The American Economic Review, Bd. 43, 1953.

Ferguson, C. E.: Cournot Points and the Conflict Curves, The Review of Economic Studies, Bd. 29, 1962.

Festinger, L.: Group Belongingness in a Voting Situation, Human Relations I, 1947.

Fetter, F. A.: Price versus Welfare Economics, The American Economic Review, Bd. 10, 1920.

— Planning for Totalitarian Monopoly, The Journal of Political Economy, Bd. 45, 1937.

Fleischmann, G.: Symmetrisches Duopol. Bemerkungen zur Kritik von Seitz an der Duopoltheorie Krelles, Jahrbücher für Nationalökonomie und Statistik, Bd. 175, 1963.

Fog, B.: How Cartel Prices are Determined, Journal of Industrial Economics, 1956.

— Industrial Pricing Policies. An Analysis in Pricing Policies of Danish Manufactures, Amsterdam 1960.

Ford, L. R., u. *Fulkerson,* D. R.: Flows in Networks, Princeton 1962.

Farquharson, R.: Straightforwardness in Voting Procedures, Oxford Economic Papers, Bd. 8, 1956.

Fricke, W.: Kollektivmonopole. Die Rolle der Kartelle in der Volkswirtschaft, Heidelberg 1956.

Friedrichowicz, E.: Kartelle, Zeitschrift für die gesamte Staatswissenschaft, Jahrg. 51, 1895.

Frisch, R.: Priskartellisk prisdannelse, Statsøkonomisk Tidskrift, Oslo 1941.

— Monopole-polypole — la notion de force dans l'économie, Festschrift für H. Westergaard. In: Nationaløkonomisk Tidskrift, Kopenhagen 1933. Englische Übersetzung in: Preistheorie, hrsg. v. A. E. Ott, Köln, Berlin 1965.

Fujita, K.: Cartels and Conflicts, Journal of the Osaka University of Commerce, 1935.

Gabor, A., u. *Pearce,* J. F.: A New Approach to the Theory of the Firm, Oxford Economic Papers, NS, Bd. 4, 1952.

Gabriel, S. L.: „Aufeinander abgestimmte Verhaltensweisen" unter wettbewerbspolitischem Aspekt, Wirtschaft und Wettbewerb, Jahrg. 11, 1961.

Gäfgen, G.: Zur Theorie kollektiver Entscheidungen in der Wirtschaft. (Eine Neuinterpretation der Welfare Economics) Jahrbücher für Nationalökonomie und Statistik, Bd. 173, 1961.

— Theorie der wirtschaftlichen Entscheidungen. Untersuchung zur Logik und ökonomischen Bedeutung des rationalen Handelns, Tübingen 1963.

Gale, D.: The Theory of Linear Economic Models, New York, Toronto, London 1960.

Gamble, S. D., u. *Burgess,* J. S.: Peking: A Social Study. Forword by G. S. Eddy and R. A. Woods, New York 1921.

Geiger, T.: Die Gestalten der Gesellung, Karlsruhe 1928.

Geulincx, A.: Five Arnoldi Geulinecs Ethica, post tristia authoris fata, edita per Philaxium (Pseud, i. e. C. Boutekoe), Editio prioribus auctor et emendatior, Amstelaedami 1675.

Gierke, O.: Das Deutsche Genossenschaftsrecht I, Berlin 1868.

— Das Wesen der menschlichen Verbände. Rede bei Antritt des Rektorats, gehalten in der Aula der Königl. Friedrich-Wilhelm-Universität am 15. Oktober 1902, Berlin 1902.

Giersch, H.: Allgemeine Wirtschaftspolitik, Bd. 1: Grundlagen, Wiesbaden 1960.

Gleiss, A.: Kartelle und Monopole, Heidelberg 1952.

Goodman, L. A.: The Problem of Social Choice and the Individual Values, Econometrica, Bd. 21, 1953.

— On Methods of Amalgation. In: Decision Processes, hrsg. v. R. M. Thrall, C. H. Coombs, R. L. Davis, New York, London, 2. Aufl. 1957.

Gough, J. W.: The Social Contract. A Critical Study of its Development, London 1936, 2. Aufl. 1957.

Gordon, K.: Group Judgements in the Field of Lifted Wights, Journal of Experimental Psychology, Bd. 7, 1944.

Graaf, J. de: Theoretical Welfare Economics, Cambridge 1957.

— On Making a Recommendation in a Democracy, The Economic Journal, Bd. 72, 1962.

Griffin, C. E.: Enterprise in a Free Society, Chicago 1949.

Großmann, F.: Über industrielle Kartelle, Jahrbuch für Gesetzgebung, Verwaltung und Volkswirtschaft, Bd. 15, 1891.

Gruntzel, J.: Über Kartelle, Leipzig 1902.

— Die wirtschaftliche Konzentration, Wien 1928.

Gutenberg, E.: Grundlagen der Betriebswirtschaftslehre, Bd. 2, Der Absatz, 7. Aufl. Berlin, Göttingen, Heidelberg 1964.

Habisreitinger, H. H.: Konkurrenz und Kooperation, Berlin 1959.

Haerry, H.: Intensität des Wettbewerbs — ein theoretischer Beitrag, Winterthur 1954.

Haley, B. F.: The Relation between Cartel Policy and Commodity Agreement Policy, The American Economic Review, Bd. 36, 1946.

Hall, R. L., u. *Hitch,* C. J.: Price Theory and Business Behaviour, Oxford Economic Papers, Nr. 2, 1939.

Haller, H.: Der Erkenntniswert der Oligopoltheorien, Jahrbücher für Nationalökonomie und Statistik, Bd. 162, 1950.

Hammesfahr, W.: Kartellbeteiligungsziffer, ihre Technik und ihre wirtschaftliche Bedeutung, Berlin 1930.

Hättich, M.: Wirtschaftsordnung und katholische Soziallehre, Stuttgart 1957.

Haus, E.: Des Coalitions industrielles et commerciales, Paris 1863.

Haussmann, F.: Der Wandel des internationalen Kartellbegriffs: Amerik. Kartelldoktrin und World Trade Charter, Bern 1947.

Hawley, A. H.: Human Ecology. A Theory of Community Structure, New York 1950.

Hayek, F. A. v.: Grundsätze einer liberalen Gesellschaftsordnung, Ordo, Bd. 18, 1967.

Heertje, A.: De prijsvorming van consumtiegederen op oligopolistische markten, Leyde 1960.

— On the Theory of Oligopoly, Economia Internazionale, Bd. 13, 1960.

— Preisabsatzfunktionen beim Oligopol, Weltwirtschaftliches Archiv, Bd. 89, 1962.

Heflebower, R. B.: The Firm in Oligopoly Analysis, Weltwirtschaftliches Archiv, Bd.84, 1960 I.

Heimann, E.: Über Individualismus und Solidarismus in der kapitalistischen Konzentration, Archiv für Sozialwissenschaft und Sozialpolitik, Bd. 39, 1915.

Heiman, H.: Antikartelle, Archiv für Sozialwissenschaft und Sozialpolitik, Bd. 26, 1908.

Heinen, E.: Das Zielsystem der Unternehmung. Grundlagen betriebswirtschaftlicher Entscheidungen. Schriftenreihe: Die Betriebswirtschaft in Forschung und Praxis Bd. 1, Wiesbaden 1966.

Helmstädter, E.: Das Verbund-Dyopol Cournots als Modell der Konkurrenz um den Preisanteil und seine verteilungstheoretische Anwendung, Jahrbücher für Nationalökonomie und Statistik, Bd. 174, 1962.

— Gleichgewichtsbereiche in statischen Dyopolmodellen, Jahrbücher für Nationalökonomie und Statistik, Bd. 175, 1963.

Henderson, A.: The Theory of Dyopoly, The Quarterly Journal of Economics, Bd. 68, 1954.

Henderson, J. M., u. *Quandt,* R. E.: Microeconomic Theory, A Mathematical Approach, New York, Toronto, London 1958. Deutsche Übersetzung von W. Meißner: Mikroökonomische Theorie. Eine mathematische Darstellung. Berlin, Frankburt 1967.

Herrmann, E.: Spieltheorie und lineares Programmieren, Köln 1964.

Heuss, E.: Das Oligopol, ein determinierter Markt, Weltwirtschaftliches Archiv, Bd. 84, 1960 I.

— Das Kartell. Ein Beitrag zur Kartelltheorie, Jahrbuch für Sozialwissenschaft, Bd. 12, 1961.

— Allgemeine Markttheorie, Tübingen, Zürich 1965.

Hexner, E.: International Cartels, Chapel Hill 1946.

Hickmann, C. A., u. *Kuhn,* M. H.: Individuals, Groups, and Economic Behaviour, New York 1956.

Hicks, J. R.: Annual Survey of Economic Theory. The Theory of Monopoly. In: Econometrica, Bd. 3, 1935. In: Readings in Price Theory, hrsg. v. K. E. Boulding und J. G. Stigler, London 1953, 2. Aufl. 1956. Übersetzung: Preistheorie, hrsg. v. A. E. Ott, Köln, Berlin 1965, Neue Wissenschaftliche Bibliothek, Bd. 1.

— The Foundations of Welfare Economics, The Economic Journal, Bd. 49, 1939.

Hilferding, R.: Das Finanzkapital, Marx-Studien. Blätter zur Theorie und Politik des wissenschaftlichen Sozialismus, hrsg. v. M. Adler und R. Hilferding, Bd. 3, Wien 1923.

Hines, H. H.: Effectiveness of „Entry" by Already Established Firms, The Quarterly Journal of Economics, Bd. 71, 1957.

Hippel, E. v.: Geschichte der Staatsphilosophie. In Hauptkapiteln, Meisenheim 1957.

Hirsch, K.: Zur Kartellfrage, Jena 1904.

Hobbes, T.: Naturrecht und allgemeines Staatsrecht in den Anfangsgründen. Mit einer Einführung von F. Tönnies, Klassiker der Politik, Bd. 13, 1926.

Hoffmann, E.: Der Ausgleich in den Kartellen, Stuttgart 1941.

Hofstätter, P. R.: Gruppendynamik. Kritik der Massenpsychologie, Rowohlts deutsche Enzyklopädie, Bd. 38, Hamburg 1957.

Homans, G. C.: The Human Group, New York 1950.

Hoppmann, E.: Das Konzept der optimalen Wettbewerbsintensität. Jahrbücher für Nationalökonomie und Statistik, Bd. 179, 1966.

— Wettbewerb als Norm der Wettbewerbspolitik, Ordo Bd. 18, 1967.

Hotelling, H.: Stability in Competition, The Economic Journal, Bd. 39, 1929.

Houssiaux, J.: Le Pouvoir de monopole, Toulouse 1958.

Howard, J. A.: Collusive Behaviour, Journal of Business of the University of Chicago 1954.

Huber, F. C.: Die Kartelle, Stuttgart, Leipzig 1903.

Huizinga, J.: Homo Ludens. Vom Ursprung der Kultur im Spiel, übersetzt v. H. Nachod, Rowohlts deutsche Enzyklopädie, Bd. 21, Hamburg 1956.

Huppert, W.: Monopole und Konzentration, Jahrbuch für Sozialwissenschaft, Bd. 1, 1950.

Hurwicz, L.: The Theory of Economic Behaviour, The American Economic Review, Bd. 35, 1945.

— What has Happened to the Theory of Games? The American Economic Review, Bd. 43, 1953.

Isard, W., *Smith*, T. E.: A Practical Application of Game Theoretical Approaches to Arms Reduction (and to Goal Determinations among Regional Planning Authorities), Peace Research Society (International), Papers Bd. IV, 1966.

Isay, R.: Studien im privaten und öffentlichen Kartellrecht, Mannheim 1922.

— Die Entwicklung der deutschen und ausländischen Kartellgesetzgebungen, Berlin 1930.

Ischboldin, B.: Über das Objekt wirtschaftlichen Handelns und der Nationalökonomie. Finanzarchiv, NF Bd. 23, 1963/64.

Iver, M. ed.: Zivilisation und Gruppenbeziehungen, Berlin 1951.

Jaspers, K.: Die geistige Situation der Zeit, 4. Aufl. Berlin, Leipzig 1932.

Jochimsen, R.: Ansatzpunkte der Wohlstandsökonomik. Versuch einer Neuorientierung ..., Veröffentlichungen der List-Gesellschaft e. V., Bd. 21, Basel, Tübingen 1960.

Jöhr, W. A.: Theoretische Grundlagen der Wirtschaftspolitik, Bd. 1, St. Gallen 1943.

— Die verschiedenen Varianten des Kollektivmonopols, Schweizerische Zeitschrift für Volkswirtschaft und Statistik, Bd. 87, 1951.

— Der Kompromiß als Problem der Gesellschafts-, Wirtschafts- und Staatsethik, Recht und Staat, Heft 208/209, Tübingen 1958.

— Zur Diskussion über die Rolle der Konkurrenz in der modernen Wirtschaft, in: Einheit und Vielfalt in den Sozialwissenschaften, Festschrift für A. Mahr, hrsg. von W. Weber, Wien, New York 1966.

Jong, F. J. de: Het system van de marktvormen, Leiden 1951.

Junckerstorff, K.: Generalisierung oder Differenzierung beim Neuaufbau der Kartellpolitik? Schmöllers Jahrbuch für Gesetzgebung, Verwaltung und Volkswirtschaft, 73 I, 1953.

Jünger, F. G.: Die Spiele. Ein Schlüssel zu ihrer Bedeutung, List-Bücher, Bd. 128, München 1959.

Kade, G.: Theorie der Spiele und ökonomische Entscheidungsprozesse, Zeitschrift für Nationalökonomie, Bd. 21, 1961.

— Die Grundannahmen der Preistheorie. Eine Kritik an den Ausgangssätzen der mikroökonomischen Modellbildung, Berlin, Frankfurt 1962.

Kahn, R. F.: The Problem of Duopoly, The Economic Journal, Bd. 47, 1937.

Kaldor, N.: Mrs. Robinson's Economics of Imperfect Competition, Economica, Bd. 1, 1934.

— Welfare Propositions of Economic and Interpersonal Comparisons of Utility, The Economic Journal, Bd. 49, 1939.

— The Economic Aspects of Advertising, The Review of Economic Studies, Bd. 18, 1950/51.

— Market Imperfection and Excess Capacity, Economica 1935. Wiederabdruck in: Readings in Price Theory, hrsg. v. K. E. Boulding und G. J. Stigler, London 1953.

Kant, I.: Idee zu einer Philosophie der Geschichte in weltbürgerlicher Absicht, Leipzig 1838, Bd. IV.

Kantorowicz, W.: Kartell-Probleme, Berlin 1911.

Kantzenbach, E.: Die Funktionsfähigkeit des Wettbewerbs. Wirtschaftspolitische Studien aus dem Institut für Europäische Wirtschaftspolitik der Universität Hamburg, hrsg. v. H. Jürgensen, H. 1, Göttingen 1966.

Kartte, W.: Zur Auslegung des § 1 GWB: Kartelle — Zusammenschlüsse — Gemeinschaftsunternehmen, Wirtschaft u. Wettbewerb, Jg. 13, 1963.

Kaskell, J., u. *Schlesinger,* R. B.: Monopole, Trusts, Kartelle in Amerika und Deutschland. Über die Beeinflussung der wirtschaftlichen Struktur durch staatliche Maßnahmen in den Vereinigten Staaten und Deutschland, Hann. Münden 1951.

Kaskel, W.: Koalition und Koalitionskampfmittel, Berlin 1925.

Kaufer, E.: Nochmals: Von der Preistheorie zur Wettbewerbstheorie, Ordo Bd. 18, 1967.

Kaysen, C.: Collusion under the Sherman Act, The Quarterly Journal of Economics, Bd. 65, 1951.

Keel, G.: Industrielle und kommerzielle Ringe und Kartelle und ihre strafrechtliche Behandlung. Dogmatisch-historisch bearbeitet, Dissertation Zürich 1897.

Keirstead, B. S.: Capital, Interest and Profits, Oxford 1959.

Keller, W.: Artikel „Konkurrenz und Monopol". In: Wörterbuch der Soziologie, hrsg. v. F. Bülow und W. Bernsdorf, Stuttgart 1955.

Kellerer, H.: Zur statistischen Messung der Konzentration in der Wirtschaft, hrsg. v. H. Arndt, Bd. 1, „Stand der Konzentration", Berlin 1960, Schriften des Vereins für Socialpolitik, N. F., Bd. 20 I.

Kempel, F.: Göttliches Sittengesetz und neuzeitliches Erwerbsstreben. Eine Wirtschaftslehre in sittenorganischer Auffassung der gesellschaftlichen Erwerbsverhältnisse, Mainz 1902.

Kempski, J. v.: Wie ist Theorie der Politik möglich? Zeitschrift für die gesamte Staatswissenschaft, Bd. 106, 1950.

— Mathematische Sozialtheorie, Handwörterbuch der Sozialwissenschaft. Bd. 7, 1961.

Kestner, F.: Der Organisationszwang. Eine Untersuchung über die Kämpfe zwischen Kartellen und Außenseitern, 1. Aufl. Berlin 1912. 2. umgearb. u. unter Berücks. d. neuen Gesetzgebung erg. Aufl. v. O. Lemisch, Berlin 1927.

Kilger, W.: Quantitative Ableitung polypolistischer Preisabsatzfunktionen aus den Heterogenitätsbedingungen atomistischer Märkte, in: Festschrift für E. Gutenberg, Wiesbaden 1963.

Klebs, F.: Kartellform und Preisbildung, Stuttgart, Berlin 1939.

Klein, J.: The Study of Groups, London 1956.

Kleinwächter, F. v.: Zur Reform der Handwerksverfassung, In: Deutsche Zeit- und Streitfragen. Flugschriften zur Kenntnis der Gegenwart, hrsg. v. F. v. Holtzendorff und W. Oncken, Berlin 1895, Jahrg. 4.

— Die Kartelle. Ein Beitrag zur Frage der Organisation der Volkswirtschaft, Innsbruck 1883.

Klug, O.: Kritisches zum Kartellproblem, Kartellrundschau 1930.

— Das Wesen der Kartell-, Konzern- und Trustbewegung, Jena 1930.

— Der Streit um die Kartelle und Konzerne, Frankfurt 1953.

Kluge, F.: Etymologisches Wörterbuch der Deutschen Sprache, 19. Aufl. bearb. v. W. Mitzka, Berlin 1963.

Kneser, H.: Soziologie und Wirtschaftswissenschaft in heutiger mathematischer Behandlung, Studium Generale, Jahrg. 6, 1953.

Knight, F. H.: The Ethics of Competition and Other Essays, London 1935. Wiederabdruck von: The Quarterly Journal of Economics, Bd. 37, 1923.

Koberstein, G.: Unternehmenszusammenschlüsse, Essen 1955.

Koch, W.: Kommunismus und Individualismus. Wirtschaftstheoretische Argumente, Tübingen 1949.

Kohler, J.: Der unlautere Wettbewerb. Darstellung des Wettbewerbsrechts, Berlin, Leipzig 1919.

König, H.: Kartelle und Konzentration (unter besonderer Berücksichtigung der Preis- und Mengenabsprachen), in: Die Konzentration in der Wirtschaft, hrsg. v. H. Arndt, Schriften des Vereins für Socialpolitik, NF Bd. 20/I, 1960.

König, R.: Artikel „Gruppe". In: Fischerlexikon Bd. 10, Soziologie, hrsg. v. R. König, Frankfurt 1958.

Kozlik, A.: Allgemeine Monopolisierung, Zeitschrift für Nationalökonomie, Bd. 21, 1962.

Krelle, W.: Unbestimmtheitsbereiche in der Preisbildung und der Einkommensverteilung, Schriften des Vereins für Socialpolitik, NF, Bd. 12, 1956.

— Kartelle und Preisflexibilität, Schweizerische Zeitschrift für Volkswirtschaft und Statistik, Bd. 95, 1959.

— Preistheorie, St. Galler Wirtschaftswissenschaftliche Forschungen, Bd. 17, Tübingen, Zürich 1961.

— Unbestimmtheitsbereiche beim Dyopol. Erwiderung auf Bemerkungen von Tycho Seitz, Jahrbücher für Nationalökonomie und Statistik, Bd. 175, 1963.

Kristensen, T.: Sammensat og Kollektivt Monopol. (Composite and Collective Monopoly) Nationaløkonomisk Tidskrift, Bd. 76, 1938.

— A Note on Dyopoly, The Review of Economic Studies, Bd. 6, 1938/39.

Kröll, M.: Gesellschaft und Staat. Eine sozialwissenschaftliche Propädeutik, Berlin 1961.

Kropotkin, P.: Gegenseitige Hilfe in der Entwicklung. Übersetzt v. G. Landauer, Leipzig 1904.

Krusche, D.: Marktverhalten und Wettbewerb. Eine Untersuchung zum Gesetz gegen Wettbewerbsbeschränkungen. In der Schriftenreihe: Beiträge zur Verhaltensforschung, hrsg. v. G. Schmölders, H. 3, Berlin 1961.

Kühner, R.: Tendenzen zur Kartellbildung. Eine modelltheoretische Untersuchung, Rechts- u. Staatsw. F., Dissertation Tübingen 1956.

Kühne, K.: Funktionsfähige Konkurrenz. Monopolistische Restriktion und Wettbewerbsproblem in der modernen Wirtschaft, Volkswirtschaftliche Schriften, Heft 39, Berlin 1958.

Küng, E.: Einzelinteresse und Gesamtinteresse. In: Individuum und Gemeinschaft, St. Galler wirtschaftswissenschaftliche Forschungen, Bd. 7, St. Gallen 1949.

Lampert, H.: Die Preisführerschaft, Jahrbücher für Nationalökonomie und Statistik, Bd. 172, 1960.

Lange, O.: Formen der Angebotsanpassung und wirtschaftliches Gleichgewicht, Zeitschrift für Nationalökonomie, Bd. 6, 1935.

— Kritik der subjektivistischen Ökonomik. In: Theorie und Realität. Ausgewählte Aufsätze zur Wissenschaftslehre der Sozialwissenschaften, hrsg. v. H. Albert, Tübingen 1964.

— Das Prinzip der wirtschaftlichen Rationalität. Ökonomie und Praxeologie, Zeitschrift für die gesamte Staatswissenschaft, Bd. 120, 1964.

Lanzilotti, R. F.: Multiple Products and Oligopoly Strategy. A Development of Chamberlin's Theory of Products, The Quarterly Journal of Economics, Bd. 68, 1954.

— Competitive Price Leadership — a Critique of Price Leadership Models, The Review of Economics and Statistics, Bd. 39, 1957.

Lauschmann, E.: Zum gegenwärtigen Stand und den weiteren Entwicklungsmöglichkeiten der Welfare Economics, Jahrbuch für Sozialwissenschaft, Bd. 13, 1962.

Launhardt, W.: Mathematische Begründung der Volkswirtschaftslehre, Leipzig 1885.

Lave, L. B.: An Empirical Approach to the Prisonners Dilemma Game, The Quarterly Journal of Economics, Bd. 76, 1962.

Lazarsfeld, P. F.: Mathematical Thinking in the Social Sciences, Glencoe 1955.

Lehmann, G.: Marktformenlehre und Monopolpolitik, Sozialwissenschaftliche Abhandlungen, hrsg. v. d. Hochschule für Arbeit, Politik und Wirtschaft, Wilhelmshaven-Rüstersiel, Berlin 1956.

Lehnich, O.: Kartelle und Staat, Berlin 1928.

Leibenstein, H.: Economic Theory and Organizational Analysis, New York 1960.

— Notes on Welfare Economics and the Theory of Democracy, The Economic Journal, Bd. 72, 1962.

Leibniz, G. W.: Op. Edit. Dutens, II. Tom, 2. Sect. I, Genf 1768.

Leontief, W.: Multiple-plant Firms: Comment, The Quarterly Journal of Economics, Bd. 29, 1947.

Lerner, A. P.: The Concept of Monopoly and the Measurement of Monopoly Power, In: The Review of Economic Studies, Bd. 1, 1933/34. Übersetzung in: Preistheorie, hrsg. v. A. E. Ott, Köln, Berlin 1965.

Levenson, A. M. u. *Solon,* B. S.: Outline of Price Theory, New York, London 1964.

Levy, H.: Monopole, Kartelle und Trusts in ihren Beziehungen zur Organisation der kapitalistischen Industrie, Jena 1909.

— Monopole, Kartelle, Trusts in der Geschichte der englischen Industrie, 2. Aufl. Jena 1927.

Lewin, K.: Die Lösung sozialer Konflikte, Nauheim 1953.

— Feldtheorie in den Sozialwissenschaften, übersetzt v. A. Lang und W. Lohr, Bern, Stuttgart 1963.

Lewis, H. G.: Some Observations on Duopoly Theory, The American Economic Review, P. P., Bd. 38, 1948.

Lexis, W.: Artikel „Wettbewerb". In: Wörterbuch der Volkswirtschaft, hrsg. v. L. Elster, 2. völlig umgearbeitete Aufl., Bd. 2, Jena 1907.

Liefmann, R.: Die Unternehmerverbände (Konventionen, Kartelle), ihr Wesen und ihre Bedeutung. In: Volkswirtschaftliche Abhandlungen der Badischen Hochschulen, hrsg. v. C. J. Fuchs, H. Herkner, G. v. Schulze-Gävernitz, M. Weber, Bd. 1, Freiburg, Leipzig, Tübingen 1897.

— Die Unternehmungen und ihre Zusammenschlüsse, Bd. 2, Kartelle, Konzerne, Trusts. 7. umgearbeitete und erweiterte Aufl., Stuttgart 1927.

— Zur Systematik wirtschaftlicher Machtstellungen, Kartellrundschau, Jahrg. 26, 1928.

— Kartelle, Konzerne und Trusts, Stuttgart, 8. Aufl. 1930.

— Kartelle und Trusts und die Weiterbildung der volkswirtschaftlichen Organisation, Stuttgart 1958.

Lindner, T.: Einzelentscheidungen oder Mehrheitsbeschluß? Unternehmensforschung, Operations Research, Bd. 2, 1958.

Litt, T.: Individuum und Gemeinschaft. Grundlegung der Kulturphilosophie, 2. Aufl. Berlin, Leipzig 1929.

Little, J. M. D.: A Critique of Welfare Economics, Oxford 1950, 2. Aufl., 1957.

Loesch, H. v.: Die Kölner Zunfturkunden. Nebst anderen Kölner Gewerbeurkunden bis zum Jahre 1500, Bonn 1907.

Lohmann, M.: Das Rechnungswesen der Kartell- und Gruppenwirtschaft, Berlin 1937.

Lucae, G.: Außenseiter von Kartellen. Ein Beitrag zum Problem der Wirtschaftsfreiheit, Berlin 1929.

Luce, D. R. u. *Raiffa,* H.: Games and Decisions. Introduction and Critical Survey, New York 1957, 4. Aufl. 1964.

Lynch, D.: The Concentration of Economic Power, New York 1949.

Machlup, F.: The Nature of the International Cartel Problem. In: A Cartel Policy for the United Nations, New York 1946.

— Marginal Analysis and Empirical Research, The American Economic Review, Bd. 36, 1946.

— The Basing-point System. An Economic Analysis of a Controversial Princing Practical. Philadelphia, Toronto 1949.

— The Characteristics and Classifications of Oligopoly, Kyklos, Bd. 5, 1951/52.

— The Economics of Seller's Competition, Baltimore 1952.

— Oligopolistic Indeterminacy, Weltwirtschaftliches Archiv, Bd. 68, 1952.

— The Political Economy of Monopoly. Business, Labor, and Government Policies, Baltimore 1952.

— Artikel „Oligopol". In: Handwörterbuch der Sozialwissenschaften, Stuttgart, Tübingen, Göttingen 1961.

— Wettbewerb (III): Wirtschaftstheoretische Betrachtung, Handwörterbuch der Sozialwissenschaften, Tübingen, Göttingen 1962.

— Oligopol und Freiheit, Ordo Bd. 18, 1967.

Makower, H.: Activity Analysis and the Theory of Economic Equilibrium, London 1959.

Maller, I. B.: Cooperation and Competition. An Experiment Study in Motivation, New York 1929.

Mannstaedt, H.: Ursachen und Ziele des Zusammenschlusses im Gewerbe unter besonderer Berücksichtigung der Kartelle und Trusts, Jena 1916.

Marbach, F.: Kartelle Trusts und Sozialwirtschaft, Bern 1932.

— Monopolistische Organisationsformen, Bern 1950.

— Das Kartellproblem in schweizerischer Sicht, Schweizerische Zeitschrift für Volkswirtschaft und Statistik, Bd. 87, 1951.

— Beitrag zur Kontroverse um den Monopolbegriff. In: Wirtschaftstheorie und Wirtschaftspolitik, Festschrift für Alfred Amonn, Bern 1953.

— Artikel „Kartelle und kartellartige Organisationen". In: Handbuch der schweizerischen Volkswirtschaft, Bd. 2, Ausgabe Bern 1955.

March, J. G.: Group Norms and the Active Minority, The American Sociological Review, Bd. 19, 1954.

March, J. G. u. *Simon*, H. A.: Organizations, New York, London 1958.

Marchal, J.: Der Gruppen- und Molekularkapitalismus, Wirtschaft und Recht 1951/52.

Markham, J. W.: The Nature and Significance of Price Leadership, The American Economic Review, Bd. 41, 1951.

Maroni, Y.: Discrimination under Market Interdependance. The Quarterly Journal of Economics, Bd. 62, 1948.

Marschak, J.: Towards an Economic Theory of Organization and Information. In: Decision Processes, New York, London 1954.

Marschak, J. u. *Radner*, R.: Economic Theory of Teams, Cowles Foundation Discussion Papers No. 59, 1958.

Marshall, A.: Principles of Economics, 8. Aufl. London 1920.

Maschler, M.: The Power of a Coalition, Management Science, Bd. 10, 1963.

Mason, E. S.: Market Power and Business Conduct, The American Economic Review, Bd. 46, 1956.

— Economic Concentration and the Monopoly Problem, Cambridge 1957.

May, M. A. u. *Dobb,* L. W.: Competition and Cooperation, Social Science Research Council, Bull. No. 25, New York 1937.

May, K. O.: A Set of Indipendent, Necessary, and Sufficient Conditions for Simple Major Decision, Econometrica, Bd. 20, 1952.

— A Note on the Complete Independence of the Conditions for Simple Majority Decisions, Econometrica, Bd. 21, 1953.

Mayberry, J. P., *Nash,* J. F., u. *Shubik,* M.: A Comparison of Treatments of a Duoply Situation, Econometrica, Bd. 21, 1953.

Mayer, L.: Kartelle, Kartellorganisationen und Kartellpolitik, Wiesbaden 1959.

McGarvey, D. C.: A Theorem in the Construction of Voting Paradoxes, Econometrica, Bd. 21, 1953.

McKenzie, L. W.: Ideal Output and the Independence of Firms, The Economic Journal, Bd. 62, 1952.

McKinsey, J. C. C.: Introduction to the Theory of Games, New York, Toronto, London 1952.

Mead, M.: Cooperation and Competition among Primitive Peoples, New York 1937.

Meissner, W.: Gleichgewichtsökonomik und mikroökonomische Entscheidungstheorie, Finanzarchiv, NF Bd. 26, 1967.

Meißner, W.: Oligopolanalyse im Rahmen eines allgemeinen Handlungsmodells, Wirtschaftswissenschaftliche Abhandlungen, Heft 21, Berlin 1965.

Meriam, R.: Bigness and the Economic Analysis of Competition, Havard Business Review, 1950.

Messner, J.: Das Naturrecht. Handbuch der Gesellschaftsethik, Staatsethik und Wirtschaftsethik, 2. Aufl. 1950.

Metzner, M.: Kartelle als Träger der Rationalisierung, Berlin 1955.

Mey, H.: Studien zur Anwendung des Feldbegriffs in den Sozialwissenschaften, München 1964.

Meyer, F. W. u. *Gröner,* H.: Internationale Konzentration in der Wirtschaft, Bd. 1, „Stand der Konzentration", hrsg. v. H. Arndt, Berlin 1960, Schriften des Vereins für Socialpolitik, N. F., Bd. 20/1.

Meyer, J. J: Das altindische Buch vom Welt- und Staatsleben. Das Arthacastra des Kautila, aus dem Sanskrit übersetzt und mit einer Einleitung und Anmerkungen versehen von J. J. Meyer, Leipzig 1926.

Miksch, L.: Die sittliche Bedeutung der inneren Koordination, Ordo. Jahrbuch für die Ordnung von Wirtschaft und Gesellschaft, Bd. 3, 1950.

Mills, C. W.: Kritik der soziologischen Denkweise, aus dem Amerikanischen von A. Kruse, mit einer Einleitung von N. Birnbaum, Soziologische Texte, Bd. 8, Neuwied 1964.

Mills, T. M.: Power Relations in Three Person Groups, The American Sociological Review, Bd. 18, 1953.

Mishan, E. J.: A Survey of Welfare Economics, 1939—59, The Economic Journal, Bd. 70, 1960.

— The Principle of Compensation Reconsidered, The Journal of Political Economy, Bd. 60, 1952.

Möller, H.: Kalkulation, Absatzpolitik und Preisbildung, Wien 1941.

Morgenstern, O.: Vollkommene Voraussicht und wirtschaftliches Gleichgewicht, Zeitschrift für Nationalökonomie, Bd. 6, 1935. Wiederabdruck in: Morgenstern, O.: Spieltheorie und Wirtschaftswissenschaft, Wien, München 1963.

— Oligopoly, Monopolistic Competition, and the Theory of Games, The American Economic Review, Bd. 38, 1948.

Muhs, K.: Kartelle und Konjunkturbewegung, Jena 1933.

Myrdal, G.: Das Zweck-Mittel-Denken in der Nationalökonomie, Zeitschrift für Nationalökonomie, Bd. 6, 1933.

Nash, J. F.: The Bargaining Problem, Econometrica, Bd. 18, 1950.

— Non-Cooperative Games, Annals of Mathematics, Bd. 54, 1951.

— Two Person Cooperative Games, Econometrica, Bd. 21, 1953.

Neisser, H.: The Strategy of Expecting the Worst, Social Research, Bd. 19, 1952.

— Oligopoly as a Non-Zero-Sum-Game. In: The Review of Economic Studies, Bd. 25, 1957/58.

Neuburg, C.: Zunftgerichtbarkeit und Zunftverfassung in der Zeit vom 13. bis 16. Jahrhundert. Ein Beitrag zur ökonomischen Geschichte des Mittelalters, Jena 1880.

Neumann, J. v.: A Certain Zero-sum Game Equivalent to the Optimal Assignment Problem, in: Kuhn, H. W., Tucker, A.W.: Contributions to the Theory of Games, Bd. II, Princeton 1953.

Neumann, J. v. u. *Morgenstern,* O.: Theory of Games and Economic Behavior, Princeton 1944. Deutsche Ausgabe: Spieltheorie und wirtschaftliches Verhalten, Würzburg 1961.

Neumeyer, F.: Monopolkontrolle in USA, Berlin 1953.

Nichol, A. J.: Partial Monopoly and Price Leadership, Philadelphia 1930.

— Fellner on Competition among the Few, The Journal of Political Economy, Bd. 58, 1950.

Nicholls, W. H.: Price Policies in the Cigarette Industry. A Study of „Concerted Action" and its Social Control 1911—1950, Nashville 1951.

Nicklisch, H.: Kartellbetrieb, Leipzig 1909.

Niehans, J.: Das ökonomische Problem des technischen Fortschritts, Schweizerische Zeitschrift für Volkswirtschaft und Statistik, Bd. 90, 1954.

— Kartelle und Preisflexibilität, Schweizerische Zeitschrift für Volkswirtschaft und Statistik, Bd. 94, 1958.

— Noch einmal Kartelle und Preisflexibilität, Schweizerische Zeitschrift für Volkswirtschaft und Statistik, Bd. 95, 1959.

— Monopolpreis, vertikale Integration und Mengenrabatt, Schweizerische Zeitschrift für Volkswirtschaft und Statistik, Bd. 95, 1959.

Nordbotten, S.: A Survey of Models for Interindustry Economics, Weltwirtschaftliches Archiv, Bd. 74, 1955 I.

Nußbaumer, A.: Die Konkurrenzwirtschaftliche Marktanpassung einzelner Unternehmungen innerhalb einer Industrie, Zeitschrift für Nationalökonomie, Bd. 19, 1960.

Nutter, W. G.: Duopoly, Oligopoly, and Emerging Competition, Southern Ecoomic Journal, 1964.

Ohm, H.: Angewandte Preistheorie und Grenzkosten — Preisprinzip bei unvollkommener Integration, Weltwirtschaftliches Archiv, Bd. 84, 1960 I.

Oliver, H. M.: Average Cost and Long-Run Elastaticity of Demand, The Journal of Political Economy, Bd. 55, 1947.

Ollenburg, G.: Preistheorie und Methodenkritik, Finanzarchiv, NF Bd. 25, 1966.

Oppenheimer, F.: System der Soziologie. Bd. 1 Allgemeine Soziologie. 1. Halbbd. Grundlegung, Jena 1922.

— 2. Halbbd. „Der soziale Prozeß", Jena 1923.

Ortega y Gasset: Individuum und Organisation. In: Individuum und Organisation Darmstädter Gespräche, hrsg. v. F. Neumark, Darmstadt 1954.

Ott, A. E.: Zur dynamischen Theorie der Marktformen Jahrbuch für Nationalökonomie und Statistik, Bd. 167, 1955.

— Marktform und Verhaltensweise, Stuttgart 1959.

— Zum Problem der Preisdifferenzierung, Schweizerische Zeitschrift für Volkswirtschaft und Statistik, Bd. 95, 1959.

— Preistheorie, Jahrbuch für Sozialwissenschaft, Bd. 13, 1962.

— Preis-Absatzfunktionen beim unvollkommenen Oligopol, Weltwirtschaftliches Archiv, Bd. 88, 1962 I.

— Gewinnmaximierung, Reaktionshypothese und Gleichgewichtsgebiet beim unvollkommenen Dyopol, Jahrbuch für Nationalökonomie und Statistik, Bd. 175, 1963.

— Preis-Absatzfunktionen beim Oligopol. Eine Replik, Weltwirtschaftliches Archiv, Bd. 90, 1963 I.

Oxenfeldt, A. R.: Professor Markham on Price Leadership. Some Unanswered Questions, The American Economic Review, Bd. 42, 1952.

Pahlke, J.: Welfare Economics. Grundlage allgemeingültiger wirtschaftspolitischer Entscheidungen? Berlin 1960.

Papandreou, A. G. u. *Wheeler,* J. T.: Competition and its Regulation, Prentice-Hall 1954.

Papandreou, A. G.: Market Structure and Monopoly Power, The American Economic Review, Bd. 39, 1949.

Parkes, H. B.: Comradeship and Individualism in Democracy, The American Journal of Economics and Sociology, Bd. 19, 1960.

Parsons, T. u. *Shils,* E. A.: Towards a General Theory of Action, Cambridge 1952.

Parsons, T., *Bales,* R. F. u. *Shils,* E. A.: Working Papers in the Theory of Action, Glencoe 1954.

Parsons, T. u. *Smelser,* N. J.: Economy and Society. A Study of the Integration of Economic and Social Theory, London 1956.

Parsons, T.: Beiträge zur soziologischen Theorie, aus dem Amerikanischen v. B. Mitchell, u. D. Rüschermeyer, Soziologische Texte, Bd. 15, Neuwied 1964.

Passow, R.: Kartelle, Jena 1930.

Patinkin, D.: Multiple-Plant Firms: Cartels, and Imperfect Competition, The Quarterly Journal of Economics, Bd. 61, 1947.

— Note on the Allocation of Output, The Quarterly Journal of Economics, Bd. 61, 1947.

Peez: Dikussionsbeitrag. In: Discussion über „Kartelle“. In: Mitteilungen der Gesellschaft österreichischer Volkswirte, 1. Jahrg. 1888/89, Prag, Wien, Leipzig 1889.

Pen, J.: General Theory of Bargaining, The American Economic Review, Bd. 42, 1952.

— The Wage Structure under Collective Bargaining, Cambridge 1959.

Penrose, E. T.: Limits to the Growth and Size of Firms, The American Economic Review, Bd. 45, 1955.

Perroux, F.: Entwurf einer Theorie der dominierenden Wirtschaft, Zeitschrift für Nationalökonomie, Bd. 13, 1952.

Peter, H.: Macht und ökonomisches Gesetz, Schmollers Jahrbuch, Jahrg. 58, 2. Halbbd., 1934.

— Gutachten zu Grundfragen eines Gesetzes gegen Wettbewerbsbeschränkungen. Veröffentl. v. BDJ, Ausschuß für Wettbewerbsordnung, Drucksache Nr. 29, Köln 1955.

Philipps, A.: A Theory of Interfirm Organization, The Quarterly Journal of Economics, Bd. 74, 1960.

Phlips, L.: La théorie de la demande et le concept d'industrie, Schweizerische Zeitschrift für Volkswirtschaft und Statistik, Jahrg. 99, 1963.

— Demand Curves and Product Differentiation, Kyklos, Bd. 17, 1964.

Picton, G.: Commercial Agreements: The Form and Content of Some Agreements between Firms, Cambridge 1952.

Pieper, J.: Grundformen sozialer Spielregeln, Freiburg 1933.

Pigou, A. C.: The Economics of Welfare, London 1920, 4. Aufl. 1932, Wiederabdruck 1946.

Piotrowski, R.: Cartels and Trusts. Their Origin and Historical Development from the Economics and Legal Aspects, London 1933.

Poffenberger, A. T.: Psychology of Advertising, New York 1932.

Pohle, L.: Die Kartelle der gewerblichen Unternehmer. Eine Studie über die großindustriellen Organisationsformen der Gegenwart, Leipzig 1898.

Pole, D.: Pareto on the Compensating Principle, The Economic Journal, Bd. 65, 1955.

Popitz, H., *Bahrdt,* H. P., *Jüres,* E. A. u. *Kesting,* H.: Technik und Industriearbeit, Tübingen 1957.

Pribram, K.: Cartel Problems, Washington 1935.

Proesler, H. u. *Beer,* K.: Die Gruppe. The Group. Le Groupe. Ein Beitrag zur Systematik soziologischer Grundbegriffe, Berlin 1955.

Rapoport, A.: Fights, Games, and Debates, The University of Michigan Press 1960.

Rasch, H.: Kartellvertrag oder Gemeinschaftsunternehmen? Wirtschaft und Wettbewerb, Jahrg. 11, 1961.

Rashevsky, N.: Mathematical Theory of Human Relations, Bloomington 1947.

— Mathematical Biology of Human Behavior, 1. Aufl. Chicago 1951, erweiterte Aufl. Chicago 1959.

Recktenwald, H. C.: Zur Lehre von den Marktformen, Weltwirtschaftliches Archiv, Bd. 67, 1951 II. Wiederabdruck in: Preistheorie, hrsg. v. A. E. Ott, Köln, Berlin 1965.

Reichardt, R.: Competition through the Introduction of New Products, Zeitschrift für Nationalökonomie, Bd. 21, 1961.

Richardson, G. B.: Equilibrium, Expectations, and Information. The Economic Journal, Bd. 69, 1959.

Richter, R.: Preistheorie, Wiesbaden 1963.

— Das Konkurrenzproblem im Oligopol, Volkswirtschaftliche Schriften 12, Berlin 1954.

Riesmann, D.: Die einsame Masse. Eine Untersuchung mit einer Einführung in die deutsche Ausgabe von H. Schelsky, Berlin 1956.

Robinson, E. A. G.: Monopoly, Cambridge Economic Handbooks 11, 7. Aufl. New York, London 1949.

Robinson, J.: The Economics of Imperfect Competition, London 1933.

— The Impossibility of Competition, in: Monopoly and Competition and their Regulation. Papers and Proceedings held by the International Economic Association, ed. by E. Chamberlin, London 1954.

Robinson, R.: The Economics of Disequilibrium Price, The Quarterly Journal of Economics, Bd. 75, 1961.

Röpke, W.: Wettbewerb. Ideengeschichte und ordnungspolitische Stellung. In: Handwörterbuch der Sozialwissenschaften, Bd. 12, Stuttgart, Tübingen, Göttingen 1965.

Roos, Ch. F.: A Mathematical Theory of Competition, American Journal of Mathematics, Bd. 47, 1925.

Roover, R. de: Monopoly Theory Prior to Adam Smith: A Revision, The Quarterly Journal of Economics, Bd. 65, 1951.

Röper, B.: Ansätze zu einer wirklichkeitsnahen und dynamischen Theorie der Monopole und Oligopole, Weltwirtschaftliches Archiv, Bd. 67, 1951 II.

— Die Konkurrenz und ihre Fehlentwicklungen, Volkswirtschaftliche Schriften, Heft 6, Berlin 1952.

Rose, K.: Kreuz-Preiselastizitäten und Konkurrenzbeziehungen, Jahrbücher für Nationalökonomie und Statistik, Bd. 170, 1958.

Ross, A. M., u. *Hartmann,* P. T.: Changing Patterns of Industrial Conflict, London 1960.

Rothenberg, J.: Reconsideration of a Group-Welfare Index, Oxford Economic Papers, Bd. 6, 1954.

— The Measurement of Social Welfare, New York 1961.

Rothschild, K. W.: Price Theory and Oligopoly. In: The Economic Journal, Bd. 57, 1947. Neu erschienen in: Readings in Price Theory, London 1953. Übersetzung in: Preistheorie, hrsg. v. A. E. Ott, Köln, Berlin 1965.

— Fellner on Competition among the Few, The Quarterly Journal of Economics, Bd. 65, 1952.

Rottenburg, F. v.: Die Kartellfrage in Theorie und Praxis, Leipzig 1903.

Rousseau, J. J.: Der Gesellschaftsvertrag (Le Contract Social), hrsg. v. W. Tieze, München 1948.

Rubenstein, A. H. u. *Haberstroh,* C. J.: Some Theories of Organization, Homewood 1960.

Russel, B.: Macht. Eine sozialkritische Studie, Zürich 1947.

Ryan, W. J. L.: Price Theory, London, New York 1958.

Sanmann, H.: Marktform, Verhalten, Preisbildung bei heterogener Konkurrenz, Jahrbuch für Sozialwissenchaft, Bd. 14, Göttingen 1963.

Sauermann, H.: Einführung in die Volkswirtschaftslehre, Bd. II, Wiesbaden 1964.

Schäffer, H.: Kartelle und Konzerne. In: Strukturwandlungen der deutschen Volkswirtschaft, hrsg. v. B. Harms, Bd. 1, Berlin 1928.

Schäffle, A. E.: Zum Kartellwesen und zur Kartellpolitik, Zeitschrift für die gesamte Staatswissenschaft, Bd. 54, Tübingen 1898.

Schaube, A.: Handelsgeschichte der romanischen Völker des Mittelalters bis zum Ende der Kreuzzüge, München 1906.

Scheler, M.: Der Formalismus in der Ethik und die materielle Wertethik. Neuer Versuch der Grundlegung eines ethischen Personalismus, Gesammelte Werke, Bd. 2, Halle 1916, 4. Aufl. Bern 1954.

Schelling, T. C.: The Strategy of Conflict, Cambridge 1960.

Schiller, K.: Sozialismus und Wettbewerb. In: Grundfragen moderner Wirtschaftspolitik, hrsg. v. C. Schmid, K. Schiller, E. Potthoff. Schriftenreihe der Gesellschaft zur Förderung der politischen Wissenschaft, Bd. 1, 1957.

Schilling, K.: Geschichte der sozialen Ideen. Individuum, Gemeinschaft, Gesellschaft, Kröners Taschenausgabe, Bd. 261, Stuttgart 1957.

Schmalenbach, E.: Pretiale Wirtschaftslenkung, Bremen, Horn 1947/48.

— Kostenrechnung und Preispolitik, 7. Aufl. Köln und Opladen 1956.

Schmidt, L. M.: Grundlagen und Formen der Preisdifferenzierung im Lichte der Marktformenlehre und Verhaltenstheorie, Volkswirtschaftliche Schriften, Heft 91, Berlin 1965.

Schmoller, G. v.: Allgemeine Volkswirtschaftslehre, Bd. 2, Leipzig 1904.

Schneider, E.: Über den Einfluß von Änderungen der Nachfrage auf Monopolpreisbildung, Archiv für Sozialwissenschaft und Sozialpolitik, Bd. 64, 1930.

— Drei Probleme der Monopoltheorie, Zeitschrift für Nationalökonomie, Bd. 2, 1930/31.

— Reine Theorie monopolistischer Wirtschaftsformen, Tübingen 1932.

— Das Verteilungs- und Kostenproblem in einer vertrusteten Industrie, Schmollers Jahrbuch für Gesetzgebung, Verwaltung und Volkswirtschaft, Bd. 56, 1932. Wiederabgedruckt in: Volkswirtschaft und Betriebswirtschaft. Ausgewählte Aufsätze von Erich Schneider, Tübingen 1964.

— Zur Konkurrenz und Preisbildung auf vollkommenen und unvollkommenen Märkten, Weltwirtschaftliches Archiv, Bd. 48, 1938 II.

— Zielsetzung, Verhaltensweise und Preisbildung, Jahrbücher für Nationalökonomie und Statistik, Bd. 157, 1943. Wiederabdruck in: Preistheorie, hrsg. v. A. E. Ott, Köln, Berlin 1965.

— Real Economies of Integration and Large-scale Production versus Advantages of Domination. In: Monopoly and Competition and their Regulation. Papers and Proceedings of a Conference held by the International Economic Association, ed. by E. H. Chamberlin, London 1954. Wiederabdruck in: Volkswirtschaft und Betriebswirtschaft. Ausgewählte Aufsätze von E. Schneider, Tübingen 1964.

— Bemerkungen zu einigen neueren Entwicklungen der Theorie der Unternehmung. Weltwirtschaftliches Archiv, Bd. 83 II, 1959.

— Einführung in die Wirtschaftstheorie. II. Teil. Wirtschaftspläne und wirtschaftliches Gleichgewicht in der Verkehrswirtschaft, 8. durchges. u. erweit. Aufl., Tübingen 1963.

— Eine Theorie der Reklame, Zeitschrift für Nationalökonomie, Bd. 9, 1939. Wiederabdruck in: Volkswirtschaft und Betriebswirtschaft. Ausgewählte Aufsätze von Erich Schneider, Tübingen 1964.

Schönlank, B.: Die Kartelle, Archiv für Soziale Gesetzgebung und Statistik, Bd. 3, 1890.

Schrödinger, E.: Geist und Materie, 2. Aufl. Braunschweig 1961. Die Wissenschaft, Sammlung von Einzeldarstellungen aus allen Gebieten der Naturwissenschaft, Bd. 113.

Schumpeter, J. A.: History of Economic Analysis. Edited from the Manuscript by Elisabeth Boody Schumpeter, London 1952, 2. Aufl. 1955.

Scitovsky, T. de: A Note on Welfare Propositions in Economics, The Review of Economic Studies, Bd. 9, 1941/42.

— A Note on Profit Maximization and its Implications, The Review of Economic Studies, Bd. 11, 1943. Wiederabdruck in: Readings in Price Theory, London 1953.

— Welfare and Competition. The Economics of a Fully Employed Economy, London 1952, 2. Aufl. 1958.

Seager, H. R. u. *Gulick*, C.: Trust and Corporation Problems, New York, London 1929.

Seitz, T.: Bemerkungen zur Dypoltheorie Krelles, Jahrbücher für Nationalökonomie und Statistik, Bd. 174, 1962.

— Preisführerschaft im Oligopol, Köln 1965.

Shackle, G. L. S.: Decision, Order and Time in Human Affairs, Cambridge 1961.

Sherif, M. u. *Sherif*, C. W.: Groups in Harmony and Tension. An Integration of Studies on Intergroup Relations, New York 1953.

Shubik, M.: Informations, Theories of Competition and the Theory of Games, The Journal of Political Economy, Bd. 60, 1952.

— The Role of Game Theory in Economics, Kyklos, Bd. 6, 1953.

— Readings in Game Theory and Political Behavior, New York 1954.

— Market Form, Intent of the Firm, and Market Behavior, Zeitschrift für Nationalökonomie, Bd. 17, 1957.

— Strategy and Market Structure, New York 1959.

— Games, Decisions and Industrial Organization, Management Science, Bd. 6, 1960.

— Objective Functions and Models of Corporate Optimization, The Quarterly Journal of Economics, Bd. 75, 1961.

Siegel, S. u. *Fouraker*, L. E.: Bargaining and Group Decision-Making: Experiments in Bilateral Monopoly, New York 1960.

Simmel, G.: Soziologie. Untersuchungen über die Formen der Vergesellschaftung, Leipzig 1908.

Simon, H. A.: A Behavioral Model of Rational Choice, The Quarterly Journal of Economics, Bd. 69, 1955.

— Models of Man, Social and Rational. Mathematical Essays on Rational Human Behavior in a Social Setting, New York 1957.

Small, A. W.: The Meaning of Social Science, Chicago o. J.

Solomon, H. ed.: Mathematical Thinking in the Measurement of Behavior. Small Groups, Utility, Factor Analysis, Stanford 1960.

Solms, M. Graf zu: Bau und Gliederung der Menschengruppen, I. Teil, Leipzig 1929.

— Analytische Gesellungslehre, Tübingen 1956.

Solterer, J.: Zur Frage der Wirtschaftsmacht, Zeitschrift für Nationalökonomie, Bd. 14, 1954.

Sombart, W.: Grundformen menschlichen Zusammenlebens, Archiv für Sozialwissenschaft und Sozialpolitik, 1930.

— Der moderne Kapitalismus, Leipzig 1902.

Spann, O.: Gesellschaftsphilosophie. In: Handbuch der Philosophie, Abtlg. 4, Beitrag B, München, Leipzig 1928.

Sraffa, P.: The Laws of Returns under Competitive Conditions, The Economic Journal, Bd. 36, 1926.

Stackelberg, H. v.: Preisdiskrimination bei willkürlicher Teilung des Marktes, Archiv für mathematische Wirtschafts- und Sozialforschung, Bd. 5, 1939. Wiederabdruck in: Preistheorie, hrsg. v. A. E. Ott, Köln, Berlin 1965.

— Probleme der unvollkommenen Konkurrenz, Weltwirtschaftliches Archiv, Bd. 48, 1938 II.

— Grundlagen der theoretischen Volkswirtschaftslehre, 2. Aufl. Bern 1948.

— Marktform und Gleichgewicht, Wien 1934.

Stark, H.: Kartell-Technik und Kartell-Wirkung, Berlin 1931.

— Die Theorie der Kartelle, Berlin 1930.

Steinbrück, K.: Vom unvollkommenen Markt zur heterogenen Konkurrenz. Eine Dogmengeschichte der preistheoretischen Umwälzungen der Gegenwart, Mannheimer Schriftenreihe „Angewandte Wirtschaftswissesnchaft“, Heft 2, hrsg. v. H. Rittershausen, Frankfurt 1951.

Stevens, K. M.: On the Theory of Negotiation, The Quarterly Journal of Economics, Bd. 72, 1958.

Stieda, W.: Kartelle, in: Schriften des Vereins für Socialpolitik, Leipzig 1895.

Stigler, G. J.: Notes on the Theory of Duopoly, The Journal of Political Economy, Bd. 48, 1940.

— The Theory of Competitive Price, New York 1942.

— The Kinky Oligopoly Demand Curve and Rigid Prices, The Journal of Political Economy, Bd. 55, 1947. Neu erschienen in: Readings in Price Theory, London 1953. Deutsche Übersetzung: Die geknickte Oligopol-Nachfragekurve und starre Preise. In: Preistheorie, hrsg. v. A. E. Ott, Köln, Berlin 1965.

— Monopoly and Oligopoly by Merger, The American Economic Review, Bd. 40, 1950.

— The Economist Plays with Blocks, The American Economic Review, P. P., Bd. 44, 1954.

— The Statistics of Monopoly and Merger, The Journal of Political Economy, Bd. 64, 1956.

— Perfect Competition, Historically Contemplated, The Journal of Political Economy, Bd. 65, 1957.

— A Theory of Oligopoly, The Journal of Political Economy, Bd. 72, 1964.

— The Theory of Price, New York 1942. Revidierte Ausgabe New York 1952, 13. Aufl. New York 1964.

— Die Wandlung des Oligopolproblems, Ordo Bd. 18, 1967.

Sting, K.: Die polypolitische Preisbildung. Ein Kapitel der Preistheorie, Jahrbücher für Nationalökonomie und Statistik, Bd. 134, 1931.

Stocking, G. W.: Workable Competition and Antitrust Policy, Nashville 1961.

Stocking, G. W. u. *Watkins*, M. E.: Cartels or Competition? The Economics of International Controls by Business and Government, New York 1948.

— Cartels in Action, Case Studies in International Business Diplomacy, New York 1946.

Stogdill, R. M.: Individual Behavior and Group Achievement, New York 1959.

Streeten, P.: The Theory of Pricing, Jahrbücher für Nationalökonomie und Statistik, Bd. 161, 1949.

Strieder, J.: Studien zur Geschichte kapitalistischer Organisationsformen. Monopole, Kartelle und Aktiengesellschaften im Mittelalter und zu Beginn der Neuzeit, München, Leipzig 1914.

Sundbom, I.: Replik a Bohlin: Gränserna för kartellpriser, Ekonomisk Tidskrift 1944.

— Marknadsformerna och förntsättningara för monopolistik samverkan mellan producenter, Ekonomisk Tidskrift 1944.

— Market Forms and the Conditions for Monopolistic Cooperation among Producers, Ekonomisk Tidskrift 1944.

Sundhoff, E.: Über den Zusammenhang zwischen Werbewirkung und Substitution, Jahrbuch für Sozialwissenschaft, Bd. 14, Göttingen 1963.

Suppes, P. u. *Atkinson*, R. C.: Markov Learning Models for Multiperson Interactions, Stanford 1960.

Suppes, P. u. *Carlsmith*, M. J.: Experimental Analysis of a Duopoly Situation from the Standpoint of Mathematical Learning Theory, International Economic Review, Bd. 3, 1962.

Theodorson, G. A.: The Relationship between Leadership and Popularity Roles in Small Groups, The American Sociological Review, Bd. 22, 1957.

Thielicke, H.: Was heißt Freiheit? Universitas 1961.

Thrall, R. M. *Coombs*, C. H. u. *Davis*, R. L. eds.: Decision Processes, New York 1954.

Tinbergen, J.: Beperkte Concurrentie, Leiden 1946.

Tintner, G.: A Contribution to the Non-static Theory of Choice, The Quarterly Journal of Economics, Bd 56, 1942.

Tismer, A.: Zur Preispolitik der Kartelle, Wirtschaftsdienst, Bd. 16, 1931 I.

Tönnies, F.: Gemeinschaft und Gesellschaft, 2. Aufl. Berlin 1912.

Trieb, R.: Die Bestimmung des Monopolpunktes beim kollektiven Angebotsmonopol, Schweizerische Zeitschrift für Volkswirtschaft und Statistik, Bd. 86, 1950.

Triffin, R.: Monopoly in Particularly Equilibrium and in General-Equilibrium Economics, Econometrica, Bd. 9, 1941.

— Monopolistic Competition and General Equilibrium Theory, Cambridge 1940, Harvard Economic Studies, Bd. 67.

Trittelvitz, G.: Kartellpolitik und Raumordnung, Leipzig 1939.

Tschierschky, S.: Zur Frage einer Wesensänderung der Kartelle, Kartellrundschau, Bd. 24, 1926.

— Der monopolistische Charakter der Kartelle, Kartellrundschau, Bd. 24, 1926.

— Kartellorganisation, Berlin 1928.

— Kartellpolitik, Berlin 1930.

— Kartellpreiskampf und Wettbewerb, Kartellrundschau, Bd. 30, 1932.

— Kartelle und Trusts, Göttingen 1903/11.

Tullock, G.: Problems of Majority Voting, The Journal of Political Economy, Bd. 67, 1959.

Vickrey, W. S.: Utility, Strategy and Social Decision Rules, The Quarterly Journal of Economics, Bd. 74, 1960.

Vierkandt, A.: Artikel „Gruppe", Handwörterbuch der Soziologie, hrsg. v. A. Vierkandt, Stuttgart 1931.

Vinacke, E. W. u. *Arkoff*, A.: An Experimental Study of Coalitions in the Triad, The American Sociological Review 1957.

Vogelsang, R.: Die mathematische Theorie der Spiele, Mathematisch-Naturwissenschaftliche Taschenbücher, Bd. 6/7, Bonn 1963.

Vogelstein, T.: Kapitalistische Organisationsformen in der modernen Großindustrie, Bd. 1: Organisationsformen der Eisenindustrie und Textilindustrie in England und Amerika, Leipzig 1910.

— Die finanzielle Organisation der kapitalistischen Industrien und die Monopolbildung. 1910.

Wagenführ, H.: Konjunktur und Kartelle, Berlin 1932.

— Kartellpreise und Tariflöhne im Konjunkturverlauf, Jahrbücher für Nationalökonomie und Statistik, Bd. 138, 1933 I.

— Systematik der Kartellpreise, Kartellrundschau, Bd. 34, 1933.

— Die Bildung der unmittelbaren und mittelbaren Kartellpreise, Kartellrundschau. Bd. 34, 1936.

Warbasse, J. P.: Problems of Cooperation. A Study of the Deficiencies of the Cooperative Method of Economic Organization and the Difficulties in the Way of its Expansion, New York 1942.

Weber, K.: Zur Frage der Preisdifferenzierung bei Einproduktunternehmungen, Schweizerische Zeitschrift für Volkswirtschaft und Statistik, Bd. 92, 1956.

Weber, M.: Wirtschaft und Gesellschaft. Grundriß der verstehenden Soziologie, 4. Aufl. 1. Halbbd., Tübingen 1956.

— Wirtschaftsverbände und Machtproblem, Schweizerische Zeitschrift für Volkswirtschaft und Statistik, Bd. 93, 1957.

Weintraub, S.: Price Theory, 2. verb. Aufl. New York, London 1956.

— Oligopoly and Game Theory, Kyklos, Bd. 13, 1960.

— Price Cutting and Economic Warfare, Southern Economic Journal, 1942.

Weippert, G.: Die Bildung sozialer Gruppen, München 1950.

— „Vereinbarung" als drittes Ordnungsprinzip, Jahrbuch für Sozialwissenschaft, Bd. 14, Göttingen 1963.

Weldon, J. C.: The Multi Product Firm, Canadian Journal of Economics and Political Science 1948.

Werner, J.: Die Bestimmungsgründe des Handels der Wirtschaftsverbände, Schweizerische Zeitschrift für Volkswirtschaft und Statistik, Bd. 92, 1956.

— Die Wirtschaftsverbände in der Marktwirtschaft, Zürich 1957.

Wertheimer: Diskussionsbeitrag, in: Diskussion über „Kartelle", in: Mitteilungen der Gesellschaft österreichischer Volkswirte, 1. Jahrg. 1888—9, Prag, Wien, Leipzig 1889.

Wessels, T.: Bemerkungen zur Theorie des Kartellpreises, Schmollers Jahrbuch, 59, Jahrg. 2, 1935.

Westfield, F. M.: Marginal Analysis, Multi-Plant Firms, and Business Practice: An Example, The Quarterly Journal of Economics, Bd. 69, 1955.

Wickham, S.: Note sur l'étude et la politique de dévellopment des firmes, Economie Appliquée, Bd. 7, 1954.

Wiedenfeld, K.: Kartelle und Konzerne, Berlin, Leipzig 1927.

Wiese L. v.: Die Konkurrenz, vorwiegend in soziologisch-systematischer Betrachtung. In: Verhandlungen des sechsten deutschen Soziologentages vom 17.—19. Sept. 1928 in Zürich, Schriften der Deutschen Gesellschaft für Soziologie, 1. Serie: Verhandlungen der deutschen Soziologentage, Bd. 4, Tübingen 1929.

— System der allgemeinen Soziologie, 2. Aufl. München, Leipzig 1933.

— Artikel „Gruppe", Wörterbuch der Volkswirtschaft, hrsg. v. L. Elster. Völlig umgearbeitete Aufl. Jena 1932/33. Bd. 2, 1932.

— Die gegenwärtige Situation, soziologisch betrachtet. In: Verhandlungen des achten deutschen Soziologentages, Tübingen 1948.

— Individualismus oder „Menschlichkeit"? Kyklos, Bd. 10, 1957.

— Artikel „Wettbewerb" (I.) Soziologische Einordnung, Handwörterbuch der Sozialwissenschaften, Tübingen, Göttingen 1962.

— Das Ich-Wir-Verhältnis, Berlin 1962.

Wieser, F.: Das Gesetz der Macht. Wien 1926.

Willeke, F. U.: Entwicklung der Markttheorie von der Scholastik bis zur Klassik, Tübingen 1961.

— Preis- und Quotenkartelle im Konjunkturverlauf. In: Konjunkturelle Stabilität als wirtschaftspolitische Aufgabe, hrsg. v. G. Zeitel und J. Pahlke, Tübingen 1962.

— Leistungswettbewerb und Leistungsprinzip. In: Der Betrieb in der Unternehmung, Festschrift für Wilhelm Rieger, 1963.

— Monopolistische und autonome Preisintervalle. Untersuchungen zum heterogenen Polypol und Oligopol bei Erich Gutenberg, Jahrbücher für Nationalökonomie und Statistik, Bd. 176, 1964.

Willner, D. ed.: Decisions, Values, Groups, Oxford, London 1960.

Wolfers, A.: Das Kartellproblem im Lichte der deutschen Kartelliteratur. In: Schriften des Vereins für Socialpolitik, Bd. 180, 2. Teil, 1931.

— Überproduktion, fixe Kosten und Kartellierung in der Auffassung der neuesten deutschen wirtschaftswissenschaftlichen Literatur, Archiv für Sozialwissenschaft und Sozialpolitik, Bd. 60, 1928.

Wolff, Ch.: Vernünftige Gedanken von dem gesellschaftlichen Leben der Menschen und in Besonderheit vom gemeinsamen Wesen zur Beförderung der Glückseligkeit des menschlichen Geschlechtes, 5. Aufl. Frankfurt, Leipzig 1740.

Worcester, D. A.: Why „Dominant Firms“ Decline, The Journal of Political Economy, Bd. 65, 1957.

— A Partial Theory of Collusion, The American Economic Review, P. P. Bd. 48, 1958.

Wössner, J.: Mensch und Gesellschaft. „Kollektivierung“ und „Sozialisierung“. Ein Beitrag zum Phänomen der Vergesellschaftung im Aufstieg und in der sozialen Problematik des gegenwärtigen Zeitalters, Berlin 1963.

Zanden, J. W. V.: Pareto and Fascism Reconsidered. The American Journal of Economics and Sociology, Bd. 19, 1960.

Zeitler, G.: Die Wettbewerbsverfälschung, ein Spezialfall der Wettbewerbsbeschränkung, Wirtschaft und Wettbewerb, Jahrg. 13, 1963.

Zeuthen, F.: Problems of Monopoly, London 1930.

— Economic Theory and Method, London, New York, Toronto 1955. 2. wenig veränderte Aufl. London, New York, Toronto 1957.

— Problems of Monopoly and Economic Welfare, London 1931.

— Monopolistic Competition and the Homogenity of the Market, Econometrica, Bd. 4, 1936.

Zimmerman, L. J.: Die Bedeutung der Nachfrage- und Angebotselastizität für die Marktform, Zeitschrift für Ökonometrie, Bd. 1, 1950.

— The Propensity to Monopolize. Contributions to Economic Analysis, II., hrsg. von J. Tinbergen. Amsterdam 1952.

Zycha, A.: Das böhmische Bergrecht des Mittelalters auf Grundlage des Bergrechts von Iglau, Bd. 1, Berlin 1900.

Volkswirtschaftliche Schriften

1 **Grundlagen der Preisbildung.** Von *E. Carell.* 138 S. 1952. DM 15,80

2 **Schöpferischer Wettbewerb und klassenlose Gesellschaft.** Von *H. Arndt.* 148 S. 1952. DM 18,60

3 **Sozialprodukt und Volkseinkommen.** Von *O. Kraus.* 123 S. 1952. DM 12,60

5 **Weltwirtschaftlicher Solidarismus.** Von *R. Fleck.* 128 S. 1952. DM 15,80

6 **Die Konkurrenz und ihre Fehlentwicklungen.** Von *B. Röper.* 243 S. 1952. DM 19,60

7 **Der organisierte Teilzahlungskredit.** Von *H. Reuschel.* 114 S. 1953. DM 14,—

8 **Kreislauf und Entwicklung der Volkswirtschaft.** Von *O. Kraus.* 112 S. 1953. DM 11,80

9 **Notenbankverfassung und Notenbankentwicklung in USA und Westdeutschland.** Von *R. P. Geisler.* 213 S. 1953. DM 22,60

10 **Der freie und der gebundene Arbeitsmarkt.** Von *Ch. E. Weber.* 180 S. 1953. DM 16,80

11 **Die volkswirtschaftliche Gesamtrechnung.** Von *W. Hofmann.* 217 S. 1954. DM 26,—

12 **Das Konkurrenzproblem im Oligopol.** Von *R. Richter.* 112 S. 1954. DM 12,—

13 **Nivellierung und Differenzierung der Arbeitseinkommen in Deutschland seit 1925.** Von *J. H. Müller.* 175 S. 1954. DM 19,60

14 **Das Akzelerationsprinzip.** Von *W. Mieth.* 118 S. 1954. DM 12,80

15 **Wohin steuert die Sowjetwirtschaft?** Von *W. Hofmann.* 141 S. 1955. DM 16,80

16 **Kapitalbeteiligung des Arbeitnehmers am arbeitgebenden Unternehmen.** Von *W. G. Schmitz.* 96 S. 1955. DM 10,60

17 **Kupfer in der Weltwirtschaft.** Von *M. H. Hess.* 122 S. 1955. DM 15,60

18 **Gewerbefreiheit als wirtschaftspolitisches Problem.** Von *E. Tuchtfeldt.* 220 S. 1955. DM 22,—

19 **Der amerikanische Arbeitsmarkt.** Von *E. Kröller.* 215 S. 1956. DM 20,60

20 **Die Periodenanalyse als Theorie der volkswirtschaftlichen Dynamik.** Von *E. Hoppmann.* 225 S. 1956. DM 26,60

21 **Wohnungsbau für Minderbemittelte.** Hrsg. von *M. Schneider.* 124 S. 1956. DM 9,60

22 **Die Arbeitsverfassung der Sowjetunion.** Von *W. Hofmann.* XIX, 542 S. 1956. Ln. DM 48,—

23 **Die finanzielle Einheit der Französischen Union.** Von *W. Vollrodt.* 185 S. 1956. DM 19,60

24 **Die deutschen und angelsächsischen Kreditbanken im Lichte ihrer Bilanzen.** Von *W. Fischöder.* 116 S. 1956. DM 12,60

25 **Lohnwertbildung und Eigentumsordnung in der modernen Marktwirtschaft.** Von *Ch. E. Weber.* 108 S. 1957. DM 9,80

26 **Die Kaufkraft der Rupie.** Von *W. O. Habermeier.* 115 S. 1957. DM 13,60

27 **Wirtschaftsintegrationen und Integrationsstatistik.** Von *F. Below.* 144 S. 1957. DM 16,60

28 **Der Unternehmungsgewinn.** Von *S. Varga.* 158 S. 1957. DM 15,60

29 **Vertikale Preisbindung und Handel.** Von *E. Hoppmann.* 64 S. 1957. DM 6,60

30 **Der Geldschöpfungskoeffizient der Kreditbanken in der Bundesrepublik.** Von *H.-J. Lierow.* 69 S. 1957. DM 8,—

31 **Die Industrialisierung der wirtschaftlich unterentwickelten afrikanischen Länder und ihre Auswirkungen auf die Weltwirtschaft.** Von *A. Muddathir.* 331 S. 1957. DM 32,—

32 **Das neutrale Geld.** Von *W. Paede.* 82 S. 1957. DM 9,80

33 **Die eisenschaffende Industrie Brasiliens.** Von *E. A. Boas.* 184 S. 1957. DM 22,60

34 **Das System der Einkommensverteilung in der sozialistischen Marktwirtschaft Jugoslawiens.** Von *I. Weitzmann.* 147 S. 1958. DM 18,—

35 **Steuerüberwälzungslehre.** Von *H. C. Recktenwald.* 2. Aufl. 219 S. 1966. Brosch. DM 28,—; Ln. DM 32,—

36 **Verkaufswerbung — ihre Technik, Psychologie und Ökonomie.** Von *G. Friedrichs.* 183 S. 1958. DM 22,20

37 **Die Kategorien des ökonomischen Denkens.** Von *Ch. E. Weber.* 120 S. 1958. DM 11,80

38 **Der Lagerzyklus.** Von *H. Schimmler.* 113 S. 1958. DM 15,—

39 **Funktionsfähige Konkurrenz.** Von *K. Kühne.* VII, 282 S. 1958. DM 32,60

40 **Das Kapital und seine Besteuerung.** Von *G. Schmidt.* 247 S. 1959. DM 28,—

41 **Die Probleme der Währungskonvertierbarkeit.** Von *K. R. Hartung.* 147 S. 1959. DM 18,60

42 **Faktorelastizität und Beschäftigungsverlauf.** Von *H. Kasten.* 84 S. 1959. DM 10,80

43 **Konkurrenz und Kooperation.** Von *H. H. Habisreitinger.* 110 S. 1959. DM 13,80

44 **Marktwirtschaftliche Theorie des neutralen Geldes.** Von *H. H. Lechner.* 120 S. 1959. DM 14,80

45 **Europa-Markt und Wettbewerb.** Von *W. Hofmann.* 48 S. 1959. DM 5,60

46 **Die Veränderungen der Lohnstruktur.** Von *J. Klaus.* 116 S. 1959. DM 14,40

47 **Die wirtschaftliche Problematik der Raumordnung.** Von *D. Storbeck.* 201 S. 1959. DM 22,60

48 **Der Unternehmer und die volkswirtschaftliche Entwicklung.** Von *F. Rexhausen.* 129 S. 1960. DM 16,—

49 **Über die Problematik der internationalen währungspolitischen Kooperation.** Von *H. W. Prill.* 258 S. 1960. DM 28,—

50 **Welfare Economics.** Von *J. Pahlke.* 84 S. 1960. DM 9,80

51 **Außenhandel und Außenwirtschaftspolitik des Iran.** Von *A. Adli.* 314 S. 1960. DM 39,60

52 **Die Berechtigung sittlicher Werturteile in den Sozialwissenschaften.** Von *G. Weigand.* 120 S. 1960. DM 14,80

53 **Der gerechte Lohn.** Von *W. Baldamus.* 85 S. 1960. DM 11,60

54 **Die Theorie der Standortwahl.** Von *W. Meyer.* 298 S. 1960. DM 33,60

55 **Der Neoliberalismus und die Gestaltung der Wirtschaftsverfassung in der Bundesrepublik Deutschland.** Von *R. Behlke.* 223 S. 1961. DM 24,—

56 **Produktivität und Distribution im Lichte der deutschen gewerkschaftlichen Lehrmeinungen der Weimarer Epoche (1918—1933).** Von *K. M. Wrede.* 195 S. 1960. DM 19,60

57 **Zur Problematik des Miteigentums.** Von *A. von Loesch.* 102 S. 1961. DM 12,80

58 **Die Schweizer Bankobligationen unter Ausschluß der Pfandbriefe.** Von *H. Mohr.* 120 S. 1961. DM 14,80

59 **Deflationierungsmethoden im Rahmen der volkswirtschaftlichen Gesamtrechnung.** Von *B. Friedmann.* 156 S. 1961. DM 22,60

60 **Die Rolle des Staates in den Frühstadien der Industrialisierung.** Von *U. P. Ritter.* 176 S. 1961. DM 22,60

61 **Der langfristige Lieferantenkredit im Außenhandel (Exportkredit).** Von *S. Frhr. v. Stetten.* 151 S. 1962. DM 18,60

62 **Produktionstechnik, Kapital und Fortschritt.** Von *P. Bünte* 107 S. 1961. DM 19,60

63 **Der Geldkreislauf.** Von *C. Köhler.* 229 S. 1962. DM 26,60

64 **Der Lohn.** Von *E. Bandholz.* 208 S. 1962. DM 26,60

65 **Automation.** Von *H. Tagwerker.* 151 S. 1962. DM 18,60

66 **Die Lombardpolitik der Zentralnotenbank.** Von *H. Haase.* 237 S. 1962. DM 33,60

67 **Der Güterbegriff in der Theorie des Qualitätswettbewerbs.** Von *H. R. W. Rieger.* 96 S. 1962. DM 12,60

63 **Vertikale Preisbindung.** Von *P. Wörmer.* 388 S. 1962. DM 48,—

69 **Die Recession der Jahre 1957/58 in den Vereinigten Staaten von Amerika unter besonderer Berücksichtigung des Preisverhaltens.** Von *P. Bohley.* 190 S. 1963. DM 24,80

70 **Der Rentenbegriff in der Wirtschaftstheorie.** Von *M. Klafkowski.* 215 S. 1963. DM 26,60

71 **Der freie Wechselkurs.** Von *D. Pentzek.* 96 S. 1963. DM 12,80

72 **Die Preisbildung der öffentlichen Unternehmen.** Von *H.-D. Lösenbeck.* 121 S. 1963. DM 16,60

73 **Das Selbstverständnis der ökonomischen Theorie.** Von *F. Jonas.* 236 S. 1964. DM 28,60

74 **Wettbewerbsordnung und Eliminierungsplanung.** Von *H. Braeutigam.* 134 S. 1964. DM 16,60

75 **Theorie des Datenrahmens.** Von *K. Holzer.* 135 S. 1964. DM 18,60

76 **Fiscal Policy in Großbritannien.** Von *K. Schierloh.* 227 S. 1964. DM 33,60

77 **Die Wirkungen internationaler Präferenzsysteme auf Preise und Handelsströme.** Von *K. Poser.* 160 S. 1964. DM 22,80

78 **System und Politik der Mindestreserve.** Von *K. P. Tudyka.* 168 S. 1964. DM 24,80

79 **Die Erbschaftsteuer als Mittel der Vermögensdistribution.** Von *K. P. Kisker.* 200 S. 1964. DM 33,60

80 **Die Grundsätze der pluralistischen Wirtschaft.** Von *J. Solterer.* 112 S. 1964. DM 18,60

81 **Wissenschaftliche Agrarpolitik im Königreich Norwegen.** Von *V. Frhr. v. Malchus.* 129 S. 1964. DM 19,60

82 **Finanzpolitische Willensbildung in der Bundesrepublik Deutschland.** Von *R. Glaeser.* 234 S. 1964. DM 38,60